JN409007

『三國志』魏書 東夷傳 倭人條 (一名 '魏志倭人傳')의 研究史的 理解

- a copy of translation with notes(譯註解本) -

(改正增補版)

林 範 植 지음

백산자료원

머 리 말

倭人에 관해 싣고 있는 중국의 사서로는 漢書, 三國志, 後漢書, 宋書, 南齊書, 晉書, 梁書, 隋書. 南史, 北史 등을 비롯해 많이 있지만, 이 중 漢書는 倭에 관한 사항을 地理志에 부수적으로 기술한 정도이고, 後漢書 이하의 史書들은 대개 삼국지를 축약, 정리하거나 부분적으로 다소 보완한 정도에 그치고 있는 것에 비하여, 삼국지는 동이전 속에 왜인조를 독립적으로 기술한 최초의 사서일 뿐 아니라, 삼국시대와 불과 수십 년도 채 지나지 않은 시기에 저술된 당대 사서로서의 장점을 갖추고 있다.

삼국지 및 그 안에 담겨있는 왜인전의 성격을 좀 더 자세히 알기 위해서는 먼저 삼국지를 저술한 陳壽의 生涯를 알아 둘 필요가 있다.

진수의 생애에 관한 행적을 담고 있는 사료로서는 三國志 蜀志 諸葛亮傳 및 譙周傳, 三國志 呂虔傳에 引用되어 있는 裴松之注 所載 王隱의 晋書 逸文, 唐 房玄齡의 晋書 陳壽傳과 中國 東晋 常璩의 華陽國志(355年 成立) 陳壽傳 등이 있으며, 이 중 7세기 중반에 著述된 晋書 陳壽傳이 가장 詳細하고 華陽國志의 陳壽傳도 그 양이 상당히 풍부한 편인데, 이하 이 기록들 및 이를 연구한 주요 연구서들을 토대로 하되 필자의 소견을 덧붙이면서 진수의 생애와 더불어 삼국지 및 위지왜인전에 관한 전반적인 사항을 정리해 보기로 하겠다.

陳壽는 字가 承祚이며, 蜀漢 後主 建興 9(231)년에 漢代의 司馬相如, 嚴君平, 楊雄 등 綺羅星 같은 인물들을 배출한 곳으로 저명한 巴西 安漢(四川省 南充市)에서 태어났다고 한다.

진수의 출생 및 성장과정에 대해서는 자세한 기록이 없이 다만 蜀漢의 將帥였던 陳式의 末裔라는 俗說이 있는 정도이고, 그의 행적이 본격적으로 나타나는 것은 성년이 되고 나서 부터이다.

기록에 따르면 진수는 同鄕의 醮周라는 인물에게 師事받은 후 蜀에서 관직생활에 들어가 그 초기에 觀閣令史, 衛將軍主簿, 東闕秘書郎, 散騎黃門侍郎 등의 벼슬을 한 것으로 나오며, 관직에 있을 당시 陳壽는 당시의 皇帝 劉禪의 寵愛를 받던 宦官 黃皓에게 節義를 굽히지 않다가 미움을 받자 조정에 나가지 않아 벼슬에서 쫓겨났기도 하고, 부친의 服喪 중 병에 걸려 奴婢에게 丸藥을 만들게 한 일 때문에 鄕黨으로부터 喪 중에 자신의 몸을 먼저 생각하는 불효를 저질렀다고 하여 비난을 받고, 그 여파로 관직에서도 쫓겨나 30대 초반이 되는 後帝 炎興 2(263)년에 그의 祖國 蜀이 魏의 司馬昭에게 멸망당한 후까지도 한동안 仕官하지 못하였다.

그러나 魏가 다시 司馬炎에게 멸망당한 후 西晋이 들어서자 과거 관직의 동료였던 羅憲이라는 인물의 추천으로 西晋에 가서 武帝에게 발탁되어 武帝와 惠帝를 섬겼다. 그는 晉을 섬긴 초기에 鄕里인 巴西郡의 中正, 平陽侯相 등을 歷任하면서 益州 地方史인 益部耆舊傳, 益部耆舊雜記, 蜀漢 丞相 諸葛亮의 文書集인 蜀相諸葛亮集, 古國志 등을 撰述한 것을 계기로, 후일 八王의 亂으로 죽게 되는 張華에게 推擧되어, 左著作郞, 著作郎 등에 올라, 三國志 65卷(魏書 30卷((本紀 4卷, 列傳 26卷)), 蜀書 15卷, 吳書 20卷)을 著述했으며(단, 이상의 三國志 著述과 관련된 내용에 대해서는 異說들도 있다), 이 당시 西晋에서는 史官을 거의 두지 않았기 때문에 그것은 私家版의 형태였다.

陳壽를 推薦한 張華가 과거 佐著作郞을 지낸 적이 있었다고 하는 것을 보면, 張華는 陳壽의 史官으로서의 재능을 크게 신임하고 자신의 뒤를 잇게 하려는 의도가 있었던 것이 아닌가 생각된다.

張華는 그 후에도 진수가 저술한 삼국지를 보고 감동하여 다시 그를 中書侍郞에 추천하기도 했으나, 삼국지의 「위서」 내용 중에 張華의 政敵인 荀勗의 기분을 傷하게 하는 구절이 있어, 荀勗으로 인해 벼슬길이 막혀 張廣太守로 左遷 任命되었는데, 이 때 陳壽는 어머니의 病을 핑계로 辭退했다고 한다. 그러나 후일 左氏學의 大家로서 著名한 杜預가 그 經緯를 알고 그를 檢察秘書官인 治署侍御使로 推薦하여 皇帝의 寵愛를 받기도 하였다.

진수는 말년에 洛陽에서 母親喪을 당했을 때 母親의 遺言으로 당시의 慣習에 따라 鄕里로 歸葬하지 않고, 葬處를 洛陽에 定한 일로 다시 鄕黨으로부터 비난을 받고 관직에서 파면을 당하게 되고, 비록 그 수년 후 다시 太子中庶子로 起用되기는 했지만 病으로 固辭하던 渦中인 惠帝 元康 7(297)년에 波瀾의 일생을 마감한다.

대개의 역사적인 인물이 그러하듯 진수에 대해서도 양면적인 평가가 존재한다.

하나는 그의 文才에 대한 긍정적인 평가로서 晋書에 "진수의 스승인 醮周가 진수에게 「卿은 반드시 學問的 才能으로 이름을 떨칠 것이다. 틀림없이 挫折의 우울한 고비를 만나게 되겠지만 그것도 不幸은 아니다. 깊이 勤愼하면 된다」고 하였는데 그대로의 결과였다"라고 쓰여져 있는 것이 바로 그것이다.

그러나 이와 달리 그의 인격적인 측면에 대해서는 악평이 많은데, 예를 들어 西晋에서의 官職活動 중에 陳壽는 과거 蜀을 섬길 때에 先輩였던 李驤과 사이가 틀어져 李驤이 西晋에 再仕官하는 것을 妨害했다는 이야기가 있는가 하면, 삼국지를 저술할 당시에 魏의 丁儀 一族 子孫들에게 史書에서 부친을 잘 평가해 줄 터이니 쌀 千石을 달라고 요구했으나 그것을 거절당하자 丁儀의 傳記를 쓰지 않았다는 이야기도 있다. 또한 蜀의 丞相 諸葛亮의 아들인 諸葛瞻에게 소외당한 것에 원한을 품고, 三國志에 諸葛亮의 政治家로서의 才能은 높게 評價하면서도 軍事能力에 대해서는 疑問符를 붙이고, 諸葛瞻에 대해서는 「書面에 能하고 名聲 만이 실질 이상이였다」고 썼다는 이야기도 전한다.

진수는 삼국지에서 삼국 중 晋이 계승한 魏를 正統으로 보면서도 편제상 蜀과 吳를 독립시켜 실질적으로는 두 나라에 대하여 魏와 대등한 위치를 부여하고 있는데, 이는 진수가 삼국지를 저술할 당시 자신이 西晉의 史官 身分임을 자각하면서도 동시에 두 번에 걸친 망국의 한을 경험하는 와중에 정치적 한계를 벗어나 中國人으로서의 민족적 일체감 내지는 통일적 세계관을 자연스럽게 갖추게 된 결과일 가능성이 있다.

삼국지에 투영된 陳壽 史觀의 또 다른 특징으로 중국 주변제국에 대한 기술 태도를 들 수 있는데, 그는 三國志 跋文의 評文에서 「史(史記), 漢(漢書)은 朝鮮 兩越을 著述하고 東京(=後漢書)은 西羌을 撰錄하였다. 魏의 世에 匈奴가 마침내 衰退하고 다시 烏丸, 鮮卑가 있었다. 이어 東夷에 이르러서는 使譯이 때때로 通하였다. 記述은 事迹에 따랐다. 어찌 凡常한 일이랴」라고 하여 중국 주변제국의 상황에 관심을 돌려 중국이 그 중심에 있음을 부각시킴으로써, 中國이 秦 이래 傳統的으로 갖추었던 中國을 중심으로 한 華夷史觀의 맥을 잇고 있음을 여지없이 드러내고 있는 것이다.

魏志倭人傳의 書簡文에서 明帝는 자신이 즉위한 후 즉시 遣使한 卑弥呼의 忠孝함을 稱讚하고 卑弥呼의 貢物에 대한 代價 뿐 아니라, 개인적인 특별사물까지 수여하면서 卑弥呼를 통해 자신의 권위를 異域萬里의 倭地에 宣布한 것도 中國의 傳統的 華夷觀의 표현이라 할 수 있다면, 史官인 진수는 삼국시대 그와 같은 중국의 정치이데올로기를 가장 정통적으로 체득한 인물의 表象이었다고 말할 수 있다.

물론 오늘날 일본학계에서는 魏가 倭를 그처럼 厚待한 것은 魏가 당시 國內의 競爭國이였던 吳나 韓半島의 高句麗, 韓 등을 牽制하기 위한 政治的 配慮였고 이에 비해 卑弥呼는 中國 皇帝의 權威를 빌어 倭의 國內를 安定시키고 影響力을 擴大시키는데 이용했다고 하는, 당시 魏와 倭의 立場을 折衷하는 解釋이 浮刻되고 있고, 魏志倭人傳의 내용이 夫餘, 高句麗, 東沃沮, 挹婁, 濊, 韓, 倭 등에 관해 싣고 있는 중에 倭에 대한 記述이 다른 나라에 比해 相對的으로 相當히 客觀性을 띠고 있는데다가 紙面을 차지하는 字數의 量도 1800자에 이를 程度로 倭條의 記述에 대한 配慮가 깊은 태도, 다시 말해 倭를 尊重하는 태도를 통해 그렇듯 中國과 倭의 外交的 立場이 실질적으로는 거의 대등했다는 평가의 타당성이 나름대로 뒷받침 되는 것 같지만, 어쨌든 삼국지를 저술한 진수의 중요한 사상적 경향의 하나가 華夷觀이었다는 것 자체는 부정할 수 없을 것 같다.

진수가 생애 두 번에 걸쳐 사소한 잘못으로 향당으로부터 배척을 받았던 사건과 아울러 생각해 볼 때에, 아마도 이는 진수가 당시 대내적으로는 중국사회의 엄격한 유교적 정치이데올로기 폐단의 피해자이면서 동시에 대외적인 측면에 있어서는 오히려 그러한 중국의 전통적 정치이데올로기를 깊이 체득한 인물이라는 양면성을 갖추고 있었음을 말해주는 것 같다.

이어 관련 주요 설들을 토대로 진수가 삼국지 편찬의 자료로 삼았을 가능성이 있는 것들로는 魏의 史書로서 官撰的 性格을 지닌 王沈의 魏書와 私撰인 魚豢의 魏略, 韋昭의 吳書(蜀의 史書는 參考하지 않은 것으로 알려져 있다), 帶方郡을 통하여 얻은 知識 등을 비롯한 다양한 전거들이 들려지고 있으나, 이 중 위략전거설은 일각에서는 부정하기도 한다.

三國志는 그것이 편찬된 후 夏侯湛이라는 인물이 삼국지의 훌륭함을 보고 자신이 執筆하고 있던 魏書를 破棄해 버렸다는 逸話가 있고, 또한 西晋 惠帝 때에는 尙書郎 范頵 등이 皇帝에게 "三國志의 文體는 司馬相如에게는 미치지 못하나 그 文章에 勸戒가 많고 風化에 有益하며 內容의 正確性이 두드러지기 때문에 이를 採錄해야 한다"고 上奏하여 받아들여진 것을 契機로 正史로서의 위치를 획득하는 등 일찍부터 높은 평가를 받으며 오늘날에 이르러서는 위지왜인전에 대한 역주해 작업성과도 나와 있는 상황인데, 魏를 正統으로 삼은 正史 三國志를 批判하고 蜀漢正統論을 주장하는 내용이 주를 이루는 歷史小說 三國志演義가 오늘날까지 중국은 물론 일본과 한국에서도 많은 인기를 누리고 있는 것은, 역설적으로 말하면 正史 三國志의 위와 같은 높은 평가를 방증해 주는 것으로 볼 수 있다.

三國志의 草創期 原本들은 編纂 以後 약 130년간 寫本 形態로 전래되었

되 그 전래과정은 그다지 명확지 않으나(단, 三國志 筆寫本 중 「吳志」와 「魏志」의 殘卷 寫本 6種이 敦煌, 吐魯番 등지에서 발견되었다) 南北朝 時代에 이르러 宋의 裵松之가 文帝의 命에 의해 무려 210種에 이르는 尨大한 文獻史料를 토대로 補註를 단(427年 무렵) 이래, 三國志에 대한 지속적인 관심이 기울여져 잇달아 補註本이 나오다가, 北宋 咸平年間에는 最初의 版本인 國子監本이 刊行되었다(이 시기에 대해서는 1002년으로 보는 설과 1003년으로 보는 설이 있다).

그러나 이 咸平刊本은 吳志에 限하여 日本의 靜嘉堂文庫에서 所藏하고 있는 것으로 알려져 있을 뿐 오늘날 온전히 傳해지는 것은 없고, 현재 三國志를 硏究하는 텍스트로서는 裵松之의 補註가 붙어 있는 南宋時代의 紹興本(1131-1162) 殘缺 및 紹熙本(1190-1194)과 翰苑 所載의 魏略 逸文을 比較, 檢閱하여 작성한 刊本 등이 널리 통용되고 있는데, 그 대표적인 것으로서 中華書局의 標點本과 中國 唐代의 詩人인 盧弼이 注를 단 三國志集解, 中華人民共和國의 官僚이자 政治家였던 張元濟가 刊行한 百納本 등이 있다.

또한 太平御覽에 所載한 文章을 魏志의 異本에 토대한 것으로 보고 이를 중요하게 취급하는 경향도 있으나, 그에 대한 異說도 만만찮게 대두되어 있어 논쟁의 여지가 남겨져 있는 상황이며, 이 외에 三國志 傳來本 중 6種 筆寫本의 내용을 근거로 현행 通行本 三國志가 원본이 아니라고 주장하는 설도 있다.

앞에서도 언급했듯이 三國志에서 차지하는 倭人條의 比重은 다른 동이종족의 그것에 비해 매우 크고, 이후의 주요 사서들이 그러한 경향을 계승하였으며, 이러한 풍부한 사료의 바탕 위에서 그 기술 대상의 당사국인 일본에서는 江戶時代부터 魏志倭人傳에 대한 본격적인 연구가 이루어졌다.

國學者인 新井白石(1657-1725)는 魏志倭人傳을 자세히 검토한 뒤 儒家이면서 畵家 및 書家이기도 한 佐久間洞巖(1653-1736)의 입장을 받아들여 이를 實錄이라 평가하였고, 본격적인 邪馬臺國 論爭을 촉발시킨 주역의 한 사람인 白鳥庫吉(1865-1942)은 魏志倭人傳을 日本古代史上 光明을 던져 준 책이라고 하는 등, 중국에서와 마찬가지로 일찍부터 호평을 받으며 日本上代史를 연구하는 필수적인 문헌으로 자리매김 되어져, 본래는 '三國志 魏書 東夷傳 倭人條'라는 그 정식 명칭 대신에 江戶時代 漢學者들의 呼稱 習慣에 토대하여 '魏志倭人傳'이라는 일본 특유의 명칭이 오늘날까지 널리 사용되고 있을 정도이다.

뿐만 아니라 일본에서는 삼국지 원본의 확보에도 노력을 기울임으로써 通行本 三國志가 만들어지는 데에 남다른 기여를 한 독자적인 和刻本正史 三國志가 刊行되어 있는 상황인데, 이는 三國志가 일본상대사를 연구함에 있어 상대적으로 문제가 많이 제기되고 있는 古事記, 日本書紀 등과 같은 日本 國內의 史書들과는 달리, 帶方郡에서 倭國으로의 行程, 倭國의 政治, 社會構造, 風俗, 地理, 外交 등 다양한 사항들을 제3자의 입장에서 덤덤하게 기술한 見聞記 形式의 民族學的 寶庫로서, 일본사회에 널리 퍼지게 된 영향이라 할 수 있다.

필자는 본시 가야사를 매개로 한 한일관계사 연구를 전공으로 삼다가 약 10년 전부터 이 분야에 관심을 갖게 되면서, 삼국지 위지왜인전이 위와 같이 이웃 중국이나 일본에서는 연구가 활발히 이루어지고 있음에도 불구하고, 같은 문화적 영향권인 한국에서는 다만 기초적인 역주해 작업 정도가 존재하는 현실을 주목하고 있다가, 약 8년 전부터 박사학위논문 대신으로 위지왜인전에 대한 본격적인 연구에 돌입, 그에 대한 주로 기존 일본학계의 학설 및 관련 주변지식 등을 역주해 형식으로 정리하는 작업에 착수하여 이와 같은 소정의 결실을 보게 되었다.

같은 가야사연구이면서 한반도 남부의 경상도 역사로서의 가야국내사는 상당한 연구가 축적되어 있는 것에 비하여 가야를 매개로 하는 고대 한일관계사는 그동안 자료의 부족으로 어려움을 겪어 왔기에, 해당 분야에서 가장 비중이 큰 위지왜인전의 본격적인 역주해 작업은 반드시 필요하다.

역사적 사건에 대한 문제의식이 깊어지기 위해서는 당연히 그것을 연구할 수 있는 기초자료를 만드는 것이 필요하고, 사료 내용의 자구 하나하나에 대한 연구성과와 그 주변지식을 정리하는 것은 그러한 기초자료의 작성에 다름 아니기 때문이다.

한 가지 아쉬운 것은 일본에서의 위지왜인전 연구는 江戶時代 이래 약 300년이라는 長久한 歷史를 지니고 있어, 그것을 한 개인의 능력으로 자세히 담는다는 것은 평생이 걸려도 불가능한 일이어서, 본서에서는 주로 일본의 연구사정리서 들에 의존하면서 보조적으로 몇몇 관련 주요 논문들을 분석하여 요점만을 추리는데 그칠 수밖에 없었다는 점이다.

그러나 이 작업이 위지왜인전 본격적인 연구의 첫 출발이라는 점을 헤아려 각 연구자들이 본서는 본서 나름대로 이용하면서도 보다 깊은 위지왜인전의 세계로 들어가고자 하시는 분들은 독자적으로 본서를 보완할 수 있는 또 다른 역주해 작업을 수행하거나, 본서 말미의 위지왜인전 도서목록 및 참고문헌에 거시한 일본학계의 연구성과 들을 활용해 주기 바란다.

마지막으로 위지왜인전 연구와 관련하여 염두에 두어야 할 자세 세 가지 정도를 부언해 두고자 한다.

우선 위지왜인전을 연구하기 위해서는 위지왜인전 시대 및 그 관련 시대의 일본역사에 대한 일본학계의 연구성과 파악 뿐 아니라 삼국시대와 관련된 중국학과 한국학에 관한 깊이 있는 습득도 아울러 요망된다는 점을 말하고 싶다.

위지왜인전은 비록 왜인을 대상으로 한 기술이지만, 그것은 주로 중국인이 중국인의 눈으로 분석, 파악하여 기술한 것이기 때문에, 중국 한대에서 위진시대까지의 지식, 그 중에서도 특히 삼국시대의 역사, 정치제도, 사상, 주요 인물이나 삼국지의 찬자인 진수에 관한 사항에서부터 삼국지의 편찬배경에서 전래에 이르는 과정을 파악하기 위한 그 전거본들이나 각 시대별 필사본 및 판본 상황 등에 대한 다양하고도 방대한 지식의 습득이 전제되지 않고서는 위지왜인전을 올바로 이해할 수 없고, 또한 위지왜인선을 바탕으로 고대 한일 관계를 연구하려면 당연히 위지 한전에 대한 지식도 겸비해야 하는 것이다.

또한 이 외에 위지왜인전은 그 내용과 가장 관련이 깊을 수 있는 古事記, 日本書紀 등의 상대기록과의 비교 검토도 소홀히 할 수 없는 문제 여서, 일본학계에서는 이미 이와 같은 작업이 전통적으로 활발히 이루어져 왔고, 우리나라에서는 이병도 박사에 의해 이루어진 바 있는데, 본서 말미에 수록한 부록 형식의 필자의 新論文은 그러한 흐름을 계승하는 차원에서 작성된 것이다.

두 번째로 부언하고자 하는 것은 일본고대사에 대한 편견을 배제할 필요가 있다는 점에 대해서이다. 우리나라의 일반인에서 고대사가에 이르기까지 고대 한일 관계에 관심을 가진 분들이 지니는 거의 공통적인 태도의 하나는, 뛰어난 고대문화는 대륙이 필연적으로 우세하고 따라서 중국이나 한반도에 비해 일본열도의 문화는 상대적으로 미개할 수밖에 없었다는 생각을 하는 경우가 많다.

그러나 위지왜인전을 보면 邪馬台國의 女王인 卑弥呼는 대륙에서 돌아가는 국제정세를 기민하게 파악하고 적절한 시점에 魏에 使臣을 파견하여 중국 황제의 권위와 중국의 문물을 자신에게 유리하게 이용하는 상황을 생생히 읽어낼 수 있어, 일본의 고대 문화에 대한 편견의 흐름 속에서 邪馬台國時代를 주술문화 내지 미개문화로 생각하는 우리의 선입견을 재고케 한다.

특히 왜인은 이후 가야와 백제 혹은 고구려나 신라, 발해 등으로부터 끊임없는 문물수입을 통해 그 역량을 강화시키었고, 이어 시야를 극동아시아 전체로 넓혀 遣隋使, 遣唐使 등의 사절단이 중국과 직접 통하고 나서부터는 중국의 선진문화를 흡수하여 大化改新을 이루더니, 결국에는 대륙의 문화를 완전히 소화시켜 國風文化라고 하는 독자적인 일본 고대 문화의 찬란한 꽃을 피우기까지 하였으며, 근대에 이르러서는 다시 그 시야가 세계무대로 확장되어, 서양의 문화를 능동적으로 수용하여 역량을 배가시킨 다음, 세계사적인 의미를 지니는 明治維新을 거쳐 오늘날 세계 최고의 경제 강국이 되는 그 역사적 흐름을 보더라도, 일본을 제대로 이해하기 위해서는 먼저 일본 역사 발전의 단초를 담고 있는 위지왜인전을 재평가하는 작업이 긴요하다고 할 수 있다.

이어 세 번째로 이야기하고 싶은 것은 위지왜인전에 대한 견실하고도 근대적인 연구태도를 지닌 일본학계의 연구경향을 주목했으면 하는 생각이다.

일본에서는, 일본 근대문명의 꽃을 피운 대부분의 산업분야가 수대에서 십여 대에 걸친 장인정신 내지는 전업정신의 토대 하에서 이루어졌고, 이러한 경향은 학문분야에서도 마찬가지여서, 古事記나 日本書紀 등에 대하여 전문으로 註釋을 달거나 연구하는 家門이 전통적으로 유지되어 왔으며, 위지왜인전에 관한 연구도 江戶時代 이래 300년이라는 장구한 역사 속에서 '위지왜인전학'이라는 독자적인 학문체계가 수립되어 百家爭鳴의 異說이 배태되면서도, 연구자들 각 개인이 창의력을 발휘하며 다수설은 다수설대로 소수설은 소수설대로 가치를 발휘하고 있어, 학문의 깊이 뿐 아니라 학문체제의 미래상을 구축해야만 하는 과제를 안고 있는 우리들에게 하나의 커다란 시사를 던져주고 있다.

만약 위와 같은 자세로 위지왜인전을 견실하고도 겸허하게 탐구한다면 우리는 우리의 편견을 극복하고, 균형 있는 역사의식 하에서 고대 한일 관계를 재인식할 수 있을 것이며, 또한 여기에 더하여 동양문화의 정수인 중국학에 관한 지식을 겸비해 가면서 정치체제 상의 한계를 극복하고 중국과도 점차 실질적인 우호관계를 형성하는 길을 나름대로 발견해 낼 수 있으리라 믿는다.

다만 이상은 필자가 역사를 연구하는 史家의 입장에서 말한 것이고, 역주해본이라는 특성상 본서는 역사분야 뿐 아니라 본서의 각 항목과 관련이 있는 다른 학문분야에서도 나름대로 활용할 여지가 있다는 점도 지적하여 둔다.

부언으로 필자에게 學恩을 베풀어 주신 모든 분들과 文筆의 知友가 되어 주신 백산학회의 선생님들께 감사드리며, 아울러 그 누구보다도 필자를 낳아주시고 길러주시고 공부시켜 주신 부모님의 은혜에 고개 숙여 깊이 감사드린다.

2011. 7. 10. 임 범 식.(2013년 本 改正增補版에서 일부 수정)

개정증보판 서문

본래 유교적인 이상사회에 대한 열망이 깊게 뿌리내린 우리나라 학문의 전통은 입신하여 부모님의 은혜에 보답하고 나라에 충성하며 벗들과 신의롭게 지내는데 큰 비중을 두고 민감한 정치 분야의 사항은 일부 엘리트 관료층이 담당하고 있었던 것은 다 알고 있는 바이다.

그러나 우리나라가 서양근대화의 흐름 속에서 식민지와 전쟁 등 격동의 시대를 겪으면서 민주주의 제도를 실현한 현대에 들어 선 이후 학문수행의 성격은 크게 달라져 과거에는 특수한 관서에서나 관장하였던 대외관계의 연구에 일반국민들이 참여할 수 있게 됨으로써 해당 문제에 대한 견해가 다양한 각도로 수렴될 수 있는 길이 열리게 되었고, 이러한 분위기 속에서 주로 역사학 분야의 대학원 학제를 통해 너도 나도 일제식민지시대의 우리나라의 뼈아픈 상처를 치료해 보고자 하는 목적을 지닌 관련 연구자들이 배출되기에 이르렀다.

필자도 그러한 연구자들 중의 한 사람이면서 다만 일제 식민지시대의 상처를 해결함에 있어서는 식민지이론에 대한 정면반박 만으로는 부족하고, 거기에 더하여 운명적 이웃인 일본과의 동반자관계상의 제시에 대한 배려가 더해져야 한다는 문제의식을 갖고, 그 구체적인 실천방안으로서 위지왜인전을 통해 고대의 일본인들도 우리와 동등한 풍부한 인간성을 갖추었고 아울러 독자적 문화를 창출해 낸 우수한 민족임을 부각시키는 한편 그렇게 복원된 모습을 통해 새로운 한일관계상을 구축해 보고자 하는 목표 하에서, 햇수로 2년 전(2011)에는 "삼국지 위서 동이전 왜인조의 연구사적 이해"라는 연구 성과를 내놓았고, 이어 작년(2012) 말에는 다시 "삼국지 위서 동이전 왜인조에 나타난 왜인의 세계"라는 그에 대한 해설서 형식의 연구 성과까지 내놓게 되었다.

그런데 위와 같은 필자의 역사관이랄까 포부가 제대로 관철되기 위해서는 책의 내용이 관심 있는 연구자나 일반 독자들에게 명료한 언어로 이해되어야 하므로 책을 내놓은 이후에 수없이 반성의 눈으로 읽어보면서 오탈자나 논지의 불명확성 등은 없었는가 하는 검토 작업을 계속해 왔고, 그 결과 "삼국지 위서 동이전 왜인조의 연구사적 이해"에 대한 改正 增補版을 본서로써 내놓게 되었다.

1판에 비하여 전체적인 체제가 근본적으로 변화된 것은 없되 誤脫字를 고치거나 읽기에 불편한 문장을 개편하거나 글씨의 모양 및 띄어쓰기를 가능한 한 편안하게 하는 작업 등에 중점을 둠과 동시에 내용을 다소 삭제하거나 수정 혹은 증보하기도 하였다.

이 작업이 관련 분야의 학자들 및 관심 있는 일반 독자들에게 호응을 얻어 일제시대의 상처가 아무는 데 도움을 주고 고대 한일관계에 대한 우리의 시각이 보다 건전하게 개선되는 또 하나의 계기가 되었으면 하는 마음 간절하다.

2013. 7. 15. 林 範 植 上梓

CONTENTS

I 일러두기

1) 본서는 위지왜인전에 대한 일본학계 및 기타의 연구성과와 그 주변 지식을 간단히 정리하는 것을 목표로 한다. 일본학계 연구사정리서들의 정리방식에는 크게 시기별로 주요한 연구성과를 소개하는 시기구분적 정리방식과 항목별로 주해를 달아 연구성과를 소개하는 역주해 정리방식 등의 두 가지가 있는데, 본서는 이 중 후자의 방식을 답습한 것이다. 위지왜인전의 연구성과를 전자와 같이 시기에 따라 거시적으로 파악하고자 하시는 분들은 본서 말미에 달아 놓은 연도별 논저목록 및 종합참고문헌란에 소재한 해당 연구성과들을 참조해 주기 바란다.

2) 일본학계의 연구성과들은 江戶時代 初期부터 1980년대까지의 것들 중 일본학계에서 전통적으로 중요하게 다루어지는 것들을 주된 정리대상으로 삼고, 그 이후의 자료들에 대해서는 몇몇 만을 필자가 선별적으로 채택, 정리하였다. 또한 일본학계 이외의 연구성과들은 그 수가 적기 때문에 특별한 분류방식을 세우지 않고 일본학계 연구성과 소개의 흐름에 맞추어 필요한 곳에 배치해 놓았다.

3) 역주해의 작성방식은 우선 原典의 釋文 및 그 譯文을 작성한 뒤 해당 양자의 주요 항목에 註를 매기고 전자의 註에는 각 판본의 字句에 대한 설명을, 후자의 註에는 그 字句의 내용에 대한 諸說의 整理를 각각 해 놓았다. 다만 일부 불가피하다고 판단되는 경우에는 譯文의 항목에도 원문의 자구와 관련된 사항을 언급하였다. 또한 전자의 판본의 자구에 대한 설명을 함에 있어서는 편의상 그 형태가 고유명사나 널리 사용되는 보통명사일 경우에는 '語句'라는 용어를, 주어와 동사가 갖추어져 있지 않은 문장일 경우에는 '文句'라는 용어를, 주어와 동사가 갖추어져 있는 문장일 경우에는 '句節'이라는 용어를 각각 사용하였다.

4) 각 항목의 연구사를 정리함에 있어서는 가능한 한 邪馬台國 大和說의 견해와 九州說의 견해로 나누어 설명하되, 경우에 따라 邪馬台國 東遷說의 견해도 첨부하

였다. 또한 邪馬台國 位置論의 견해들이 개입되지 않은 항목에 대해서는 그 주변지식 만을 정리하였다. 여기에서 한 가지 주의해야 할 사항으로, 邪馬台國의 위치논쟁이 처음부터 그것을 판단할 수 있는 위지왜인전 항목 모두에 대한 검토를 통해 정밀하게 이루어진 것이 아니라, 처음에는 일부 항목을 대상으로 해당 문제에 대한 논의가 이루어지다가 이후 논의의 대상이 점차 '비정형적'으로 확산되어가는 상황이어서, 본서에서 소개한 각 유형설 간의 대응논리가 반드시 논의를 펼친 논자별로 치밀하고 일관되게 이루어진 것은 아니라는 점을 염두에 두고 읽어주기 바란다.

5) 각 항목의 참고자료란에 거시한 참고자료들 중에는 지면의 割愛上 比重이 높은 것만을 들고 나머지는 생략한 경우가 상당히 있는데, 그 생략된 자료에 대해서는 '外'라는 말로써 표기하였다. 또한 본문의 작성에 활용한 일부 인터넷자료의 경우에도 그 활용 비중이 낮은 관계로 '外'의 범위 안에 포함시켰다.

6) 학설을 소개하면서 각 항목의 본문 중에 연구서목의 서지사항을 들 때에는, 일본의 연구성과들 중 초창기의 것이나 연구사적으로 각별한 의미가 있는 것, 그리고 일본학계 연구성과 소개의 흐름 속에 들어간 한국학계의 관련 연구성과와 같이 특이성이 있는 것 등에 한해서는 가능한 한 그 전체를 기입하고, 구체적인 연구현황의 파악이 힘들거나 관련 학설이 지나치게 많거나 혹은 이미 소개하여 임의성을 적용할 수 있는 것 등에 대해서는 전체 서지사항 중 연구자명이나 서명 혹은 학설의 대강 만을 소개하였다. 다만 서지사항 전체를 드는 경우일지라도 위지왜인전 연구에서 중요한 비중을 차지하는 江戶時代에서 明治時代까지의 연구서들 중에 출판처를 확인할 수 없는 것이 많은 관계로 체제의 일관성을 맞추는 차원에서 출판처는 모두 생략하였다. 그러나 江戶時代의 것일지라도 해당 서목 내용의 전체적인 줄거리, 그리고 江戶時代 이후 서목 내용의 전체적인 줄거리 및 자세한 서지사항 등에 대해서는 각 항목의 참고문헌란 및 본문 뒤의 종합참고문헌란 등에 기재되어 있는 연구서들의 내용을 통해 대부분 알 수 있음을 밝혀둔다.

한편 여느 연구서와 마찬가지로 본서 또한 본서가 테마로 삼은 목적에 충실한 산물이기 때문에 본서와 직접 관련이 없어 다루지 못한 선학의 연구업적들이 많으나 그렇듯 본서의 테마와 직접 관련은 없을지라도 그 주변 지식이 될 만한 연구성과들의 경우는 가능한 한 두루 읽어 종합참고문헌란에 거시하였음을 밝혀 둔다.

7) 본문을 작성하면서 그 내용 중에 중요하거나 설명이 필요하다고 판단되는 사항이 있을 경우, 설명이 비교적 짧은 문장의 경우나 인용문에 그렇게 되어 있는 경우에는 본문 중에 괄호를 쳐서 그 내용을 요약하거나 그대로 수록하고, 기타의 사항에 대해서는 그것에 *표시를 하고 본문 아래에 그에 대한 설명을 붙이되 다만 21개국 지명비정과 관련된 사항에 대해서만은 번잡한 관계로 불가피하게 *가 아닌 번호를 붙여 설명하였다. 또한 이 각각의 사항들은 그것이 문헌에 정보가 없는 경우가 대부분이어서 주로 http://ja.wikipedia.org/wiki/%E5%80%AD를 비롯한 인터넷자료를 이용하여 작성하되 참고사항을 굳이 擧示하지 않고 '外'의 범위 안에 포함시켰다.

8) 각 항목의 본문 작성에 활용한 브리태니커백과사전을 본문 참고문헌란에 표시할 경우에는 책으로 된 자료와 사이버자료를 묶어 '브리태니커세계대백과사전' 이라는 용어로 뭉뚱그려 표기하였다.

9) 본문을 작성함에 있어 참고한 문헌의 문장에 일본식 한자의 간략체가 나올 경우에는 가능한 한 그것을 正字體로 바꾸어 기재하였다. 단, 日本國字의 경우에는 반드시 그대로 써주어야 하지만 본서에서 日本國字는 사용되지 않았다.

10) 본서는 하나의 일관된 논리를 전개한 글이 아니라 그 주된 성격이 역주해본이라는 특성상 초록문은 책의 의의를 작성하는 것으로 대신하였다.

11) 原典의 釋文은 본서의 後尾 5. 종합참고문헌 1), 2) 중에 있는 관련 자료들을 종합적으로 비교, 검토하여 작성하였다.

■ <本書에서 中心的으로 活用한 魏志倭人傳 主要 版本 내지 校閱本의 略稱 用語>

中國의 陳壽 撰, 『三國志』第三冊 卷三十 魏書倭人傳(中華書局, 1982)=中華書局本.

三品彰英, 『邪馬台國硏究總覽』(創元社, 1978) 所載 紹興殘缺版=紹興木.

石原道博 編譯, 『新訂魏志倭人傳他三篇』(岩波書店, 1991) 所載의 百納本=百納本.

水野祐, 『評釋魏志倭人傳』(雄山閣, 1987) 所載의 宮內廳 書陵部 帝室図書寮 所藏 紹熙本=宮內廳本(일본학계에서 紹熙本의 別名에는 이렇듯 宮內廳本이라는 명칭 외에 그것이 紹熙年間에 간행된

뚜렷한 증거가 없고 慶元年間에 간행된 刊本만이 現存한다는 이유를 들어 慶元本으로 부르는 경우도 있다-本版追加). 其他 本의 명칭에 대해서는 각 해당란에서 별도로 거시하였다).

12) 본문 작성 시 선택항목 중 지나치게 긴 문장의 형태가 아닌 정형성 있는 용어로 이루어진 중요 항목에는 表題로서의 항목명을 붙이고 그 항목 및 그것을 설명하는 주요 용어 등에는 일본학계의 주요 연구사정리서를 모방하여 일본어 발음을 붙여놓되 일본어를 모르는 독자를 위하여 헤본식 혹은 표준식이라 부르는 로마자 발음을 併記하고, 動植物이나 金屬 등을 비롯한 박물항목에 대해서는 브리태니커와 같은 著名한 事典類의 관례에 따라 그것의 라틴어학명이나 원소번호, 영어명칭 등을 비롯한 附帶事項까지 併記하였다. 또한 이때 일본어 발음은 보통 가타가나 표기를 하는 것이 常例이나 본서에서는 보기에 편한 히라가나식 발음표기를 채택하였다. 또한 발음을 배치하는 방식은 문장을 읽을 때의 복잡함을 피하기 위하여 항목명을 제외한 나머지는 모두 각 항목 아래의 공란에 별도로 기입하였다. 다만 학설과 직접 관련이 있는 발음에 대해서는 본문에 표기하되 예외적으로 항목에서 학설의 일부만이 발음과 관련이 있는 경우나 21개국 지명과 같이 표기해야 할 발음의 수가 과대하게 많은 것과 같은 특이한 경우에는 그것을 모두 각 항목의 본문 아래에 표기하였다. 한 가지 부언하여 둘 것은 본래 일본어의 促音을 로마자 발음으로 표기할 때에는 ∨라는 기호 표시를 해주어야 하나 본서에서는 번거로워 그것을 피하였음을 양해하여 주기 바란다.

13) Ⅲ章의 '三國志 原典 및 그 關聯 資料'는 三國志 硏究의 기본이 되는 사항이니만큼 해당 자료 외에 武光誠 編, 『邪馬台國辭典』(同成社, 1986) 및 林範植, 『三國志 魏書 東夷傳 倭人條에 나타난 倭人의 世界』 (백산자료원, 2012) 등의 관련 내용을 아울러 폭넓게 참조해 주기 바란다.

14) 역주해문 뒤에는 위지왜인전 시대의 한일관계사에 대한 필자의 부록형식의 신논문 및 위지왜인전 연구논저목록 등을 달아 놓았다.

① 필자 신논문의 참고문헌은 해당 각주에 거시되어 있으므로 책 후미의 종합 참고문헌란에는 별도로 들지 아니하였다.
② 위지왜인전 논저목록은 일본의 위지왜인전 주요 연구사정리서들에서 발췌

하여 작성하되 필자가 독자적으로 검색하여 첨부한 것도 있다.

③ 위지왜인전 논저목록의 서지사항은 일본의 시대구분법에 따라 발간순서대로 저자-서명-발간연도 순으로 기재하되, 이 중 발간연도는 일본의 고유한 연호를 먼저 기입하고 뒤의 괄호 안에 서기년을 병기하였다. 다만 전체 서지사항 중 발간처에 대해서는 위의 6)에서 언급한 이유에서 모두 생략하였다.

④ 위지왜인전 논저목록의 작성방식을 보다 구체적으로 이야기하면, 그것을 시대별 단위로 묶되, 다연호 시대인 明治 以前의 자료들에 대해서는 '江戶時代'라는 포괄적구분법을 사용하고, 明治 以後의 단일연호 시대 자료들에 대해서는 天皇年號의 구분법을 사용했다.

기타의 논저들은 일본학계의 논저들 사이에 연도에 맞게 끼워 넣되 일관성 유지의 차원에서 발간연도에 일본학계의 논저와 마찬가지로 天皇年號를 부여하였다.

15) 종합참고문헌란 참고문헌의 배열순서는 본서에서의 자료이용 비중의 정도와 가나다배열법을 아울러 고려하여 정하였다.

Ⅱ 위지왜인전 원전의 역주해

1. 위지왜인전 원전의 釋文 및 譯文의 작성과 그 각각의 주요 항목 선정

倭人在(1)帶方(2)東南大海之中. 依山島爲國邑(3). 舊百餘國, 漢時有朝見者. 今使譯所通三十國. 從郡至倭(4), 循海岸水行. 歷韓國, 乍南乍東, 到其北岸狗邪韓國(5). 七千餘里. 始度一海, 千餘里至對馬國(6). 其大官曰卑狗, 副曰卑奴母離. 所居絶島, 方可四百餘里. 土地山險, 多深林. 道路如禽鹿徑. 有千餘戶.

無良田, 食海物自活, 乘船南北市糴.

倭人(7)은 帶方郡(8)의 東南 큰 바다 가운데에 있다(9). 산과 섬에 의지하여 國邑이 形成되어 있다(10). 옛날(11)에 百餘國이 있었는데(12), 漢時에 朝見(13)하여 오는 나라가 있었다(14). 지금 使譯을 通하는 곳이 30國이다(15). 郡에서 倭에 이르름에는(16) 海岸을 돌아 水行한다(17). 韓國(18)을 거쳐, 한동안 南으로 가다가 한동안 東으로 가면(19), 그 北岸(20)인 狗邪韓國(21)에 이른다. (帶方郡으로부터) 7千餘里(22)이다. 첫 一海를 건너(23), 千餘里를 가면 對馬國(24)에 이른다. 그 大官(25)은 卑狗(26)라 하고, 副官은 卑奴母離(27)라 한다. 絶島에 位置해 있으며, (四)方이 可히 4百餘里이다. 땅과 산이 험하고, 깊은 숲이 많다. 道路는 마치 禽鹿의 길과 같다(28). 千餘戶가 있다. 良田이 없어, 食糧은 海物로 自活하거나, 배를 타고 南北으로 오가며 交易을 통해 쌀을 사들인다(29).

又南渡一海千餘里, 名曰瀚海, 至一大國(30). 官亦曰卑狗, 副曰卑奴母離. 方可三百里. 多竹木叢林. 有三千許家. 差有田地, 耕田猶不足, 食亦南北市糴.

다시 南(31)으로 一海를 千餘里 가서, 이름을 瀚海(32)라 하는 곳을 건너면, 一大國(33)에 이른다. 官은 (對馬國과) 마찬가지로 卑狗라 하고, 副官은 卑奴母離라 한다. (四)方이 可히 3百里이다(34). 대나무 숲이 많다. (인구는) 3千家 程度이다. 田地가 적고, 耕田 또한 不足하여(35), 食糧은 (對馬國과) 마찬가지로 南北으로 오가며 交易을 통해 쌀을 사들인다.

又渡一海千餘里, 至末盧國. 有四千餘戶. 濱山海居. 草木茂盛, 行不見前人. 好捕魚鰒(36), 水無深淺, 皆沈沒取之.

다시 一海를 千餘里 건너면, 末盧國(37)에 이른다(38). 4千餘戶가 있다. (사람들은) 산과 바다 가까이에 居한다. 草木이 茂盛하여, 길을 갈 때에 앞 사람을 보지 못한다. 魚鰒잡기를 좋아하여, 물이 깊고 얕음을 가리지 않고, 모두 潛水하여 그것을 잡는다.

東南陸行五百里, 到伊都國. 官曰爾支, 副曰泄謨觚(39)柄渠觚. 有千餘戶. 世有王, 蓋統屬女王國(40). 郡司往來常所駐.

東南(41) 뭍으로 5百里를 가면, 伊都國(42)에 이른다(43). 官은 爾支(44)라 하고, 副官은 泄謨觚(45)·柄渠觚(46)라 한다. 千餘戶가 있다(47). 世世 王(48)이 있는데, 모두 女王國(49)에 統屬한다(50). 郡司(51)가 往來하며 恒常 머무는 곳이다.

東南至奴國百里. 官曰兕馬觚, 副曰卑奴母離. 有二萬餘戶. 東行至不彌國百里. 官曰多模, 副曰卑奴母離. 有千餘家. 南至投馬國水行二十日. 官曰彌彌, 副曰彌彌那利. 可五萬餘戶. 南至邪馬壹國, 女王之所都(52). 水行十日陸行一月. 官有伊支馬, 次曰彌馬升(53), 次曰彌馬獲支, 次曰奴佳鞮. 可七萬餘戶. 自女王國(54)以北, 其戶數道里可得略載(55), 其餘旁國遠絶, 不可得詳. 次有斯馬國. 次有已百支國. 次有伊邪國, 次有都支國(56), 次有彌奴國, 次有好古都國, 次有不呼國, 次有姐奴國. 次有對蘇國, 次有蘇奴國, 次有呼邑國. 次有華奴蘇奴國. 次有鬼國. 次有爲吾國. 次有鬼奴國. 次有邪馬國. 次有躬臣國. 次有巴利國. 次有支惟國. 次有烏奴國. 次有奴國. 此女王境界所盡. 其南有狗奴國, 男子爲王. 其官有狗古智卑狗(57). 不屬女王. 自郡至女王國, 萬二千餘里.

東南(58)으로 奴國(59)을 百里(60)에 이른다. 官은 兕馬觚(61)라 하고, 副官은 卑奴母離라 한다. 2萬餘戶가 있다. 東(62)으로 가면 不弥國(63)을 百里에 이른다. 官은 多模(64)라 하고, 副官은 卑奴母離라 한다. 千餘家(65)가 있다. 南(66)으로 投馬國(67)을 水行 20日에 이른다. 官은 弥弥(68)라 하고, 副官은 弥弥那利(69)라 한다. (人口는) 可히 5萬餘戶이다. 南으로 邪馬壹國(70)에 이르는데. 女王이 都邑한 곳이다. 水行十日陸行一月이 걸린다(71). 官으로 伊支馬(72)가 있고, 다음은

弥馬升(73)이라 하고, 다음은 弥馬獲支(74)라 하며, 다음은 奴佳鞮(75)라 한다. (인구는) 可히 7萬餘戶이다(76). 女王國으로부터 以北(77)은, 그 戶數・道里가 略載可能하나, 그 나머지 旁國(78)은 遠絶하여, 詳細한 것을 알 수 없다. (이에 國名만을 들면) 다음에(79) 斯馬國(80)이 있고. 다음에 已百支國(81)이 있고. 다음에 伊邪國(82)이 있고, 다음에 郡支國(83)이 있고, 다음에 弥奴國(84)이 있고, 다음에 好古都國(85)이 있고, 다음에 不呼國(86)이 있고, 다음에 姐奴國(87)이 있고. 다음에 對蘇國(88)이 있고, 다음에 蘇奴國(89)이 있고, 다음에 呼邑國(90)이 있고. 다음에 華奴蘇奴國(91)이 있고. 다음에 鬼國(92)이 있고. 다음에 爲吾國(93)이 있고. 다음에 鬼奴國(94)이 있고. 다음에 邪馬國(95)이 있고. 다음에 躬臣國(96)이 있고. 다음에 巴利國(97)이 있고. 다음에 支惟國(98)이 있고. 다음에 烏奴國(99)이 있고. 다음에 奴國(100)이 있다(101). 이곳이 女王의 境界가 끝나는 곳이다. 그 南에 狗奴國(102)이 있는데, 男子를 王으로 삼는다(103). 그 官에 狗古智卑狗(104)가 있다. 女王에게 屬하지 않는다. 郡으로부터 女王國까지는, 萬二千餘里이다(105).

男子無大小, 皆黥面文身. 自古以來, 其使詣中國, 皆自稱大夫. 夏后小康之子封於會稽, 斷髮文身以避蛟龍之害, 今倭水人好沈沒捕魚蛤, 文身亦以厭大魚水禽. 後稍以爲飾. 諸國文身各異, 或左或右, 或大或小, 尊卑有差. 計其道里, 當在會稽東治之東.

(106) 남자는 어른과 아이의 구별이 없이, 대개 얼굴에 入墨을 하고 몸에 무늬를 새긴다(107). 예로부터 以來로, 그 使臣이 中國에 왔는데, 모두 스스로 大夫(108)를 稱하였다. 夏后小康의 아들(109)이 會稽(110)에 封해졌을 적에, 斷髮文身을 함으로써 蛟龍(111)의 害를 避하였는데(112), 지금(113) 倭의 水人(114)들은 물속으로 들어가 물고기와 대합 잡기를 좋아하여(115), 文身을 또한 함으로써 大魚나 물짐승을 피하고 있는 것이다. 후에 점차 裝飾을 하게 되었다. 나라마다 文身이 각기 다른데, 혹은 左에 하기도 하고 혹은 右에 하기도 하며, 혹은 크게도 하고 혹은 작게도 하며, 尊卑間에 差異가 있다. (倭國의 位置는) 그 道里를 헤아

리면, 반드시 (中國) 會稽 東冶의 東에 있음에 틀림없다(116).

其風俗不淫. 男子皆露紒, 以木緜招頭. 其衣橫幅, 但結束相連, 略無縫. 婦人被髮屈紒, 作衣如單被, 穿其中央, 貫頭衣之. 種禾稻紵麻, 蠶桑緝績, 出細紵縑緜. 其地無牛馬虎豹羊鵲. 兵用矛楯木弓, 木弓短下長上, 竹箭或鐵鏃或骨鏃. 所有無與儋耳朱崖同.

그 風俗은 淫亂하지 않다(117). 남자는 모두 상투를 드러낸 채, 木棉(118)으로 머리를 묶는다(119). 그 옷은 폭이 넓은 것을, 다만 묶어 서로 이으며, 거의 바느질을 하지 않는다(120). 아녀자들은 被髮屈紒(121)하며, 옷은 마치 單被(122)와 같이 지어, 그 가운데를 뚫고, 머리를 집어넣어 입는다(123). 禾稻(124)와 紵麻(125)를 심고, 蠶桑(126)과 緝績(127)을 하여, 細紵(128)와 縑緜(129)을 産出한다. 그 지역에는 牛(130)・馬(131)・虎(132)・豹(133)・羊(134)・鵲(135)이 없다. 兵器로는 矛(136)・楯(137)・木弓(138)을 使用하는데, 木弓은 아래를 짧게 하고 위를 길게 하며, (木弓에 使用하는) 竹箭(의 鏃(139))은 或은 鐵鏃(140), 或은 骨鏃이다(141). 有無하는 바는 儋耳・朱崖(142)와 같다(143).

倭地溫暖, 冬夏食生菜, 皆徒跣. 有屋室, 父母兄弟, 臥食異處. 以朱丹塗其身體, 如中國用粉也. 食飮用籩豆, 手食. 其死, 有棺無槨, 封土作冢. 始死停喪十餘日, 當時不食肉. 喪主哭泣, 他人就歌舞飮酒. 已葬, 擧家詣水中澡浴, 以如練沐.

倭地는 溫暖하여(144), 겨울과 여름에 生菜를 먹으며(145), 모두 맨발이다(146). 屋室이 있으나, 父母兄弟는 臥食을 (서로) 다른 곳에서 한다(147). 朱丹(148)을 그 身體에 바르는데, 마치 中國에서 粉(149)을 사용하는 것과 같다. 음식은 籩豆(150)를 사용해, 손으로 먹는다(151). 그 죽음에 있어서는, 棺은 갖추나 槨이 없고, 흙을 쌓아 冢을 만든다(152). 처음에 죽으면 10餘日을 停喪하는데(153), 當時에는 고기를 먹지 않는다(154). 喪主는 哭泣을 하고, 다른 사람들은 가서 歌舞飮酒를 한다. 葬禮가 끝나면, 온 집안(155)이 水中으로 가서 澡浴(156)을 하는데, 그것이 마치 練沐(157)과 같다.

其行來渡海詣中國, 恆使一人, 不梳頭. 不去蟣蝨(158), 衣服垢汚, 不食肉, 不近婦人, 如喪人. 名之爲持衰(159). 若行者吉善, 共顧其生口財物, 若有疾病, 遭暴害, 便欲殺之, 謂其持衰不謹. 出眞珠青玉. 其山有丹, 其木有柟杼(160)豫樟楺櫪投橿烏號(161)楓香, 其竹篠簳桃支, 有薑橘椒蘘荷, 不知以爲滋味. 有獮猴(162)黑雉.

(163) 그 一行이 바다를 건너 中國에 이를 때에는, 恒常 한 사람으로 하여금, 머리에 빗질을 하지 않게 하고, 서캐와 이를 떨어버리지 않게 하고, 의복에 때가 끼게 하고, 고기를 먹지 않게 하고, 부인을 가까이 하지 않게 하여, 마치 喪을 당한 사람과 같이 하게 하는데(164), 그것을 이름 하여 持衰(165)라 한다. 만약 航海가 吉善하면, 서로 (中國으로부터 받은) 그 生口(166)와 財物을 (持衰에게) 雇用하고(=돌보아 주고), 만약 疾病이 생기거나, 暴害를 당하면, 곧 그를 죽이려 하는데, 그것을 持衰不謹이라 한다(167). (168)眞珠(169)와 青玉(170)이 나고, 그 산에는 丹이 있다. 그 나무에는 柟(171)・杼(172)・豫樟(173)・楺(174)・櫪(175)・投(176)・橿(177)・烏號(178)・楓香(179)이, 그 대나무에는 篠(180)・簳(181)・桃支(182)가 있다. 薑(183)・橘(184)・椒(185)・蘘荷(186)가 있으나, (倭人들은 그것이) 맛이 좋다는 것을 모른다. 獮猴(187)와 黑雉(188)가 있다.

其俗, 擧事行來有所云爲, 輒灼骨, 而卜以占凶吉, 先告所卜. 其辭如令, 龜法視火坼占兆. 其會同坐起, 父子男女無別, 人性嗜酒(魏略曰, 其俗, 不知正歲四節(189), 但計(190)春耕秋收, 爲年紀). 見大人所敬, 但搏手以當跪拜. 其人壽考, 或百年, 或八九十年. 其俗, 國大人皆四五婦, 下戶或二三婦, 婦人, 不淫, 不妒忌(191). 不盜竊, 少諍訟(192). 其犯法, 輕者, 沒其妻子(193), 重者, 滅其門戶及宗族(194). 尊卑各有差序, 足相臣服.

(195) 그 風俗에, 일이 있어 行來를 云爲함에 있어서는, 그때마다 (짐승의) 뼈를 불태우며, 그리고 卜으로써 吉凶을 占쳐(196), 먼저 그 卜한 바를 알린다. 그 말이 마치 (命)令하는 것 같은데, (이와 有似한) 龜法(197)에서는 火坼을 보고 兆를 占친다(198). 그들이 會同하여 앉거나 일어날 때에는, 父子男女에 區別이 없으며, 사람들의 性情은 술을 즐긴다(199)(魏略(200)에 이르기를, 그 風俗은, 正歲四節(=曆(201))을 알지 못하여, 다만 봄에 밭을 갈고 가을에 수확하는 것을 헤아려, 年紀로 삼는다고 한다(202)). 大人(203)이 恭敬하는 바를 보면, 다만 손뼉을 치고 跪拜를 한다(204). 그 사람들은 長壽하여(205), 혹은 100년, 혹은 80, 90年을 산다(206). 그 風俗에, 나라의 大人은 모두 4,5婦, 下戶(207)는 간혹 2,3婦를 두지만(208), 婦人들은, 淫亂하지 않고, 妬忌하지 않는다(209). 도둑질을 하지 않고, 諍訟이 드물다(210). 그 法을 어김에 있어서는, (죄가) 가벼운 者는, 그 妻子를 沒收하고, (罪가) 무거운 者는, 그 門戶 및 宗族을 滅한다(211). 尊卑에 각기 差序가 있으나, 足히 서로 臣服한다(212).

收租賦. 有邸閣(213). 國國有市, 交易有無, 使大倭監之. 自女王國以北, 特置一大率, 檢察諸國, 諸國畏憚之(214). 常治伊都國, 於國中有如刺史(215) 王遣使詣京都, 帶方郡, 諸韓國. 及郡使倭國, 皆臨津搜露, 傳送文書賜遺之物, 詣女王, 不得差錯. 下戶與大人相逢(216)道路, 逡巡入草. 傳辭說事, 或蹲或跪, 兩手據地, 爲之恭敬. 對應聲曰噫, 比如然若.

(217) 租賦(218)를 거둔다. 邸閣(219)이 있다. 나라마다 市場(220)이 있는데, 交易의 有無는, 大倭로 하여금 그것을 監督케 한다(221). 女王國으로부터 以北(222)은, 특별히 一大率(223)을 두어, 諸國(224)을 檢察케 하는데, 諸國은 그것을 두렵고 꺼려한다. 日常的인 治所는 伊都國에 두는데(225), 國中에 마치 刺史(226)가 있는 것 같다(227). 王(228)은 使臣을 派遣해 京都(229), 帶方郡, 諸韓國에

보낸다. 郡使가 倭國에 이르면(230), 모두 나루터로 맞아들여 搜露하여, 傳送文書·賜有之物을, 女王에게 보냄에 있어, 差錯이 일어날 수 없게 한다(231). 下戶가 大人과 더불어 道路에서 서로 만나면, 뒷걸음질로 풀숲으로 들어간다. (下戶가 大人에게) 말을 전하고 일을 아룀에 있어서는, 혹은 쭈그리고 앉거나 혹은 무릎을 꿇은 채, 양손을 땅에 대고 恭敬스럽게 하고, (大人이) 대답할 때에는 소리를 내어 噫라고 하는데, 比喩하면 承諾하는 말 같다(232).

其國本亦以男子爲王, 住七八十年, 倭國亂, 相攻伐歷年. 乃共立, 一女子爲王, 名曰卑彌呼. 事鬼道, 能惑衆(233). 年已長大, 無夫壻, 有男弟佐治國. 自爲王以來, 少有見者. 以婢千人自侍, 唯有男子一人, 給飲食傳辭, 出入居處. 宮室樓觀城柵嚴設, 常有人持兵守衛.

(234) 그 나라(235)는 本來 또한 男子로서 王을 삼았는데, 住七八十年에, 倭國에 亂(236)이 일어나, 서로 歷年 攻伐하였다. 이에 共立(237)하여, 한 女子를 王으로 삼았는데(238), 이름을 卑弥呼(239)라 하였다(240). 鬼道(241)를 섬겨, 能히 무리들을 迷惑시켰다(242). 나이가 이미 찼으나(243), 夫壻(244)가 없이, 男弟(245)가 있어 나라를 다스리는 것을 도왔다. 왕이 된 이래로, 모습을 본 이가 드물었다(246). 婢 1千人(247)으로 하여금 자신을 시중들게 하고, 다만 男子 한 사람을 두어, 음식을 供給하고 말을 전하도록(248), 居處를 出入케 하였다. 宮室·樓觀·城柵(249)을 嚴히 設置하고, 항상 사람을 두어 병장기를 들고 守衛케 하였다.

女王國東渡海千餘里, 復有國, 皆倭種. 又有侏儒國在其南, 人長三四尺. 去女王四千餘里. 又有裸國黑齒國復在其東南, 船行一年可至. 參問, 倭地, 絶在海中洲島之上, 或絶或連, 周旋可五千餘里.

女王國 東으로 바다를 千餘里 건너면, 다시 나라가 있는데, 모두 倭種이다(250). 또 侏儒國(251)이 그 南에 있는데, 사람들의 身長이 3,4尺이다. 女王과 4千餘里 떨어져 있다. 또 裸國(252)과 黑齒國(253)이 다시 그 東南에 있는데, 배로 1

年을 가야 이를 수 있다. 參問(254)하면, 倭地는, 외떨어진 海中洲島上에 있고, (길이) 혹은 끊기기도 하고 혹은 이어지기도 하며, 周旋이 可히 5千餘里이다(255).

景初二年六月(256), 倭女王, 遣大夫難升米(257)等詣郡, 求詣天子朝獻, 太守劉夏, 遣吏(258)將, 送詣京都. 其年十二月詔書報倭女王曰, 「制詔親魏倭國王卑彌呼. 帶方太守劉夏(259)遣吏, 送汝大夫難升米次使都市牛利, 奉汝所獻, 男生口四人, 女生口六人, 班布二匹二丈, 以到. 汝所在踰遠, 乃遣使貢獻, 是汝之忠孝. 我甚哀汝(260), 今以汝爲親魏倭王, 假金印紫綬(261)裝封, 付帶方太守, 假授汝. 其綏撫種人, 勉爲孝順. 汝來使難升米牛利涉遠, 道路勤勞, 今以, 難升米爲率善中郎將, 牛利爲率善校尉, 假銀印靑綬, 引見勞, 賜遣還. 今以絳地交龍錦五匹(臣松之以爲地應爲綈, 漢文帝著皂(262)衣謂之弋綈是也. 此字不體, 非魏朝之失, 則傳寫者誤也), 絳地縐粟罽十張, 蒨絳五十匹, 紺靑五十匹, 答汝所獻貢直. 又特賜汝, 紺地句文錦三匹, 細班華罽五張, 白絹五十匹, 金八兩, 五尺刀二口, 銅鏡百枚, 眞珠, 鉛丹(263) 各五十斤, 皆裝封付, 難升米牛利還到, 錄受悉可以示汝國中人, 使知國家哀汝, 故鄭重賜汝好物也.

(264) 景初二年(238년) 六月(265), 倭女王이, 大夫 難升米(266) 等을 派遣해 郡에 이르러, 天子께 朝獻하도록 보내주기를 要求하자, 太守 劉夏(267)가, (護送하는) 官吏와 將帥를 派遣하여, 京都로 보내왔다(268). 그 해 十二月 詔書가 倭女王에게 答狀으로 보내져 이르기를, 「親魏倭國王 卑彌呼에게 制詔(269)하노라. 帶方太守(270) 劉夏가 官吏를 派遣, 너의 大夫 難升米, 次使 都市牛利(271)(와), 받들어 네가 바친, 男生口 四人, 女生口 六人, 班布二匹二丈(272)을 보낸 것이, 도착했다. 너의 所在가 踰遠한데, 곧 使臣을 보내 貢獻하니, 이는 너의 忠孝함이다. 내 심히 너를 아껴, 지금부터 너를 親魏倭王(273)으로 삼고, 일단 金印紫綬(274)를 裝封(275)하여, 帶方太守에게 보내, 너에게 假授(276)케 하노라(277). 그것으로 種人(278)들을 綏撫하고, 힘써 孝順하라. 너의 來使 難升米와 牛利는 먼 길을

건너오느라, 道路에서 勤勞하였으니, 지금부터 難升米는 率善中郎將(279)으로 삼고, 牛利는 率善校尉(280)로 삼아, 銀印靑綬를 假授하고, 맞아들여 慰勞하고, 物品을 주어 돌려보내노라(281). (또한) 지금부터 絳地交龍錦(282) 五匹(臣 松之는 (이 文章 中에서) 地는 (실은) 綈가 되어야 하리라 여기옵니다. 漢文帝께서 皂衣를 著用하는 것을 일컬어 弋綈(283)라 하신 것이 그것이옵니다. 이 글자는 모양이 갖추어져 있지 않으니, 魏朝의 失手가 아니고, 곧 (後代) 傳寫者의 잘못일 것이옵니다), 絳地縐粟罽(284) 十張(285), 蒨絳(286) 五十匹, 紺靑(287) 五十匹로써, 네가 바친 貢直(288)에 答하노라. 또한 특별히 너에게 紺地句文錦(289) 三匹, 細班華罽(290) 五張, 白絹(291) 五十匹(292), 金八兩(293), 五尺刀(294) 二口, 銅鏡 百枚(295), 眞珠(296)·鉛丹(297) 各 五十斤을 賜하여, 모두 裝封하여 보내니, 難升米·牛利가 還到하면, 錄受하여 모두 마땅히 너의 國中 사람들에게 보여, 國家(298)가 너를 아끼고, 그로 인해 너에게 鄭重히 好物(299)을 賜한 사실을 알리도록 하라(300)」.

正始元年, 太守弓遵遣建中校尉梯儁(301)等, 封詔書印綬詣倭國, 拜假倭王, 幷齎詔, 賜金帛錦罽刀鏡采物. 倭王因使上表, 答謝恩詔(302). 其四年, 倭王復遣使大夫伊聲耆掖邪狗(303)等八人, 上獻生口倭錦絳靑縑緜衣帛布丹木𤝔短弓矢. 掖邪拘等壹拜率善中郎將印綬. 其六年, 詔賜倭難升米黃幢(304), 付郡假授. 其八年, 太守王頎到官. 倭女王卑彌呼, 與狗奴國男王卑彌弓呼, 素不和, 遣倭載斯烏越等詣郡, 說相攻擊狀. 遣塞曹掾史張政等, 因齎詔書黃幢拜假難升米, 爲檄告諭之.

正始(305) 元年(240년) (帶方)太守 弓遵(306)이 建中校尉(307) 梯儁(308) 等을 派遣하여, 詔書와 印綬를 받들고 倭國으로 가서, 倭王에게 拜假하고, 더불어 詔를 가져가서, 金(309)·帛(310)·錦(311)·罽(312)·刀(313)·鏡(314)·采物(315)을 賜하였다(316). 倭王이 使臣에게 付託, 上表하여, 恩詔에 答謝하였다(317). 그 4年(243년), 倭王이 다시 使臣 大夫 伊聲耆掖邪狗(318) 等 8人을 遣使하여,生口·倭錦(319)·絳靑縑緜衣(320)·帛布(321)·丹(322)·木𤝔短弓矢(323)를 上獻하였다(324). (이에) 掖邪狗 等에게 率善中郎將의 印綬(325)를 壹拜(326) 하였다. 그 6年(245년), 詔로써 倭의 難升米에게 黃幢(327)을 賜하고, 郡으로 보내 假授케 하였다.

그 8年(247년), 太守 王頎(328)가 官(329)에 이르렀다. 倭女王 卑彌呼는, 狗奴國 男王 卑彌弓呼(330)와 더불어, 본시 不和하였는데(331), (이때에) 倭의 載斯烏越(332) 等을 派遣해 郡에 와서, (兩國이) 서로 攻擊하는 狀況을 알리었다. (이에 대하여 郡에서는) 塞曹掾史(333) 張政(334) 等을 派遣하니, 이에 (張政 等이) 詔書와 黃幢을 가져와 難升米에게 拜假하고, 그것을 檄(335)으로 삼아 告諭(336)하였다.

卑彌呼以死, 大作冢, 徑百餘步, 徇葬者奴婢百餘人. 更立男王, 國中不服, 更相誅殺, 當時殺千餘人. 復立卑彌呼宗女壹與, 年十三爲王(337). 國中遂定. 政等以檄告喩壹與. 壹與遣倭大夫率善中郞將掖邪狗等二十人, 送政等還, 因詣臺, 獻上男女生口三十人, 貢白珠五千孔, 青大句珠二枚, 異文雜錦二十匹.

卑彌呼가 죽어, 크게 冢(338)을 만들었는데(339), 徑이 百餘步였고, 徇葬(340)者가 奴婢 百餘人이었다. 다시 男王이 섰으나, 國中이 不服하고, 다시 서로 誅殺하여, 당시 千餘人을 죽였다. (이에) 다시 卑彌呼의 宗女 壹與(341)를 세워, 年 13歲로써 王으로 삼으니, 國中이 마침내 安定되었다(342). 政(343) 等이 檄으로써 壹與에게 告喩(344)하였다. 壹與는 倭의 大夫 率善中郞將 掖邪狗 等 20人을 派遣, 政 等에게 다시 보내, 付託하여 臺(345)로 나아가, 男女 生口 30人을 獻上하고, 白珠 5千孔(346), 青大句珠(347) 2枚, 異文雜錦(348) 20匹을 貢하였다(349).

2. 위지왜인전 원전의 釋文 및 譯文 각각의 선정 항목에 대한 註解

(1) 이 句節이 百納本, 紹興本, 宮內廳本, 中華書局本, 翰苑 所引 魏志, 晋書 등에는 「倭人在」, 通志, 魏略, 後漢書 등에는 「倭在」로 되어있는데, 본서에서는 전자를 따랐다.

(2) 이 語句가 百納本, 紹興本, 宮內廳本, 魏略, 晋書, 中華書局本 職貢圖 倭國使條, 南齊書 등에는 「帶方」으로 되어있고, 後漢書에는 「韓」으로 되어있는데, 본서에서는 전자를 따랐다.

(3) 이 語句가 百納本, 紹興本, 宮內廳本, 中華書局本 등에는 「國邑」, 後漢書, 職貢圖倭國使條 등에는 「韓」으로 되어있는데, 본서에서는 전자를 따랐다.

(4) 이 文句가 百納本, 紹興本, 宮內廳本, 中華書局本 등에는 「從郡至倭」, 通志에는 「自帶方郡至倭」로 되어있는데, 본서에서는 전자를 따랐다.

(5) 이 語句가 百納本, 紹興本, 宮內廳本, 中華書局本 등에는 「狗邪韓國」, 通志에는 「拘邪韓國」으로 되어있는데, 본서에서는 전자를 따랐다.

(6) 이 語句가 紹興本, 汲古閣本, 殿本(武英殿本의 略稱. 이하 마찬가지), 中華書局本, 啓明書局本, 三國志集解, 通志 등에는 「對馬國」, 宮內廳本, 百納本 등에는 「對海國」으로 되어있는데, 본서에서는 전자를 따랐다.

(7) 倭人. わじん(wajin). 倭人 혹은 倭는 문헌상 古代 韓國人 및 中國人이 주로 日本列島의 사람들을 불렀던 호칭으로 알려져 있다. 이에 비해 당시 日本列島의 倭人들이 자신을 어떻게 부르고 있었는지에 대해서는 알려져 있지 않으나, 『古事記』 『日本書紀』에는 日本을 大八洲國, 葦原中國, 豊葦原之千秋五百秋瑞穗國, 秋津島(洲) 등으로 표기하고 있다. 그러나 문헌상 늦어도 6세기에는 日本人 스스로도 자신을 왜로 칭했다고 한다.

倭人 혹은 倭에 대해서는 그 명칭의 어원 및 실체를 둘러싸고 다양한 견해들이 배태되었다.

우선 그 語源에 대한 諸說을 살펴보면 ① 人面에 入墨을 한다는 의미의 委에서 由來된 것으로 보는 설(『漢書』 地理志 「如淳」의 注, 後漢 章帝(75-88) 무렵에 成立), ② 倭人의 自稱을 나타내는 日本語 「我(和伽)」의 轉訛로 보는 설(卜部兼方, 『釋日本紀』 引用의 「弘仁私記」 설, 13세기 말에 성립), ③ 倭人의 성격이 柔順하였

기 때문에 그것을 의미하는 글자인 倭를 借字한 것으로 보는 설(藤原兼良(一條兼良), 『日本書紀纂疏』(1455-1457 무렵), ④ 古代에 日本이 女子를 王으로 삼은 사실을 토대로 女字와 人字를 합쳐 倭라는 造字를 만든 다음, 그 轉訛된 禾字를 발음으로 사용한 것으로 보는 설(松下見林, 『異称日本伝』(1698)), ⑤ 日本語 大(=크다)의 의미로 보는 설(新井白石, 『古史通或問』(1716)), ⑥ 矮小하다는 意味의 矮를 表現한 것으로 보는 설(木下順庵, 『錦里文集』(1790)), ⑦ 伊都國이 北九州의 요지에 있고 一大率이라는 官人이 설치되었으며, 帶方郡의 使者가 왕래하며 항상 駐在하는 외교, 교통상의 요지라는 사실에 주목하고, 또한 倭의 발음이「ゐ(i)」라는 사실 등을 토대로, 伊都(ito)라는 名稱이 委(倭)로 생략된 채 사용되다가 이것이 대표적 호칭이 되었다고 보는 설(白鳥庫吉,「倭女王卑弥呼問題は如何に解決せらるべきか」(『史學雜誌』 第三十八編第十號(1927) 10월)), ⑧ 古代 九州의 地名인 火國의 訓借 ひのくに(binokuni)의 ひ(bi)字를 옮긴 것으로 보는 설(田中勝藏,「『倭』の字に就いて」(『考古學論叢』 第十五輯(1940)년 4월), ⑨ 『詩經』「小雅」篇의「周道倭遲」라는 문구를「돌아서 먼 곳」이라는 의미로 해석하여「樂浪海中을 돌아 먼 곳에 있는 東夷」라는 의미의 종족 명칭에서 유래된 것으로 보는 설(水野祐,「第一部[評第一]「倭」「倭人」という呼稱について」『評釋魏志倭人傳』(1987)) 등을 비롯한 제설이 있다.

이어 倭人의 實體에 대해서는 平安 中期의『日本書紀私記』이래 근대까지는 대개 倭를 大和朝廷으로 보았으나, 現代에 이르러『山海經』海內北經의「蓋國在鉅燕南倭北,倭屬燕」,『論衡』 儒增篇의「越裳獻白雉, 倭人貢鬯艸」, 同書 超奇篇의「暢草獻於倭」, 同書 恢國篇의「成王之時, 越裳獻雉, 倭人貢暢」이라는 구절 및 戰國時代의 史書들과『漢書』 地理志 이후의 史書들에 소재한 倭 關聯 記錄을 토대로 初期 倭의 實體를 中國大陸이나 韓半島에서 찾는 논자들이 나타났으며(江上波夫,平野邦雄,井上秀雄), 한국학계에서도 이와 같은 유형의 학설이 발표된 적이 있다(李鍾恒).

그러나 이상과 같은 견해들은 특수한 설에 속하며 日本學界에서는(한국학계의 경우도 마찬가지) 倭를 日本列島의 居住民으로 보는 것이 일반적인데, 오늘날 日本學界에서는 倭가 대륙에 있었음을 示唆하는『山海經』이나『論衡』과 같은 자료들은 대개 倭의 실체가 명료하지 않기 때문에『漢書』 地理志부터를 왜에 관한 최초의 신뢰할 만한 문헌으로 보고 그것을 비롯한 이후의 자료들에 토대하여, 이처럼 倭의 出自를 日本列島에서 찾고 있는 것이라 한다.

한편 倭人에 관한 中國側의 사료들에 대해서는 汪向榮・夏應元編,『中日關係資料彙篇』(中華書局, 1984)에 유용한 종합적 내용분석이 있다(國史大辭典編纂委員會編,「わ,倭」『國史大辭典』14(吉川弘文館, 1993),p.833・下中弘編纂・發行,「倭,わ」『日本史大事典』6(平凡社, 1994),p.1287・井上光貞, 〈北九州の國々〉「中國史書からみた日本」『日本國家の起源』(岩波書店, 1969),pp.12-13・井上光貞・永原慶二・兒玉幸多・大久保利謙,「『三國史記』の倭人と倭國」(平野)『日本歷史大系』1(古代文明の形成)(山川出版社, 1995), pp.270-272・石井良助・井上光貞 編,「前漢書の書例に據って解釋された邪馬台國・女王國・倭・倭國」(牧健二)『シンポジウム邪馬台國』(創文社, 1975), pp.39-83・小林行雄,「倭人と蝦夷」『民族の起源』(塙書房, 1972), pp.138-142・石原道博編譯,『新訂魏志倭人傳他三篇』(岩波書店, 1991), pp.17-20・武光誠編,「わ(じん),倭(人)」『邪馬台國辭典』(同成社, 1986), pp.186-189・森浩一編,「前倭人の活躍」(森浩一)『日本の古代1倭人の登場』(中央公論社, 1985)), p.30・三品彰英,『邪馬台國研究總覽』(創元社, 1978), pp.58-59, p.277, pp.348-350・水野祐,「第一部概說篇(九)倭」「第一段總序의「倭人」項」「[評第一]「倭」「倭人」という呼稱について」『評釋魏志倭人傳』(雄山閣,1987), pp.77-94, p.111,pp.118-121・鈴木武樹編,「「漢籍倭人考」(抄)(1892)」(管政友)」『論集邪馬臺國』(大和書房, 1975),pp.9-10・田中琢,「倭人と繩文人の遭遇」「倭とは何か」『集英社版日本の歷史②倭人爭亂』(集英社, 1991), pp.12-16・上田正昭,「大和の起源」『大和朝廷』(角川書店,1973),pp.24-32・佐原眞,「倭人の登場」『大系日本の歷史❶ 日本人の誕生Ⅰ』(小學館, 1997),pp.374-386・平野邦雄,「ヤマト王權と朝鮮」『岩波講座日本歷史』1(原始および古代1)(岩波書店, 1975),pp.236-239・坂元義種,「古代貴族の國際意識」『「古事記」と「日本書紀」の謎』(學生社, 1998), p.224・寺澤薰,「プロローグ弥生時代とは」『日本の歷史』2王權誕生(講談社, 2000), pp.13-14・新妻利久,「序說」『やまと邪馬台國』(新月社, 1968), pp.5-6・吉田孝,「東アジア世界の「姓」」,『日本の誕生』(岩波書店, 1997), pp.64-66・브리태니커세계대백과사전. 外).

■ <주요 용어 일본어 발음>

大八洲國: おおやしまくに(ōyashimakuni). 葦原中國: あしはらのなかつくに(ashiharanonakatsukuni). 豊葦原之千秋五百秋瑞穂國: とよあしはらのちいほあきのみずほのくに(toyoashiharanochīhoakinomizuhonokuni). 秋津/島(洲): あきずしま(akizu/shima(kuni)). 我(和伽): わが(waga). 藤原兼良(一條兼良): ふじわら/かねよし나ふじわら/かねら(fujiwara/kaneyoshi나fujiwara/kanera) 혹은 いちじょう/かねよし나 いちじょう/かねら(ichijō/kaneyoshi나ichijō/kanera). 卜部兼方: うらべのかねかた/やすかた(urabenokanekata/yasukata). 木下順庵: きのした/じゅんあん(kinoshita/jun'an). 松下見林: まつした/けんりん(matsushita/ken'in). 新井白石: あらい/はくせき(arai/hakuseki). 白鳥庫吉: しらとり/くらきち(shiratori/kurakichi). 田中勝藏: たなか/しょうぞう(tanaka/shōjō). 水野祐: みずの/ゆう(mizuno/yū).

(8) 帶方郡. たいほうぐん(taihōgun). 帶方郡은 中國의 혼란기였던 後漢 獻帝 建安 中(196-220), 구체적으로 204년에 遼東의 2대 지배자 公孫康이 당시 樂浪郡 소속이었던 屯有縣 以南의 荒蕪地를 분할하여 설치한 중국 군현의 하나이다.

帶方郡은 本 魏志倭人傳에서 邪馬台國의 女王 卑弥呼의 對魏遣使와 관련하여 중요한 위치를 차지하고 있기 때문에 일본학계에서 일찍부터 관심을 갖고 연구가 이루어져 왔는데, 對魏遣使와 관련된 日本學界의 해당 연구성과들에 대해서는 본문 후미의「景初二年」항을 비롯한 그 이후의 관련 항들에서 그때그때 개별적으로 요약하여 설명하기로 하고, 여기에서는 그 기초적인 작업으로서 주로 한국학계의 기존 주요 연구성과에 필자의 견해를 다소 첨부하면서 대방군의 설치 배경에서 소멸에 이르는 역사를 간략히 개관해 보기로 하겠다.

본래 中國의 戰國時代에 옛 朝鮮 땅에는 遼東郡이 설치되어 있었고, 中國 漢나라 武帝 元封 3(紀元前 108)년에는 漢이 古朝鮮을 침략, 복속시키면서 樂浪郡(大同江 南岸을 中心으로 한 原朝鮮땅=平安南道의 淸川江 이남에서 黃海道 北端의 慈悲領 이북까지), 臨屯郡(東曉縣(德原地方))을 治所로 한 咸南의 대부분(利原以南)과 江原道 일부(鐵嶺以西)), 玄菟郡(鴨綠江 中流域 및 渾江(佟佳江) 유역의 옛 濊貊땅)을 설치하였으

며 다시 그 이듬해인 기원전 107년에는 朝鮮의 옛 眞番國 땅에 眞番郡이 설치되어, 이 중 戰國時代의 遼東郡을 제외한 漢나라 때에 설치된 4개의 郡縣은 統稱 '漢四郡'이라 불리웠는데, 帶方郡이 설치된 곳은 이 漢四郡 중 眞番郡 地域이었다(李丙燾, 「漢四郡問題의研究」『韓國古代史研究』(2001).

帶方郡의 영역에 대해서는 황해도 지역으로 보는 설과 황해도에서 경기도에 걸친 지역(대체로 한강이북에서 자비령 이남)으로 보는 설이 있고, 그 중에서도 고분 및 유물・유적 분포상황으로부터 전자의 황해도 지역 내 재령군・봉산군・신천군・안악군 등지로 보는 설이 유력하다.

또한 그 治所에 대해서는 크게 黃海道 鳳山郡 文井面 唐土城으로 보는 설과 京畿道 京城으로 보는 설 등으로 갈려져 있으나 전자의 설이 보다 유력하다. 오늘날 沙里院市에 있는 唐土城에서는 「使君帶方太守張撫夷塼」이라는 銘文이 새겨진 벽돌 및 瓦, 五銖錢, 貨泉 등이 발견되었다.

帶方郡이 설치되기까지의 주요한 역사적 추이를 살펴보면, 한사군이 설치된 후 얼마 지나지 않은 漢 昭帝 始元 5(기원전 82)년에 해당 지역 토착세력의 반발로 眞番郡을 罷하여 그 일부(北半部)를 樂浪에, 臨屯郡을 罷하여 一部(남반부)를 玄菟에 합쳤으며, 昭帝 元鳳 6(기원전 75)년에는 玄菟郡이 그 管下 濊貊의 침공으로 인해 治所를 서북쪽인 渾河(=蘇子河) 上流의 興京老城地方으로 옮기고(玄兎는 高句麗의 壓力으로 1세기 무렵에 다시 보다 서쪽의 撫順으로 옮기었다-필자 주-) 동시에 앞서 玄菟에 합병되었던 臨屯故地는 樂浪에 속하게 되었다. 또한 이 이동으로 北方의 玄菟郡은 겨우 2,3個縣을 管轄하였음에 비해 樂浪은 무려 25個縣을 관할하게 되었는데, 樂浪郡의 영역이 이와 같이 넓어졌으므로 漢은 眞番故地에는 樂浪 南部都尉를, 臨屯故地에는 樂浪 東部都尉를 두어 각각 7縣씩을 관할하였다. 그러나 이른바 '王調事件'의 鎭壓이 이루어진 紀元 30년 이후에는 本住民의 反亂으로 인해 南部都尉와 東部都尉 마저 폐지되고, 이후 韓・濊의 成長으로 郡縣의 영향력이 약화되는 와중이었던 3세기 초에, (撫順方面) 玄菟의 小吏로 起身한 公孫度의 아들

公孫康이 韓·濊의 세력을 견제하기 위해 樂浪郡 屯有縣 以南의 땅에 帶方郡을 設置하게 되었던 것으로 보인다(李丙燾,『내가 본 어제와 오늘』, 1966 : 「漢郡縣設置 이후의 東方諸社會」『韓國史大觀』, (1983).

1928년에 현재의 黃海南道 信川郡 北部面 西湖里 부근에서「昭明王長造」라고 하여 과거 樂浪 南部都尉의 治所인 昭明縣으로 여겨지는 글자가 들어 있는 銘錢이 발견된 것으로 보아 帶方郡은 樂浪郡 南部都尉의 7縣을 토대로 편제되었음을 알 수 있다.『晋書』地理志에는 帶方郡이 帶方·列口·南新·長岑·提奚·含資·海冥 등의 7縣으로 구성되어 있었음을 전하고 있다.

帶方郡이 서해바닷가에 설치된 것은 中國과 韓 및 倭 間의 交通이 海路를 이용한 데에 그 원인이 있는 것으로 분석되고 있는데, 本 魏志倭人傳에서 倭國의 地理를 기술함에 있어 帶方郡을 설명의 기점으로 삼고 있는 것도 바로 이와 같은 이유 때문일 것이다.

한편 사료상 濊와 韓 및 倭가 帶方郡과 밀접한 관계를 갖고 있었던 것에 비해 高句麗는 慕本王·太祖大王 이후 주로 幽州, 遼東郡, 玄菟郡 등의 州郡과 관계를 가졌고, 帶方郡과는 그다지 밀접한 관계를 형성하지 않았다.

帶方郡은, 후에 公孫康이 後漢 獻帝를 끼고 세력을 얻은 曺操에게 歸依, 襄平侯 左將軍이 되어 後漢의 郡에 속하였으나, 禪讓形式으로 魏가 들어선 이후, 叔父 公孫恭과 세력을 다투다 승리한 公孫康의 아들 公孫淵이 燕王을 자칭하며 독립을 꾀하다가 238년 司馬懿에 의해 무너져 魏에 接受되어 幽州의 管轄이 된 뒤, 三國의 角逐過程 속에서 동아시아 무역의 중심지로서 번영을 이루었다.

帶方郡은 魏·晋 교체기에 遼東地域의 慕容氏 및 高句麗 勢力에 압박받아 3세기 후반 경에는 郡縣으로서의 독자적인 성격을 상실하고 고립되다가, 晋이 274년에 幽州를 나누어 설치한 東夷校尉(平州刺史)의 관할 아래에서 遼東地域의 後方支援에 겨우 의지하는 와중에 한 때 晋의 적극적인 동방정책으로 세력이 강화되는 조짐을 보이기도 하였다.

그러나 그것도 잠시 뿐 帶方郡은 西晋의 郡縣廢合策 및 290年代에 발생한 내란인 '八王의 亂'과 그 영향으로 시작된 北方遊牧民의 晉으로의 유입으로 발생한 '永嘉의 亂' 등을 계기로 급격히 쇠퇴하여, 311년에는 高句麗 美川王에게 西安平을 빼앗겨 中國 本土와의 연락이 차단되는 어려움을 겪었고, 313년에는 帶方·樂浪 兩郡地域에서 버티고 있던 요동 출신의 세력가 張統이 高句麗의 압력으로 요동으로 달아난 것을 직접적인 원인으로 하여, 樂浪郡이 멸망한(313) 이듬해(314)에 高句麗에 의해 한반도에서 축출되었다.

帶方郡은 이후 요동에서 세력을 갖고 있던 鮮卑族 慕容氏에 의해 大凌河 方面에서 부활했다가 430년대에 北魏에 의해 완전 폐지되었다(李丙燾, 『내가 본 어제와 오늘』(新光文化社, 1966),pp.26-27:「(漢郡縣設置以後의 東方諸社會)『韓國史大觀』(東方圖書,1983),pp.31-37:「漢四郡問題의硏究」『韓國古代史硏究』(博英社, 2001), pp.97-209·李丙燾·金載元, 「百濟의 興起와 馬韓의 變遷」(李丙燾)『韓國史』古代篇(乙酉文化社, 1976), p.357·金元龍,「낙랑군의 고분」『한국의 고분』(세종대왕기념사업회, 1974),pp.73-79:「三國時代의 開始에 關한 一考察-三國史記와 樂浪郡에 대한 再檢討-」『東亞文化』7輯(서울대학교文理科大學東亞文化硏究所, 1967), pp.2-11·金鉉球, 『백제는일본의기원인가』(창작과비평사, 2002), pp.40-44·武光誠編,「公孫氏」『邪馬台國辭典』(同成社, 1986), pp.82-83·水野祐, 「第一部概說篇三國時代の對外政策」「第二部評釋篇[第一段]總序의「帶方」」『評釋魏志倭人傳』(雄山閣, 1987),p.48, pp.111-112·西嶋定生,『邪馬台國と倭國』(吉川弘文館, 1994), pp.78-79·石母田正,「古代史概說」『岩波講座日本歷史』1原始および古代1(岩波書店, 1962),pp.14-15·村山正雄,「帶方郡」『日本史大事典』第四卷(平凡社, 1995)·榎一雄,『邪馬台國』(至文堂, 1975), pp.101-106·汪向榮·夏應元編, 「二≪三國志·魏志·倭人傳≫」『中日關係資料彙篇』(中華書局, 1984),p.7. 外).

(9)「倭人은 帶方郡의 東南 큰 바다 가운데에 있다(倭人在帶方東南大海之中)」라는 句節과 관련해서는 그것이 『漢書』 地理志 燕地條에 「樂浪海中有倭人」, 『魏略』에는 「倭在帶方東南大海中」, 『後漢書』 東夷列傳 倭條에는 「倭在韓東南大海中」으로 각각 되어있는 등 세 사서에 이와 비슷한 내용이 보이고 있는데, 이러한 사서 간 記述 內容의 차이점을 둘러싸고서는 대개 편찬연대의 순서를 고려하여 『三國志』 倭人傳의 해당 기술은 『魏略』에 의거하고, 『後漢書』의 해당 기술은 『魏志』에 의거한 것으로 보는 견해가 있는가 하면(石原道

博 編譯, 『新訂魏志倭人傳他三篇』(1991)), 『後漢書』 倭傳의 '倭在韓東南大海之中'이라는 구절에서 '韓'은 後漢 당시 帶方의 사정이 좋지 않아 『三國志』 倭人傳의 '帶方'을 바꾸어 넣은 것으로 이해하는 견해도 있다(水野祐, 「第一部概說篇『三國志』の史料的價値とその特質」『評釋魏志倭人傳』(1988)). 위의 내용은 魏志倭人傳의 성격을 알 수 있는 중요한 단서가 되는 만큼 3자 사료 간의 상호관계에 대한 보다 풍부한 知見이 필요하다(石原道博編譯,『新訂魏志倭人傳他三篇』(岩波書店, 1991), p.22 · 水野祐,「第一部概說篇『三國志』の史料的價値とその特質」『評釋魏志倭人傳』(雄山閣, 1988), p.10 · 三品彰英,「注解[旧百餘國漢時朝見見者]」『邪馬台國硏究總覽』(創元社, 1978), p.60 · 藤間生大,『埋もれた金印』(岩波書店, 1973), p.11, p.17, pp.120-121).

<주요 용어 일본어 발음>

石原道博:いしはら/みちひろ(ishiwara/michihiro).

(10) 「산과 섬에 의지하여 國邑이 形成되어 있다(依山島爲國邑)」라는 구절은 큰 섬의 내륙지역은 산의 안쪽으로 분지가 형성되어 있고 자그마한 도서지역은 섬의 안쪽으로 분지가 형성되어 있어 이 각각의 분지를 중심으로 사람들이 모여 國邑을 이루며 살아가는 섬나라 일본의 지형적, 주거적 특성을 잘 드러내어 주고 있는 말로서 견문자의 관찰력과 위지 편자의 탁월한 기술요령이 상호 절묘한 조화를 이루고 있다.

(11) 「옛날(舊)에」라는 말의 시간적 범위는 명확치 않은 것 같다.

(12) 「百餘國이 있었는데(百餘國)」라는 나라의 數에 관한 기술에 대해서는 이를 그대로 받아들이는 견해도 있지만 그것을 多數의 나라가 있었다는 概數를 표현한 것으로 보기도 한다. 또한 百餘國 각각의 규모에 대해서는 이를 郡 정도의 크기로 보는 견해가 있다(三品彰英,「注解[旧百余國漢時有朝見者]」『邪馬台國硏究總覽』(創元社, 1978), p.60 · 森浩一編,「國際舞台への出現」(森浩一)『日本の古代1 倭人

の登場』(中央公論社, 1985), pp.37-38・水野祐,「第二部評釋篇[第一段]總序條의 「百余國」項」『評釋魏志倭人傳』(雄山閣, 1987), p.114・寺澤薫,「倭人伝の國々」『日本の歷史』2王權誕生(講談社, 2000), pp.125-145).

(13) 「朝見」이란 文字上으로는 中國 皇帝의 朝廷에 나아가 황제를 뵈온다는 말이고, 내재적으로는 朝貢物이나 國書의 傳達과 같은 政治儀禮的 行爲를 포함하는 말로 여겨진다.

(14) 「朝見하여 오는 나라가 있었다(有朝見者)」라는 문구는 (100餘國 중) 일부의 나라가 朝見하러 오는 경우가 있었다는 의미로 풀이 된다.

(15) 「지금 使譯을 통하는 곳이 30國이다(今使譯所通三十國)」라는 구절에서는 '今'이란 어느 시기를 가리키는가 하는 문제에 대한 논의, 中國과 使譯을 通한 30國 중 奴國 重出 問題에 대한 논의 및 이 당시 실제로 中國과 使譯을 通한 倭國의 나라의 數가 30國이었는지의 여부 등에 대한 논의 등이 보인다.

우선 첫 번째의 '今'에 대해서는 이를 魏 時代를 가리키는 것으로 보는 설과 『三國志』의 典據文獻인 『魏略』이 撰述된 晋武帝 太康年間(280-289)으로 보는 설 등이 있다.

이어 中國과 使譯을 通한 30國 중 奴國 重出 問題의 論議에 대해서는 우선 그 설명의 편의를 돕기 위해 魏志倭人傳의 30國을 아래에 열거한다.

> 1) 對馬國 2) 一大(支)國 3) 末盧國 4) 伊都國 5) 奴國 6) 不彌國 7) 投馬國 8) 邪馬壹國 9) 斯馬國 10) 已百支國 11) 伊邪國 12) 都(郡)支國 13) 彌奴國 14) 好古都國 15) 不呼國 16) 姐奴國 17) 對蘇國 18) 蘇奴國 19) 呼邑國 20) 華奴蘇奴國 21) 鬼國 22) 爲吾國 23) 鬼奴國 24) 邪馬國 25) 躬臣國 26) 巴利國 27) 支惟國 28) 烏奴國 29) 奴國 30) 狗奴國

본 魏志倭人傳의 語法에 따를 경우 위의 諸國들 중 1)에서 8)까지는 '其戶

數道里可得略載'의 8個國이고, 9)에서 29)까지는 '其餘旁國遠絶不可得詳'의 21個國이며, 30)의 狗奴國은 倭女王 卑彌呼와 '素不和'한 女王國의 경쟁국으로 30國이란 정상적으로 보면 이상의 나라들을 가리킨다고 할 수 있다.

그러나 공교롭게도 위에서 볼 수 있는 바와 같이 5)와 29)의 나라가 똑같이 奴國으로 되어있어 이 두 나라를 동일실체로 볼 여지가 많고 실제로 일본학계에서는 이러한 점을 염두에 두고 본문의 뒷 구절에 나오는 '其北岸'이라는 말을 적극적으로 해석하여 狗邪韓國까지가 倭國의 영토였다고 주장하는 견해가 생겨나게 되었다.

이와 관련하여 日本 明治時代의 學者인 三宅米吉는, 『後漢書』의 「光武帝 建武 中元 2(57)年 倭奴國이 貢物을 바치고 朝賀하였다. 使人들이 스스로를 大夫라고 하였다. 倭國의 極南界에 있다. 光武帝가 印綬를 賜하였다」라고 하는 句節을 1874년 黑田藩의 領內인 九州 博多灣의 志賀島에서 發見된 「漢委奴國王」이라는 金印銘文과 連結시켜, "魏志倭人傳에서 볼 수 있듯이 奴國은 伊都國의 東南과 女王國의 境界가 끝나는 곳 등 두 곳에 있었는데, 『後漢書』의 撰者는 이 중 前者의 奴國이 朝貢하여 온 것을 후자의 奴國이라고 생각하여 倭奴國을 倭國의 極南界에 있는 것으로 記述한 것이다"라는 요지의 저명한 견해를 발표하여(三宅米吉, 「漢委奴國王印考」 『史學會雜誌』(1892)), 이 문제의 해결에 깊은 시사를 던져주고 있다.

즉, 三宅米吉은 奴國은 본래 두 개가 있었다는 것인데 이 견해대로 라면 30국의 범위에 狗邪韓國까지 포함시킬 필요가 없게 되는 것이다.

이어 이 당시 실제로 中國과 使譯을 통한 倭國의 나라의 數가 30國이었는지의 여부 등에 대한 논의들을 살펴보면, 「30國이 魏와 所通했다」라는 구절 중 '30國'이라는 숫자란 魏와 실제로 통한 나라의 숫자를 말하는 것이 아니라 魏志倭人傳에 기술되어져 있는 倭國의 숫자인 30國을 明記한데 불과하다고 보는 견해, 明나라 때에 滿洲女眞의 强大한 首長이 數十百道의 이름을 빌려 交易의 利益을 거둔 사실을 例證으로 삼아 倭國 內에서 對魏

通貢한 것은 邪馬臺國 1國 뿐이었고 「今使譯所通三十國」이란 실은 女王國의 사신이 30個國의 朝貢名簿를 일괄적으로 가져간 사실을 誇張한 것으로 보는 견해, 30國은 中國과 통교하고 있던 數字를 말하는 것이고 倭國의 數는 더 많이 있었다고 보는 견해 등 제설이 있고, 韓國側에서는 李丙燾 博士가 魏와 所通한 倭國이 30가량이라는 것은 실제로 30國이 모두 魏와 通했다는 것이 아니라 魏와 통교하여 魏로부터 親魏倭王의 印綬를 받은 女王國이 近 30國을 統率, 代表한 盟主國의 자격을 가졌던 까닭에 그와 같이 표현된 것이라는 견해를 낸 적이 있다(李丙燾, 『한국 고대 사회와 그 문화』(1973)).(井上光貞, <金印の發見>「中國史書からみた日本」『日本國家の起源』(岩波書店,1969), p.16・小林行雄, 『民族の起源』(塙書房, 1972), p.140・武光誠編, 「なこく, 奴國」『邪馬台國辭典』(同成社, 1986),pp.153-154・水野祐,「第二部評釋篇[第一段]「總序」條의 「使譯」 및 「三十國」項」『評釋魏志倭人傳』(雄山閣,1987), pp.115-117・三品彰英, 「注解[今使譯所通三十國]」『邪馬台國研究總覽』(創元社,1978),pp.61-62・平野邦雄編, 「東洋學からみた『魏志』倭人伝」(池田溫)『古代を考える邪馬台國』(吉川弘文館, 1998), p.101・寺澤薰, 「倭人伝の國々」『日本の歷史』2王權誕生(講談社, 2000), pp.125-145・義江彰夫, 「古代日本人と國際コミュニケ-ション」『歷史の文法』(東京大學出版會,1997)・汪向榮・夏應元編, 「二≪三國志・魏志・倭人傳≫」『中日關係資料彙篇』(中華書局, 1984), p.7・李丙燾, 『한국 고대 사회와 그 문화』(瑞文文庫, 1973), pp.186-188. 外).

<주요 용어 일본어 발음>

三宅米吉:みやけ/よねきち(miyake/yonekichi).

(16) 「郡에서 倭에 이르름에는(從郡至倭)」이라는 구절 중 「倭」에 대해서는 그것을 倭地域 全體를 가리키는 것으로 보는 설과 邪馬台國으로 보는 설 등이 있는데, 이에 대해서는 뒤의 (49)항과 (70)항 등에서 牧健二의 설을 소개할 때에 자세히 언급하게 것이다(石井良助・井上光貞 編, 「前漢書の書例に據って解釋された邪馬台國・女王國・倭・倭國」(牧健二)『シンポジウム邪馬台國』(創文社, 1975), pp.39-83・三品彰英, 「注解[從郡至倭]」『邪馬台國研究總覽』(創元社, 1978), p.62. 外).

(17) 「海岸을 돌아 水行한다(循海岸水行)」라는 구절 중 「循海岸」에 대해서는 그것을 뒤에 나오는 「渡海」라는 말과 비교하여 전자(循海岸)가 육지로 이어져 있는 두 지점을 배로 가는 경우를 가리키는 것에 비해, 후자(渡海)는 (狗邪韓國)-(對馬國)-(一大國)-(末盧國) 등 육지로 이어져 있지 않은 두 지점을 배로 나아가는 경우를 가리키는 것으로 보는 견해가 있는가 하면, 위의 기록들을 비롯한 中國 史書의 用例들을 조사・검토하여 陳壽에게 실제로 그와 같은 구별의식이 있었음을 논증한 견해도 있다.

이 외에 전자가 狗邪韓國까지는 沿岸航路를 이용한 것에 비해 후자는 金海부터는 外洋으로 航海한다는 의미가 담겨있는 것으로 보는 견해도 있는데, 이는 위의 견해들을 다르게 설명한 것이라 할 수 있다(原島礼二,「水行と渡海」『邪馬台國から古墳の發生へ』(六興出版, 1987), pp.125-131・水野祐,「第二部評釋篇[第三段]帶方郡-女王國間の交通路(II)對馬國條의「始度一海」項」『評釋魏志倭人傳』(雄山閣, 1987), pp.129-130).

(18) 韓國. かんこく(kankoku). 韓은 본래 한반도의 중남부지역 정치집단 전체의 통칭이지만 이 韓國은 경기, 충청, 전라에 분포하고 있었던 馬韓을 가리키는 것이다(石原道博 編譯, 『新訂魏志倭人傳他三篇』(岩波書店, 1991), p.40・汪向榮・夏應元編,『中日關係資料彙篇』(中華書局, 1984),pp.7-8).

(19) 「한동안 南으로 가다가 한동안 東으로 가면(乍南乍東)」이라는 句節에서 乍에는 「곧(忽)・한동안(暫)・처음에(初)」 등 여러 가지 의미가 있는데, 여기에서는 문맥상 두 번째의 「한동안」으로 해석해야 한다(三品彰英,「注解[乍南乍東]」『邪馬台國研究總覽』(創元社, 1978), p.62).

(20) 「그 북안(其北岸)」이라는 문구의 의미에 대해서는 앞에서 잠간 소개한대로 이를 「倭領域의 北岸」으로 읽고 狗邪韓國을 倭의 領域으로 보는 견해가 있는가 하면, 이를 「바다를 사이에 둔 그 北岸」으로 읽고 狗邪韓國을

倭의 領域이 아닌 한반도의 영역으로 보는 견해도 있다(三品彰英,「『魏志』倭人伝の讀み方」 및 注解 [到其北岸狗邪韓國] 『邪馬台國硏究總覽』(創元社, 1978), pp.12-14, pp.64-65 · 水野祐,「[第二段]帶方郡-女王國間の交通路(Ⅰ)狗邪韓國まで條의「其北岸」「狗邪韓國」項」『評釋魏志倭人傳』(雄山閣, 1987), pp.124-129 · 佐伯有淸,『硏究史戰後の邪馬台國』(吉川弘文館, 1975), pp.81-85:『硏究史邪馬台國』(吉川弘文館, 1975), pp.139-140 · 榎一雄,『邪馬台國』(至文堂, 1975), pp.7-12 · 江上波夫,『騎馬民族國家』(中公新書, 1978), p.196 · 山尾幸久,「韓人との區別」『新版 · 魏志倭人傳』(講談社, 1986), pp.20-23 · 李基白 著,「한국 고대의 축제(祝祭)와 재판(裁判)」『韓國傳統文化論』(一潮閣, 2002), pp.91-92 · 津田左右吉著(金完基譯),「任那疆域考」『伽倻文化』第8號(財團法人伽倻文化硏究院, 1995), pp.98-99. 外).

(21) 狗邪韓國. くやかんこく(kuyakankoku). 狗邪韓國은 한국 경상남도 金海의 金官國을 가리키는 것으로 봄이 통설이다.『日本書紀』『三國史記』『三國遺事』「駕洛國記」등에는 任那, 加羅, 加耶, 伽耶 등을 비롯한 다양한 표기가 있고『三國志』魏書 東夷傳 韓條에는 狗邪國으로 표기되어 있다(金鉉球,『大和政權の對外關係的硏究』(吉川弘文館, 1985) · 李丙燾,「蘇那曷叱智考」『韓國古代史硏究』(博英社, 2001) · 金元龍,「邪馬臺國小考」『學術院論文集』第14輯(大韓民國學術院, 1975) · 千寬宇,「三韓의國家形成」(上)(下)『韓國學報』第二 · 三輯(韓國學會, 1976):『加耶史硏究』(一潮閣, 1991) · 李進熙,『韓國과日本文化』(乙酉文化社, 1988) · 文暻鉉,『新羅史硏究』(慶北大學校出版部, 1983) · 李鍾旭,「韓 · 倭의 政治勢力과 樂浪郡 · 帶方郡의關係」『韓日古代文化의 諸問題-韓日文化交流基金學術討論會-』((財)韓日文化交流基金, 1986) · 李永植,「6세기 중엽의 加耶와 倭」『加耶史論』(고려대학교한국학연구소, 1993) · 延民洙,『古代韓日交流史』(혜안, 2003) · 丁仲煥,『加羅史硏究』(혜안, 2000) · 李熙眞,『加耶政治史硏究』(學硏文化社, 1998) · 武光誠 編,「狗邪韓國」『邪馬台國辭典』(同成社, 1986), p.77. 外).

(22) 이「7천여리(七千餘里)」라는 기술을 비롯하여 不彌國까지는 行程이 모두 里數로 기재되어 있는데, 일본학계의 일반적인 견해들에서는 이 수치를 그대로 믿고 논의를 전개하는 경향이 강하나, 일각에서는 魏志倭人傳의 里數는 短里는 되어 있어 실제의 거리보다 과장된 것으로 보는 견해들도 있고 그 중의 한사람인 白鳥庫吉는 魏志倭人傳 상으로는 帶方郡에서부터 不彌國까지의 거리가 1만 7백리가 되지만, 魏의 標準里로 환산하면 그것은

대략 2천 7백여리이고, 당시 日本의 里數로 환산하면 2백 9십여리가 된다고 하였다(白鳥庫吉, 「倭女王卑弥呼考」『東亞之光』 5-6・7(1910)).

한편 이에 대하여 古田武彦은 『三國志』 韓條의 「方四千里」라는 韓의 영역에 대한 기술에 토대하여 魏代에는 1里 75~90m의 短里가 활용되고 있었고 魏志倭人傳의 里數도 그 短里에 따라 적용된 것이므로 과장된 것이 아니라고 하는, 일반적인 입장에 선, 견해를 낸 적이 있다(古田武彦, 『邪馬壹國の論理』(1975)).(佐伯有淸, 『硏究史邪馬台國』(吉川弘文館, 1975), pp.97-101・三品彰英, 『邪馬台國硏究總覽』(創元社, 1978), pp.194-195・原島礼二, 「第四章『魏志』倭人伝の里程などを考える」『邪馬台國から古墳の發生へ』(六興出版, 1987), pp.85-120・森田悌, 『邪馬台國とヤマト政權』(東京堂出版, 1998), pp.26-33・水野祐, 「第二部 評釋篇[第二段]帶方郡-女王國間の交通路(Ⅰ)狗邪韓國まで條의「七千余里」項 및 [第三段]帶方郡-女王國間の交通路(Ⅱ)對馬國條의「千餘里」項」 및 [第四段]帶方郡-女王國間의交通路(Ⅲ)一大(壹岐)國條의「又南渡一海千余里」項」『評釋魏志倭人傳』(雄山閣, 1987), pp.129-132, p.139・三品彰英, 「(注解)[七千余里] 및 倭人伝の里程」『邪馬台國硏究總覽』(創元社, 1978), p.64, pp.152-153).

■ <주요 용어 일본어 발음>

古田武彦:ふるた/たけひこ(furuta/takehiko).

(23) 앞의 (17)항 참조.

(24) 對馬國. つしまこく(tsushimakoku). 對馬國은 현재의 對馬島를 말하며 『古事記』에는 「津島」, 『日本書紀』에는 「對馬島」, 『隋書』에는 「都斯痲國」으로 각각 되어있으며, 현재의 행정구역으로는 長崎縣의 上縣郡・下縣郡에 걸친 지역이다.

對馬라는 명칭의 의미에 대해서는 "津의 島"를 訓借한 것으로 보는 견해(陶山訥庵, 『對馬記略』(1717)), 對馬의 지리적 위치로부터 생각하여 한반도의 三韓 중 '馬韓에 對한'이라는 의미로 붙여진 이름으로 보는 견해(日野淸三郞, 『對馬島誌』(1928)), 對馬國이라는 명칭을 魏志 宋紹熙本의 표기에 따라 對海國으

로 바꾸어 읽고 이 한자 의미 그대로의 중국어로 보는 견해(古田武彦,『邪馬台國はなかった－解讀された倭人伝の謎－』(1971))-후에 角川文庫, 朝日文庫로 옮겨 재수록) 등 제설이 있으며, 이 외에 한국학계의 논설로서 한반도로부터 볼 때에 對馬島가 두개의 섬으로 보인다고 해서 韓國語「두 섬」을 音譯한 것으로 보는 金廷鶴 先生의 견해(金廷鶴編,「百濟武寧王陵と出土遺物」『韓國の考古學』(1972))가 있다.

지형상으로 對馬는 중생대의 단층에 의해서 함몰된 지형으로 해발 600m를 넘는 산들이 우뚝 솟아 있기 때문에 평야와 하천이 부족하며, 기온은 그다지 따뜻하지 않지만, 강우량이 많고 삼림이 무성하며 그 중에서도 특히 杉이나 檜 등 난대성수목이 많다고 한다.

對馬島의 유적·유물에는 繩文·弥生時代에 걸쳐 北九州, 壹岐, 韓半島 南部地域 및 大陸과의 交流狀이 나타나 있는데, 이 중 對馬島와 韓半島 및 大陸과의 交流와 관련해서는 稻作傳來에 관한 上縣町 소재의 伊奈久比 神社 전설, 上縣町 志多留에 전해지고 있는 加羅로부터 흘러들어 온 金藏 이야기, 志多留 對岸의 女連에 전해지는, 韓으로부터 흘러들어 온 낭자와 현지인과의 혼인담 등과 같은 전승들도 함께 보이고 있다.

과거 한국의 李丙燾 博士는 고대 한국의 蘇塗信仰이 對馬島에 전해져 日本 中世에 그 南方 下縣郡 豆酘村에 있는 龍良山 南麓 일대에는「卒土山」「卒土內」「卒土賓」이라 표기하고 이를 현대까지도 蘇塗라 불렀다는 平泉澄氏의 설을 소개한 적이 있는데(李丙燾,『한국 고대 사회와 그 문화』(1973)), 이 또한 古代 對馬島와 韓半島와의 밀접한 상호관계를 이야기해 주는 것이라고 볼 수 있다.

對馬島와 관련해서는 본 魏志倭人傳 자체의 다른 기록 혹은 다른 문헌기록과 비교한 연구들도 보이는데, 그 구체적인 예로서 1. 고고학유물의 출토상황을 魏志倭人傳 본문의 기록과 연결시켜 對馬島에서 穀物收穫具인 石包丁이 극히 소량밖에 출토되고 있지 않는 사실이 본문의「無良田」이라는 기술과 관련이 있는 것으로 보는 견해, 2. 律令時代에 對馬가 壹岐, 伊豆와 더불어 卜部를 朝廷에 出仕시킨 사실을 본문의 「其俗, 擧事, 行來有所云爲, 輒灼骨而卜, 以占凶吉, 先告所卜. 其辭如令, 龜法視火坼占兆」라고 하는 기술과 연결시키는 견해 등이 바로 그것이다.

이 외에 對馬와 관련해서는 행정기술상 帶方郡에서 邪馬台國까지에 이르는 地名들 중 對馬國에서 奴國까지의 지명에 대한 비정은 거의 이설이 없다는 점이 지적되고 있고, 또한 對馬島의 行程記述 중에 천여리라는 거리기술 만이 있고 방향기술은 보이지 않는 점에 주목한 한 견해에서는 그 이유를 魏志에 倭地가 帶方 東南 大海 中에 있다는 인식이 이미 나타나 있기 때문에 생략된 때문으로 보기도 하였다(永留久惠,『古代史の鍵・對馬』(大和書房, 1994),pp.6-9,pp.22-45, pp.59-60,pp.63-69・武光誠編, 「つしまこく, 對馬國」『邪馬台國辭典』(同成社, 1986), pp.144-146・水野祐, 「第二部評釋篇[第三段]帶方郡-女王國間の交通路(Ⅱ)對馬國條의「對馬國」및「土地山險深林」項」『評釋魏志倭人傳』(雄山閣, 1987), pp.132-133・三品彰英, 「注解[對馬國]」 및「研究論文抄 一一六, 和田淸 「魏志倭人伝に關する一解釋」(『歷史』創刊號,昭和二十二年十二月)」」『邪馬台國硏究總覽』(創元社, 1978), pp.64-65, pp.375-376・森田悌, 『邪馬台國とヤマト政權』(東京堂出版, 1998), p.21, p.70, p.103・李丙燾,『한국 고대 사회와그문화』(瑞文文庫, 1973), p.144, p.163 :『韓國古代史硏究』(博英社, 2001), pp.729-730・尹錫曉,『신편가야사』(혜안, 1997), pp.143-144:「伽耶の九州進出」『伽耶國と倭地』(新泉社, 1993), pp.160-165:「伽耶の倭地進出に對する考察」『アジア公論』(한국국제문화협회, 1984年11月號), pp.112-114・金廷鶴編, 「百濟武寧王陵と出土遺物」『韓國の考古學』,(河出書房新書, 1972). 外).

▣ <주요 용어 일본어 발음>

陶山訥庵:すやまのとつあん(suyamanototsuan).日野淸三郞:ひのせい/ざぶろ(hinosei/zaburo).平泉澄:ひらいずみ/きよし(hiraizumi/kiyoshi).伊奈久比:いなくひ(inakuhi).金藏:かなぐら(kanagura).志多留:したる(shitaru).女連:うなつら(unatsura).

(25) 大官. たいかん(taikan). 對馬國의 大官으로 여겨지고 있는 ひこ(hiko) 혹은 ひく(hiku)나 그 副官인 ひなもり(hinamori)를 비롯한 各國의 大官 및 副

官으로 여겨지는 官職들에 대해서는 그와 유사한 명칭이 『古事記』 『日本書紀』의 上代紀에 소재한 天皇의 和風諡號名 내지 皇族名 혹은 地方의 首長名이나 豪族名 등에 보이고 있어 邪馬台國 大和說에서는 이를 大和政權의 인물들에 비정하고, 邪馬台國 九州說에서는 이를 九州地域의 豪族 내지 首長으로 비정하는 경향을 보였다.

이처럼 ひこ(hiko)를 비롯한 諸國의 官名 硏究가 대부분 音相似를 주요 근거로 『古事記』 『日本書紀』 上代紀의 기록과 비교하는 형태의 연구경향은 『古事記』 『日本書紀』 를 존숭하던 풍조 속에서 배태된 것임을 직각적으로 알 수 있는데, 『古事記』 『日本書紀』의 상대기사를 부정하는 우리의 입장에서 보면 이러한 연구방식이 군국주의 파시즘제체 하에서의 『日本書紀』 盲信風潮와 연관이 있다고 판단하여 그것을 비과학적인 것으로 여길 수도 있다.

그러나 일본학계에서 『古事記』 『日本書紀』를 존숭하는 풍조는 실은 군국주의 파시즘 시대부터 시작된 것이 아니라 위의 두 문헌이 본격적인 神道의 經典으로서 취급되기 시작한 鎌倉時代 부터라는 점을 감안할 때, 위와 같은 연구경향을 무조건 비과학적인 것으로 치부하기 보다는 고전의 자구 하나하나를 헛되이 방치하지 않고 신중히 다루는 종교적인 전통의 차원에서 이해하는 자세도 필요하다고 본다.

(26) 卑狗. ひこ(hiko) 혹은 ひく(hiku). 본문에 對馬國 大官의 명칭으로 나온다. 卑狗에 대하여 邪馬台國 大和說의 新井白石는 그것을 倭國 男子의 '尊稱'인 「日子」(ひこ(hiko))를 표현한 것으로 보았고(新井白石, 『古史通或問』(1716)), 管政友는 倭國人의 이름인 彦(hiko) 某 혹은 某 彦(hiko)를 中國人이 官名으로 曲解한 것으로 보았으며(管政友, 「漢籍倭人考」(『史學會雜誌』 3-27・28・29・33・34・36(1892)), 內藤湖南은 古代 倭國 男子의 '美稱'인 彦(hiko)와 동일한 실체로(內藤湖南, 「卑弥呼考」 『藝文』 1-2・3・4(1910)), 三品彰英는 『三國志』 韓傳의

首長의 의미를 지니는 臣智나 『日本書紀』의 蘇那曷叱知의 叱知(shichi), 都怒我阿羅斯等의 斯等(shito) 등과 같은 首長의 稱號 및 이것들을 略式으로 표기한 微叱己知波珍干岐의 知(chi), 富羅母智의 智(chi) 등과 같은 용례로 보았다(三品彰英, 「(魏志倭人傳)注解[卑狗]」 『邪馬台國硏究總覽』(1978)).

한편 邪馬台國 九州說의 坂本太郎는 첫째, 魏志倭人傳에는 15종의 다양한 官名이 보이지만 그 중에 공통된 官名은 불과 對馬, 一大(支) 國 등의 卑狗, 對馬, 一大(支), 奴, 不彌 國 등의 卑奴母離 등 불과 2例일 뿐 官名이 제각기 독립성을 지니고 있는 점, 둘째, 女王國과 敵對關係에 있었던 狗奴國의 官인 狗古智卑狗는 다른 나라들의 官과는 분명히 다른 自國의 官인데 그 書法이 對馬 이하 諸國의 官의 열거방식과 완전히 같아 양자 사이에 질적인 차이를 느낄 수 없는 점, 셋째, 伊都國에 主宰한 一大率은 女王이 파견한 總督的인 官으로서 이렇듯 강력한 官이 파견되어졌는데, 다시 諸國의 國王들을 제어하기 위한 官을 보낼 필요는 없었을 것이라고 하는 점 등의 諸 知見들을 내세워 다른 諸國의 官들과 더불어 對馬의 卑狗도 독자적인 官일 것으로 보았다(坂本太郎,「魏志倭人伝雜考」 『日本古代史の基礎的硏究』 上(文獻篇)(1971)).

또한 牧健二는 邪馬台國 時代에 倭國=女王國은 22個國으로 구성된 連邦體制 下에 놓여져 있었되 女王國 以北은 그 連邦體制에 포함되지 않는 女王國의 屬國이었다는 관점에서, 女王國 以北의 官인 卑呼=彦나 彌彌, 彌彌那利 등은 女王國에 속하기 전에는 각국 세습의 官이었다가 여왕국의 속국이 된 이후에 전락하여 連邦인 倭國=女王國의 官이 된 실체로 보았다.

단, 氏는 女王國 以北의 국가들 중 伊都國에도 王이 있었지만 그것은 倭國=女王國이 中國과의 통교상 倭國을 위한 사무를 집행함에 있어 편리하기 때문에 남겨 둔 것이라고 하였다(石井良助・井上光貞 編, 「前漢書の書例に據って解釋された邪馬台國・女王國・倭・倭國」(牧健二) 『シンポジウム邪馬台國』(1975)).

이 卑狗를 비롯해 본 魏志倭人傳에 나오는 倭의 9개국의 관명의 실체에 대한 비정설들을 통해서는 모두 音相似에 의한 비정방법을 취하되 대개 음

이 유사한 실체를 지적하는데 머물고 가능한 한 더 이상의 무리한 추측은 삼가 하는 조심스러운 연구태도를 엿볼 수 있다(坂本太郎,「魏志倭人伝雑考」『日本古代史の基礎的硏究』上(文獻篇)(東京大學出版會, 1982), pp.488-492・三品彰英,「(魏志倭人傳)注解[卑狗]」『邪馬台國硏究總覽』(創元社, 1978), p.65・武光誠編,「ひこ, 卑狗」『邪馬台國辭典』(同成社, 1986), pp.159-160・石井良助・井上光貞編,「前漢書の書例に據って解釋された邪馬台國・女王國・倭・倭國」(牧健二)『シンポジウム邪馬台國』(創文社, 1975), pp.39-72・鈴木武樹編,「「漢籍倭人考(抄)(1892)」(管政友)・「卑弥呼考」(1910)」(湖南・內藤虎次郎)」『論集邪馬臺國』(大和書房, 1975), p.24, p.159・水野祐,「[第三段]帶方郡-女王國間の交通路(Ⅱ)對馬國」『評釋魏志倭人傳』(雄山閣, 1987), p.132・浜田敦,「魏志倭人伝などに所見の國語語彙に關する二三の諸門題」『國語史の諸門題』(和泉書院, 1986)).

▣ <주요 용어 일본어 발음>

新井白石:あらい/はくせき(arai/hakuseki).管政友:かん/まさとも(kan/masatomo).內藤湖南:ないとう/こなん(naitō/konan).三品彰英:みしな/しょうえい(mishina/shōhei).坂本太郎:さかもと/たろう(sakamototarō).蘇那曷叱知:そなかしち(sonakashichi).都怒我阿羅斯等:つぬがあらしと(tsunugaarashito).微叱己知波珍干岐:みしこちはとりかんき(mishikochihatorikanki).富羅母智:ほらもち(horamochi).

(27) 卑奴母離. ひなもり(hinamori). 卑奴母離의 실체에 대하여 邪馬台國 大和說의 內藤湖南은 그것을『日本書紀』景行紀 18年 春 3月條에 나오는 동일발음의 夷守와 같은 실체로 보았고(內藤湖南,「卑弥呼考」『藝文』1-2・3・4(1910)), 笠井新也는 卑奴母離의 卑奴(ひな(hina))는 夷蠻 내지는 天上에 대한 下國, 皇都에 대한 辺土를 가리키는 말이고, 母離(もり(mori))는 動詞 もる(moru)의 名詞形인 守る者(morumono)(=지키는 者)의 의미로서, 밖으로는 大陸의 諸國에 대하여, 안으로는 *熊襲이나 **隼人 등 異族으로부터 西海 辺要의 땅을 지키기 위해 大和朝廷에 의해 설치・지배된 존재로 보았으며(笠井新也,「卑弥呼時代に於ける畿內と九州との文化的並に政治的關係」『考古學雜誌』13-7((1923)), 이 외에 최근의 논설로서, 卑奴母離의 실체를 夷守에 비정하되 ひなもり(hinamori)의 ひな(hina)는 邊境의 守衛를 임무로 하는 직책의 의미이기 때문에 ひなもり

(hinamori)란 후대 博多 沿岸 근처에 파견된 防人과 비슷한 존재이고, 이처럼 ひなもり가 변경수비와 관계되어 졌다고 한다면 博多 沿岸의 近處는 畿內로부터 볼 때 변경이 되는 것이지 九州 안에서는 변경이 되기 어려우므로 그것을 설치한 邪馬台國은 九州보다는 畿內에 소재했을 것이라는 요지의 견해도 있다.

또한 邪馬台國 九州說의 坂本太郎는 魏志倭人傳에는 15종의 다양한 官名이 보이지만 나라마다 공통되는 官名이 對馬와 一大(支) 國 등에 보이는 卑狗, 對馬, 一大(支), 奴, 不彌 國 등에 보이는 卑奴母離 등 불과 2例에 지나지 않고 또한 각국의 관명이 대개 독자성을 보이고 있음을 주요 근거로 ひなもり(hinamori)를 「지방을 지키는 者」 내지 「各國의 地方官」이라는 뜻으로 보아야 한다는 견해를 냈고(坂本太郎,「魏志倭人伝雜考」 『邪馬台國』 古代史談話會編(1954)), 水野祐도 卑奴母離를 邊境을 防備하는 防人과 같은 (中央의) 官司로 보아야 할 뚜렷한 근거가 없다는 관점에서 長官인 ひこ(hiko)는 對馬島 내의 교역이라든가 一般行政을 査察한 실체로, 副官인 卑奴母離는 防衛·軍事를 主宰한 실체로 각각 보았다(水野祐, 「[第三段]帶方郡-女王國間の交通路(Ⅱ)「對馬國」條의 「卑奴母離」 項」『評釋魏志倭人傳』(1987)).(武光誠編, 「卑奴母離」『邪馬台國辭典』(同成社, 1986), pp.161-162·森田悌, 「第三章倭國の政治構造」『邪馬台國とヤマト政權』(東京堂出版, 1998), pp.111-112·鈴木武樹編, 「「卑弥呼考」(1910)」(湖南·內藤虎次郎)」『論集邪馬臺國』(大和書房, 1975), p.159·水野祐,「第二部評釋篇[第三段]帶方郡-女王國間の交通路(Ⅱ)對馬國」『評釋魏志倭人傳』(雄山閣, 1987), p.132·三品彰英, 「注解[卑奴母離]」『邪馬台國研究總覽』(創元社, 1978), pp.65-66).

* 熊襲. くまそ(kumaso).『古事記』와『日本書紀』의 일본신화에서 九州 南部에 본거지를 갖고 大和王權에 저항한 것으로 나오는 일족명 혹은 지역명이다.

**隼人. はやと(hayato). 古代 日本에서 薩摩·大隅(現 鹿兒島縣)에 거주했던 사람들을 가리키는 말이다.

<주요 용어 일본어 발음>

笠井新也:かさい/しんや(kasai/shin'ya).

(28) 「道路는 마치 禽鹿의 길과 같다(道路如禽鹿徑)」라는 문장은 對馬島의 길이 매우 험하다는 것을 표현한 것으로 생각된다.

(29) 「배를 타고 남북으로 오가며 交易을 통해 쌀을 사들인다(乘船南北市糴)」라는 句節에서 「市糴」의 糴은 쌀을 내어 판다는 의미의 糶(조)의 반대말로써 '쌀을 사들인다'는 의미를 지닌다고 한다. 永留久惠는 本 魏志倭人傳의 또 다른 구절의 "倭의 水人이 즐겨 沈沒하여 魚蛤을 딴다"라는 구절 중의 '魚蛤類'가 倭人이 쌀을 사들인 대가로 사용된 것으로 추측하였다(永留久惠, 『古代史の鍵・對馬』(1994)). 「南北市糴」이라는 말은 「一支國」 항에도 보인다(永留久惠, 『古代史の鍵・對馬』(大和書房, 1994), pp.10-11, p.36・榎一雄, 『邪馬台國』(至文堂, 1975), pp.10-11・水野祐, 「第二部評釋篇[第三段]帶方郡-女王國間の交通路(II)對馬國條의 「卑奴母離」項」『評釋魏志倭人傳』(雄山閣, 1987), p.134・李道學, 『백제고대국가연구』(一志社, 1995), pp.147-148)).

■ <주요 용어 일본어 발음>

永留久惠:ながとめ/ひさえ(nagatome/hisae).

(30) 이 語句가 紹興本, 宮內廳本, 百納本 등에는 「一大國」, 翰苑 所引의 魏略 逸文, 梁書와 北史 등에는 「一支國」으로 되어있는데, 본서는 학설은 통설인 후자를 따르지만 표기는 전자로 하였다.

(31) 「다시 南(又南)」이라는 文句에 대하여 肥後和男는 對馬島에서 볼 때 壹岐國은 정확히 말하면 西南方이기 때문에 이는 대략적인 방위표시라 하였다(肥後和男, 「邪馬台國への道」『邪馬台國は大和である』(秋田書店, 1971), p.149).

■ <주요 용어 일본어 발음>

肥後和男:ひご/かずお(higo/kazuo).

(32) 瀚海. かんかい(kankai). 여기에서의 瀚海는 당연히 日本列島의 對馬와 壹岐 사이의 바다를 가리키는 것이나 다른 中國의 文獻에서 瀚海라는 용어는 北海, 바이칼호, 외몽고지역 등을 지칭하는 경우가 있고, 이 중 특히 바이칼호나 외몽고지역은 그곳이 본래 바다였다는 전승에 의해 瀚海라는 명칭이 붙여졌다는 설이 있다(武光誠 編, 「瀚海」『邪馬台國辭典』(同成社, 1986), p.65・水野祐, 「第二部評釋篇[第四段]帶方郡-女王國間の交通路(Ⅲ)一大(壹岐)國條의 「瀚海」項」『評釋魏志倭人傳』(雄山閣, 1987), pp.139-140・石原道博 編譯, 『新訂魏志倭人傳他三篇』(岩波書店, 1991), p.40・三品彰英, 「注解[瀚海]」『邪馬台國硏究總覽』(創元社, 1978), p.66).

(33) 一大國. いちだいこく(ichidaikoku). 一大國은 이 중 大가 支나 岐의 訛傳된 말로서 오늘날의 壹岐(いき(iki))島를 가리키는 것으로 봄이 통설이고 본서도 이에 따르나 일설에는 一大國이라는 국명을 그대로 인정한 바탕 하에서 壹岐가 아닌 五島(長崎縣 五島列島 南西部의 市)나 平戶島(長崎縣 北部 北松浦半島 西海上의 섬)에 비정하는 설도 있다(尾崎雄二郞, 「日本古代史中國史料の處理における漢語學的問題点」『人文』15(1969)). 古田武彦도 一大國이 옳다는 설을 취한 적이 있다(古田武彦, 『日本書紀を批判する記紀成立の眞相』(1971)).

壹岐國은 『古事記』에는 「伊伎國」, 『日本書紀』에는 「壹岐國」, 『國造本紀』에는 「伊吉島」로 각각 되어있는데, 이 중 壹岐라는 말의 語源에 대해서는 그 지리상의 형태인 沖(おき(oki))를 옮긴 것으로 보는 견해(和田淸, 「魏志倭人伝に關する一解釋」(『歷史』 創刊號(1947.12)), 「往の島(いきのしま(ikinoshima))」, 즉 「往來하는 섬」이라는 뜻의 往(いき(iki))를 옮긴 것으로 보는 견해(山口麻太郞)-이에 대해서는 (武光誠編,「一大國」『邪馬台國辭典』(1986))에서 재인용) 등이 있다.

壹岐島에는 原の辻, 唐神 등 弥生時代의 集落遺跡이 존재하며 그 遺物 중에 金海式土器나 王莽貨泉, 鐵製農具, 鐵劍 등 大陸이나 韓半島와 관련된 유물들이 있다는 점에 근거하여, 그곳이 北九州와 南韓을 연결하는 중계점이었을 것으로 보는 견해가 있다.

韓國 釜山의 新石器時代 遺跡인 東三洞貝塚에서 출토된 黑曜石器가 佐

賀縣 伊万里市 腰岳産原石을 가지고 만들었고, 壹岐의 鎌崎海岸遺跡에서 26點의 腰岳産石器가 확인되었다는 지적이 있는 것으로 미루어, 壹岐島는 繩文時代에도 韓半島와 日本本島 間 교류의 중개역할을 담당했을 것으로 보인다(佐伯有淸, 『硏究史戰後の邪馬台國』(吉川弘文館, 1975), p.241・森浩一編, 「前倭人の活躍」(森浩一)『日本の古代1倭人の登場』(中央公論社, 1985), p.36・肥後和男, 「魏志倭人伝とは」『邪馬台國は大和である』(秋田書店, 1971), p.70・武光誠編, 「いちだいこく, 一大國」『邪馬台國辭典』(同成社, 1986), pp.53-54・竹內理三校訂・解說, 『翰苑』(太宰府天滿宮文化硏究所, 1977), p.61・水野祐, 「第二部評釋篇[第四段]帶方郡-女王國間の交通路(Ⅲ)一大(壹岐)國」『評釋魏志倭人傳』(雄山閣, 1987), p.140・三品彰英, 「注解[一大國]」 및 「硏究論文抄 一一六, 和田淸 「魏志倭人伝に關する一解釋」(『歷史』創刊號, 昭和二十二年十二月)」」『邪馬台國硏究總覽』(創元社, 1978), pp.66-67, pp.375-376・汪向榮・夏應元編,「二≪三國志・魏志・倭人傳≫」『中日關係資料彙篇』(中華書局, 1984), p.8. 外).

■ <주요 용어 일본어 발음>

五島:ごとう(gotō).平戸島:ひらどしま(hiradoshima).尾崎雄二郎:おざき/ゆうじろう(ozaki/yūjirō).和田淸:わだ/せい(wada/sei).山口麻太郎:やまぐち/あさたろう(yamaguch/asatarō).原の辻:はらのつじ(haranotsuji).唐神:からかみ(karakami).

(34) 「(四)方이 可히 3百里이다(方可三百里)」라는 文句의 方은 四方의 面積을 말하는 것이다.

(35) 「田地가 적고, 耕田 또한 不足하여(差有田地, 耕田猶不足)」라는 句節은 '또한'이라는 말을 볼 때에 문맥상 앞의 對馬島와 비교하여 말하는 것으로 보인다.

(36) 이 文句가 百納本, 紹興本, 宮內廳本 등에는 「好捕魚鰒」, 通志에는 「好捕魚」로 되어 있는데, 본서에서는 전자를 따랐다.

(37) 末盧國. まつろこく(matsurokoku), まつろのくに(matsuronokuni), まつらこく(matsurakoku), まつらのくに(matsuranokuni). 末盧國은 『古事記』에서는 「梅頭羅」, 「末羅」『日本書紀』에는 「松浦」로 각각 표기되어져 있다.

末盧國의 위치에 대해서는 그곳을 현재의 唐津市 부근으로 여겨지는 肥前國 松浦郡(まつらぐん 혹은 まつらのこおり(matsuragun 혹은 matsuranokōri)) 내에 비정하는 견해가 통설이다.

唐津市 玄海灘 沿岸地域에는 西唐津海底遺跡이나 相知町의 千束 등 繩文時代의 遺跡들이 있고, 唐津市 附近에는 宇木汲田과 櫻馬場 등의 弥生時代 遺跡들이 있는데, 이 중 宇木汲田遺跡에 대해서는 그곳이 韓半島 등 大陸 舶載青銅器의 일본 최대산출지라는 점을 근거로 末盧國王의 墳墓일 가능성을 지적한 견해가 있는가 하면, 松浦川의 右岸에 所在한 宇木汲田遺跡은 弥生時代 前期 前半(기원전 3세기 전반)에서 1세기 중기 중엽(기원전 100년경)까지 末盧國 支配者의 墳墓遺跡이었고 그로부터 약 200년의 공백이 있은 후 1세기 후반에 이르러 末盧國의 王墓가 松浦川 左岸에 소재한 櫻馬場遺跡으로 옮겼다고 하는, 좀 더 정밀한 견해도 있다.

위에서 언급했듯이 宇木汲田遺跡은 그 안에 韓半島 등 대륙의 유물들이 발견되는 특징을 지니고 있는데, 『肥前國風土記』 松浦郡條에도 「値嘉島, 在郡西南之海中, 西有泊船之停二處, 一處名曰相子之停, 應泊三十餘船, 一處名川原浦, 應泊一十餘船, 遣唐之使從此停發, 到美彌良久之濟, 從此發船指西之」라고 하여 末盧國과 大陸과의 관계를 시사하는 구절이 보인다.

末盧國에 대해서는 본 魏志倭人傳의 관련기록을 비롯한 각종의 문헌기술을 토대로 그 내부의 상황을 추정한 견해들도 보이는데, 그 구체적인 예로서 1. 위지왜인전 본문의 「好捕魚鰒, 水無深淺, 皆沈沒取之」라는 구절은 8세기에 쓰여진 『肥前國風土記』에서 鮑・螺・鯛・雜魚・海潮・海松 등을 松浦郡의 特産品 海産物로 들고 있는 사실과 부합되는 것으로 보는 견해, 2. 北宋版 『通典』 邊防傳에 보이는 「永初元年倭面土地王帥升等」의 '面土'를 metula(末盧)로 읽고 『

後漢書』 倭傳에 보이는 永初 元(107)年의 生口 160人의 헌상은 末盧國王이 중심이 된 활동이었다고 보는 견해, 3. 末盧國 사람들이 '魚鰒잡기를 좋아한' 것은 末盧地域이 伊都國이나 奴國에 비해 상대적으로 평야의 면적이 좁아 본문에 기술되어 있는 「濱山海居. 草木茂盛, 行不見前人」하는 환경을 지니고 있었기 때문으로 보는 견해 등이 있다.

이어 또 하나 주목해야 할 사항으로서 본 魏志倭人傳의 「末盧國」 항과 관련된 기술에는 其他의 國에 관한 기술과는 다른 두 가지의 특징이 있고 그에 대한 각각의 논설도 있다.

우선 첫 번째 특징은 본문의 기타 7국에 관한 내용과 달리 「末盧國」項에는 官에 관한 기술이 없는데, 이에 대해서는 末盧國이 伊都國의 外港과 같은 존재였기 때문으로 보는 견해(田中卓, 『邪馬台國と稻荷山刀銘』(1985))를 비롯하여, 末盧國의 官名도 주변의 다른 나라와 마찬가지로 (大)官이 卑狗였고 副官이 卑奴母離였기 때문에 筆寫나 刻字 過程에서 부주의로 인하여 무심코 脫文이 발생한 결과로 추정하는 견해, 弥生時代 後期부터 이 地域이 考古學的으로 갑자기 쇠퇴하는 점에 着目하여 邪馬台國 時代 당시 末盧國이 쇠퇴하여 魏使의 주요 거점으로서의 조건을 상실했기 때문에 官을 두지 않았던 것으로 추정하는 견해, 末盧는 橋頭堡라든가 停泊港으로서 中繼基地였기에 首長 등이 없는 채 직접 大倭의 관할을 받았기 때문으로 보는 견해 등 다양한 견해들이 제출되었다.

이어 두 번째 특징으로서 一支에서 末盧까지의 行程記述에 거리는 표시되어 있으나 방향에 관한 기술은 빠져있는데, 그 이유에 대해서는 魏志 編者가 (對馬)-(一支)가 南方向이어서 (一支)-(末盧)도 그와 동일방향일 것으로 판단하여 생략한 것으로 보는 견해가 있다(石原道博編譯,『新訂魏志倭人傳他三篇』(岩波書店, 1991), pp.40-41・三品彰英,「注解[末盧國]」『邪馬台國硏究總覽』(創元社, 1978), pp.67-68・鈴木武樹編,「「卑弥呼考」(1910)」(湖南・內藤虎次郎)」・「倭女王卑弥呼考(1910)」(白鳥庫吉)」『論集邪馬臺國』(大和書房, 1975), p.102, p.151・上田正昭 著,「邪馬台の國」『歸化人』(中央公論社, 1987), p.49・森田悌,『邪馬台國とヤマト政權』(東京堂出版, 1998), pp.21-22, pp.112-113・水野祐,「第二部評釋篇[第五段]帶方郡-女王國間の交通路(Ⅳ)一末盧國」『評釋魏志倭人傳』(雄山閣,

1987), pp.142-143・武光誠編,「まつろこく末盧國」『邪馬台國辭典』(同成社, 1986), pp.174-176・寺澤薰,「クニから國へ-「マツロ」國」『日本の歴史』2王權誕生(講談社, 2000), pp.147-149・汪向榮・夏應元編,「二≪三國志・魏志・倭人傳≫」『中日關係資料彙篇』(中華書局, 1984), p.8).

▣ <주요 용어 일본어 발음>

肥前國:ひぜんのくに(hizennokuni).唐津市:からつし(karatsushi).相知町:おうちちょう(ouchichō).千束:せんぞく(senzoku).宇木汲田遺跡:うきくんでんいせき(ukikundeniseki).

(38)「다시 一海를 千餘里 건너면, 末盧國에 이른다(又渡一海千餘里, 至末盧國)」라는 구절에 대해서는 이를 壹岐郡 武生水町의 鄕ノ浦에서 肥前 東松浦半島의 名護屋 부근까지 가는 항로를 말하는 것으로 보는 견해가 있다(水野祐,「第二部評釋篇[第五段]帶方郡-女王國間の交通路(Ⅳ)一末盧國條의「又渡一海」項」『評釋魏志倭人傳』(雄山閣,1987), p.142).

▣ <주요 용어 일본어 발음>

武生水町:むじょうずちょう(mujōzuchō).鄕ノ浦:ごうのうら(gōnoura).名護屋:なごや(nagoya)(注意)-愛知縣에도 이와 발음은 같으나 名古屋라는 표기가 다른 지명이 있다.

(39) 이 語句가 대부분의 本에는「泄謨觚」로 되어있고, 魏略에는「洩溪觚」로 되어있는데, 본서에서는 전자를 따랐다.

(40) 이 句節이 百納本, 紹興本, 宮內廳本, 中華書局本 등에는「皆統屬女王國」, 通志에는「皆統屬於倭國」으로 되어있는데, 본서에서는 전자를 따랐다.

(41) 東南(とうなん(tōnan). 伊都國은 末盧國으로 비정되는 佐賀縣의 松浦에서 보면 東南이 아닌 東北이 되어야 한다는 지적이 있다. 또한 이와 같은 모순에 대해서는 末盧國에서 伊都國으로의 실제의 方位는 東南이 아닌

데 그 方位를 東南이라고 한 것은, 곧바로 올바른 방향인 東北으로 가게 되면 海中으로 들어가 버리기 때문에 우선 東南의 陸行으로 갔기 때문이라고 하여 그것을 지지, 補完하는 견해가 있고, 이에 대해서는 다시 만약 그렇게 보면 帶方에서 倭로의 방향도 '帶方郡東南大海中'이 아닌 '帶方郡南大海中'이 되어야 한다는 논거로써 재반박하는 견해도 있다(肥後和男, 「魏志倭人伝とは」『邪馬台國は大和である』(秋田書店, 1971), p.68, p.71・三品彰英, 「注解[東南陸行五百里]및 補注 倭人伝の方角・研究論文抄 七一, 志田不動磨「邪馬台國方位考」『史學雜誌』第三十八編第十号, 昭和二年十月」『邪馬台國研究總覽』(創元社, 1978), p.152, p.275・榎一雄, 『邪馬台國』(至文堂, 1975), p.62・森田悌, 『邪馬台國とヤマト政權』(東京堂出版, 1998), pp.22-23).

(42) 伊都國. いとこく(itokoku). 伊都國은 통설상 『古事記』의 「伊斗村」, 『日本書紀』의 「伊都縣」, 「怡土郡」, 『筑紫風土記逸文』의 「逸都縣」, 『筑前國風土記逸文』 의 「怡土郡」 등과 각각 같은 명칭으로 알려져 있으며, 이 외에 특이설로서『古事記』에 나오는 伊蘇를 伊都의 異表記로 보는 견해, 北宋版『通典』의 「永初 元(107)年 倭面土地王」의 面土와 『通典』의 또 다른 版本記錄에 보이는「倭回土國」의 回土를 伊都로 보는 견해 등이 있다.

伊都國의 위치에 대해서는 福岡縣 糸島郡 深江이나 同郡 前原 혹은 同郡 三雲과 井原을 합친 지역 등 주로 糸島郡 內에서 찾는 견해들이 주류를 이루고 있다.

伊都國 명칭의 유래에 대해서는 博多灣의 志賀島로부터 출토된 金印에 새겨진「漢委奴國王」이라는 銘文 중 委奴를 伊都로 읽고 後漢 무렵의 委奴國이 魏 時代에 名稱이 바뀌어 伊都國이 된 것으로 보는 견해가 있다.

또한 魏志倭人傳의 伊都國을 둘러싼 行程記述과 관련된 저명한 논설로서, 기존에는 帶方郡에서 邪馬台國까지의 行程記述을 모두 直線行程으로 읽어 왔던 것에 대하여, 일단의 학자들은 魏使의 行程에 있어 伊都國에서부터 邪馬台國까지의 行程記述을 伊都國을 基點으로 하는 放射讀法으로 읽어야 한다는 주장을 제기하였는데(그 元祖는 安藤正直이라는 學者로 알려져 있다),

이하 해당논설의 집대성자인 榎一雄의 설을 정리해 보기로 한다.

榎一雄에 따르면, 帶方郡부터 伊都國까지는 行程記述이 方位-距離-地名의 순으로 기술되어져 있는데 비해 伊都國 이후부터는 方位-地名-距離의 순으로 되어있고, 또한 伊都國 이전의 문장에는 「又南海一渡」와 같이 又라는 接續詞가 사용되어지고 있는 것에 비하여 그 이후에는 그것이 보이지 않는 등 伊都國을 기점으로 하여 行程記述의 변화가 보이는데, 이는 (1) 魏使는 倭國의 중요한 거점인 伊都國에서 더 이상 앞으로 나아가지 않았음을 의미하는 것이기 때문에 伊都國 이하 邪馬台國까지의 나라들의 위치를 나타내는 기사는 伊都國에서의 傳聞에 토대한 것으로 생각되며, (2) 『漢書』 西域傳이나 『新唐書』 地理志 등의 같은 書例를 참고로 할 때에 伊都國 이하 邪馬台國까지의 行程記事는 伊都國을 基點으로 하여 각각의 距離를 표시한 것이지 從來와 같이 一直線的으로 이해해야 할 것은 아니며, 이러한 사실을 전제로 (3) 伊都國에서 邪馬台國까지의 距離인 "水行 10日, 陸行 1月"을 '水行 10日 혹은 陸行 1月'이라는 選擇的 行程으로 읽게 되면, 『唐六典』에 육로 1500리를 가는데 30일이 소요된다는 기술은 帶方郡에서 邪馬台國까지의 총거리 1만 2천여리 중 帶方郡에서 伊都國까지의 거리 1만 500리를 뺀 伊都에서 邪馬台國까지의 거리 1500리를 충족시킨다. 단, 『唐六典』의 水路에 관한 기술의 경우는 伊都國에서 邪馬台國까지의 거리 1500리와 부합되지 않지만, 이는 자설의 모순이 아니라 『唐六典』의 水路行程에 관한 기술이 江을 기준으로 한 것이고 魏志倭人傳에서와 같이 海路를 기준으로 한 것이 아니어서 水行 10日의 경우는 『唐六典』의 기술을 적용할 수 없는 것이기에 里數의 算出이 불가능하다(榎一雄, 「魏志倭人伝の里程記事について」 『學藝』 33(1947) : 『邪馬台國』(1975)).

이상이 榎一雄 견해의 요지라 할 수 있는데, 그 핵심을 한마디로 간단히 하면, 魏志倭人傳 上 對馬國에서 伊都國까지의 行程이 한 지점에서 다른 지점으로 옮길 때에 方位-距離-地名의 順으로 되어있는 것은 行程이 순차적임을 나타내는 평범한 서술방식인 것에 비해, 『漢書』 西域傳이나 『新唐書』

地理志 등의 書例로 볼 때에, 伊都國부터 방위와 지명을 먼저 적고 그 다음에 거리를 적는 기재 방식은 伊都國과 각 나라들이 직접 대응됨을 나타내는 放射讀法으로 읽어야 함을 의미한다는 것이다.

대개 이 논설을 계기로 邪馬台國 論爭에서 九州說이 한때 크게 부각되어 그 계승자들이 줄을 이었으나, 또한 邪馬台國 大和說에서의 예리한 반론이 제기되어져 이후 行程記述을 둘러싼 邪馬台國 論爭은 이처럼 伊都國 이후 邪馬台國까지를 直線行程으로 읽느냐 아니면 放射行程으로 읽느냐 하는 문제가 논의의 중심을 이루는 와중에 비교적 최근에는 榎一雄의 설을 응용한 道行式이라든가 修正放射式과 같은 독특한 讀法도 배태되어 있다고 한다.

기타 伊都國과 관련해서는 伊都縣主의 祖인 五十跡이 外來系인 天日槍의 苗裔로 되어 있는 『釋日本紀』 所引 「筑前國風土記」의 기록을 伊都國 지역이 大陸門戶로서의 측면을 지녔음을 전하는 것으로 보는 견해가 있다.

한편 伊都國과 관련해서는 『日本書紀』 神功 46年條의 倭와 百濟와의 통교기사에 나타나는 斯摩宿禰라는 인명에 대해 그 일부인 斯摩를 伊都國의 한 지명으로 보고 그를 伊都國人으로 비정하는 견해(李基東), 伊都地域에는 志等 支石墓群이나 三雲의 甕棺墓 혹은 銅劍, 銅矛, 銅戈와 같은 韓半島製의 遺跡, 遺物이라든가 카야산이나 카후리, 케야, 카라토마리 등 가야와 관련된 지명이 많다고 지적하는 견해(李進熙) 등 한국학자들의 견해도 보이고 있다(榎一雄, 『邪馬台國』(至文堂, 1975)의 全紙面・武光誠編,「邪馬台國の硏究史」」「ひらばるいせき,平原遺跡」「みくもいせき,三雲遺跡」『邪馬台國辭典』(同成社, 1986), p.34, p.55, p.168, pp.176-177・佐伯有淸, 『硏究史邪馬台國』(吉川弘文館, 1975), p.163, p.196, pp.284-285, pp.192-194・三品彰英, 『邪馬台國硏究總覽』(創元社, 1978), pp.24-25, p.69, pp.71-73, p.86, pp.277-278・肥後和男, 「邪馬台國への道」『邪馬台國は大和である』(秋田書店, 1971), p.149・石井良助・井上光貞編, 「前漢書の書例に據って解釋された邪馬台國・女王國・倭・倭國」(牧健二)『シンポジウム邪馬台國』(創文社, 1975), pp.39-70・石原道博 編譯, 「『魏志』倭人伝について」『新訂魏志倭人傳他三篇』(岩波書店, 1991), pp.40-41・水野祐, 「第二部評釋篇[第六段]帶方郡-女王國間の交通路(Ⅴ)一伊都國 및 [評第十]「狗奴國論」項」『評釋魏志倭人傳』(雄山閣, 1987), p.144, pp.251-274・田中琢, 「糸島の三雲遺跡」『集英史版日本の歷史②倭人爭亂』(集英社, 1991), pp.23-25, pp.101-104, pp.214-216・森田悌, 『邪馬台國とヤマト政權』(東京堂出版, 1998) pp.14-17, p.22, pp.33-41, pp.94-96. 등 同書 多數의 紙面・松本淸張, 「吉野ケ里と邪馬台國の影」『吉野ケ里と邪馬台

國』(日本放送出版協會, 1993), p.5・寺澤薰,「三雲遺跡群と「イト」國王墓」『日本の歴史』2王權誕生(講談社, 2000), pp.157-158・李進熙,『韓國과日本文化』(乙酉文化社, 1988), pp.20-23・李基東,『百濟史硏究』(一潮閣, 1996), pp.234-235・汪向榮・夏應元編,「二≪三國志・魏志・倭人傳≫」『中日關係資料彙篇』(中華書局, 1984), p.8. 外).

■ <주요 용어 일본어 발음>

榎一雄:えのき/かずお(enokikazuo).糸島郡:いとしまぐん(itoshimagun).深江:ふかえ(fukae).前原:まえばら(maebara).三雲:みくも(Mikumo).井原:いわら(iwara).平原:ひらばる(hirabaru).

(43)「伊都國에 이른다(到伊都國)」라는 구절 중 '到'라는 용어와 관련하여 邪馬台國 九州論의 牧健二는 榎一雄의 放射讀法을 뒷받침하는 차원에서, 魏志에서 景初 3年에 司馬宣王이 遼東에서 洛陽으로 歸國할 때 그 도중의 河內까지 도착한 사실을 至라 하였고, 수도 낙양에 도착한 사실을 到라고 하여 至와 到를 구별하고 있는 용례에 비추어 볼 때, 만약 (위지왜인전의) 行程記事의 전부가 연속적이라면 최후의 邪馬台國으로의 到着이야 말로 到字로 표현해야 할 것인데, 그렇지 않고 奴, 不彌, 投馬의 三國과 마찬가지로 至 字를 사용하고 있고, 倭人傳에서 到 字의 사용은 倭의 北岸 狗邪韓國과 伊都國의 두 개소뿐인 것은, 魏志에 伊都國의 앞과 뒤에서의 連續的 順路와 列擧的 行程의 구별이 있음을 명시하는 것이라고 하였다(石井良助・井上光貞編,「前漢書の書例に據って解釋された邪馬台國・女王國・倭・倭國」(牧健二)『シンポジウム邪馬台國』, 昭和50(1975)).(石井良助・井上光貞編,「前漢書の書例に據って解釋された邪馬台國・女王國・倭・倭國」(牧健二)『シンポジウム邪馬台國』(創文社, 1975), pp.39-70・榎一雄,『邪馬台國』(至文堂, 1975), pp.23-25, pp.214-216・三品彰英,『邪馬台國硏究總覽』(創元社, 1978), pp.68-69, pp.71-72).

(44) 爾支. にき(niki), にし(nishi), ぬし(nushi). 본문에서 爾支는 단순히 伊都國의 '官'이라고만 표기되어 있으나 앞의 다른 나라에 대한 기술방식의 예로 미루어 大官을 의미하는 것으로 보인다.

爾支의 실체에 대하여 邪馬台國 大和說의 內藤湖南은 그 발음을 にき(niki)로 읽고『隋書』倭國傳에 보이는 大和朝廷의 官職인 伊尼翼, 즉 日本古典의 稻置(いなき(inaki))의 轉訛로 보았고(內藤湖南, 「卑弥呼考」(『藝文』1-2·3·4(1910)), 山田孝雄는 爾支를 にし(nishi) 혹은 ぬし(nushi)로 읽고 그것을 伊都縣主(いとあがたぬし(itoagatanushi))의 호칭으로 보았으며(山田孝雄,「狗奴國考-古代東國文化の中心-」『考古學雜誌』 12-8·9·10·11·12(1922)), 邪馬台國 九州說의 坂本太郎는 그것이『日本書紀』景行天皇 12年條에 所載한 오늘날의 大分市 혹은 大分郡에 비정되는 碩田國의 地名인 禰疑野(ねぎの(negino))와 관련이 있을 것으로 보았고(坂本太郎,「魏志倭人伝雜考」『邪馬台國』古代史談話會編(1954)), 水野祐는 이를 新羅의 王號인 寐錦(むきむ(mukimu))과 통하는 말로 추측하였다(水野祐,「第二部評釋篇[第六段]帶方郡-女王國間の交通路(Ⅴ)伊都國條의「爾支」項」 『評釋魏志倭人傳』(1987)). (坂本太郎·家永三郎·井上光貞·大野晋校注,『日本書紀』2(岩波文庫, 1996), pp.68-69·三品彰英,「注解[爾支]」『邪馬台國硏究總覽』(創元社, 1978), p.70·武光誠編,「にき, 爾支」『邪馬台國辭典』(同成社, 1986),p.156·森田悌,「倭國の政治構造」『邪馬台國とヤマト政權』(東京堂出版, 1998), p.113·鈴木武樹編,「「卑弥呼考」(1910)」(湖南·內藤虎次郎)」『論集邪馬臺國』(大和書房, 1975), p.159·坂本太郎,「魏志倭人伝雜考」『日本古代史の基礎的硏究』上(文獻篇)(東京大學出版會, 1982), p.487·浜田敦,「魏志倭人伝などに所見の國語語彙に關する二三の諸門題」『國語史の諸門題』(和泉書院, 1986), p.372·水野祐,「第二部評釋篇[第六段]帶方郡-女王國間の交通路(Ⅴ)伊都國條의「爾支」項」『評釋魏志倭人傳』(雄山閣, 1987), pp.144-145·汪向榮·夏應元編,「二≪三國志·魏志·倭人傳≫」『中日關係資料彙篇』(中華書局, 1984), pp.8-9. 外).

▣ <주요 용어 일본어 발음>

碩田國おおきたのくに(ōkitanokuni).山田孝雄やまだ/よしお(yamada/yoshio).

(45) 泄謨觚. しまこ(shimako), せもこ(semoko). 본문 뒤에 나오는 柄渠觚(ひここ(hikoko))와 더불어 伊都國 副官의 명칭으로 나온다.

泄謨觚의 실체에 대하여 邪馬台國 大和說의 內藤湖南은 그 발음을 しまこ(shimako)로 읽고 그와 발음이 같은 島子의 뜻으로 訓하면서도, 日本 上古에 이와 같은 官名 내지 尊號가 있다는 사실을 들어보지 못하였다고 하여 그 실재성에 대해서는 회의적인 입장을 보였고(內藤湖南, 「卑弥呼考」『藝文』 1-

2・3・4(1910)), 山田孝雄는 이를 妹子(いもこ(imoko))로 읽고 그 실체를 伊都縣主의 屬官名으로 보았으며(山田孝雄,「狗奴國考-古代東國文化の中心-」『考古學雜誌』12-8・9・10・11・12(1922)), 邪馬台國 九州說의 水野祐는 內藤湖南과 마찬가지로 그 발음을 しまこ(shimako)로 읽고 島子의 뜻으로 訓하되, 그 실체는 伊都國 副官의 명칭으로 비정하였다(水野祐,「第二部評釋篇[第六段]帶方郡-女王國間の交通路(Ⅴ)一伊都國」『評釋魏志倭人傳』, 昭和 62(1987)).(石原道博編譯,『新訂魏志倭人傳他三篇』(岩波書店, 1991), pp.40-41・三品彰英,「注解[泄謨觚・柄渠觚]」『邪馬台國硏究總覽』(創元社, 1978), p.70・武光誠編,「泄謨觚」『邪馬台國辭典』(同成社, 1986), p.108・水野祐,「第二部評釋篇[第六段]帶方郡-女王國間の交通路(Ⅴ)一伊都國」『評釋魏志倭人傳』(雄山閣, 1987), p.145・鈴木武樹編,「「卑弥呼考」(1910)」(湖南・內藤虎次郎)」『論集邪馬臺國』(大和書房, 1975), p.159・汪向榮・夏應元編,「二≪三國志・魏志・倭人傳≫」『中日關係資料彙篇』(中華書局, 1984), p.9).

(46) 柄渠觚. ひここ(hikoko), へきこ(hekiko). 본문의 柄渠觚는 앞의 泄謨觚와 더불어 伊都國 副官의 명칭으로 나온다.

柄渠觚에 대하여 邪馬台國 大和說의 內藤湖南은 그 발음을 ひここ(hikoko)로 읽고 名辭(이름을 나타내는 말-필자주-)인 彦子의 뜻으로 訓하되 그것이 古書에 증거가 없어 확실히 단정하기 어렵다고 하였고(內藤湖南,「卑弥呼考」『藝文』 1-2・3・4(1910)), 山田孝雄은 그것을 內藤湖南과 마찬가지로 ひここ(hikoko)로 읽고 彦子로 訓한 다음 伊都縣主의 屬官名으로 비정했으며(山田孝雄,「狗奴國考-古代東國文化の中心-」『考古學雜誌』12-8・9・10・11・12(1922)), 邪馬台國 九州說의 牧健二는 柄渠觚를 卑呼의 子로 訓하면서 倭國=女王國을 22個國 連邦體로 보되 女王國 以北은 連邦에 포함되지 않는 倭國=女王國의 屬國이었다고 보는 관점에서, 女王國 以北의 官인 卑呼=彦나 彌彌, 彌彌那利 등은 倭國=女王國에 屬하기 前에는 各國의 世襲의 官이었다가 倭國=女王國에 속한 이후 轉落하여 連邦인 倭國=女王國의 官이 된 것으로 보았고(石井良助・井上光貞 編,「前漢書の書例に據って解釋された邪馬台國・女王國・倭・倭國」(牧健二)『シンポジウム邪馬台國』(1975)), 水野祐는 이를 日置子(へきこ(hekiko))로 읽고, 그 실체를 九州地域 女王의 派遣官으로서 불을 관리하는 직능을 지닌 日置氏(へきし(hekishi))를 지칭하는 것으로 보았다(水野祐,「第二部評釋篇 [第十段] 狗奴國(Ⅰ)條

의 [評第六] 女王國・狗奴國の官について項」『評釋魏志倭人傳』(1987)).(武光誠編,「柄渠觚」『邪馬台國辭典』(同成社, 1986), p.160・石井良助・井上光貞編,「前漢書の書例に據って解釋された邪馬台國・女王國・倭・倭國」(牧健二)『シンポジウム邪馬台國』(創文社, 1975), pp.39-72・水野祐,「第二部評釋篇[第十段]狗奴國(Ⅰ)條의 [評第六]女王國・狗奴國の官について項」『評釋魏志倭人傳』(雄山閣, 1987), pp.200-201・鈴木武樹編,「「卑弥呼考」(1910)」(湖南・內藤虎次郎)」『論集邪馬臺國』(大和書房, 1975), p.159・三品彰英,「注解[泄謨觚・柄渠觚]」『邪馬台國硏究總覽』(創元社, 1978), p.70・汪向榮・夏應元編,「二≪三國志・魏志・倭人傳≫」『中日關係資料彙篇』(中華書局, 1984),p.9).

(47) 魏志倭人傳에는 伊都國의 戶數가 千餘戶로 되어있는 것에 비해, 『翰苑』 30에 인용된 『魏略』 逸文에는 万余戶로 되어있는데, 대개의 논자들은 전자를 따르는 추세이지만, 伊都國은 帶方郡使가 往來하며 항상 머무는 곳이자 諸國을 檢察하는 一大率을 두는 등의 중요한 정치적 비중을 지닌 국가였다는 점을 근거로 후자의 「万余戶」 라는 기록을 따르는 논자도 있다(石原道博編譯,『新訂魏志倭人傳他三篇』(岩波書店, 1991), pp.21-24, pp.40-41・三品彰英,「注解 補注 戶數の問題」『邪馬台國硏究總覽』(創元社, 1978), pp.153-154・水野祐,「第二部 評釋篇[第六段]帶方郡-女王國間の交通路(Ⅴ)「伊都國」條의「有千餘戶」項」『評釋魏志倭人傳』(雄山閣, 1987), pp.144-145・汪向榮・夏應元編,「二≪三國志・魏志・倭人傳≫」『中日關係資料彙篇』(中華書局, 1984), p.9).

(48) 王. おう(ō) 이처럼 '王'이 존재했다는 것은 상당한 사회발전단계에 도달했음을 示唆하는 것 같다. 倭國의 最高支配者 稱號는 雄略朝 以後에는 大王, 天武朝 以後에는 天皇으로 바뀌었다고 한다(鎌田元一,「大王による國土の統一」『日本の古代』6(岸俊男 編)(中央文庫,1996),pp.47-73).

(49) 女王國. じょおうこく(joōkoku). 女王國에 대하여 기존의 전통적인 견해들이 그것을 邪馬台國과 동일시하였던 것에 비해, 牧健二는 魏志倭人傳의 倭와 관련된 용어를 전면 재분석하여, 邪馬台國은 女王을 배출한 수도의 소재지를 가리키는 용어로, 女王國은 倭國과 동일한 실체로서 왜지내의 連邦國家를 가리키는 용어로 각각 보았다(石井良助・井上光貞編,「前漢書の

書例に據って解釋された邪馬台國・女王國・倭・倭國」(牧健二)『シンポジウム邪馬台國』(1975)).

邪馬台國과 女王國을 분리하여 보는 시각은 오늘날 통설화된 것이지만, 기존의 다른 견해들이 邪馬台國과 女王國을 구분하면서도 그 관련사항들에 대해서는 세세히 관심을 기울이지 못했던 것과는 달리 牧健二의 경우는 魏志倭人傳의 倭와 관련된 모든 용어를 전면 재분석하는 치밀한 논증과정을 거쳐 邪馬台國과 女王國이 분명히 서로 다른 실체라는 결론을 이끌어냈다는 점에서 중요한 의의를 지닌다.

中國 史書에는『隋書』西域傳에도 중앙아시아의 파미르고원 남쪽에 女王國(『舊唐書』의 東女國)이 있었던 것으로 나오고 있는데, 森浩一 教授는 이 두 여왕국 간의 차이점과 공통점에 관하여 상세히 분석해 놓고 있다(森浩一, 『倭人伝の世界-わたしの古代學-』(1989)).

또한 韓國學界의 李丙燾 博士는『三國志』魏書 東夷傳 東沃沮條에 나오는 于山國에 관한 설명 다음에「又言, 有一國, 亦在海中, 純女無男」이라는 구절을 邪馬台國을 중심으로 하는 女王國을 스토리 식으로 말한 것이라고 지적한 바 있는데(李丙燾, 『한국 고대 사회와 그 문화』(1973)), 이는 女王國에 관한 귀중한 新史料의 摘出로서 주목된다(石井良助・井上光貞編,「前漢書の書例に據って解釋された邪馬台國・女王國・倭・倭國」(牧健二)『シンポジウム邪馬台國』(創文社, 1975), pp.39-83・森浩一,『倭人伝の世界-わたしの古代學-』(小學館, 1989), pp.75-77, pp.80-81・森浩一編,「岡田英弘의發言內容」『倭人伝を讀む』(中央公論社, 1982), p.43・大和岩雄・黑岩重吾,「邪馬台國は大和か」『邪馬台國の時代』(大和書房, 1997)・汪向榮・夏應元編,「二≪三國志・魏志・倭人傳≫」『中日關係資料彙篇』(中華書局, 1984), p.9・李丙燾, 『한국 고대 사회와 그 문화』(瑞文文庫, 1973),p.296)).

▣ <주요 용어 일본어 발음>

牧健二: まき/けんじ(maki/kenji).

(50)「世世 王이 있는데, 모두 女王國에 統屬한다(世有王, 皆統屬女王國)」라는

구절 중 王의 실체에 대해서는 그것이 伊都國 만을 가리킨다고 보는 견해(本居宣長, 『馭戎慨言』(1777)・那珂通世, 「外交繹史卷之一」 『那珂通世遺書』(1915))와 對馬, 一支, 末盧, 伊都 등의 各國의 國王을 가리키는 것으로 보는 견해(橋本增吉, 『東洋史上より觀たる日本上古史硏究-邪馬台國論考-』(1932)) 등으로 갈려져 있다.

위의 구절은 그 앞뒤의 문맥이 모두 伊都國을 중심으로 이야기 하는 흐름 속에 끼여 있어 女王國에 統屬한 것이 伊都國 一國으로 이해하기 쉬운 문장임에 비하여, 唐의 張楚金이 著述한 『翰苑』 所引의 『魏略』에는 對馬, 一支, 末盧, 伊都의 大官 및 副官을 순차적으로 든 후 이것을 받는 형태로 「其國王皆屬女王也」라는 문장이 이어짐으로써 여왕국에 통속한 대상이 伊都國 한 나라가 아니라 상기의 4개국인 것처럼 되어 있어, 이 양자 사료의 기술 차이에 토대하여 女王國에 統屬한 주체를 伊都國 一國으로 보는 견해와 對馬, 一支, 末盧, 伊都 등의 4국으로 보는 견해로 갈려지게 된 것이다(佐伯有淸, 『硏究史戰後の邪馬台國』(吉川弘文館, 1975), pp.157-160:『硏究史邪馬台國』(吉川弘文館, 1975), pp.269-276・榎一雄,『邪馬台國』(至文堂, 1975), pp.38-44・三品彰英, 「注解[世有王皆統屬女王國]」『邪馬台國硏究總覽』(創元社, 1978), pp.70-71, p.170, pp.304-305・井上光貞, 「地方小國家の國王」『日本國家の起源』(岩波書店, 1969), pp.149-153・森田悌,『邪馬台國とヤマト政權』(東京堂出版, 1998), pp.107-108・那珂通世, 「外交繹史卷之三」『那珂通世遺書』(故那珂博士功績紀念會, 1915), pp.307-308).

(51) 郡司. ぐんし(gunshi). 帶方郡의 使者를 가리킨다.

(52) 이 文句가 百納本, 紹興本, 宮內廳本, 中華書局本 등에는 「南至邪馬壹國女王之所都」로, 通志에는 「南至邪馬臺郎女王之都也」로 되어있는데, 본서에서는 전자를 따랐다. 한편 위의 「邪馬壹國」이 藝文印書館四史本에는 「邪馬一國」으로 되어있으나 壹과 一은 同字이므로 큰 영향을 미치지 않는다.

(53) 이 語句가 대부분의 本에는 「弥馬升」으로 되어있고, 宋本太平御覽에는 「彌馬叔」으로 표기되어 있는데, 본서에서는 전자를 따랐다.

(54) 이 語句가 대부분의 本에는「女王國」으로 되어있고, 紹興本에는「女三國」으로 되어 있는데, 본서에서는 전자를 따랐다.

(55) 이 文句가 百納本, 紹興本, 宮內廳本, 中華書局本 등에는「可得略載」로 되어있고, 판본에 따라「可略載」로 되어있는 경우도 있는데, 본서에서는 전자를 따랐다.

(56) 이 語句가 百納本, 紹興本, 明南監本, 殿本, 中華書局本 등에는「都支國」으로 되어있고, 宮內廳本에는「郡支國」으로 되어있는데, 본서에서는 전자를 따랐다.

(57) 이 語句가 魏略 逸文에는「拘右智卑狗」, 百納本, 紹興本, 宮內廳本, 中華書局本 등에는「狗古智卑狗」로 되어있고, 本에 따라서「狗古制卑狗」로 되어있는 경우도 있는데, 본서에서는 이 중「狗古智卑狗」를 따랐다.

(58) 東南. とうなん(tōnan). 怡土郡에서 博多에로의 실제 방위는 東南이 아닌 東이라는 것은 많은 논자들에 의해 지적되었지만, 이에 비해 榎一雄은 伊都國에서 博多로의 方向이 東南으로 표시된 것은 옛날에는 (奴國의 중심지가) 지금의 博多가 있는 곳에서 3里 정도 남쪽에 있었기 때문이라 하였다(榎一雄,『邪馬台國』, 昭和50(1975).(榎一雄,『邪馬台國』(至文堂, 1975), p.62・三品彰英,「注解

補注 倭人伝の方角 및「研究論文抄 一三五, 和歌森太郎,「私觀邪馬台國」」『社會経濟史學』第十八卷第三号, 昭和二十七年八月」『邪馬台國研究總覽』(創元社, 1978), p.152, pp.400-402・肥後和男,「邪馬台國への道」『邪馬台國は大和である』(秋田書店, 1971), p.149・水野祐,「第二部評釋篇[評第十]狗奴國論」『評釋魏志倭人傳』(雄山閣, 1987),p.254).

(59) 奴國. なこく(nakoku), ぬこく(nukoku), なのくに(nanokuni). 대개 오늘날의 福岡縣 博多 부근 지역인 筑前國의 儺縣나 那津 혹은 那珂郡에

비정되는 나라이다.『日本書紀』를 비롯한 각종의 문헌에는 儺縣, 那津로 표기되어 있다.

福岡의 중심지인 福岡平野에는 벼농사 유적으로 저명한 板付를 비롯, 伯弦社遺跡, 須玖遺跡 등의 弥生時代의 遺跡들이 있고, 이 중 須玖遺跡 變形支石墓의 甕棺에서 明治 32(1899)년에 前漢鏡 약 30面, 船載品의 유리璧 2, 銅劍 1, 銅矛 5, 銅戈, 유리勾玉(=曲玉) 1, 琉璃製管玉 12개 등 풍부한 개인적인 유물이 출토된 것을 계기로 이 유적을 奴國의 支配層墓 내지 王墓로 보는 見解가 있다고 한다.

『後漢書』倭傳에는「建武中元二(57)年, 倭奴國奉貢朝賀, 使人自稱大夫, 倭國之極南界也, 光武賜以印綬」라는 구절이 보이는데, 이때의 것으로 추정되는「漢委奴國王」이라는 銘文이 새겨진 金印이 天明 4(1784)년 博多灣 入口에 있는 筑前國 那珂郡 志賀島村에서 발견되었다.

金印이 발견된 博多灣 沿岸은 後代 那の津라는 항구가 설치되고, 6세기 무렵에는 筑後國 八女地方의 豪族이었던 磐井이 糟屋屯倉을 설치한 곳이라고 한다.

金印 發見者는 農夫 甚兵衛라는 說이 전통적으로 유력하나, 金印의 發見者는 秀治, 喜平라는 農夫이고, 甚兵衛는 그것을 那珂郡奉行에 제출한 인물이라는 설도 있다.

金印의 發見地에 대해서는 그것을 博多灣 沿岸의 叶の崎의 水田 中으로 비정하는 설(中山平次郎)과 그 北西쪽에 있는 叶の浜로 비정하는 설(森貞次郎, 乙益重隆, 渡辺正氣) 등으로 갈려져 있다.

이어 金印에 새겨진「漢委奴國王」이라는 銘文의 讀法과 관련된 학설로서, 銘文을 최초로 入手한 黑田藩(黑田治之가 藩主로 있는 福岡藩이라는 뜻)의 학자 龜井南冥은 위의 문구 중「委奴」를 伊都(いと(ito))로 읽고 그것을 '伊都國王의 印'으로 해석했으나, 후일 落合直澄가「漢の委の奴の國王」으로 읽고(落合直澄,『帝國紀年私案』(1888. 11. 30)), 이를 三宅米吉가 글로 발표하고(三宅米吉,「漢委奴

國王印考」『史學會雜誌』(1892)), 또한 落合直澄이 倭奴國을 '倭의 奴의 國'으로 파악한(上同) 이래 이를 倭의 奴國으로 보는 것이 定說化되었고, 이러한 인식은 후일 奴國의 성격에 관한 연구로까지 발전하여 奴國을 漢王朝에 臣屬하지 않는 「不臣의 朝貢國」으로 보는 栗原朋信의 저명한 논설이 배태되기도 하였다(栗原朋信, 『上代日本對外關係の硏究』(1978)).

이 金印은 한때 漢代 中國에서 만들어진 金印의 손잡이 모양에 駱駝라든가 羊이 많은 것에 비해 그것이 뱀 모양을 하고 있다는 사실을 근거로 위조설도 있었으나, 1957년 中國 雲南省 石寨山에서 少數民族인 滇國의 王墓에서 발견된 金印의 손잡이에 뱀 모양이 있는 사실이 알려지고 또한 中國에서 奴國王이 金印을 받은 紀元 57年 보다 1년 뒤인 기원 58년에 光武帝의 아들 劉荊이 廣陵王에 임명되었을 때에 주어진 것으로 추정되는 金印이 발견된 이후에는 그 가치나 史實性을 인정받기에 이르렀는데, 특히 劉荊의 金印은 그 출토지점이 奴國王 金印의 출토지점과 비슷하게 湖水 근처의 산등성이로서 海가 붙은 지명이 있다는 점도 주목을 받았다.

奴國王 金印의 손잡이가 뱀 모양으로 되어 있는 이유에 대해서는, 中國에서 뱀 모양의 손잡이가 발견되는 지역이 주로 뱀, 용 등의 토템신앙이 있었던 環中國海地域인 점에 주목하여 그것을 倭人을 越의 始祖인 太白의 子孫으로 생각하는 中國人의 觀念에 기인하는 것으로 보는 견해가 있다.

金印에 대해서는 이 외에도 그 안의 글씨를 鑄銘으로 보느냐 아니면 鑿銘으로 보느냐 하는 문제의식도 있다.

또한 奴國과 관련하여서는 前 早稻田大學 敎授였던 水野祐에 의해 '네오기마민족설' 혹은 '狗奴國 東遷說'이라 불리우는 저명한 논설이 발표되었는데, 그 줄거리는 "본래 那津地域의 奴國은 韓半島로부터 장기간에 걸쳐 이주한 정치세력으로서 후에 伊都國에게 멸망당하였고, 그 敗殘勢力이 筑後川를 건너 九州山地를 가로질러 九州 南部로 거점을 이동하여 후일 '狗奴國'을 세웠으며, 이 狗奴國 勢力은 다시 邪馬台國 時代에 북쪽의 女王國(邪馬台國)과 대립하고 있다가 応神때에 女王國을 멸망시킨 다음 '神武東

遷'하여 大和에 들어가 仁德王朝를 수립했다"는 내용으로 되어 있다(水野祐, 「[評第十]狗奴國論」『評釋魏志倭人傳』(1987)).(石原道博編譯,『新訂魏志倭人傳他三篇』(岩波書店, 1991), pp.40-41 · 佐伯有清,『硏究史邪馬台國』(吉川弘文館, 1975), pp.90-91 · 三品彰英,「注解[奴國] 및 硏究論文抄 一四四,岡部長章「井田敬之の「委奴國」硏究と明淸考證の學」(『日本歷史』第六六號,昭和二十八年(1953)十一月,二九,中山平次郎「漢委奴國王印の出所は奴國王の墳墓に非らざるべし(『考古學雜誌』第五卷第二號,大正三(1914)年十月)」『邪馬台國硏究總覽』(創元社, 1978), p.73, pp.208-209, p.411 · 肥後和男,「志賀島の金印」『邪馬台國は大和である』(秋田書店, 1971), pp.96-97 · 武光誠編,「しかのしま志賀島」「なこく, 奴國」「すぐ・おかもといせき須玖・岡本遺跡」『邪馬台國辭典』(同成社, 1986), pp.101-103, pp.122-123, pp.153-154 · 森浩一,「倭人伝のイ-メジ」『倭人伝の世界-わたしの古代學-』(小學館, 1989), pp.48-52, p.180, pp.232-235 · 水野祐,「[第七段]帶方郡-女王國間の交通路(Ⅵ)條의「一奴國・不弥國」項 · 投馬國 · [評第十]狗奴國論」『評釋魏志倭人傳』(雄山閣,1987), pp.150-152,pp.251-274 · 田中琢,「「國」と「王」と倭人の社會」「福岡の須玖遺跡」『集英社版日本の歷史②倭人争亂』(集英社, 1991), pp.92-108 · 寺澤薰,「須玖遺跡群と「ナ」國王墓」『日本の歷史』2王權誕生(講談社, 2000), pp.156-159 · 吉田孝,「東夷の倭の奴國王と, 西南夷の滇王」『日本の誕生』(岩波書店, 1997), pp.22-25 · 阿辻哲次,『漢字のはなし』(岩波ジュニア新書, 2008), p.76 · 森田悌,『邪馬台國とヤマト政權』(東京堂出版, 1998), pp.94-96 · 汪向榮 · 夏應元編,「二≪三國志・魏志・倭人傳≫」『中日關係資料彙篇』(中華書局, 1984), p.9. 外).

▣ <주요 용어 일본어 발음>

中山平次郞:なかやま/へいじろう(nakayama/heijirō).森貞次郞:もり/さだじろう(mori/sadajirō).乙益重隆:おとます/しげたか(otomasu/shigetaka).渡辺正氣:わたなべ/せいき(watanabe/seiki).龜井南冥:かめい/なんめい(kamei/nammi).落合直澄:おちあい/なおすみ(ochiai/naosumi).儺縣:なのあがた(nanoagata).那津:なのづ(nanozu).磐井:いわい(iwai).糟屋屯倉:かすやのみやけ(kasuyanomiyake).叶の崎:かなのさき(kananosaki).叶の浜:かなのはま(kananohama).栗原朋信:くりはら/とものぶ(kurihara/tomonobu).

(60) 百里. ひゃくり(hyakuri). 三品彰英는 伊都國을 深江로 비정할 경우 伊都國과 奴國 사이는 日本의 里로 8里 未滿, 魏의 里로 환산하면 약 72里가 되어 위의「100里」라는 기술은 魏의 實際 里와 비교하여 약 1.4倍의 오차가 있다고 하였다(三品彰英,「注解[百里]」『邪馬台國硏究總覽』(創元社, 1978),p.73).

(61) 兕馬觚. しまこ(shimako), せもこ(semoko). 兕馬觚의 실체에 대하여, 邪馬台國 大和說의 內藤湖南은 그것을 しまこ(shimako)로 訓하여 島子의 뜻으로 보되 그와 같은 官名 내지 尊號가 있다는 사실을 듣지 못하였다고 하여 그 실체에 대해서는 회의적인 입장을 보였고(內藤湖南, 「卑弥呼考」『藝文』1-2·3·4(1910)), 邪馬台國 九州說의 坂本太郎는 兕馬觚를 『豊後國風土記』에 실려 있는 小片鹿奥(しぬかお(shinukao))·小片鹿臣(しぬかおみ(shinukaomi)) 등의 しぬか(shinuka)와 관련이 있을 것으로 보았으며(坂本太郎, 「魏志倭人伝雜考」『邪馬台國』古代史談話會編(1954)), 藤間生大는 兕馬觚 語幹의 兕馬를 等級 내지 特定部族의 尊稱으로 보는 한편 語尾「觚」를 伊都國의 泄謨觚·柄渠觚 등의 그것과 더불어『魏志』高句麗傳「相加·古雛加」의 加(か(ka))와 동일한 실체로 보고, 나아가 이 加가 1세기 전반에 일본으로 유입되어 觚(こ(ko))音으로 轉化된 것으로 이해하였다(藤間生大, 「『魏志倭人伝』の官について-『魏志東夷伝』に關連して-」『朝鮮史硏究論文集』7(1970)).(武光誠編, 「兕馬觚」『邪馬台國辭典』(同成社, 1986), p.108·水野祐, 「[第七段]帶方郡-女王國間の交通路(VI)一奴國·不弥國·投馬國」『評釋魏志倭人傳』(雄山閣, 1987), pp.150-151·鈴木武樹編,「「卑弥呼考」(1910)」(湖南·內藤虎次郎)」『論集邪馬臺國』(大和書房, 1975), p.159·三品彰英, 「注解[兕馬觚]」『邪馬台國硏究總覽』(創元社, 1978), p.73·汪向榮·夏應元編, 「二≪三國志·魏志·倭人傳≫」『中日關係資料彙篇』(中華書局, 1984),p.9).

(62) 東. ひがし(higashi). 실제방위상 博多 東쪽에는 항구가 없다고 한다(肥後和男, 「邪馬台國への道」『邪馬台國は大和である』(秋田書店, 1971), p.149).

(63) 不彌國. ふみこく(fumikoku). 不彌國의 위치에 관하여 邪馬台國 大和說의 新井白石은 音相似에 의거하여 筑前國 宇美(うみ(umi)(福岡縣 糟屋郡 宇美町)에 비정했고(新井白石, 『古史通或問』(1716)), 笠井新也는 不弥國으로부터 投馬國으로 가는 데는 水行에 의지했다고 생각되므로 그 위치는 水路의 출발점이 되지 않으면 안 된다고 하는 점 및 末盧國 到着 이후의 魏志의 方向은 90도 남쪽으로 벗어나 있어 東行을 北行으로 정정해야 한다는 지견 등을 근거로 福岡縣 宗像郡 津屋崎에 비정했으며(笠井新也, 「邪馬臺國は大和國である」

『考古學雜誌』12-7(1922)), 邪馬台國 九州說의 菅政友는 奴國으로부터 東行 百里라는 거리에 주안점을 두고 不彌國을 福岡縣 糟屋郡의 港灣處로 비정했고(菅政友,「漢籍倭人考」『史學會雜誌』3-27・28・29・ 33・34・36(1892)), 白鳥庫吉는 奴國으로부터의 거리가 100里라는 기술 및 不彌國 이후의 行程이 항상 南方으로 되어있는 점 등을 근거로 筑前國 筑紫郡 太宰府 부근에(白鳥庫吉,「倭女王卑弥呼考」『東亞之光』5-6・7(1910)), 榎一雄은 伊都國 이후 邪馬台國까지를 伊都國을 기점으로 한 放射讀法으로 읽으면서 不彌國을 宇美 혹은 太宰府에(榎一雄,「魏志倭人伝の里程記事について」『學藝』4-9(1947):『邪馬台國』(1975)) 각각 비정했다.

不彌國의 위치에 관해서는 宇美說이 유력하다(榎一雄, 『邪馬台國』(至文堂, 1975), p.62・森田悌,『邪馬台國とヤマト政權』(東京堂出版, 1998), pp.23-24・水野祐, 「[第七段]帶方郡-女王國間の交通路(Ⅵ)一奴國・不弥國・投馬國」『評釋魏志倭人傳』(雄山閣, 1987), p.152・石原道博編譯,『新訂魏志倭人傳他三篇』(岩波書店, 1991), pp.40-41・三品彰英,「注解[不弥國]」『邪馬台國研究總覽』(創元社, 1978), pp.73-74・武光誠編,「ふみこく, 不弥國」「たていわいせき, 立岩遺跡」『邪馬台國辭典』(同成社, 1986), pp.168-170, p.138・鈴木武樹編,「「卑弥呼考」(1910)」(湖南・內藤虎次郎)『論集邪馬臺國』(大和書房, 1975), p.151・津田左右吉,「附錄第二魏志倭人傳の邪馬臺國の位置について」『日本古典の研究』下(岩波書店, 1950), pp.566, pp.568-569・汪向榮・夏應元編,「二≪三國志・魏志・倭人傳≫」『中日關係資料彙篇』(中華書局, 1984), p.9).

表 1) 不弥國 주요설 비정표

大和說		九州說	
학자 및 저술	비정지	학자 및 저술	비정지
新井白石, 『古史通或問』(1716)	筑前國 宇美(福岡縣 糟屋郡 宇美町)	,「漢籍倭人考」『史學會雜誌』3-27・28・29・33・34・36(1892)	福岡縣 糟屋郡의 港灣處
笠井新也,「邪馬臺國は大和國である」『考古學雜誌』12-7(1922)	福岡縣 宗像郡 津屋崎	白鳥庫吉,「倭女王卑弥呼考」『東亞之光』5-6・7(1910)	筑前國(=福岡縣) 筑紫郡 太宰府 付近
		榎一雄,『邪馬台國』(至文堂,1975))	不弥國을 宇美 혹은 太宰府

(64) 多模. たま(tama), たも(tamo), たぼ(tabo). 多模에 대한 기존의 설을 살펴보면, 邪馬台國 大和說의 內藤湖南은 이를 日本神話의 大物主大神이자 大神神社의 祭神인 倭大物主櫛　玉命(『出雲國造神賀詞』)의 大物主櫛甕玉 내지 大國魂神 혹은 高皇産靈神의 子 天太玉命 등의 이름 構成字인 玉 혹은 魂에 해당되는 명칭으로 비정하되 그 실체는 地方君長의 尊稱으로 보았고(內藤湖南, 「卑弥呼考」『藝文』1-2・3・4(1910)), 山田孝雄는 多模를 とも(tomo)로 읽고 *伴造의 약칭으로 보았으며(山田孝雄,「狗奴國考-古代東國文化の中心-」『考古學雜誌』 12-8・9・10・11・12(1922)), 邪馬台國 九州說의 水野祐는 그 발음을 たぼ(tabo)로 읽고 **宗像(むなかた) 三女神 중 田心姬(たごりひめ)의 田心와 관계있는 것으로 보았다(水野祐,「[第七段] 帶方郡-女王國間の交通路(Ⅵ)一奴國・不弥國・投馬國의「多模」項」『評釋魏志倭人傳』(1987)).

한편 이 중 山田孝雄의 논설에 대해서는 上代特殊仮名表記法에 있어서 伴造의 と(to), も(mo)의 音은 乙類에 속하는데 비해 模의 音은 甲類의 音인데다가 多, 模는 と(to), も(mo)라는 音의 借字로서는 사용되지 않는 문자라는 지적이 있었다(浜田敦,「魏志倭人伝などに所見の國語語彙に關する二三の問題」『人文研究』3-8(1952)).(三品彰英,「注解[多模]」『邪馬台國硏究總覽』(創元社, 1978), p.74・水野祐,「[第七段]帶方郡-女王國間の交通路(Ⅵ)一奴國・不弥國・投馬國의「多模」項」『評釋魏志倭人傳』(雄山閣, 1987), p.152・武光誠編,「多模」『邪馬台國辭典』(同成社, 1986), pp.138-139・鈴木武樹編,「「卑弥呼考」(1910)」(湖南・內藤虎次郎)」『論集邪馬臺國』(大和書房, 1975), pp.159-161・浜田敦,「魏志倭人伝などに所見の國語語彙に關する二三の諸門題」『國語史の諸門題』(和泉書院, 1986), p.373・汪向榮・夏應元編,「二≪三國志・魏志・倭人傳≫」『中日關係資料彙篇』(中華書局, 1984), p.10).

* 大和王權 밑에서 世襲的 職掌을 갖고 奉仕하는 伴(とも(tomo)) 집단을 관장한 중앙의 수장이다.

** 文獻上 福岡縣 宗像市의 宗像大社에서 제사되는 三柱女神의 총칭으로 大和朝廷에 의해 오래 전부터 중시된 일본열도에서 한반도로의 해상교통의 평안을 지키는 玄界灘의 신들이었다고 한다.『古事記』『日本書紀』에 胸形, 胸肩, 宗形 등으로 나타나 있다.

■ <주요 용어 일본어 발음>

倭大物主櫛　玉命：やまとのおおものぬしくしみかたまのみこと(yamatonoōmononushikushimikatamanomikoto). 大國魂神:やまとのおおくにたまのかみ(yamatonoōkunitamanokami).天太玉命:あまのおおたまのみこと(amanoōtamanomikoto).高皇産靈神:たかみむすびのかみ(takamimusubinokami).玉:たま(tama).魂:たま(tama).伴造:とものみやつこ(tomonomiyatsuko).浜田敦:はまだ/あつし(hamada/atsushi).

(65) 千餘家. せんよけ(sen'yoke). 다른 國의 인구와 관련된 항에서는 인구단위가 대개 戶로 표기되어 있고 이곳에서는 家로 표기되어 있는 것은 어떠한 이유인지 잘 모르겠다. 기존의 한 연구에서는 戶와 家 양자가 같은 의미로 쓰인 것이라고 하는 견해가 있지만 단지 상황적인 추정에 그치고 있다. 이와 관련하여 주목되는 것으로 漢字字典에는 戶라는 글자 안에 人의 뜻이 보이는데, 어쩌면 이를 염두에 두면서 위와 같은 用例 差異의 이유를 조사하다 보면 해당 문제에 대한 실마리가 잡힐 수도 있을지 모르겠다. 한편 앞의「一大國」의 인구단위도 戶가 아닌 家로 되어 있다(大韓和辭典의「戶」參照. 外).(注 : 本版에서 內容 大幅 修訂).

(66) 南. みなみ(minami). 이「南」과 뒤의「投馬國」항 다음에 나오는「南」은 특히 直線行程論에 있어 邪馬台國 大和論과 邪馬台國 九州論이 直接的으로 갈리는 중요한 단어로, 直線行程論 쪽에서는 不弥國 南쪽에는 水行路가 없고, 또한 南이라는 方向을 따라서 不弥國으로부터 水行 20日, 投馬國으로부터 "水行 10日, 陸行 1月"을 가면 南海 바다의 한 가운데가 되어 어떠한 국가도 없게 되는 모순이 생기므로, 이는 日本列島가 南北으로 길게 뻗어 있었다는 당시 中國人의 地理觀의 所産일 뿐 실제의 方向은 東西로 이해해야 한다는 관점에서 장기간의 거리상 邪馬台國을 大和에 비정하는 邪馬台國 大和論의 견해가 있는가 하면 거리기술은 문제가 있을 수 있어도 방향은 잘못되는 경우가 드물다고 하여 邪馬台國을 九州에 비정하는 邪馬台國 九州論의 견해도 있는 와중에 이 양자가 팽팽한 균형을 이루고 있다.

한편 이에 비해 放射行程論 쪽에서는 그 중에 邪馬台國 大和論이 전혀

없는 것은 아니지만 그것이 邪馬台國 九州論에 유리한 관계로 南이라는 方向을 그대로 받아들여 邪馬台國 九州論을 취하는 경향이 훨씬 우세하다(井上光貞・永原慶二・兒玉幸多・大久保利謙編, 「邪馬台國とその時代」(井上光貞) 『日本歷史大系』1(古代文明の形成), 山川出版社, 1995), pp.193-195・榎一雄,『邪馬台國』(至文堂, 1975), pp.20-21・三品彰英, 「研究論文抄一二○,津田左右吉「邪馬臺國の位置について」(オリエンタリカ』一, 昭和二十三(1958)年八月)」『『邪馬台國研究總覽』(創元社, 1978), pp.380-382・汪向榮・夏應元編, 「二≪三國志・魏志・倭人傳≫」『中日關係資料彙篇』(中華書局, 1984), p.10. 外).

(67) 投馬國.とうまこく(tōmakoku) 혹은 つまこく(tsumakoku). 본문기술상 邪馬臺國 다음으로 戶數가 많은 나라이다.

投馬國의 위치에 대하여 邪馬台國 大和說에서는 新井白石가 字音의 有似性에 토대하여 *備後國의 鞆浦(とものうら(tomonoura)) 혹은 **播磨國의 須磨(すま(suma) : 神戶市 西部 區名)에 비정했고(新井白石, 『古史通或問』(1716)), 內藤湖南은 周防國(山口縣 東南半 地域) 佐婆郡의 玉祖鄕(たまのやごう(tamanoyagō))에 비정했으며(內藤湖南, 「卑弥呼考」 『藝文』 1-2・3・4(1910)), 三宅米吉는 投馬國에서 邪馬台國까지의 거리인 "水行 10日, 陸行 1月" 중 '陸行 1月'의 '1月'을 '1日'의 잘못으로 보는 관점에서 投馬國을 備後國의 鞆津(ともず(tomozu))에(三宅米吉, 「漢委奴國王印考」 『史學會雜誌』(1892)), 笠井新也는 6세기 이전에는 瀨戶內海보다는 山陰航路가 보다 중시되었다는 견지에서 投馬國을 出雲(いずも(izumo)에(笠井新也, 「邪馬臺國は大和國である」 『考古學雜誌』 12-7(1922)), 末松保和는『太平御覽』所引의 魏志가 投馬國을 於投馬로 기술하고 있음에 착안하여 이를 えとも(etomo))로 읽고 역시 出雲(いずも(izumo))에(末松保和, 「太平御覽に引かれた倭國に關する魏志の文に就て」 『靑丘學叢』1(1930.8):「魏志倭人伝の解釋の變遷-投馬國を中心として-」 『靑丘學叢』 2(1930.11), 山田孝雄는 但馬國(たじまのくに(tajimanokuni)(現在의 兵庫縣北部)에(山田孝雄, 「狗奴國考-古代東國文化の中心-」 『考古學雜誌』 12-8・9・10・11・12(1922)) 가각 비정하였다.

또한 邪馬台國 九州說에서는 本居宣長가 邪馬台國을 筑紫 南쪽 구석의 어느 세력 있는 熊襲地域으로 비정해야 한다는 전제를 내걸고 그 字音이 投

馬와 有似하다는 점 및 그곳이 不彌國(宇美)으로부터 南 水行 20日되는 지점이 되어야 한다는 점을 염두에 두고, 投馬國을『續日本紀』『三代實錄』『延喜式』 등에 실려 있는 都万神社(つまじんじゃ(tsumanjinja))의 소재지, 즉 현재의 宮崎縣 兒湯郡 妻(tsuma)지역에 비정했고(本居宣長,『馭戎慨言』, 安永 6(1777)), 白鳥庫吉은 邪馬台國을 筑後의 山門郡에 비정함에 따라, 불가피하게 投馬國을 不弥와 邪馬台國의 中間에서 찾아야만 하는 입장에서 보면 矛盾이 되는 日程記事를 不信하고 字音의 類似性을 근거로 不彌國 남쪽이자 山門郡 북동쪽에 위치한 筑後郡 上妻(かみつま(kamitsuma))・下妻(しもつま(shimotsuma)) 및 三潴郡(みずまぐん(mizumagun)) 등에(白鳥庫吉,「倭女王卑弥呼考」『東亞之光』 5-6・7(1910)), 吉田東伍는 投馬를 殺馬・設馬의 잘못으로 보아 薩摩國(さつまのくに(satsumanokuni))(現 鹿兒島縣 西部)에(吉田東伍,『日韓古史斷』(1893))에 각각 비정하였다.

또한 邪馬台國 九州說 중에서도 伊都國 이후의 行程에 대하여 放射讀法을 취하는 榎一雄은 日向 沿海의 平野地方이 옛날부터 弥生文化가 미치고 있는 점, 日向地方에 古墳의 分布가 조밀한 점,『日本書紀』기술에서 天孫降臨이라든가 日本 天皇의 先祖가 日向과 결부되고 있는 점, 伊都國으로부터 日向에 이르는데 水行 20일을 소요하는 것이 결코 대단한 과장이 아닌 점 등의 제 지견을 토대로 기존의 投馬國 日向 都万(つま(tsuma)) 설을 지지하였다(榎一雄,『邪馬台國』(1975)).

이 榎一雄의 설은 投馬國을 邪馬台國 보다 남쪽에 위치시키는 특징을 지니는데, 榎一雄는 投馬에서 邪馬台國까지의 거리인 "水行 10日, 陸行 1月"을 '水行 10日 혹은 陸行 1月'이라는 選擇的 行程으로 읽는 입장이므로 伊都國부터의 行程記述을 伊都國을 기점으로 하는 放射讀法으로 읽을 경우 伊都로부터 水行 10日의 거리가 되는 邪馬台國에 비해 伊都로부터 水行 20日의 거리로 되어있는 投馬國이 더 멀게 되어, 投馬國을 그처럼 邪馬台國 보다 남쪽에 위치시키게 되었던 것이다(石原道博編譯,『中國正史日本傳(1)新訂魏志倭人傳他三篇』(岩波書店, 1991), pp.41-42・榎一雄,『邪馬台國』(至文堂, 1975), pp.75-77・三品彰英,『

邪馬台國硏究總覽』(創元社, 1978), pp.75-77, pp.81-82, pp.278-279, pp.294-295・水野祐,「第二部 評釋篇[第七段]帶方郡-女王國間の交通路(Ⅵ)一奴國・不弥國・投馬國條의「南至投馬國」및「可五万余戶」項」『評釋魏志倭人傳』(雄山閣, 1987), p.153・武光誠編,「とうまこく, 投馬國」『邪馬台國辭典』(同成社, 1986), pp.150-152・鈴木武樹編,「「卑弥呼考」(1910)」(湖南・內藤虎次郎)」『論集邪馬臺國』(大和書房, 1975), pp.151-152・佐伯有淸,「唯物史觀史學と邪馬台國硏究」『硏究史邪馬台國』(吉川弘文館, 1975), pp.209-213・山尾幸久,「性質の違う二種類の里數の合計」「投馬は出雲か」「「大率」-「卑奴母離」の軍事的系統」「付錄2『魏志』倭人伝・道程記事の硏究史」『新版・魏志倭人傳』(講談社, 1986), p.131, p.152, pp.216-218, pp.248-250・末松保和,「太平御覽に引かれた倭國に關する魏志の文に就て」『靑丘學叢』1 (京城(서울):大阪屋號書店, 1930), pp105-134・平野邦雄編,「邪馬台國とその時代-總論」(平野邦雄)『古代を考える邪馬台國』(吉川弘文館, 1998), pp.16-17・汪向榮・夏應元編,「二≪三國志・魏志・倭人傳≫」『中日關係資料彙篇』(中華書局, 1984), p.10).

表 2) 投馬國 주요설 비정표

大和說		九州說	
학자 및 저술	비정지	학자 및 저술	비정지
,『古史通或問』(1716))	備後國 鞆浦와 播磨國 須磨	本居宣長,『馭戎慨言』(1777))	宮崎縣 兒湯郡 妻
內藤虎次郎,「卑弥呼考」『藝文』1-2・3・4(1910)	周防國 佐婆郡 玉祖鄕	白鳥庫吉,「倭女王卑弥呼考」『東亞之光』5-6・7(1910)	投馬國을 筑後郡 上妻・下妻, 三潴郡
		吉田東伍,『日韓古史斷』(1893)	薩摩國(鹿兒島 縣西部)

* 備後國(びんごのくに(bingonokuni). 廣島縣 東部. 옛 吉備國의 一部로서 備州라고도 했다.
**播磨國 : はりまのくに(harimanokuni). 현재의 兵庫縣 南部를 차지했던 옛 國名이다.

▣ <주요 용어 일본어 발음>

周防國:すおうのくに(suōnokuni).佐婆郡:さばぐん(sabagun).宮崎縣:みやざきけん(miyazakiken).兒湯郡:こゆぐん(koyugun).本居宣長:もとおり/のりなが

(motoori/norinaga).

(68) 彌彌. みみ(mimi). 投馬國 大官의 名稱이다. 彌彌의 실체에 대하여, 邪馬台國 大和說에서는 日本神話에서 瓊瓊杵尊의 아버지로 나오는 天忍穗耳尊이나 神武天皇의 皇子로 나오는 神八井耳命 등의 神名 語尾인 耳(みみ(mimi))로 비정하는 견해(內藤湖南, 「卑弥呼考」 『藝文』 1-2・3・4(1910)), 彌彌(みみ(mimi))는 御身(みみ(mimi))를 音譯한 것으로 보고 『古事記』 崇神天皇段의 崇神天皇이 日子坐王을 파견하여 토벌한 旦波國의 玖賀耳之御笠과 유사한 존재로 비정하는 견해(山田孝雄, 「狗奴國考-古代東國文化の中心-」 『考古學雜誌』 12-8・9・10・11・12(1922)), 彌彌那利와 더불어, 官名이 아닌, 投馬國 내의 支配的 宗族首長의 稱號라고 하는 견해(原島礼二, 『日本古代社會の基礎構造』(1968)) 등이 있고, 邪馬台國 九州說에서는 彌彌란 比와 통하는 美가 重複된 尊稱이되 開化天皇의 이름인 *大毘毘命의 毘毘와 같이 産靈(むすび(mushibi))의 靈(び)을 거듭 쓴 靈靈과 같은 의미이자 開化天皇의 또 다른 이름인 太日日尊의 日日(ひひ(hihi))와도 통하는 실체라고 하는 견해(本居宣長, 『古事記傳』(1822)), 九州地方에 실재했던 土豪의 고유명칭이 후일 그 지역 전체에 퍼져 일반적인 地名・人名으로 정착된 실체로서 『肥前國風土記』에 나오는 肥前國 土着民인 大耳(おおみみ(ōmimi))나 垂耳(たりみみ(tarimimi))와 같은 계통의 이름이라고 하는 견해(坂本太郎, 「魏志倭人伝雜考」 『邪馬台國』 古代史談話會編(1954)) 등 제설이 있다(坂本太郎, 「魏志倭人伝雜考」 『日本古代史の基礎的研究』 上(文獻篇)(東京大學出版會, 1982), pp.486-487・水野祐, 「第二部評釋篇[第七段]帶方郡-女王國間の交通路(Ⅵ)一奴國・不弥國・投馬國條의 「弥弥」項」 『評釋魏志倭人傳』(雄山閣, 1987), p.154・武光誠編, 「みみ,弥弥」 『邪馬台國辭典』(同成社, 1986), pp.177-178・三品彰英, 「注解[弥弥・弥弥那利]」 『邪馬台國研究總覽』(創元社, 1978), p.78・鈴木武樹編, 「「卑弥呼考」(1910)」(湖南・內藤虎次郎)」 『論集邪馬臺國』(大和書房, 1975), p.161・汪向榮・夏應元編, 「二≪三國志・魏志・倭人傳≫」 『中日關係資料彙篇』(中華書局, 1984), p.10).

* 大毘毘命. おおひひのみこと(ōhihinomikoto). 若倭根子日子大毘々命(=稚日本根子彦大日日尊)(わかやまとねこひこおおひひのみこと(wakayamatonekohikoōhihinomikoto)의 약칭.

■ <주요 용어 일본어 발음>

瓊瓊杵尊:ににぎのみこと(niniginomikoto).天忍穗耳尊:あまのおしほみみのみこと(amanooshihomiminomikoto).神八井耳命(かむやいみみのみこと(kamuyaimiminomikoto)).日子坐王:ひこいますのみこ(hikoimasunomiko).玖賀耳之御笠(くがみみのみかさ(kugamiminomikasa)).

(69) 彌彌那利. みみなり(miminari). 본문상 投馬國 副官의 名稱이다. 弥弥那利의 실체에 대하여 邪馬台國 大和說의 內藤湖南은『日本書紀』景行紀에 音이 비슷한 耳垂(みみだれ(mimidare))가 나오고 또『日本書紀』에 鼻垂(はなたれ(hanatare))라고 하는 賊이 나오는 것으로 미루어 地方君長의 尊稱으로 보이나, (『日本書紀』를 비롯한) 古記에는 (또한) 전설의 혼입이 많으므로「弥弥那利」라는 尊稱을 種으로 하여 耳垂의 說話를 만들어 낸 것이라고도 한정하지 않을 수 없으므로 잠시 참고로 들어 둘 뿐이라고 하였고(內藤湖南,「卑弥呼考」『藝文』1-2·3·4(1910)), 邪馬台國 九州說의 坂本太郎는 그것을『日本書紀』景行天皇 12年條 所載의 耳垂(みみたり(mimitari)) 및『風土記』의 耳垂(mimidare))나 大耳(おおみみ(ōmimi))와 같은 계통의 이름으로서 실재한 土豪의 名稱이라고 하였다(坂本太郎,「魏志倭人伝雜考」『邪馬台國』古代史談話會編(1954)).(武光誠編,「みみなり, 弥弥那利」『邪馬台國辭典』(同成社, 1986), pp.177-178 · 水野祐,「第二部評釋篇[第七段]帶方郡-女王國間の交通路(Ⅵ)一奴國 · 不弥國 · 投馬國條의「弥弥那利」項」『評釋魏志倭人傳』(雄山閣, 1987), pp.154-155 · 三品彰英,「注解[弥弥 · 弥弥那利]」『邪馬台國硏究總覽』(創元社, 1978), p.78 · 坂本太郎,「魏志倭人伝雜考」『日本古代史の基礎的硏究』上(文獻篇)(東京大學出版會, 1982), pp.486-487 · 鈴木武樹編,「「卑弥呼考(1910)」(湖南 · 內藤虎次郎)」『論集邪馬臺國』(大和書房, 1975), p.161 · 汪向榮 · 夏應元編,「二≪三國志 · 魏志 · 倭人傳≫」『中日關係資料彙篇』(中華書局, 1984), p.10).

(70) 邪馬壹國. やまいちこく(yamaichikoku). 邪馬壹國과 관련해서는 크게 1) 표기 및 그 표기의 의미에 관한 문제, 2) 실체 문제, 3) 위치 문제 등이 논의의 대상이 되어 왔다.

우선 첫 번째의 1) 표기 문제에 관해서는『梁書』『隋書』『太平御覽』所

引의 魏志에 邪馬壹國의 壹이 臺로 되어 있어 邪馬壹國을 邪馬臺國(やまたいこく(yamataikoku))의 잘못으로 보는 것이 통설이나, 福島縣 出生의 일본사상사학자이자 고대사 연구가인 古田武彦는 현존하는 最古의 傳本으로서 愼重한 校訂을 거친 南宋의 紹興(1131-1162)・紹熙(1190-1194) 版本에 모두 邪馬壹國으로 되어 있으므로 이를 尊重해야 한다는 점, 邪馬라는 卑 字와 台라고 하는 宮殿을 의미하는 貴 字 등의 서로 반대되는 의미의 글자가 결합하여 하나의 단어를 형성할 수는 없다는 점 등 크게 두 가지 이유를 들어 본래 邪馬台國이라는 나라는 없었고 邪馬壹國이 옳다는 견해를 제시했다(古田武彦,「邪馬壹國」 『史學雜誌』 七八-九(1969):「邪馬台國」はなかった-解讀された倭人伝の謎-』(1971)).

이 古田武彦의 주장에 대해서는 邪馬台國 問題의 논설로 통하는 기본적인 盲點을 찌른 것이라는 평가를 하면서도 邪馬壹을 和音으로 어떻게 읽는 것이 올바른가, 그 의미는 무엇인가, 그러한 점들을 아울러 해명한 다음이 아니면 『三國志』의 最古本에서 이미 이 부분만이 우연히 臺를 壹로 잘못 쓴 것이라는 주장을 대부분의 학자들은 철회하지 않지 않겠느냐 라고 반론을 제기하는 견해(和歌森太郎,「邪馬台國をめぐる問題」(『朝日新聞』(1969. 12. 4)가 있는가 하면, 古田武彦氏와 같이 邪馬台國은 邪馬壹國이라는 연구에 여가를 소비하는 것은 무의미하다고 하면서도 魏志倭人傳이 말을 걸어오는 邪馬台國 혹은 邪馬壹國은 직접적으로는 大和와 연결되는 것은 아닐 것이다 라든가, 「산이 아름다운 都로서의 やまと(yamato)라고 한다면 邪馬台일 것이고, 또한 邪馬壹이라 하더라도 壹은 いち(ichi)・いつ(itsu)로서 統一, 專念의 의미이기 때문에 山의 都임에 다름 아니므로 やまいつ國(yamaitsukoku) 이든 やまたい國(yamataikoku)이든 어느 쪽이든지 좋다 라든가, 古田說의 邪馬壹이 올바르더라도 라든가 하는 등의 말투로써 그것이 무시할 수 없는 논설임을 간접적으로 표명하는 견해도 있고(森秀人,『埋もれた銅鐸』(1970)), 古田氏의 邪馬壹國에 대한 논문을 拜讀할 수 없으면 이 (문제에 관한) 小論도 완성될 수 없을 것이라고 적극적으로 평가한 다음 音相似를 근거로 邪馬壹을 宮崎縣 延岡

市 構口(かまえぐち(kamaeguchi))에 비정하는 견해(小田洋, 「邪馬壹(構口)・末盧(席田郡)說--一大・末盧國間の距離を中心として-」(『鹿大史學』 17(1969)), 현존 「魏書」의 版本중 最古의 傳本인 宋版本에 邪馬壹國으로 표기되어 있다고 하더라도, 寫本時代의 「魏書」에 의하거나 인용하고 있는 『後漢書』 倭傳 및 『太平御覽』 所引의 魏志에 모두 邪馬台國으로 되어있고 또한 『隋書』 倭國傳에도 邪靡堆라고 하는 やまと(yamato)의 音字가 보이고 있으므로 邪馬壹國보다는 邪馬台國이라는 표기가 옳다고 보아야 하며, 이러한 次元에서 邪馬와 台의 결합관계 또한 中國人의 文字觀에 특별히 문제가 있는 표기라고는 여겨지지 않으며, 宋版 魏志倭人傳의 또 다른 곳에서 壹岐國을 字形이 비슷한 一大國으로 표기하는 實例가 있는 것으로 미루어 오히려 邪馬壹國이 邪馬臺國의 誤記로 보는 것이 타당하다는 요지의 견해(森田悌, 『邪馬台國とヤマト政權』(1998)) 등 다양한 반응설이 나왔다.

邪馬壹國이 邪馬臺國의 誤記라고 하는 견해는 이미 邪馬台國 九州說의 主唱者로서 國學者인 本居宣長에 의해서 제창된 바 있고, 그는 邪馬台國이 後代의 大和朝廷과는 다른 실체라는 생각을 갖고 やまたい(yamatai)로 읽었다고 한다.

그러나 이와 달리 邪馬台國을 大和朝廷과 同一視하여 やまと(yamato)로 읽는 견해가 있는가 하면, 邪馬台는 吳音으로는 やまだい(yamadai) 또는 やめだい(yamedai), 漢音으로는 やばたい(yabatai)가 되기 때문에 やまたい(yabatai)라는 발음은 이 양자를 혼용한 것으로 반드시 정확한 표기는 아니라고 하는 지적도 있고, 이 외에 魏志 編者가 邪馬台國이 맞다는 것을 알고는 있었지만 邪馬壹國으로 표기한 것은 臺라고 하는 말은 魏 皇帝의 居所를 지칭하는 말이기 때문에 東쪽 蠻夷의 國名에는 일부러 사용하지 않고 壹자를 쓴 것으로 보는 견해도 있는데 이에 대해서는 다시 『三國志』에는 「臺獄」이라든가 死体를 쌓는 塚을 「臺」라고 쓴 예가 있는 사실로부터 부정하는 견해도 있는 등 다양한 논의가 펼쳐지고 있다고 한다. 본서는 통설인 邪馬台國이라는 표기를 따른다.

다음으로 邪馬台 혹은 邪馬壹의 의미에 대해서는, 앞서 언급한, 그 본래의 표기가 やまいつ國이든 やまたい國이든 그것을 「山의 都」의 뜻으로 볼 수 있다는, 森秀人의 견해를 비롯하여, 邪馬台가 옳은 것으로 보고 일본 고대의 稻作文化가 九州의 背梁山脈을 넘어 五畿七道의 하나인 현재의 近畿・中國地方의 山陰道에서 발달했음을 근거로, 大和를, '背梁山脈의 바깥'의 의미로서의, '산의 밖(山外)'을 표현해 놓은 말로 보는 견해(片山正夫, 「倭人伝中の方向里程等の考察」(『日本歷史』 第70号(1954.3)), 마찬가지로 邪馬台가 옳은 것으로 보고 臺(台)가 中國에서 朝廷 또는 官廳이라는 뜻을 지니고 있다는 사실과 邪馬台國의 位置가 그 근처에 三輪山이 있는 大和라고 하는 지견 등을 아울러 그것을 やまのみかど(yamanomikado)(=山의 朝廷)의 의미로 보는 견해(原田大六, 『邪馬台國論爭』(1969)), 마찬가지로 그것을 邪馬台로 읽되 熊襲國이 肥後 球磨郡 地方과 大隅 囎唹郡의 合體名이라는 것을 예증으로 삼아 그것을 魏志倭人傳에 나오는 21國 중의 邪馬國과 卑彌呼의 宗女 台与의 合體名으로 보는 한편, 台与란 京都와 仲津의 兩郡을 중심으로 한 豊國을 가리키는 것이고 邪馬란 上毛와 下毛 兩郡을 가리키는 것이라는 견지에서, 邪馬台國을 京都와 仲津 兩郡을 중심으로 한 豊國과, 上毛와 下毛 兩郡에 걸친, 邪馬國間의 連合으로 보는 견해도 있다고 한다(重松明久, 『邪馬台國の硏究』(1969)).(佐伯有淸,『硏究史邪馬台國』(吉川弘文館, 1975), pp.276-281・三品彰英,「硏究論文抄 一四五, 片山正夫, 「倭人伝中の方向里程等の考察」(『日本歷史』第70号,昭和二十九(1954)年三月)」『邪馬台國硏究總覽』(創元社, 1978)・森田悌, 『邪馬台國とヤマト政權』(東京堂出版, 1998), pp.4-6. 外).

■ <주요 용어 일본어 발음>

和歌森太郎:わかもり/たろう(wakamori/tarō).森秀人:もり/ひでと(mori/hideto).小田洋:おだ/よう(odayō).片山正夫:かたやま/まさお(katayama/masao).原田大六:はらだ/だいろく(harada/dairoku).重松明久:しげまつ/あきひさ(shigematsu/akihisa).豊國:とよのくに(toyonokuni).上毛:かみつけ(kamitsuke).下毛:しもつけ(shimotsuke).

다음으로 2)의 실체 문제란 邪馬台國과 女王國과의 관계에 대한 문제를 말하는 것으로, 초창기의 연구들에서는 魏志倭人傳에 실려있는 行程記述의 大前提가 帶方郡으로부터 卑弥呼 女王의 邪馬台國까지의 거리를 기술하고 있다는 관점에서 邪馬台國과 女王國을 동일한 실체로 보는 경향이 강하였으나, 魏志倭人傳의 倭와 관련된 용어들을 치밀하게 전면 재분석하여 양자를 서로 다른 실체로 본 牧健二의 연구(石井良助・井上光貞編,「前漢書の書例に據って解釋された邪馬台國・女王國・倭・倭國」(牧健二)『シンポジウム邪馬台國』(1975))가 나온 것을 계기로 오늘날에는 대개 邪馬台國 당시의 倭國이 政治連合體制에 놓여져 있었다는 관점에서 女王國을 連合體國家로 보고 邪馬台國은 그 首都로 보는 시각이 통설화 되어 있다.

단, 牧健二는 女王國을 連合體國家가 아닌 連邦制國家로 보고 있으므로, 그는 탁월한 분석력을 동원하여 현 통설인 女王國 連合體國家說의 교량 역할을 한 것으로 평가할 수 있을 것 같다(石井良助・井上光貞編,「前漢書の書例に據って解釋された邪馬台國・女王國・倭・倭國」(牧健二)『シンポジウム邪馬台國』(創文社,1975)・三品彰英,「硏究論文抄」『邪馬台國硏究總覽』(創元社, 1978) 外).

마지막으로 3)의 邪馬台國의 소재지를 둘러싼 논의는 크게 九州說(北九州說+南九州說), 畿內說(≒大和說), 九州에서 畿內에로의 東遷說 등 세 가지 유형의 학설로 나누어지며. 이 중 논의의 중심인 畿內說과 九州說을 정함에 있어서는 그 주된 논거로써 行程記述이 어느 쪽에 보다 유리한가 하는 관점, 邪馬台의 발음을 やまと(yamato)로 읽는 것을 공통적인 인식으로 하여 해당 지명의 발생지를 九州의 山門으로 보느냐 아니면 畿內의 大和로 보느냐 하는 관점, 魏志倭人傳의 官名, 人名이 그와 유사한『古事記』『日本書紀』所載의 九州와 大和地域의 人名과 官名 중 어느 지역의 명칭에 보다 가까운가 하는 관점, 魏志倭人傳에 시사되어 있는 고대 일본열도를 統一했을 만한 정치적 응집력이 고고학적으로 어느 지역이 보다 강하게 나타나느냐 하는 관점, 女王 卑彌呼의 인물적 성격은 어느 지역에 더 적합한가

하는 관점, 卑彌呼가 魏로부터 下賜받은 銅鏡百枚와 三角緣神獸鏡과의 관계가 大和說에 타당한가의 여부에 대한 관점, 倭人傳의 邪馬台國에 관한 인구 및 풍속관계 기술이 어느 지역에 보다 적합한가 하는 관점 등이, 그 부수적인 논거로써는 投馬國의 위치와의 상호관계에 대한 관점이 각각 작용되고 있으며, 邪馬臺國 東遷說을 주장하는 논자들은 やまと(yamato)라는 지명이 九州에서 大和로 移動했다는 관점, 弥生時代 九州地域의 劍, 鏡, 玉이 후일 大和地域 古墳의 주요 부장품으로 등장한다는 관점, 『日本書紀』 神武東征神話의 줄거리의 대강을 믿는 관점 등을 핵심논거로써 내세우고 있는데, 이 邪馬台國 위치비정의 현황에 대해서는 본서의 종합참고문헌란에 거시한 일본의 연구사정리서들을 참고하기 바란다.

(71) 投馬國에서 邪馬台國까지의 거리를 기술한 「南으로 邪馬壹國에 이르는데. 女王이 都邑한 곳이다. 水行十日, 陸行一月이 걸린다(南至邪馬壹國, 女王之所都. 水行十日陸行一月)」라는 구절은 邪馬台國의 위치 문제를 판단하는 직접적인 근거가 되는 문장인데, 이에 대한 大和說과 九州說 각각의 주요 논지의 대략적인 줄기를 요약하면 다음과 같다.

우선 大和說 쪽에서는 「水行十日, 陸行一月」이라는 장기간의 일수는 그대로 받아들이되 「南至」라는 방향기술은 그것이 시계의 반대방향으로 90度 잘못된 것으로 보고, 途中의 投馬國에 대하여, 中國의 使臣이 日本海 航路로 갔을 경우에는 出雲에, 瀨戶內海 航路로 갔을 경우에는 吉備나 播磨 등에 각각 비정할 수 있고, 상대적으로 投馬國 보다 먼 지역에 있는 것으로 기술되어 있는 邪馬臺國은 大和로 비정할 수 있다는 요지의 주장을 하고 있고, 九州說 쪽에서는 日數는 잘못되는 경우가 많지만 방향기술은 잘못되는 경우가 드물다는 입장에서 邪馬台國의 位置를 九州地域에서 찾고 있다.

이를 좀 더 구체적으로 정리하여 설명하면, 邪馬台國의 위치를 결정하는 중요한 단서가 되는 「水行十日, 陸行一月」이라는 行程記述에 대하여 그것을 「水行十日+陸行一月」로 읽는 內藤湖南 이래 邪馬臺國 大和論者들의 견해, 「水行十日+陸行一日」의 의미로 陸行의 日數를 줄여 읽는 白鳥庫吉 이래 邪馬臺國 九州說의 견해, 邪馬台國 九州說을 취하되, 상기 문장을 「水行이라면 10日, 陸行이라면 1月」이라는 選擇的 行程 讀法으로 日數를 더욱 줄여 읽고 나아가 伊都國 이후부터를 伊都國을 중심으로 한 放射 내지 列擧的 行程으로 읽어, 「水行이라면 10日, 陸行이라면 1月」에서의 '陸行 1月'을 伊都國부터 邪馬台國까지의 거리를 나타내는 것으로 보는 榎一雄 이래의 견해 등이 있는데, 이 중 邪馬臺國 大和說의 견해는 方向記述보다는 「水行十日, 陸行一月」이라는 投馬國으로부터 大和地域까지의 日數行程記述을 「水行十日+陸行一月」이라는, 거리를 가장 길게 이해하는, 讀法으로 大和說을 취한 것이고, 나머지 두 개의 邪馬臺國 九州說은 行程記述보다는 방향기술을 보다 신뢰하는 입장에서, 行程記述에 있어 장기간의 일수를 대폭 줄이는 독법으로 수정하여 邪馬台國 九州說을 취한 것이다.

그러나 이 두 주요 설에 대해서는 서로 간의 예리한 반론이 있다. 즉, 日數行程 자체만 가지고 보면 「水行30日+陸行1月」이라는 장거리 행정은 확실히 大和論에 유리하지만, 帶方郡에서 邪馬台國까지의 총거리를 1만 2천여리로 볼 때에, 伊都國까지는 1만 5백리, 不彌國까지는 1만 7백리가 되기 때문에 결국 日數行程이 시작되는 不弥國으로부터 邪馬台國까지의 거리는 1천 3백여리에 불과한 셈인데, 九州說 쪽에서는 이는 오늘날 日本의 尺度로 약 70㎞ 정도에 불과한 거리이기 때문에 邪馬台國은 九州 內에서 찾을 수 있다는 입장이고, 大和說 쪽에서는 1만 2천여리라는 것은 不彌國까지의 거리를 대략직으로 말한 것이고, 不彌國부터 邪馬台國까지의 일수거리는 별도로 換算된 것이라 보고, *『延喜式』에 難波京에서 九州의 大宰府까지의 거리를 水行 30日로 기재하고 있는 것을 근기로 삼아 자설을 뒷받침하고 있다(三品彰英, 『邪馬台國研究總覽』(創元社, 1978), p.78, pp.400-402・井上光貞・永原慶二・兒玉幸多・大久保利謙編, 「邪馬台國とその時代」(井上光貞)『日本歷史大系』1(古代文

明の形成)(山川出版社, 1995), pp.194-195・佐伯有清,「倭人伝をもう一度讀みなおす」『研究史戰後の邪馬台國』(吉川弘文館, 1975), pp.77-79).

* 延喜式. えんぎしき(engishiki). 平安時代 中期에 편찬된 율령의 시행세칙인 3대 격식의 하나로 3대 격식 중 유일하게 완형으로 남아 있다.

(72) 伊支馬. いきま(ikima), いきば(ikiba), いきめ(ikime). 邪馬台國 大官의 名稱으로 여겨지고 있다.

伊支馬의 실체에 대하여 邪馬台國 大和說의 內藤湖南은 奈良縣 生駒市 往馬坐伊古麻都比古神社를 받드는 卜部(うらべ(urabe))官氏의 호칭으로(內藤湖南,「卑弥呼考」(『藝文』 1-2・3・4(1910)), 邪馬台國 九州說의 坂本太郎는『豊後國風土記』에 *日田郡의 五馬山(いつまやま(itsumayama))에서 활동한 것으로 나오는 **土蜘蛛 五馬媛(いつまひめ(itsumahime))로(坂本太郎,「魏志倭人伝雜考」『邪馬台國』古代史談話會編(1954)) 각각 비정하였다(武光誠編,「伊支馬」『邪馬台國辭典』(同成社,1986), p.50・原島礼二,「第二章倭人連合諸國の官名と一大率をどうみるか」『邪馬台國から古墳の發生へ』(六興出版, 1987), pp.63-64・三品彰英,「注解[官有伊支馬次曰彌馬升次曰彌馬獲支次曰奴佳鞮]」『邪馬台國研究總覽』(創元社, 1978), pp.84-85・水野祐,「第二部評釋篇[第八段]帶方郡-女王國間の交通路(Ⅶ)一邪馬臺國條의「伊支馬」項」『評釋魏志倭人傳』(雄山閣, 1987), p.161・鈴木武樹編,「「卑弥呼考」(1910)」(湖南・內藤虎次郎)」『論集邪馬臺國』(大和書房, 1975), pp.162-163・坂本太郎,「魏志倭人伝雜考」『日本古代史の基礎的研究』上(文獻篇)(東京大學出版會, 1982), p.487・汪向榮・夏應元編,「二≪三國志・魏志・倭人傳≫」『中日關係資料彙篇』(中華書局, 1984), p.12).

* 日田郡. ひたぐん(hitagun). 고대에 現 大分縣에 있었던 郡의 명칭이다. 天平 12(740)년 무렵까지는 성립되었다고 일컬어지는『豊後國風土記』에 豊後國 8郡의 하나로 나오고 있다.

**土蜘蛛. つちぐも(tsuchigumo). 古代 日本의 大和朝廷의 命에 따르지 않아 異民族視된 변경민으로,『古事記』『日本書紀』에는 土蜘蛛나 都知久母라는 명칭으로 나타나며, 陸奥, 越後, 常陸, 攝津, 豊後, 肥前 등의『風土記』에서도 빈번히 등장한다고 한다.

■ <주요 용어 일본어 발음>

往馬坐伊古麻都比古神社：いこまにますいこまつひこじんじゃ

(ikomanimasuikomatsuhikojinja)

(73) 彌馬升. みまし(mimashi), みめし(mimeshi). 여기에서부터 이하 보이는 3개의 官의 명칭은 大官 伊支馬에 대한 副官의 名稱으로 이해되고 있다.

이 3個의 官과 앞의 伊支馬를 포함하여 邪馬台國에는 일반적으로 총 4등급의 官이 있었던 것으로 여겨지고 있으나, 예외적으로 藤間生大는 弥馬獲支, 彌馬升에 있어 彌馬라는 그 冠頭二文字의 동일성에 착안하여 양자를 같은 등급으로 이해하고 邪馬台國의 官은 4등급이 아닌 3등급이 있었던 것으로 보았다(藤間生大, 「『魏志倭人伝』の官について-『魏志東夷伝』に關連して-」 『朝鮮史研究論文集』 7((1970)).

弥馬升의 실체에 대하여 邪馬台國 大和說의 內藤湖南은 이를 孝昭天皇의 和名인 觀松彦香殖稻天皇(みまつひこかえしね(mimatsuhi kokaeshine))의 觀松(みまつ(mimatsu))에 해당되는 *名代로 비정했고(內藤湖南, 「卑弥呼考」 『藝文』 1-2・3・4(1910)), 邪馬台國 九州說의 牧健二는 그것을 地名인 筑前國 下座郡의 三城(みなき(minaki))郷에 비정했다(牧健二, 「魏志の倭の女王國の政治倫理」『史學雜誌』62-9(1953):『日本の原始國家』(1968)).(石原道博編譯, 『新訂魏志倭人傳他三篇』(岩波書店, 1991), pp.41-42・三品彰英, 「注解[官有伊支馬次曰彌馬升次曰彌馬獲支次曰奴佳鞮]」『邪馬台國研究總覽』(創元社, 1978), pp.84-85・水野祐, 「第二部評釋篇[第八段]帶方郡-女王國間の交通路(Ⅶ)一邪馬臺國條의 「弥馬升」項」『評釋魏志倭人傳』(雄山閣, 1987), p.161・武光誠編, 「みまし, 弥馬升」『邪馬台國辭典』(同成社, 1986), pp.176-177・原島礼二, 「第二章倭人連合諸國の官名と一大率をどうみるか」『邪馬台國から古墳の發生へ』(六興出版, 1987), pp.63-64・汪向榮・夏應元編, 「二≪三國志・魏志・倭人傳≫」『中日關係資料彙篇』(中華書局, 1984), p.12).

* 名代. なしろ(nashiro). 大化改新(645) 以前 氏姓制 下에서의 私有部民 集團을 소유한 황족의 명칭이다.

▣ <주요 용어 일본어 발음>

藤間生大: とうま/せいた(tōma/seita). 下座郡: しもつあさくらのこおり

(shimotsuasakuranokōri 혹은 げざぐん(gezagun).

(74) 彌馬獲支. みまかき(mimakaki), みまかし(mimakashi), みばかし(mibakashi), みめかき(mimekaki). 본문에서 두 번째 나오는 邪馬台國 副官의 名稱으로 여겨지고 있다.

彌馬獲支의 실체에 대하여, 邪馬台國 大和說의 內藤湖南은 崇神天皇의 和名인 御間城入彦五十瓊殖(みまきいりひこいそにえ(mimakiirihikoisonie))라는 명칭 중의 御間城(みまき(mimaki))에 해당되는 名代로(內藤湖南,「卑弥呼考」『藝文』1-2·3·4(1910)), 邪馬台國 九州說의 坂本太郎는 『日本書紀』景行天皇 13年條 기사에 보이는 景行天皇의 妃 御刀媛(みはかしひめ(mihakashihime))의 이름의 일부분인 御刀(みはかし(mihakashi))의 譯音으로(坂本太郎,「魏志倭人伝雜考」『邪馬台國』古代史談話會編(1954)), 牧健二는 筑前國의 地名인 宗像(むなかた(munakata))郡으로(牧健二,「魏志の倭の女王國の政治倫理」『史學雜誌』62-9(1953)):『日本の原始國家』(1968)) 각각 비정하였고, 水野祐는 그것을 筑前國 宗像의 土着首長類와 관계있는 官名으로 이해하되 그 의미에 대한 단정은 피하였다(水野祐,「第二部 評釋篇[第八段]帶方郡-女王國間の交通路(Ⅶ)一邪馬臺國條의「弥馬獲支」項」『評釋魏志倭人傳』(1988)). (武光誠編,「みまかき, 弥馬獲支」『邪馬台國辭典』(同成社, 1986), p.176·水野祐,「第二部評釋篇[第八段]帶方郡-女王國間の交通路(Ⅶ)一邪馬臺國條의「弥馬獲支」項」『評釋魏志倭人傳』(雄山閣, 1988), pp.161-162·鈴木武樹編,「「卑弥呼考」(1910)」(湖南·內藤虎次郎)」『論集邪馬臺國』(大和書房, 1975), pp.163-164·坂本太郎,「魏志倭人伝雜考」『日本古代史の基礎的研究』上(文獻篇)(東京大學出版會, 1982), p.487·原島礼二,「倭人連合諸國の官名と一大率をどうみるか」『邪馬台國から古墳の發生へ』(六興出版, 1987), pp.63-64·汪向榮·夏應元編,「二≪三國志·魏志·倭人傳≫」『中日關係資料彙篇』(中華書局, 1984), p.12).

(75) 奴佳鞮. ぬかて(nukate), ぬかだ(nukada). 본문에서 세 번째 나오는 邪馬台國 副官의 名稱으로 여겨지고 있다.

奴佳鞮의 실체에 대하여 邪馬台國 大和說의 內藤湖南은 중앙귀족인 中臣(なかとみ(nakatomi)) 내지 中跡直(なかとのあたい(nakatonoatai))에(內藤湖南,「卑弥呼考

」『藝文』 1-2・3・4(1910)), 邪馬台國 九州說의 牧健二는 筑前國의 地名인 早良郡(さわらぐん(sawaragun)) 額田(ぬかた(nukata))鄕에(牧健二,「魏志の倭の女王國の政治倫理」『史學雜誌』 62-9(1953) : 『日本の原始國家』(1968)) 각각 비정하였다(武光誠編,「ぬかて, 奴佳鞮」『邪馬台國辭典』(同成社, 1986), p.156・水野祐,「第二部評釋篇[第八段]帶方郡-女王國間の交通路(Ⅶ)一邪馬臺國條의「奴佳鞮」項」」『評釋魏志倭人傳』(雄山閣, 1988), p.162・鈴木武樹編,「「卑弥呼考」(1910)」(湖南・內藤虎次郎)」『論集邪馬臺國』(大和書房, 1975), p.164・原島礼二,「第二章倭人連合諸國の官名と一大率をどうみるか」『邪馬台國から古墳の發生へ』(六興出版, 1987), pp.63-64・汪向榮・夏應元編,「二≪三國志・魏志・倭人傳≫」『中日關係資料彙篇』(中華書局, 1984), p.12).

(76) 「(인구는) 可히 7萬餘戶이다(可七萬餘戶)」라는 邪馬台國에 관한 戶數記述을 끝으로 各國의 戶數記述은 마무리 된다.

이 對馬國에서부터 邪馬臺國까지 8개국의 戶數記述을 토대로 계산하면 3세기 당시 왜의 총 호수는 150,000餘戶 혹은 159,000餘戶나 되는데, 일본학계에서는 이를 그대로 믿는 견해가 있는가 하면, 그것을 실제보다 과장된 것으로 보는 견해도 있는데, 전자와 같이 戶數記述을 그대로 믿는 대표적인 논자에는 邪馬台國의 7만이라는 戶數記述을 邪馬台國 大和說의 주요 논거의 하나로 삼은 內藤湖南이 있고(內藤湖南,「卑弥呼考」『藝文』 1-2・3・4,明治43(1910)), 후자와 같이 '誇張說'을 취하는 대표적인 논자에는 邪馬台國 九州說의 水野祐가 있다(水野祐,「第二部評釋篇[第八段]帶方郡-女王國間の交通路(Ⅶ)一邪馬臺國條의「七万余戶」項」」『評釋魏志倭人傳』, 昭和62(1987)).(鈴木武樹編,「卑弥呼考(1910)」(湖南・內藤虎次郎)」『論集邪馬臺國』(大和書房, 1975), p.154・水野祐,「第二部評釋篇[第八段]帶方郡-女王國間の交通路(Ⅶ)一邪馬臺國條의「七万余戶」項」」『評釋魏志倭人傳』(雄山閣, 1987), pp.162-165・三品彰英,「注解[補註]戶數の問題」및「橋本增吉,「『東洋思上より觀たる日本上古史研究 邪馬台國論考-」『邪馬台國硏究總覽』(創元社, 1978), pp.153-157, pp.307-308. 外).

(77) 「女王國으로부터 以北(自女王國以北)」이라는 문구의 의미에 대해서는 두 가지 유형의 견해가 있다.

즉, 邪馬台國 大和說이든 邪馬台國 九州說이든 대개의 전통적인 견해들에서는 女王國 以北의 7국, 즉 對馬國, 一大(=壹岐)國, 末盧國, 伊都國, 奴國, 不彌國, 投馬國 다음에 邪馬台國이 나오고 그 邪馬台國에 女王 卑彌呼가 있다는 사실에 토대하여, 邪馬台國과 女王國을 동일한 실체로 보고 邪馬台國(女王國) 이전의 對馬國에서 投馬國에 이르는 7개국을 「여왕국으로부터 이북」의 국가들로 비정해 왔으나, 예외적으로 邪馬台國 大和說의 山田孝雄과 伊都國부터 邪馬台國까지의 行程記述에 대하여 伊都國을 기점으로 하여 읽는 放射讀法 論者인 牧健二는 위의 7국 중 投馬國을 뺀 6개국을 「女王國으로부터 以北」의 국가들로 비정하고 있는데(山田孝雄, 「狗奴國考」 『世界』 78・80・81・83(1910)・石井良助・井上光貞 編, 「前漢書の書例に據って解釋された邪馬台國・女王國・倭・倭國」(牧健二) 『シンポジウム邪馬台國』(1975)), 山田孝雄은 본문의 「自女王國以北其戶數道里可得略載」라는 기술에 의거하여 해당 6국에만 戶數道里에 관한 기술이 있다는 점에 토대한 것이고, 牧健二는 伊都國으로부터 邪馬台國까지를 放射讀法으로 읽음과 동시에 投馬國부터 邪馬台國까지의 거리로 되어있는 「水行10日, 陸行一月」이라는 기술을 기존의 直線讀法의 견해들과 같이 「水行10日+陸行1月」로 읽거나(內藤湖南 以來의 邪馬台國 大和說), 「水行10日+陸行1日」로 읽거나(白鳥庫吉 以來의 邪馬台國 九州說) 하지 않고, 志田不動磨의 讀法(志田不動磨, 「邪馬台國方位考」 『史學雜誌』 38-10(1927))을 받아들여 「水行이라면 10日, 陸行이라면 1月」이라는 選擇的 行程 讀法으로 읽음으로써 伊都國으로부터 '水行 20日'의 거리가 되는 投馬國을 伊都國으로부터 '水行 10日'의 거리가 되는 邪馬台國 보다 뒤에 위치시키게 되어 위와 같은 결과가 배태되었던 것이다(石原道博編譯, 『新訂魏志倭人傳他三篇』(岩波書店, 1991), pp.41-42・三品彰英, 「注解[水行十日陸行一月][自女王國以北其戶數道里可得略載] 및 硏究論文抄 五三, 山田孝雄 「狗奴國考 古代東國の中心」(『考古學雜誌』8・9・10・11・12號, 大正11年4月~8月」『邪馬台國硏究總覽』(創元社, 1978), pp.81-86, pp.241-243・石井良助・井上光貞編, 「前漢書の書例に據って解釋された邪馬台國・女王國・倭・倭國」(牧健二)『シンポジウム邪馬台國』(創文社, 1975), pp.52-83・佐伯有淸, 『硏究史邪馬台國』(吉川弘文館, 1975), pp.193-195).

(78) 旁國. ぼうこく(bōkoku). 旁國에 대해서는 이를 '連合體制 혹은 連

邦體制 하에서의 여왕국 산하의 나라들'이라는 의미로 보는 설과 '여왕국 곁의 나라들'이라는 의미로 보는 설 등이 있는데, 이 중 어느 의미로 읽든지 간에 그 실체에 대해서는 대개「可得(略)載不可得詳」의 21個國 내지 22個國을 가리키는 것으로 여겨지고 있다(井上光貞,「奴國連合」『日本國家の起源』(岩波書店, 1969), p.26・石井良助・井上光貞編,「前漢書の書例に據って解釋された邪馬台國・女王國・倭・倭國」(牧健二)『シンポジウム邪馬台國』(創文社, 1975), pp.66-69・水野祐,「第二部評釋篇[第八段]帶方郡-女王國間の交通路(Ⅶ)邪馬壹國○其余旁國」『評釋魏志倭人傳』(雄山閣, 1987), p.167. 外).

(79) 이 '다음에(次)'라는 말은 21個 國名을 나열하면서 각 국명의 앞에 모두 사용되고 있는데, 그 의미에 대해서는 邪馬台國으로부터의 거리의 순서를 나타내는 것으로 보는 견해와 邪馬台國으로부터의 거리의 순서와 관계없이 단지 21個國을 무작위적으로 나열한 순서를 나타내는 용어로 보는 견해 등이 있다.

■ <주요 용어 일본어 발음>

米倉二郎:よねくら/じろう(yonekura/jirō).宮崎康平:みやざき/こうへい(miyazaki/kōhei).

* 이어지는 邪馬國 이하 21개국의 지명비정설의 소개는 邪馬台國 大和說의 新井白石,『古史通或問』(1716)・內藤湖南,「卑弥呼考」『藝文』1-2・3・4(1910)・山田孝雄,「狗奴國考-古代東國文化の中心-」『考古學雜誌』12-8・9・10・11・12(1922)・志田不動麿,「邪馬台國方位考」『史學雜誌』 38-10(1927)・米倉二郎,「魏志倭人伝に見ゆる斯馬國以下の比定」『史學研究』52(1953) 등과 邪馬台國 九州說의 本居宣長,『馭戎慨言』(1777)・橋本增吉,『東洋史上より觀たる日本上古史研究-邪馬台國論考-』(1932)・牧健二,「魏志の倭の女王國の政治倫理」『史學雜誌』62-9(1953)・宮崎康平,『まぼろしの邪馬台國』(1967)・吉田東伍, 『日韓古史斷』(1893) 등 총 10명의 학설을 대상으로 하였다.

(80) 斯馬國. しばのくに(shibanokuni), しめのくに(shimenokuni), しまのくに(shimanokuni). 邪馬國의 위치에 대하여 邪馬臺國 大和說에서는 筑前國 志摩郡(新井白石, 內藤湖南), 周防國①의 木島郡(米倉二郎) 등에, 邪馬臺國 九州說에서는 筑前國② 志摩郡 내지 志摩國(本居宣長, 橋本增吉, 牧健二), 北大隅郡 櫻島③(吉田東伍) 등에 각각 비정하였다.

註

① 山口縣 동부.
② 福岡縣 북서부.
③ 鹿兒島縣의 錦江湾(=鹿兒島湾)에 있던 화산섬이었으나 大正 3(1914)년의 噴火에 의해 大隅半島와 육지로 이어졌다고 한다.

<주요 지명 발음>

三重縣: みえけん(mieken). 志摩國: しまのくに(shimanokuni). 周防國: すおうのくに(suōnokuni). 筑前國: ちくぜんのくに(chikuzennokuni). 志摩郡: しまぐん(shimagun). 櫻島: さくらじま(sakurajima).

(81) 已百支國. いはきのくに(ihakinokuni), いほきのくに(ihokinokuni). 邪馬臺國 大和說에서는 伊勢國① 石城(內藤湖南), 周防國② 熊毛郡의 石城神社(米倉二郎) 등에, 邪馬臺國 九州說에서는 肥前國③磐田杵(牧健二(參考地로서의 比定說)), 肥前國 松浦郡④ 一部 및 彼杵⑤(宮崎康平), 伊爾敷⑥(吉田東伍) 등에 각각 비정하였다.

註

① 三重縣 북중부 지역. 일명 勢州라고도 한다.
② 山口縣 동부.
③ 佐賀縣 全域 및 長崎縣 중에서 壹岐와 對馬를 제외한 지역.
④ 肥前國(위의 ③)의 북서부에 해당되는 지역(佐賀縣 東松浦郡·唐津市, 西松浦郡·伊万里市,

長崎縣北松浦郡・平戶市・松浦市・佐世保市(北半部) 등에 해당됨).
⑤ 長崎縣 佐世保市 일대.
⑥ 鹿兒島郡 伊敷村.

<주요 지명 발음>

伊勢國:いせのくに(isenokuni).石城:いわき(iwaki).熊毛郡:くまげぐん(kumagegun).石城神社:いわきのじんじゃ(iwakinojinja).肥前國:ひぜんのくに(hizennokuni).磐田杵:いわたき(iwataki).松浦郡:まつらぐん(matsuragun).彼杵:そのぎ(sonogi).伊爾敷:いにしき(inishiki).

(82) 伊邪國. いやのくに(iyanokuni), いさのくに(isanokuni), いよのくに(iyonokuni). 邪馬臺國 大和說에서는 三重縣 中東部 志摩國① 答志郡 伊雜宮 소재지 혹은 伊勢國 度會郡②의 伊蘇鄕(內藤湖南), 伊予國③(志田不動麿,米倉二郞) 등에, 邪馬臺國 九州說에서는 豊前國④의 宇佐郡⑤(牧健二), 肥前國의 松浦郡 일부(宮崎康平), 伊作⑥(吉田東伍) 등에 각각 비정하였다.

① 三重縣 북부지역으로 현 鳥羽市, 志摩郡 磯部町(西端部 除外), 同 阿兒(あご(ago))町 東北部 등의 지역.
② 玉城町・度會町・大紀町・南伊勢町를 포함하는 지역.
③ 愛媛縣 全域.
④ 福岡縣 東半部에서 大分縣 북부에 걸친 지역.
⑤ 大分縣 북부지역.
⑥ 鹿兒島縣 南北 伊佐 二郡.

<주요 지명 발음>

答志郡:とうしぐん(tōshigun).伊雜宮:いざわのみや(izawanomiya).度會郡:わたらいぐん(wataraigun).伊蘇鄕:いそごう(isogō).伊予國:いよのくに(iyonokuni).豊前國:ぶぜんのくに(buzennokuni).宇佐郡:うさぐん(usagun).伊作:いさ(isa).

(83) 郡支國. くしのくに(kushinokuni), くきのくに(kukinokuni). 邪馬臺國 大和說에서는 豊後國① 球珠郡②(新井白石), 伊勢國 度會郡 榛原神社 소재지(內藤湖南), 古代 吉備國 내의 지명인 國造本紀의 波區藝國 혹은 周防國 玖珂郡 沿岸(米倉二郎) 등에, 邪馬臺國 九州說에서는 筑前國 遠賀郡의 洞(牧健二), 肥前國 小城郡③(宮崎康平), 串伎④(吉田東伍) 등에 각각 비정하였다.

註

① 大分縣 대부분을 차지하는 지역. 일명 豊州라고도 한다.
② 大分縣 玖珠町・九重町의 2町을 포함한 지역.
③ 佐賀縣 小城郡 및 多久市 부근.
④ 鹿兒島縣 姶羅郡 加治木鄕.

◪ <주요 지명 발음>

豊後國:ぶんごのくに(bungonokuni).球珠郡:くすぐん(kusugun).榛原神社:はりはらじんじゃ(hariharajinja).吉備國:きびのくに(kibinokuni).波區藝國:はくきのくに(hakukinokuni).遠賀郡:おんがぐん(ongagun).小城郡:おぎぐん(ogigun).串伎:くしき(kushiki).

(84) 彌奴國. みぬのくに(minunokuni), みなのくに(minanokuni), みねのくに(minenokuni). 邪馬臺國 大和說에서는 肥前國 三根郡(新井白石), 美濃國①(內藤湖南), 備前國② 御野(米倉二郎) 등에, 邪馬臺國 九州說에서는 肥前國 三根郡(牧健二,宮崎康平), 湊③(吉田東伍) 등에 각각 비정하였다.

註

① 岐阜縣 남부.
② 岡山縣 동남부.
③ 鹿兒島縣 日置郡 市來鄕.

▣ <주요 지명 발음>

三根郡:みねぐん(minegun).美濃國:みののくに(minonokuni).備前國:びぜんのくに(bizennokuni).御野:みの(mino).神崎郡:かんざきぐん(kanzakigun).佐賀郡:さがぐん(sagagun).

(85)好古都國.ここつのくに(kokotsunokuni),こおことのくに(kōkotonokuni). 邪馬臺國 大和說에서는 美濃國 各務郡 혹은 方縣郡(內藤湖南), 備前國 和氣郡 香止鄕(米倉二郞) 등에, 邪馬臺國 九州說에서는 肥後國① 菊池郡②(橋本增吉,牧健二), 肥後國 宇土郡 일부 및 八代郡 일부에 걸친 지역③(宮崎康平), 笠沙④(吉田東伍) 등에 각각 비정하였다.

① 熊本縣.
② 熊本縣의 大津町・菊陽町의 2町을 포함한 지역.
③ 熊本縣 宇土市 付近부터 氷川流域에 걸친 지역.
④ 鹿兒島縣 川邊郡 加世田鄕.

▣ <주요 지명 발음>

各務郡:かかみぐん(kakamigun).方縣郡:かたがたぐん(katagatagun).和氣郡:わけぐん(wakegun).香止鄕:かがとごう(kagatogō).肥後國:ひごのくに(higonokuni).菊池郡:きくちぐん(kikuchigun).宇土郡:うとぐん(utogun).八代郡:やつしろぐん(yatsushirogun).笠沙:かささ(kasasa).

(86) 不呼國. ふこのくに(fukonokuni). 邪馬臺國 大和說에서는 美濃國 池田郡 伊福(內藤湖南), 備前國 邑久(米倉二郞) 등에, 邪馬臺國 九州說에서는 肥前國 島原半島 北岸 伊福村(橋本增吉,牧健二), 肥後國 益城郡 일부에서 宇土郡 일부에 걸친 지역①(宮崎康平), 日置②(吉田東伍) 등에 각각 비정하였다.

註

① 熊本縣 益城郡城 南町 부근부터 宇土半島의 有明海岸까지에 걸친 지역.
② 鹿兒島縣 日置郡 日置鄉.

<주요 지명 발음>

池田郡:いけだぐん(ikedagun).伊福:いふく(ifuku).伊福村:いふくむら(ifukumura).邑久:おく(oku).益城郡:ましきぐん(mashikigun).日置:へき(heki).

(87) 姐奴國. しゃぬのくに(shanunokuni), さぬのくに(sanunokuni). 邪馬臺國 大和說에서는 筑後國① 竹野郡(新井白石), 近江國② 高島郡 角野鄉(內藤湖南), 周防國 都濃郡(米倉二郎) 등에, 邪馬臺國 九州說에서는 伊予國 周敷郡(=周布郡) 田野鄉(本居宣長), 日向國③ 西諸縣郡 狹野 또는 日向國 兒湯郡 都野鄉 내지 肥後國 山本郡 佐野鄉(牧健二), 肥後國 益城郡④(宮崎康平), 谿⑤(吉田東伍) 등에 각각 비정하였다.

註

① 福岡縣 남부.
② 滋賀縣.
③ 宮崎縣.
④ 熊本縣 上益城郡에서 下益城郡의 일부에 걸친 지역.
⑤ 鹿兒島縣 谿山郡.

<주요 지명 발음>

筑後國:ちくごのくに(chikugonokuni).竹野郡:たかのぐん(takanogun).近江國:おうみのくに(ōminokuni).高島郡:たかしまぐん(takashimagun).角野鄉:つのごう(tsunogō).都濃郡:つのぐん(tsunogun).伊予國:いよのくに(iyonokuni).周敷郡(=周布郡):しゅうふぐん(shūfugun).田野鄉:たのごう(tanogō).日向國:ひゅうがのくに(hyūganokuni).西諸縣郡:にし

もろかたぐん(nishimorokatagun).狹野:さの(sano).兒湯郡:こゆぐん(koyugun).都野郷:つのごう(tsunogō).佐野郷:さのごう(sanogō).谿:たに(tani).

(88) 對蘇國. つそのくに(tsusonokuni), とそのくに(tosonokuni). 邪馬臺國 大和說에서는 肥前國 養父郡 鳥栖郷(新井白石), 近江國 伊香郡 遂佐郷(內藤湖南), 土佐國①(米倉二郎) 등에, 邪馬臺國 九州說에서는 土佐國(本居宣長), 肥前國 養父郡 鳥栖郷(牧健二), 肥後國 益城郡 일부 및 日向國 臼杵郡 서부일대②(宮崎康平), 多布施③(吉田東伍) 등에 각각 비정하였다.

註

① 高知縣.
② 熊本縣 上益城郡 上流 일대와 阿蘇郡 東南部의 蘇陽町 부근부터 宮崎縣 臼杵郡 五ケ瀨町・高千穗町에 걸친 지역.
③ 鹿兒島縣 阿多郡 田布施郷.

<주요 지명 발음>

鳥栖郡:とすぐん(tosugun).養父郡:やぶぐん(yabugun).鳥栖郷:とすのごう(tosunogō).伊香郡:いかぐん(ikagun).遂佐郷:すさのごう(susanogō).土佐國:とさのくに(tosanokuni).臼杵郡:うすきぐん(usukigun).多布施:たふせ(tafuse).

(89) 蘇奴國. そぬのくに(sonunokuni). 邪馬臺國 大和說에서는 肥前國 彼杵郡①(新井白石), 佐奈縣②(內藤湖南), 遠江國③ 佐野郡(山田孝雄), 讚岐國④(米倉二郎) 등에, 邪馬臺國 九州說에서는 肥後國 佐野郷(橋本增吉), 肥前國 彼杵郡 또는 肥後國 佐野郷(牧健二), 肥後國 阿蘇郡⑤(宮崎康平), 噌唹⑥(吉田東伍) 등에 각각 비정하였다.

註

① 肥前國 중서부.
② 伊勢國 多氣郡 佐那神社 소재지.
③ 靜岡縣.
④ 香川縣.
⑤ 熊本縣 阿蘇郡의 阿蘇山 火口原에 펼쳐진 白川 上流域의 水田地帶.
⑥ 鹿兒島縣 西囎唹郡.

<주요 지명 발음>

彼杵郡:そのぎぐん(sonogigun).佐奈縣:さなけん(sanaken).遠江國:とおとうみのくに(tōtōminokuni).佐野郡:さのぐん(sanogun).讚岐國:さぬきのくに(sanukinokuni).佐野郷:さのごう(sanogō).阿蘇郡:あそぐん(asogun).囎唹:そお(sō).

(90) 呼邑國. こゆのくに(koyunokuni), こうぉのくに(kowonokuni). 邪馬臺國 大和說에서는 伊勢國 多氣郡 麻績郷(內藤湖南), 伊予國 桑村郡(米倉二郎) 등에, 邪馬臺國 九州說에서는 日向國 兒邑郡(牧健二), 肥後國 託麻郡 및 飽田郡①(宮崎康平), 鹿屋②(吉田東伍) 등에 각각 비정하였다.

① 熊本市를 중심으로 飽託郡에서 菊池郡의 일부인 大津 부근까지의 지역.
② 鹿兒島縣 肝屬郡 鹿屋郷.

<주요 지명 발음>

多氣郡:たきぐん(takigun).麻績郷:おみごう(omigō).桑村郡:くわむらぐん(kuwamuragun).託麻郡:たくまぐん(takumagun).飽田郡:あきたぐん(akitagun).鹿屋:かのや(kanoya).

(91) 華奴蘇奴國. くゎぬそぬのくに(kuwanusonunokuni). 邪馬臺國 大和說에서는 遠江國 磐田郡 鹿苑神社 소재지나 不破國(內藤湖南)①, 武藏國② 金鑽神社 소재지③와 관계가 있는 지역(山田孝雄), 伊予國 神野郡 伊曾乃神社

(米倉二郎) 등에, 邪馬臺國 九州說에서는 肥前國 神崎郡(橋本增吉,牧健二), 肥後國 山鹿郡·菊池郡·合池郡④(宮崎康平), 囎唹의 別邑인 東囎唹⑤(吉田東伍) 등에 각각 비정하였다.

① 과거에 美濃國에 속하였었고, 현재는 岐阜縣에 속하는 郡으로 美濃國과 岐阜縣의 西端에 해당되는 지역.
② 埼玉縣.
③ 埼玉縣 兒玉郡 神川村 二ノ宮에 있는 전 官幣中社.
④ 熊本縣 山鹿市에서 菊池川 左岸의 鹿本郡 북반부에 이르는 지역과 菊池市 및 菊池郡을 더한 지역.
⑤ 鹿兒島縣 東囎唹.

<주요 지명 발음>

磐田郡:いわたぐん(iwatagun).鹿苑神社:ろくおんじんじゃ(rokuonjinja).武藏國:むさしのくに(musashinokuni).金鑽神社:かなさなじんじゃ(kanasanajinja).神野郡:かんぬぐん(kannugun).伊曾乃神社:いそのじんじゃ(isonojinja).山鹿郡:やまがぐん(yamagagun).東囎唹:ひがしそお(higashisō).

(92) 鬼國. きこくのくに(kikokunokuni). 邪馬臺國 大和說에서는 肥前國 基肄郡(新井白石), 尾張國① 丹羽郡 大桑鄕 혹은 美濃國 山縣郡 大桑鄕(內藤湖南), 紀伊國②(山田孝雄), 安藝國(米倉二郎) 등에, 邪馬臺國 九州說에서는 肥前國 基肄郡(本居宣長), 肥前國 小城郡(牧健二), 肥後國 山本郡 및 玉名郡③(宮崎康平), 城④(吉田東伍) 등에 각각 비정하였다.

① 愛知縣 서부.
② 和歌山縣 全域에서 三重縣 남부에 걸친 지역.
③ 熊本縣 鹿本郡의 菊池川 이남 대부분과 玉名郡 일부 지역.
④ 鹿兒島縣 高城郡.

<주요 지명 발음>

基肄郡:きいぐん(kīgun).尾張國:おわりのくに(owarinokuni).丹羽郡:にわぐん(niwagun).大桑郷:おおくわごう(ōkuwagō).山縣郡:やまがたぐん(yamagatagun).紀伊國:きいのくに(kīnokuni).小城郡:おぎぐん(ogigun).城:き(ki).

(93) 爲吾國. うぃごこく(wigokoku). 邪馬臺國 大和說에서는 三河國① 額田郡 位賀鄕 혹은 尾張國 智多郡 番賀鄕(內藤湖南), 播磨國② 英賀(米倉二郎) 등에, 邪馬臺國 九州說에서는 筑後國 生葉郡(本居宣長,橋本增吉,牧健二), 肥後國 玉名郡 내③(宮崎康平), 可愛④(吉田東伍) 등에 각각 비정하였다.

註

① 愛知縣 동부.
② 兵庫縣 남서부.
③ 熊本縣 玉名郡 北半部의 菊池川 右岸地帶.
④ 鹿兒島縣 高江鄕.

<주요 지명 발음>

三河國:みかわのくに(mikawanokuni).額田郡:ぬかたぐん(nukatagun).位賀鄕:いがごう(igagō).智多郡:ちたぐん(chitagun).番賀鄕:はがごう(hagagō).播磨國:はりまのくに(harimanokuni).英賀:あが(aga).生葉郡:いくはぐん(ikuhagun).可愛:え(e).

(94) 鬼奴國. きぬのくに(kinunokuni). 邪馬臺國 大和說에서는 伊勢國의 桑名郡 桑名鄕(內藤湖南), 讚岐國 柞田驛(米倉二郎) 등에, 邪馬臺國 九州說에서는 肥後國 菊池郡 城野鄕(橋本增吉,牧健二), 肥後國 玉名郡①(宮崎康平), 阿久根②(吉田東伍) 등에 각각 비정하였다.

註

① 熊本縣 玉名郡 玉名市를 중심으로 한 菊池川 河口의 菊池平野 일대.
② 鹿兒島縣 出水郡 阿久根鄕.

■ <주요 지명 발음>

桑名郡:くわなぐん(kuwanagun).桑名鄕:くわなごう(kuwanagō).柞田驛:くにたえき(kunitaeki).城野鄕:きのごう(kinogō).阿久根:あくね(akune).

(95) 邪馬國. やめのくに(yamenokuni). 邪馬臺國 大和說에서는 八女國①(新井白石), 伊勢國 員弁郡 野摩(內藤湖南), 播磨國 野磨驛(米倉二郞) 등에, 邪馬臺國 九州說에서는 豊前國② 下毛郡의 山國 혹은 八女縣(本居宣長), 筑後國 八女郡③(牧健二), 筑後國 三瀦郡・上妻郡・山門郡・三宅郡④(宮崎康平), 八女⑤(吉田東伍) 등에 각각 비정하였다.

① 筑後國 上陽咩郡=筑後國의 上妻郡(こうづまぐん(kōuzumagun))에 해당되는 지역. 福岡縣의 남동부.
② 福岡縣 동반부에서 大分縣 북부에 걸친 지역.
③ 福岡縣 남부의 郡.
④ 福岡縣 三瀦郡・八女郡・山門郡・三池郡 및 이 郡들 중의 각 市를 포함한 지역.
⑤ 福岡縣 山門 및 上妻郡・下妻郡.

■ <주요 지명 발음>

八女國:やめのくに(yamenokuni).豊後:ぶんご(bungo).員弁郡:いなべぐん(inabegun).野磨驛:やまのえき(yamanoeki).豊前國:ぶぜんのくに(buzennokuni).下毛郡:しもげぐん(shimogegen).山國:やまくに(yamakuni).八女縣:やめのあがた(yamenoagata).八女郡:やめぐん(yamegun).三瀦郡:みずまぐん(mizumagun).上妻郡:こうづまぐん(kōzumagun).山門郡:やまとぐん(yamatogun).

(96) 躬臣國. くしのくに(kushinokuni). 邪馬臺國 大和說에서는 肥後國 合志郡①(新井白石), 伊勢國 多氣郡 櫛田(內藤湖南), 越國②(山田孝雄,志田不動麿), 播磨國 櫛淵(米倉二郎) 등에, 邪馬臺國 九州說에서는 豊後國 球珠郡(牧健二), 筑後國 生葉郡・竹野郡・山本郡・御井郡③(宮崎康平), 三瀦의 御井④(吉田東伍) 등에 각각 비정하였다.

註

① 熊本縣의 동북부 지역.
② 福井縣 敦賀市에서 山形縣 庄內 지방의 일부까지에 해당되는 지역.
③ 福岡縣 浮羽郡・三井郡 남부 및 久留米市를 포함하는 筑後川의 左岸地帶.
④ 福岡縣 久留米市內.

<주요 지명 발음>

合志郡:ごうしぐん(gōshigun).菊池郡:きくちぐん(kikuchigun).多氣郡:たきぐん(takigun).櫛田:くしだ(kushida).越國:こしのくに(koshinokuni).櫛淵:くしふち(kushifuchi).球珠郡:くすぐん(kusugun).生葉郡:いくはぐん(ikuhagun).竹野郡:たかのぐん(takanogun).山本郡:やまもとぐん(yamamotogun).御井郡:みいぐん(mīgun).三瀦:みずま(mizuma).

(97) 巴利國. はりのくに(harinokuni). 邪馬臺國 大和說에서는 肥後國 波良郡(新井白石), 尾張國 혹은 播磨國(內藤湖南), 播磨國(山田孝雄,志田不動麿, 米倉二郎) 등에, 邪馬臺國 九州說에서는 肥後國 託摩郡 波良鄕(橋本增吉, 牧健二), 筑前國 夜須郡① 및 上座・下座②(宮崎康平), 原③(吉田東伍) 등에 각각 비정하였다.

註

① 福岡縣 朝倉郡 夜須町・三輪町, 甘木市의 일부 등에 해당되는 지역.
② 福岡縣 甘木市를 중심으로 한 朝倉 일대.

③ 福岡縣 御原郡.

<주요 지명 발음>

波良郡:はらぐん(haragun).夜須郡:やすぐん(yasugun).原:はら(hara).

(98) 支惟國. きいこく(kīkoku). 邪馬臺國 大和說에서는 豊前國① 筑城郡(新井白石), 吉備國(內藤湖南,米倉二郎), 紀伊國(山田孝雄, 志田不動麿) 등에, 邪馬臺國 九州說에서는 肥前國 基肄郡(橋本增吉, 牧健二,吉田東伍), 肥前國 基肄郡 및 養父郡②(宮崎康平), 基肄③(吉田東伍) 등에 각각 비정하였다.

① 福岡縣 동반부에서 大分縣 북부에 걸친 지역.
② 佐賀縣 鳥栖市를 중심으로 한 三養基郡의 북반부 일대.
③ 肥前國 基肄郡.

<주요 지명 발음>

基肄:きい(kī).

(99) 烏奴國. うぬのくに(ununokuni). 邪馬臺國 大和說에서는 豊後國 大野郡(新井白石), 備後國① 安那郡(內藤湖南,米倉二郎) 등에, 邪馬臺國 九州說에서는 周防國② 吉敷郡 宇努鄕 혹은 그 서쪽의 大野地域(本居宣長), 筑前國 御笠郡 大野鄕 또는 豊後國 大野郡(牧健二), 筑前國 御笠郡③의 大野地域을 중심으로 하는 현 福岡縣 筑紫郡 일대(宮崎康平), 大野④(吉田東伍) 등에 각각 비정하였다.

註

① 廣島縣의 대략 東半分에 해당되는 지역.

② 山口縣의 東南半에 해당되는 지역.
③ 福岡縣 내의 舊 大宰府 지역.
④ 筑前國 三笠郡 大野山.

▣ <주요 지명 발음>

豊後國: ぶんごのくに(bungonokuni). 大野郡: おおのぐん(ōnogun). 肥後國: ひごのくに(higonokuni). 宇土郡: うとぐん(utogun). 備後國: びんごのくに(bingonokuni). 安那郡: やすなぐん(yasunagun). 周防國: すおうのくに(suōnokuni). 吉敷郡: よしきぐん(yoshikigun). 宇努鄕: うのごう(unogō). 筑前國: ちくぜんのくに(chikuzennokuni). 御笠郡: みかさぐん(mikasagun).

(100) 奴國. なこく(nakoku), ぬこく(nukoku), なのくに(nanokuni). 邪馬台國 大和說에서는 奴國을 본문에서 伊都國 동남에 소재한 것으로 나오는 奴國의 重出로 보면서 筑前國 那珂郡에 비정하는 견해가 있고(新井白石, 米倉二郞), 邪馬台國 九州說에서는 글자를 하나 더 보충하여 狗奴國으로 보는 입장에서 그것을 肥後國 八代郡 大野村에 비정하는 견해(宮崎康平), 옛 海童國의 儺에 비정하는 견해(吉田東伍) 등이 있는데 이 중 海童國의 지명을 정확히 찾기 어렵다. 단, 조사해 보면 佐賀縣 杵島郡 白石町 深浦龍王라는 곳에 海童神社가 있다고 하는데 이곳이 吉田東伍가 비정한 곳인지의 여부는 잘 모르겠다. 한편 邪馬台國 大和說에서도 21個國 중에 某奴國으로 되어 있는 국가가 6개국이나 있는 사실을 근거로 위의 奴國이 본래는 某奴國이라는 3字 國名이었을 것으로 보는 견해가 있다.

* 지금까지의 21個國 지명비정설 소개에 있어 한 가지 특이사항으로, 역사가가 아닌 작가 宮崎康平의 『まぼろしの邪馬台國』이 포함되어 있는데, 일본학계에서 이 논설을 중요하게 다룬 것은 그것이 邪馬台國 論爭을 일본의 저변으로 확대시키는데 큰 역할을 했기 때문인 것으로 보인다. 邪馬台國 論爭을 일본의 저변으로 확대시킨 역할을 한 저명한 인물로는 이 외에도 소설가인 松本清張(まつもと/せいちょう(matsumoto/seichō)가 있다.

(101)　　표3) 21個國 比定 古地名에 해당되는 현대지명표

古地名	現代地名
筑前	福岡
筑後	福岡
豊前	福岡・大分
豊後	大分
肥前	佐賀・長崎
肥後	熊本
日向	宮崎
讃岐	香川
伊予	愛媛
土佐	高知
出雲	島根
備前	岡山
備後	廣島
安芸	廣島
周防	山口
吉備	岡山
紀伊	和歌山・三重
伊勢	三重
	岐阜 南部
播磨	兵庫
近江	滋賀
三河	愛知
尾張	愛知
遠江	静岡
武藏	東京・神奈川・埼玉
越國	福井 敦賀에서 山形 庄內 一部

이상의 21個國의 지명 비정을 둘러싸고 九州說에서는 그것들을 주로 九州地域의 범위 안에서 찾으려는 경향을 보이고 있고, 大和說에서는 九州 以東에서부터 關東까지의 地域에서 찾으려는 경향을 띠고 있는데, 이 연구성과들에 보이는 두드러진 방법상의 특징으로서 초기의 연구들은 대개 언어학적 유사성에 의존하는 단순한 방식을 취하였음에 비해, 戰後의 연구들에서는 그에 더하여 고고학 등 인접학문의 연구성과를 고려한 보다 치밀한 고증방법을 취하고 있다.

또한 이 연구들이 지니는 한계성으로 그 어느 쪽이나 모두 본문의 「自女王國 以北」이라는 방위상의 문제를 완벽하게 해결하지 못하고 있는

점, 그리고 마지막의 奴國의 존재를 女王國 以北의 奴國과 서로 동일 실체로 보아야 하느냐 아니면 다른 실체로 보아야 하느냐에 대한 결론이 미진한 점 등이 향후의 연구과제로 남겨져 있는 상황이다.

지금까지의 21個國과 관련된 諸 事項은 다음의 글들을 참조하였다(佐伯有淸, 『硏究史邪馬台國』(吉川弘文館,1975),pp.7-8,p.24・水野祐, 「第二部評釋篇〔第九段〕女王國傘下の旁國」『評釋魏志倭人傳』(雄山閣,1987),pp.168-179・三品彰英, 「注解〔斯馬國〕~〔奴國〕」『邪馬台國硏究總覽』(創元社,1978),p.88・武光誠編, 「斯馬國(以下21國)」『邪馬台國辭典』(同成社,1986),pp.108-109・肥後和男, 「本居宣長の九州說」『邪馬台國は大和である』(秋田書店,1971),p.19・汪向榮・夏應元編, 「二《三國志・魏志・倭人傳》」『中日關係資料彙篇』(中華書局,1984),pp.12-13).

(102) 狗奴國. くなこく(kunakoku). 狗奴國에 대해서는 그 위치와 실체 및 邪馬台國 時代 이후의 거취문제, 정치구조, 왕권의 형태 등에 대한 논의가 있었다.

먼저 첫 번째의 쟁점인 狗奴國의 위치에 관한 主要說을 선별하여 소개하면, 邪馬台國 大和說에서는 新井白石가 본문의 狗奴國 앞에 나오는「其南有」의 其를 伊都國 남쪽 那珂郡에 所在한 奴國의 重出로서의 21個國 마지막 奴國으로 보는 입장에서 狗奴國을 那珂郡 남쪽의 肥後國 菊池郡 城野鄕에 비정하였고(新井白石, 『古史通或問』(1716)), 內藤湖南 역시 新井白石와 마찬가지의 입장을 취했으며(內藤湖南, 「卑弥呼考」『藝文』 1-2,3,4(1910)), 山田孝雄 역시「其南有」의 其를 奴國으로 보고 그것을 오늘날의 長野縣에 해당되는 信濃國 伊奈郡에 比定하는 한편 南을 東의 잘못으로 보면서 狗奴國을 *毛野(けの(keno)에(山田孝雄, 「狗奴國考」『世界』 78・80・81・83(1910)), 志田不動磨는「其南有」의 其를 大和의 女王國으로 보는 입장에서 狗奴國을 그 남쪽에 있는 **熊野(くまの(kumano))에(志田不動麿, 「邪馬台國方位考」『史學雜誌』 38-10(1927)) 각각 비정하였다. 이 외에 邪馬台國을 濃美平野로 보거나 吉備, 四國 등지로 비정하는 입장에서 狗奴國 河內說을 주장하는 견해들도 있다고 한다.

이어 邪馬台國 九州說의 견해들을 살펴보면, 本居宣長는 邪馬台國을 九

州 南端의 大隅・薩馬 地域에 비정하는 한편 邪馬台國을「其南有」의 其로 보고 아울러 南을 東으로 기술하고 있는『後漢書』記事에 토대하여 狗奴國을 오늘날의 愛媛縣인 伊予國 下野鄕(けなごう(kenanogō))에 비정하였고(本居宣長,『馭戎慨言』(1777)), 白鳥庫吉는「其南有」의 其를 豊前, 豊後, 肥前, 肥後, 筑前, 筑後 등 6個國에 해당되는 女王國으로 보면서 狗奴國(くなこく(kunakoku))의 「くな(kuna)」와 音通하는 점을 근거로 狗奴國을 오늘날 熊本縣(くまもとけん(kumamotoken)) 내의 阿蘇郡으로부터 球磨郡에 걸친 肥後의 山地一帶로 비정했으며(白鳥庫吉,「倭女王卑弥呼考」『東亞之光』5-6・7(1910)), 植村淸二는「其南有」의 其를 筑後의 ***御井(みい(mī))에 소재한 邪馬台國으로 보면서 중세 이래 豪族들이 雄據한 地域이라는 점, 古代에 倭人이 舟行을 많이 移用한 점 등을 근거로 狗奴國을 水運이 편리한 御井 남쪽의 肥後 내 熊本平野에 비정하였다(植村淸二,「邪馬台國・狗奴國・投馬國」『史學雜誌』64-12(1955)).

이상의 狗奴國의 위치에 관한 논의들은 21개국을 기술한 다음에 오는「其南有」라는 文句를 그대로 받아들이느냐 아니면 方位가 東으로 되어 있는『後漢書』의 記事를 받아들이느냐에 따라 견해가 갈라지며, 대체로 邪馬台國 九州說에서는 肥後國의 菊池郡이나 球磨郡에, 大和說에서는 熊野나 東國의 毛野國에 비정하는 경향을 띠고 있음을 알 수 있다. 다만 新井白石이나 內藤湖南과 같이 邪馬台國 畿內說을 취하면서도 狗奴國을 九州의 熊襲으로 보거나, 그와 반대로 邪馬台國 九州說을 취하면서도 本居宣長와 같이 그것을 伊予國(愛媛縣) 下野鄕에 비정하는 경우도 있어 주의를 요한다.

이상이 狗奴國의 位置 比定에 대한 諸說이고, 나머지 쟁점들을 간략히 요약하면, 狗奴國의 실체에 대해서는 그것을 九州 南部의 토착세력인 熊襲의 前身으로 보는 견해(白鳥庫吉(上同))와 한반도 방면으로부터 이주해온 집단들 중 伊都國에게 敗殘한 奴國의 한 세력으로 보는 견해(水野祐) 등이 있고, 邪馬台國 時代 이후의 거취문제에 대해서는 그것이 熊襲으로 發展하여 후에 畿內를 통일한 세력과 대립했다는 견해, 畿內로 東遷해 大和政權

을 수립했다는 견해, 이후 소멸했다는 견해 등이 있으며, 狗奴國의 정치구조에 대해서는 그것을 單一小國으로서의 30個國의 일부로 보는 견해와 連合體國家로 보는 견해 등이 있다.

또한 狗奴國 王權의 形態에 대해서는 邪馬台國이 女君과 男王의 二重統治의 차원에서 설명되는 것에 비하여, 狗奴國에서는 대개 男王統治가 이루어진 것으로 여겨지고 있고 나아가 이러한 인식을 기반으로 狗奴國을 軍事國家의 성격을 지닌 것으로 보는 견해가 있다(三品彰英, 「『魏志』倭人伝の讀み方注解[其南有狗奴國]」『邪馬台國研究總覽』(創元社, 1978), pp.14-16, pp.88-91・武光誠編, 「狗奴國」「卑弥弓呼(素)」『邪馬台國辭典』(同成社, 1986), pp.75-76・榎一雄, 『邪馬台國』(至文堂, 1975), pp.64-66・森田悌, 『邪馬台國とヤマト政權』(東京堂出版, 1998), pp.59-63・水野祐, 「第二部評釋篇[第十段]狗奴國(Ⅰ)條의「有狗古智卑狗」項・[評第五]狗古智卑狗について項」・[評第十]狗奴國論」『評釋魏志倭人傳』(雄山閣, 1987), p.181, pp.194-196, pp.251-274・鈴木武樹編, 「「倭女王卑弥呼考(1910)」(白鳥庫吉)」・「卑弥呼考」(1910)」(湖南・內藤虎次郎)」『論集邪馬臺國』(大和書房, 1975), pp.158-159, pp.162-167・汪向榮・夏應元編, 「二≪三國志・魏志・倭人傳≫」『中日關係資料彙篇』(中華書局, 1984), p.13. 外).

* 毛野國. けのくに,けぬくに,けぬのくに(kenokuni, kenukuni, kenunokuni)). 上野(こうずけ(kōzuke))와 下野(しもつけ(shimotsuke)) 두 나라의 古稱으로서 처음에는 毛野의 下部 地名을 각각 上毛野, 下毛野 라는 명칭으로 썼다가, 靈龜 元(715)年에 양자 모두 각각 한 글자씩을 줄여 上野, 下野 등으로 쓰기에 이르렀다고 한다.
**熊野. くまの(kumano). 和歌山縣 남부에서 三重縣 남부에 걸친 지역.
***御井. みい(mī). 福岡縣 久留米市 동부의 한 지역.

■ <주요 용어 일본어 발음>

植村淸二:うえむら/せいじ(uemura/seiji).

(103) 「이 곳이 女王의 境界가 끝나는 곳이다. 그 南에 狗奴國이 있는데, 男子를 王으로 삼는다(此女王境界所盡. 其南有狗奴國, 男子爲王)」라는 『魏志』의 문장이 『魏略』에는 「女王之南又有狗奴國」이라는 문장으로 축약되어 있다(平野邦雄 編, 「邪馬台國とその時代-總論」(平野邦雄)『古代を考える邪馬台國』(吉川弘文館, 1998), p.

8・三品彰英,「注解[此女王境界所盡][男子爲王]」『邪馬台國硏究總覽』(創元社, 1978), pp.88-91).

(104) 狗古智卑狗. きくちひこ(kikuchihiko), くくちひこ(kukuchihiko), くこちひこ(kukochihiko). 狗古智卑狗의 실체에 대하여 邪馬台國 大和說의 內藤湖南은 肥後國 菊池郡 城野鄕의 豪族인 菊池彦(kikuchihiko)에 비정하였고(內藤湖南,「卑弥呼考」『藝文』1-2,3,4(1910)), 原島禮二는 狗古智卑狗를 단순한 官의 名稱이 아닌 狗奴國을 支配하는 宗族首長의 稱號로 보았으며(原島禮二,『日本古代社會の基礎構造』(1968)), 邪馬台國 九州說의 吉田東伍는 이를 과거 伊予國(愛媛縣) 中部에 있었던 風早郡 河野鄕(현재의 松山市 北條 付近)을 근거지로 하는 河野氏의 遠祖인 子致彦(越智彦(こちひこ(kochihiko))의 對音으로 생각하였고(吉田東伍,『日韓古史斷』(1893)), 坂本太郎는 狗古智卑狗의 古가 『魏略』에서는 右로 기술되어져 있는 등 該當 文字에 異同이 있음에 착안하여 古를 奴 또는 万의 譌字로 보아 이를 『日本書紀』 景行天皇 18年條에 나오는 景行天皇의 皇子 熊津彦(くまつひこ(kumatsuhiko))에 비정하였으며(坂本太郎,「魏志倭人伝雜考」『邪馬台國』 古代史談話會編(1954)), 水野祐는 狗古智卑狗를 菊池郡 豪族의 尊稱으로 보았다(水野祐,「第二部 評釋篇[第十段 狗奴國](Ⅰ)條의 有狗古智卑狗 項및 [評第五]狗古智卑狗について項」『評釋魏志倭人傳』(1987)).

狗古智卑狗에 대한 이상의 논설들은 狗古智卑狗가 기술상으로는 분명히 狗奴國의 官으로 되어 있음에도 불구하고 그것을 대개 狗奴國 豪族이나 首長의 名稱 내지 尊稱과 연결시키는 특징을 나타내고 있는데, 여기에는 狗奴國이 邪馬台國과 拮抗한 강력한 국가이면서도 '女王國 以北'의 국가들보다도 못하게 官이 하나밖에 없는 것으로 되어 있어 그것을 기술 그대로 국가의 통치를 담당하는 조직인 官의 성격으로 보기에는 未洽하다는 생각에서 狗奴國 豪族이나 首長의 名稱 내지 尊稱을 그렇게 官으로 표현했을 것이라는 추측적 인식이 깔려있는 것 같다.

단, 坂本太郎의 경우는 狗古智卑狗를 音相似에 토대하여 『日本書紀』 景行天皇 18年條에 나오는 景行天皇의 皇子의 명칭과 연결시키고 있는데, 자세한 설명이 없어 坂本太郎가 그와 같이 비정하는 이유를 정확히 알 수는 없지만, 卑狗를 비롯한 地方의 官에 대한 坂本太郎 특유의 이해방식으로부터 유추해 볼 때에, 아마도 그는 狗古智卑狗는 본래 지방호족의 명칭이었으나 이후 그것이 점차 그 지역 전체에 펴져 일반적인 명칭이 되어 있었던 것을 중앙에서 어떠한 이유로 그것을 채용한 것으로 보았기에 위와 같은 논설을 낸 것이 아닌가 생각된다(石原道博編譯,『中國正史日本傳(1)新訂魏志倭人傳他三篇』(岩波書店, 1991), p.45・武光誠編,「狗古智卑狗」『邪馬台國辭典』(同成社, 1986), pp.67-68・水野祐,「第二部　評釋篇[第十段]狗奴國(Ⅰ)條의「有狗古智卑狗」項 및 [評第五]狗古智卑狗について項」『評釋魏志倭人傳』(雄山閣, 1987), p.181, pp.194-196・三品彰英,「注解[其官有狗古智卑狗]」『邪馬台國硏究總覽』(創元社, 1978), pp.91-92・鈴木武樹編,「「卑弥呼考」(1910)」(湖南・內藤虎次郎)」『論集邪馬臺國』(大和書房, 1975), p.164・森田悌,『邪馬台國とヤマト政權』(東京堂出版, 1998), pp.108-114・汪向榮・夏應元編,「二≪三國志・魏志・倭人傳≫」『中日關係資料彙篇』(中華書局, 1984), p.13).

▣ <주요 용어 일본어 발음>

風早郡:かざはやぐん(kazahayagun).河野郷:こうのごう(kōnogō).

(105)「郡으로부터 女王國까지는 萬二千餘里이다(自郡至女王國萬二千余里)」라는 구절에서는 郡의 실체에 대한 논의와 '郡으로부터 女王國까지의 萬二千余里'라는 문구 및 이와 연관된 문구 등을 邪馬台國의 位置와 관련지어 어떻게 해석해야 하는가에 대한 논의가 보인다.

먼저 郡의 실체에 대해서는『魏略』의 「自帶方國萬二千里」라는 구절에 토대하여 이를 帶方郡으로 보는 것이 통설이지만, 예외적으로『後漢書』倭傳의「樂浪郡徼去其國萬二千里」라는 기록이나 同書 安帝紀의「倭國去樂浪萬二千里」라는 기술을 근거로 그것을 樂浪郡으로 보는 견해도 있다. 본서에서는 통설을 따랐다.

이어 '郡으로부터 女王國까지의 萬二千余里'라는 문구 및 이와 연관된 문구 등을 邪馬台國의 位置와 관련지어 어떻게 해석해야 하는가에 대한 논의들을 살펴보면, 우선 邪馬台國 大和說 쪽의 三宅米吉는 1만 2천여리란 帶方郡에서 不彌國까지의 거리를 대략적으로 말한 것으로 보되 不彌 이후의 水行 30日, 陸行 1月은 里數로 환산하기 어려워 1만 2천여리에서 제외한 수치로 보고 『延喜式』主計式에 京에서 太宰府까지의 海路距離가 30日로 되어있음에 근거하여 不彌로부터 水行 30日로 간 邪馬台를 畿內의 大和로 보았고(三宅米吉, 「邪馬台國について」 『考古學雜誌』 12-11(1922)), 山田孝雄는 기존 九州說에서 周旋 五千餘里라는 文句에 대하여 그것을 事物의 크기를 나타내는 纏繞(둘레)라는 말로서 九州一島를 가리키는 것으로 본 것에 대하여, 帶方郡으로부터 1만 2천여리란 郡으로부터 狗邪韓國까지의 7천여리와 周旋 5千餘里를 合算한 數値이되, 周旋이라는 것은 기존 九州說의 見解와 같이 그것이 사물의 크기를 나타내는 纏繞라는 말로서 九州一島를 가리키는 것이 아니라, 자기가 九州 만이 아닌 大和까지에 걸친 거리인 5천여리를 직접 旋轉하여 行動했다는 의미로써, 당시 倭人이 5천여리에 이르는 다수의 洲島에 걸쳐서 나라를 이루고 있었던 사실을 나타내는 말이되, 이 문장은 魏使가 大和의 邪馬台國에는 가지 않고 伊都國에 머물면서 邪馬台國에 관해 傳聞한 것을 魏志 撰者가 채용한 것으로 보았다(山田孝雄, 「狗奴國考」 『世界』 78 · 80 · 81 · 83(1910)).

또한 邪馬台國 九州說의 白鳥庫吉는 郡으로부터 邪馬台國까지는 1만 2천여리로 기술되어 있기 때문에 不彌國으로부터 邪馬台國에 이르는 里數는 불과 1천 3백여리가 되는데, 이는 魏志倭人傳 上의 里數의 표준이 당시 魏의 실제의 표준과 달리 短里로써 과장되어 있는 것이어서 中國 古今의 尺度에 맞지 않고, 또한 그 1천 3백여리의 행정에 해당되어야 할 不弥國으로부터 南 水行 30日, 陸行 1月을 가면 琉球의 大島邊이 되어 日數 또한 과장되어 있는 것으로 인식하고, 그러한 行程記述의 결함을 보완하는 차원에서 여왕국의 위치 추정을 함에 있어 邪馬台가 不彌國으로부터 南方에 있었던 사실, 魏使가 不彌國으로부터 女王國에 이름에 있어 *有明海를 航行한 사실, 女王國의 南쪽에 狗奴國이 있었던 사실 등에 유의하는 한편 不

弥國으로부터 邪馬台國까지의 거리인 31日의 行程을 아울러 참작하여 邪馬台國의 위치를 九州의 肥後 内에서 찾았고(白鳥庫吉,「倭女王卑弥呼考」『東亞之光』 5-6·7(1910)), 橋本增吉은 邪馬台國은 어느 모로 보나 筑後의 山門郡에 비정하는 것이 하등 모순이 생겨나지 않고, 行程記述上 帶方郡으로부터 不弥國까지는 1만 7백여리, 邪馬台國까지는 1만 2천여리이기 때문에 不彌國에서 邪馬台國까지는 그 차이가 불과 1천 3백리임이 분명한데 水行 30日, 陸行 1月이라는 장기간의 日數記述이 별도로 있는 것은, 『魏略』 혹은 『魏志』의 編者는 邪馬台國까지를 가능한 한 먼 나라였다고 하려는 생각에서 별도로 얻은 畿内 大和까지의 거리에 관한 지식인 水行 30日, 陸行 1月을 채용하여 不彌國으로부터 邪馬台國까지의 거리를 애매하게 만든 것으로써, 魏志倭人傳의 行程記事는 傳聞에 의한 畿内 大和와 實際의 見聞에 의한 筑後의 山門郡에 관한 두 사료가 부주의 내지는 고의로 合綴된 誤謬이므로 이를 완전히 排棄하는 것이 가장 현명하다는 견해를 냈으며(橋本增吉,「邪馬台國の位置について」『史學』 2-3(1923) : 『東洋史上より觀たる日本上古史硏究-邪馬台國論考-』(1932)). 榎一雄는 伊都國 이하의 행정을 伊都國을 기점으로 하는 放射讀法으로 읽되, 그렇게 읽을 경우 帶方郡에서 邪馬台國까지의 총거리 1만 2천여리 중 帶方郡에서 伊都國까지의 1만 5백여리를 뺀 1천 500여리가 되는, 伊都國에서 邪馬台國까지의 거리「水行 10日, 陸行 1月」을「水行이라면 10日, 陸行이라면 1月」이라는 選擇的 行程으로 읽고, 아울러『前漢書』 地理志 西域傳에 陸行 1月이 1,500리의 거리로 되어 있는 사실을 위의 選擇的 行程 중「陸行 1月」에 적용함으로써 자신의 放射讀法 및 選擇的 行程 채택의 타당성을 이끌어 낸 다음, 그처럼 伊都國에서 1천 5백리의 거리에 해당되는 邪馬台國을 筑後의 山門郡에 비정하였다(榎一雄,「魏志倭人伝の里程記事について」『學藝』4-9(1947)).(三品彰英,『邪馬台國硏究總覽』(創元社, 1978), pp.91-94, pp.194-195, pp.253-257, pp.300-301, pp.380-382, pp.465-468·佐伯有淸,『硏究史邪馬台國』(吉川弘文館, 1975), p.98, pp.162-163;『硏究史前後の邪馬台國』(吉川弘文館, 1975), pp.19-202·森浩一編,『倭人伝を讀む』(中央公論社, 1982), pp.6-13, pp.55-56·石原道博編譯,『新訂魏志倭人傳他三篇』(岩波書店, 1991), pp.24-26·水野祐,「[評第七]「万二千余里について」「[評第九]狗奴國に關する『三國志』「

[魏書]東夷伝の記載について」『評釋魏志倭人傳』(雄山閣, 1987), pp.204-27, pp.246-249・榎一雄,『邪馬台國』(至文堂, 1975)의全紙面・森田悌,『邪馬台國とヤマト政權』(東京堂出版, 1998), p.17・森浩一編,『倭人伝を讀む』(中央公論社, 1982), pp.6-13, pp.55-56・肥後和男,『邪馬台國は大和である』(秋田書店, 1971), pp.151-152・金鉉球,『大和政權の對外關係的硏究』(吉川弘文館, 1985), p.422-425・李丙燾,『한국 고대 사회와 그 문화』(瑞文文庫, 1973), p.296・김부식지음(이병도역주),『삼국사기』상(乙酉文化社, 1999), p.122. 外).

* 有明海. ありあけかい(ariakekai). 九州 북서부의 福岡縣, 佐賀縣, 長崎縣, 熊本縣 등에 걸쳐 있는 九州 최대의 湾.

■ <주요 용어 일본어 발음>

山田孝雄:やまだ/よしお(yamada/yoshio).橋本增吉:はしもと/ますきち(hashimoto/masukichi).

(106) 이하 언급되는 魏志倭人傳의 風俗記述 全般에 대해서는 그것을 邪馬台國 連合 내지 倭國에 대한 것으로 보는 것이 일반적인 경향인데 비하여 한 견해에서는 이 문단의「男子無大小皆黥面文身」에서부터「所有無與儋耳朱崖同」까지의 긴 문장을 狗奴國에 한정된 기술로 보았다.

위의 논자는 魏志倭人傳의 大義가 본래 邪馬台國을 중심으로 하는 倭國의 事情을 전하는 것이 목적임에도 불구하고 이처럼 다른 小國들에 비해 狗奴國에 관한 상세한 기사가 존재하는 이유는 당시 狗奴國이 邪馬台國과 경쟁하는 과정 속에서 邪馬台國과는 별도로 魏에 入貢하여 魏에 중요한 외교대상국이 된 결과라 하였다(水野祐,「第二部評釋篇[評第九]狗奴國に關する『三國志』「魏書」東夷傳の記載について」[評第十]狗奴國論」『評釋魏志倭人傳』(1987)).(石原道博編譯,「『魏志』倭人伝について」『新訂魏志倭人傳他三篇』(岩波書店, 1991), pp.21-23・三品彰英,「注解[補註-倭人傳の構成]」『邪馬台國硏究總覽』(創元社, 1978), pp.150-151・水野祐,「第二部評釋篇[評第九]狗奴國に關する『三國志』「魏書」東夷傳の記載について」[評第十]狗奴國論」『評釋魏志倭人傳』(雄山閣, 1987), pp.240-274・佐伯有淸,『硏究史戰後の邪馬台國』(吉川弘文館, 1975), pp.193-213).

(107)「남자는 어른과 아이의 구별이 없이, 대개 얼굴에 入墨을 하고 몸

에 무늬를 새긴다(男子無大小, 蓋黥面文身)」라는 문장과 비슷한 내용이 *『太平御覽』 所引의 「倭人傳」에도 보인다.

이 문장 중 黥面이란 얼굴에 入墨을 하는 것을 말하고, 文身이란 몸에 무늬를 새기는 것을 말하는데, 이 黥面文身 기록에 대해서는, 그것을 긍정하는 견해가 있는가 하면, 부정하는 견해도 있고, 후자와 같이 부정하는 쪽에서는 그 내용이 『漢書』 地理志 粵地條의 그것과 흡사하다는 점을 근거로 왜지가 남방 아득히 먼 會稽 東冶의 동쪽까지 연결되어 있을 것이라고 본 『魏略』 혹은 『魏志』의 編者가 『漢書』의 기록을 삽입, 부회한 것으로 보는 견해가 있다.

한편 黥面文身 기술을 긍정하는 쪽에서는, 前項에서 언급하였듯이, 그것을 倭國 全體의 風習으로 보는 것이 일반적이지만 邪馬台國 南方에 있었던 狗奴國 만의 풍습으로 보는 견해도 있으며, 이 외에 倭의 文身의 起源에 대해서는 그것을 中國에서 유래한 것으로 보는 설, 古代 **蝦夷에서 기원한 것으로 보는 설, 日本 上古로부터의 풍속으로 보는 설 등 제설이 있고. 文身의 모양에 대해서는 그것을 물고기나 물새를 위협하는 용으로 추정하는 견해가 있다.

인류학의 연구성과에 따르면 文身의 풍속은 과거 東南아시아 제 민족들 사이에서 널리 행해지고 있었다고 한다. 中國 史書에는 고대 한반도 지역의 弁韓이나 馬韓, 州胡 등지에서도 文身을 했다는 기록이 보인다(武光誠編, 「黥面文身」「會稽」『邪馬台國辭典』(同成社, 1986), p.62, pp.77-79 · 佐伯有淸, 『硏究史戰後の邪馬台國』(吉川弘文館, 1975), pp.193-213 · 三品彰英, 「注解[男子無大小皆黥面文身]」『邪馬台國硏究總覽』(創元社, 1978), pp.94-96 · 石原道博編譯, 『中國正史日本傳(1)新訂魏志倭人傳他三篇』(岩波書店, 1991), p.45 · 水野祐, 「第二部評釋篇[評第九]狗奴國に關する『三國志』「魏書」東夷傳の記載について」[評第十]狗奴國論」『評釋魏志倭人傳』(雄山閣, 1987), pp.240-274 · 汪向榮 · 應元編, 「二≪三國志 · 魏志 · 倭人傳≫」『中日關係資料彙篇』(中華書局, 1984), p.16. 外).

* 太平御覽. 中國 北宋 太平興國 8(983)년에 李昉 등이 太宗의 명으로 편찬한 類書. 55항목으로 나누어 現傳하지 않는 1690종의 문헌을 인용하여 작성되었다.

**蝦夷 えぞ(ezo). 혹은 えみし(emishi), えびす(ebisu)라고도 한다. 고대 일본의 북동지방에

서 大和政權의 지배에 저항하였던 사람들의 명칭이다.

(108) 大夫. たいふ(taifu). 古代 中國에서 大夫란 爵位를 가리키는 용어 혹은 諸侯國의 支配層 一切 내지 官位가 있는 사람에 대한 敬稱으로 사용된 용어이다. 여기에서의 大夫에 대해서는 魏志倭人傳 본문의 「自古以來, 其使詣中國, 皆自稱大夫」라는 기록을 근거로 倭가 漢代의 것을 모방한 것으로 보는 견해가 있으나, 그 실체가 무엇인지에 대해서는 아직 명확한 설명이 보이지 않고 있다(石原道博 編譯, 『中國正史日本傳(1)新訂魏志倭人傳他三篇』(岩波書店, 1991), p.45 · 武光誠編, 「たいふ, 大夫」『邪馬台國辭典』(同成社, 1986), p.135 · 水野祐, 「第二部評釋篇[第十段]狗奴國(Ⅰ)條의 「皆自稱大夫」項」『評釋魏志倭人傳』(雄山閣, 1987), pp.184 · 肥後和男, 「中國文化は日本統一の原動力」『邪馬台國は大和である』(秋田書店, 1971), p.99 · 閔厚基, 「春秋 爵制의 性格과 變化-族에서國으로-」『中國古代史硏究』(中國古代史學會, 2004), pp.1-57 · 李鍾旭, 『古朝鮮史硏究』(一潮閣, 1993), pp.150-151).

(109) 「夏后小康의 아들(夏后小康之子)」이란 禹가 세운 나라인 夏의 皇帝 小康의 아들이라는 의미이다. 小康은 中國 傳說의 王朝 夏의 6代王으로서 '小康의 中興'이라 일컫는 夏 王朝의 부흥을 이룩한 인물로 자신의 아들(小康의 아들이란 小康의 庶子 予를 가리키는 것으로 여겨지고 있다)을 會稽에 封하여 과거 그곳에서 죽은 夏의 始祖 禹의 제사를 받들게 했고, 小康의 아들은 임지로 가서 現地人들과 親和하려고 越人의 風習을 따라 文身 · 斷髮했다고 하는데(『史記』 越世家, *『吳越春秋』, 『漢書』 地理志 粵地條), 위의 구절은 倭의 文身의 起源을 언급하면서 이 설화를 인용하고 있는 것이다.

『史記』 卷三十一 吳太白 世家에도 周文王의 伯父인 太白과 仲雍이 季歷을 피하여 荊蠻(中國 南方)으로 달아나 斷髮, 文身하며 지내다가 그곳에서 蠻人들에게 추대되어 君長이 되었다는, 太白을 始祖로 하는 吳의 建國에 관한 傳承記錄이 보이는데, 일각에서는 이렇듯 中國의 江南地域이 古來로부터 倭와 그 風習이 類似한 側面이 있었기에 陳壽가 倭의 風俗을 기술하면서 會稽地方의 古事를 인용한 것이라는 견해가 있다.

中國 史書들에는 倭가 吳 太白의 後裔로 자칭했다는 기록도 보이는데(『魏略』 逸文, 『梁書』 倭人傳)), 이에 대해서는 中國人의 觀念이 작위적으로 투영된 것이든지 아니면 中國과 교류하던 倭人 중 慕華思想을 지닌 인물의 인식이 반영된 것으로 보는 견해가 있다(武光誠編,「會稽」『邪馬台國辭典』(同成社, 1986), pp.62-63 · 三品彰英, 「注解[夏后小康之子封於會稽斷髮文身以避蛟龍之害]」『邪馬台國研究總覽』(創元社, 1978), pp.96-97 · 石原道博編譯, 『中國正史日本傳(1)新訂魏志倭人傳他三篇』(岩波書店, 1991), p.45 · 水野祐, 「第二部評釋篇[第十段]狗奴國(Ⅰ)條의 「夏后小康之子」項」『評釋魏志倭人傳』(雄山閣, 1987), pp.185-186).

* 吳越春秋. 後漢의 趙曄이 春秋時代 吳, 越 두 나라의 흥망에 관해 기술한 책. 6권본과 10권본 등이 전한다.

(110) 會稽. かいけい(kaikei). 秦代에 오늘날 江蘇省 南部에서 浙江省에 걸쳐 있었던 郡名이다. 위의 항목에서 언급한 것처럼 본 魏志倭人傳에서는 「夏后小康之子」로 여겨지는 小康의 庶子 予가 封해져 入墨의 傳承을 남긴 곳이다.

會稽는 秦始皇帝가 全國을 36郡으로 나눌 때 설치한 郡의 하나로 治所는 秦漢時代에는 吳縣(現 江蘇省 蘇州市)에 있다가 後漢 順帝 때에는 吳縣을 郡治로 하는 吳郡과 山陰縣(浙江省 紹興市)을 郡治로 하는 會稽郡으로 나뉘어 졌고, 다시 그 이후부터 三國時代에 걸쳐서는 郡城이 지금의 浙江省 및 福建省으로 移置되었다가, 三國時代의 吳나라 때인 257년에는 臨海郡(浙江省 南部)으로, 260년에는 建安郡(福建省)으로 각각 옮겨졌다고 한다.

歷史的으로 會稽는 夏候가 諸侯들을 모아 그들의 공적을 기린 곳이자 春秋時代 越王 句踐이 吳王 夫差에게 포위되어 항복한 후 쓸개를 씹으며 기회를 엿보다 復讐하여 '臥薪嘗膽'의 고사를 남긴 곳으로 유명하고, 또한 會稽라는 이름은 山陰縣 東南 7㎞ 되는 지점에 있는 會稽山(防山 · 茅山이라고도 한다)에서 유래된 지명이며, 다시 會稽山은 秦始皇帝가 그곳에서 죽은 禹를 제사지낸 뒤 石碑를 건립했고, 南朝 梁나라 때에는 그 山麓에 大禹墓가 만

들어졌다고 한다(武光誠編,「會稽」『邪馬台國辭典』(同成社, 1986), p.62・原島礼二,「ヤマタイ國をどう考えるか」『邪馬台國から古墳の發生へ』(六興出版, 1987), p.106・石原道博編譯,『中國正史日本傳(1)新訂魏志倭人傳他三篇』(岩波書店, 1991), p.45・森浩一,『倭人伝の世界-わたしの古代學-』(小學館, 1989), pp.229-232・三品彰英,「研究論文抄一〇三, 大森志郎『魏志倭人伝の構造」(建國大學研究院『研究期報』第二輯, 康德八年十一月=昭和十六年)」『邪馬台國研究總覽』(創元社, 1978), pp.353-355・水野祐,「第二部評釋篇[第十段]狗奴國(Ⅰ)條의「封於會稽」項」『評釋魏志倭人傳』(雄山閣, 1987), p.187).

(111) 蛟龍. みずち(mizuchi). 日本 古語로는 みつち(mitsuchi)라 한다고 한다. 想像의 동물인 이무기를 말한다. 일본어 みつち는 水의 의미를 지닌 み(mi)+助詞인 つ(tsu)(=現代語의 の(no))+靈의 의미인 ち(chi) 등의 세 단어가 組合된 말로서 '물의 精靈'의 뜻이라고 한다.

이무기는 그 형상이 뱀과 비슷한 전설상의 동물로, 中國에서는 이미 戰國時代부터 漢나라 때에 걸쳐 靑銅器에 描寫되며, 용이 풍년을 기원하는 숭배의 대상이었던 것에 비하여, 蛟龍은 地陰의 神인 *女媧에 대하여 天陽의 神을 상징한다든가 漢高祖의 誕生神話에서와 같이 생명을 부여하는 神, 혹은 용이 되려다 실패하여 사람을 해치는 惡鬼 등 다양한 이미지로 등장하고 있고, 일본의 경우도 이무기 그림이 繩文時代의 土器繪畵에 등장하고 있어 일찍부터 이무기에 관한 나름대로의 독자적인 사상이나 신앙이 존재하고 있었음을 짐작할 수 있다.

蛟龍과 비슷한 것으로 새끼용을 가리키는 虯龍이 있는데, 이것이 中國神話에서는 鯤과 禹 등 治水事業에 공로가 큰 善神의 化神으로 나타나는데 비하여 日本에서는『日本書紀』仁德天皇 67年條에 吉備國 중의 川島下 냇물이 갈리는 곳에서 大虯가 사람을 괴롭혔다는 기록이 보인다(新村出編,「みずち」『廣辭苑』(岩波書店, 1987), p.2291・諸橋轍次,「「虯」「蛟」」『大漢和辭典』卷十(大修館書店, 1985), p.1, p.25・水野祐,「第二部評釋篇[第十段]狗奴國(Ⅰ)條의「斷髮文身以避蛟龍之害」項」『評釋魏志倭人傳』(雄山閣, 1987), p.187・橋本裕行,「弥生繪畵に內在する象徵性について」『日本美術全集』1(原始の造形 繩文・弥生・古墳時代の美術)(講談社, 1994), pp.168-175・李丙燾,「韓國古代社會의 井泉信仰」『韓國古代史研究』(博英社, 2001), p.791・두산백과사전두피디아. 外).

* 중국 고대 신화에서 인간을 창조한 것으로 나오는 여신.

(112) 「夏后小康의 아들이 會稽에 封해졌을 적에, 斷髮文身을 함으로써 蛟龍의 害를 避하였는데(夏后小康之子封於會稽, 斷髮文身以避蛟龍之害)」라는 문장 중 「斷髮文身以避蛟龍之害」라는 구절에 대해서는, 이를 「斷髮文身을 하여 蛟龍의 害를 피했다」는 내용의 평서문으로 이해하는 견해와, 以를 使役形을 이끄는 接詞로 이해하여 「斷髮文身을 함으로써 蛟龍의 害를 避하게 했다」고 하는 인과관계의 문장으로 이해하는 견해 등이 있는데, 본서에서는 전자를 따랐다.

夏后少康의 아들이 斷髮文身을 했다는 이 문장은 『漢書』 地理志 粤地條의 관련 기술을 모방하여 成文된 것이라는 견해가 있다. 또한 『魏略』을 『魏志』의 母史料로 보는 한 견해에서는 『魏略』에 그것이 「聞其旧語自謂太白之後, 昔夏后小康之子封於會稽, 斷髮文身, 以避蛟龍之害」라는 문장으로 되어있음을 근거로 魏志에는 「聞其旧語自謂太白之後」라는 내용이 脫漏되어 있음을 지적하기도 하였다(三品彰英,「注解[夏后小康之子封於會稽斷髮文身以避蛟龍之害]」『邪馬台國研究總覽』(創元社, 1978), p.96 · 佐伯有淸, 『研究史戰後の邪馬台國』(吉川弘文館, 1975), pp.253-254 · 水野祐, 「第二部評釋篇[第十段]狗奴國(I)條의 「好沈沒」「捕魚蛤」項」『評釋魏志倭人傳』(雄山閣, 1987), p.189).

(113) 이 '今'은 앞서 언급했듯이 『魏志』의 『魏略』 전거설에 토대하여 魏時代를 가리키는 것으로 보는 설과 晋 太康年間으로 보는 설 등이 있다.

(114) 水人. すいじん(suijin). 어부를 말한다. 이 水人(어부)에 대해서는 『古事記』 應神段, 『日本書紀』 仲哀紀, 應神紀, 仁德紀, 履中紀, 『正倉院文書』 丹後國 與謝郡(京都府 宮津市)條의 「海部計圖」 등의 海部, 『倭名抄』에 보이는 「海人」「海部」등이나 水人의 伴造氏族으로 여겨지는 阿曇連 등과 연관 지어지고 있다(武光誠 編, 「海部」『邪馬台國辭典』(同成社, 1986), pp.48-50 · 水野祐, 「第二部評釋篇[1第十段]狗奴國(I)條의 「後稍以爲飾」 項」『評釋魏志倭人傳』(雄山閣, 1987), p.189).

▣ <주요 용어 일본어 발음>

海人:あま(ama).海部:あまべ(amabe).阿曇連:あづみのむらじ(azuminomuraji).

(115) 이 「물고기와 대합잡기를 좋아하여(好沈沒浦魚蛤)」라는 문장과 관련해서는 앞의 「末盧國」항에도, 「好捕魚鰒, 水無深淺皆沈沒取之」라는, 비슷한 구절이 보이는데, 이 두 기록은 魏志 編者가 사면이 바다로 둘러싸여 있는 倭國의 地理的 特性을 주목한 결과 나타난 것으로 여겨진다.

(116) 東治. どうち(dōchi). 「夏后小康之子封於會稽~當在會稽東治之東」이라는 문장과 관련해서는, 우선 표기에 대한 논의로서, 이 東治를 會稽郡 東冶縣 東冶의 誤記로 보는 것이 일반적이나, 『三國志』의 모든 刊本이 東治로 되어 있음을 근거로 東治라는 표기를 그대로 인정하고, 그 의미를 禹가 東巡하여 會稽에 이르러 夷蠻을 敎化시키는 '神聖한 東治'를 행한데서 붙여진 이름으로 설명하는 古田武彦의 견해가 있다(古田武彦, 『「邪馬台國」はなかった-解讀された倭人伝の謎-』(1971)). 本書에서는 통설을 따르되 正文을 부각시키는 차원에서 표기는 東治로 하였다.

또한 상기의 문장 중 「當在會稽東治之東」이라는 기술과 관련해서는 그 出處에 대한 논의도 보이는데, 구체적으로 이를 漂流記 등과 같은 吳 系統의 資料나 陳壽와 동시대의 인물인, 魏에서 西晉에 걸쳐 활동한, 地理學者 裴秀가 만든 吳에 관한 地圖 등으로부터 얻은 지식 내지 그 지도와 관련된 별종의 자료를 토대로 작성한 것으로 보는 견해가 있다.

「夏后小康之子封於會稽~當在會稽東治之東」이라는 문장은 古代 中國人의 倭地에 대한 地理觀을 나타낸다는 점에서 魏志倭人傳의 기술을 이해함에 있어 중요한 위치를 차지하고 있다(石原道博 編譯, 『中國正史日本傳(1)新訂魏志倭人傳他三篇』(岩波書店, 1991), p.45・水野祐, 「第二部評釋篇[第十段]狗奴國(Ⅰ)條의 「計其道理. 當在會稽東治之東」項」『評釋魏志倭人傳』(雄山閣, 1987), pp.189-191・三品彰英, 「注解[計其道里當在會稽東治之東]」『邪馬台國硏究總覽』(創元社, 1978), p.97・武光誠編, 「とうち, 東治」『邪馬台

國辭典』(同成社, 1986), p.150・原島礼二, 「東冶と東治」『邪馬台國から古墳の發生へ』(六興出版, 1987), pp.120-124. 外).

(117) 「그 風俗은 淫亂하지 않다(其風俗不淫)」라고 하는 구절에서 '不淫'이라는 말은, 성적인 것을 말하는 것이 아니라, 풍속이 어지럽지 않고 단정하다는 의미로 풀이된다.

(118) 木綿. もめん(momen), もくめん(mokumen). 木花나무에서 나는 棉花(=木花)로 만든 綿布 내지 綿織物을 말한다. 木花나무는 목면과의 상록교목으로 學名은 Bombax malabaricum이다. 목화나무의 軟毛로 만든 綿布는 痲布(삼베)보다 保溫, 吸收性이 뛰어나고 紡績도 용이하다고 한다.

木綿의 원산지는 인도로 인더스강 유역의 古代 印度의 유적에서는 B.C 2500-1500년의 것으로 추정되는 가장 오래된 면포조각이 발견되었고, 中國에는 後漢 무렵부터 綿織物이 전파되어 南北朝時代에 걸쳐 여러 가지의 명칭으로 문헌에 기록되어 있다고 한다.

日本의 경우는, 외국의 사료로서는 본 魏志倭人傳 외에 「以木棉帖首」라는 기록이 『職貢図』에 보이고 있고, 일본 국내의 기록으로는 『日本後紀』 延暦 18(799)年條에 木棉의 전파가 三河國(愛知縣)에 漂着한 *崑崙人에 의해 이루어졌다는 내용이 보이는데, 일각에서는, 日本地域에서 이것이 최초의 문헌기록이라는 점을 근거로, 위의 木棉은 실은 木棉이 아니고 木綿과 비슷하게 생긴 白布의 誤傳이거나 닥나무(楮) 纖維일 것으로 보는 견해가 있으며 이 학설을 뒷받침하는 것인지의 여부는 정확히 알 수 없지만, 일본의 8세기 문헌인 『豊後國風土記』 速見郡 柚富郷條에는 닥나무(栲) 껍질을 채취하여 목면을 만들었다는 기록이 보인다.

한편 한국 면화의 경우도 그것이 高麗時代에 문익점에 의해 도입되었다는 기록에 의거하여 『三國志』 馬韓傳의 "綿布"를 精密한 繭糸系 즉 絹의 一種이나 거친 繭糸系의 紬였을 것으로 보는 견해가 있다(下中邦彦編集兼發行,

『世界大百科事典』30(平凡社, 1972), p.296・下中邦彦編集兼發行,「わた[綿, 棉]Gossypium」『世界大百科事典』32(平凡社, 1972), pp.594-597・下中邦彦編集兼發行,「もめん, 木綿」『國民百科事』13(平凡社, 1978), p.433・肥後和男,「大和邪馬台國の人々の生活」『邪馬台國は大和である』(秋田書店, 1971), p.249・千寬宇,「三韓의 衣生活」『古朝鮮史・三韓史研究』(一潮閣, 1989), pp.244-246・브리태니커세계대백과사전・두산백과사전두피디아. 外).

*崑崙人. 춘추전국시대에는 中國 青海地方의 주민을 가리키는 호칭이였고, 삼국시대 이후에는 중국 남해의 말레이인이나 인도인을 가리키는 호칭이었다고 한다. 여기에서는 인도인을 가리키는 것으로 여겨지고 있다.

(119)「남자는 모두 상투를 드러낸 채, 木綿으로 머리를 묶는다(男子皆露紒, 以木緜招頭)」는 내용으로 되어 있는 머리 모양은 대개 古墳의 埴輪에 보이는 結髮(みずら(mizura)) 내지 그와 유사한 鉢卷(はちまき(hachimaki))를 묘사한 것으로 여겨지고 있다.

『隋書』와 『北史』 倭國傳에도 「頭亦無冠, 但垂髮於兩耳上」이라고 하여 結髮에 관한 기록이 보이고 있고, 平安時代의 文獻인 源氏物語에는 머리를 두 갈래로 갈라 양쪽 귀 위에 뿔처럼 동여매는 總角이라는 머리형태가 나오는데 이 또한 結髮의 한 형태로 여겨진다.

柳田國男이나 折口信夫 등과 함께 활약했다고 하는 栃木縣 出身의 日本民俗學者 中山太郎의 조사에 따르면, 日本의 伊豆七都(現 東京都 島嶼部)에서는 이 鉢卷의 여부로써 기혼과 미혼을 구별했다고 한다.

또한 韓國의 李丙燾 博士에 따르면, 고대 일본 남자의 머리모양은 윗부분이 납작하였던 것에 비해, 馬韓, 辰韓이나 中國 苗族 男子의 머리 모양은 윗부분이 망치와 같이 뾰죽한 형태였고, 弁韓은 고깔모양의 투구를 쓰고 있었다고 한다(李丙燾, 『한국고대사회와 그 문화』(1973)).(井上光貞,「女王卑弥呼の時代」『日本の歷史』1(神話から歷史へ)(中央公論社1973), pp.219-220・水野祐,「第二部評釋篇[第十一段]狗奴國(Ⅱ)條의「婦人被髮屈紒」項」『評釋魏志倭人傳』(雄山閣, 1987), pp.226-232・三品彰英,「注解[男子皆露紒以木緜招頭其衣橫幅但結束相連略無縫] 및 研究論文抄五一, 中山太郎「魏志倭人伝の土俗學的考察」(『考古學雜誌』第十二卷第七・九・十二号,大正十一年三月～八月)」『邪馬台國研究總覽』(創元社, 1978), pp.97-98, pp.238-239・李丙燾,『한국고대사회와 그 문화』

(瑞文文庫, 1973), pp.71-72・무라사키 시키부 著(전용신 譯), 『겐지지야기』3(서울 : 나남, 1999), p.1220. 外).

<주요 용어 일본어 발음>

柳田國男:やなぎた/くにお(yanagita/kunio).折口信夫:おりくち/しのぶ(orikuch/shinobu).栃木縣:とちぎけん(tochigiken).中山太郎:なかやま/たろう(nakayama/tarō).伊豆七島:いずしちとう(izushichitō).

(120)「그 옷은 폭이 넓은 것을, 다만 묶어 서로 이으며, 거의 바느질을 하지 않는다(其衣橫幅, 但結束相連, 略無縫)」라는 문장은 자은 천을 截斷하지 않고 그냥 가로의 긴 천을 신체에 둘러 묶어 입는 형태의 옷이고, 따라서 거의 바느질을 할 필요가 없다는 의미라고 한다.

이 기록에 대해서는 대체로 사실로 믿는 경향이 강하며, 그러한 경향의 일각에서는 위의 옷에 대하여 '袈裟衣' 혹은 '橫幅結束衣'라는 명칭을 부여하고 있다. 이와 같은 종류의 옷은 고대 이집트, 앗시리아, 페르시아, 시베리아 및 그리스인들에게서도 보인다고 한다(佐伯有淸, 『硏究史邪馬台國』(吉川弘文館, 1975), pp.169-171・三品彰英, 「硏究論文抄八七, 橋本增吉『東洋史上より觀たる日本上古史硏究-邪馬台國論考(昭和七年十一月)」『邪馬台國硏究總覽』(創元社, 1978), pp.311-312・井上光貞・永原慶二・兒玉幸多・大久保利謙, 「邪馬台國とその時代」『日本歷史大系』1(古代文明の形成)(山川出版社, 1995), p.201・森浩一, 『倭人伝の世界-わたしの古代學-』(小學館,1989), p.34・水野祐, 「第二部評釋篇[第十一段]狗奴國(Ⅱ)條의「但結束相連.略無縫」項」『評釋魏志倭人傳』(雄山閣, 1987), pp.229-231. 外).

(121) 被髮屈紒. ひはつくっかい(hihatsukukkai). 被髮屈紒에서 被髮은 垂髮을, 屈紒는 結髮을 뜻하는 것으로 邪馬台國 時代 당시 여성에게는 크게 두 가지 형태의 머리 모양이 있었음을 이야기하는 것이라 한다. 『隋書』와 『北史』 倭國傳에도 「婦人束髮於後」라고 하여 結髮에 관한 기록이 보인다. 中國에서는 이 被髮屈紒의 머리모양을 異民族의 風俗으로 간주했다고

한다(武光誠編,「ひはつ, 被髮」『邪馬台國辭典』(同成社, 1986), p.162・井上光貞,「女王卑弥呼の時代」『日本の歷史』1(神話から歷史へ)(中央公論社, 1973), p.220・井上光貞・永原慶二・兒玉幸多・大久保利謙,「邪馬台國とその時代」『日本歷史大系』1(古代文明の形成)(山川出版社, 1995), p.201・三品彰英,「注解[男子皆露紒以木緜招頭其衣橫幅但結束相連略無縫]」『邪馬台國硏究總覽』(創元社, 1978), p.97・水野祐,「第二部評釋篇[第十一段]狗奴國(Ⅱ)條의「婦人被髮屈紒」項」『評釋魏志倭人傳』(雄山閣, 1987), pp.231-233. 外).

(122) 單被. たんぴ(tampi). 홑옷의 일종(武光誠編,「たんぴ,單被」『邪馬台國辭典』(同成社, 1986), p.141).

(123)「옷은 마치 單被와 같이 지어, 그 가운데를 뚫고, 머리를 집어넣어 입는다(作衣如單被, 穿其中央, 貫頭衣之)」라는 구절에 대해서는 그 내용의 사실성을 부정하는 견해도 있으나, 倭人의 傳統衣裳으로 보는 견해도 있으며 이와 같이 위의 기록을 사실로 믿는 측에서는 貫頭衣라는 말이 본래는 '머리를 집어넣어 입는 옷'이라는 원피스형 옷을 가리키는 술어적 문구임에도 불구하고 그것을 일본 고대 의류의 한 종류를 가리키는 관용어처럼 사용하는 경향이 강하다.

貫頭衣에 관한 中國側의 文獻記述은 위의 기록 외에도『漢書』地理志 粤地條,『南史』扶南傳 및 范尋國條 등에도 보이는데, 이 중『漢書』地理志 粤地條에서는, 위에서 貫頭衣를 女子의 衣裳으로 기술하고 있는 것에 비해, 그것을 民의 服裝으로 기술하고 있다.

倭人의 貫豆衣 풍습의 원류에 대해서는 그것을 고대 중국 남부나 동남아시아 등의 南方文化와 연결 짓는 견해가 있다(佐伯有淸,『硏究史邪馬台國』(吉川弘文館, 1975), pp.168-169・武光誠編,「たんぴ, 單被」『邪馬台國辭典』(同成社, 1986), p.141・三品彰英,「注解[男子皆露紒以木緜招頭其衣橫幅但結束相連略無縫]」『邪馬台國硏究總覽』(創元社, 1978), p.97・大林太郞,「記念講演」『論爭邪馬台國』(平凡社, 1980), p.10. 外).

■ <주요 용어 일본어 발음>

貫頭衣:かんとうい(kantōi).

(124) 禾稻. かとう(katō). 벼를 말하는 것으로 學名은 종류에 따라 Oryza sativa. L(인도와 동남아시아를 비롯하여 세계적으로 栽培되는 種), 혹은 Oryza glaberima. S(서부 아프리카 일부 지역에서 한정 재배되는 種) 등이 있다.

벼는 벼과 벼속에 속하는 일년생초로서 지금으로부터 약 6,000~7,000년 혹은 8,000년의 역사를 지닌 것으로 알려져 있다.

벼는 北緯 53의 중국 북부지방에서부터 南緯 40의 아르헨티나 중부에 이르는 광대한 각 지역의 평야나 해발 2,400m의 히말라야 고산지대, 물이 없는 밭 상태에서부터 물의 깊이가 1.5~5m 되는 강변에 이르기까지 다양한 환경에서 재배·생육되는 열대성식물로 본래 야생형태의 것이 후에 재배용으로 전환되었다는 설이 유력하다.

벼의 기원에 대하여 과거에는 인도기원설, 동남아시아 기원설, 雲南-아삼 기원설, 중국기원설 등 다양한 설이 있었으나 최근에는 야생벼의 세계적인 분포를 토대로 복수지역에서 독자적으로 재배가 이루어졌다는 견해가 힘을 얻고 있다.

벼의 초기 중심지로서는 기후가 따뜻하고 강우량이 풍부하며 경작하기 쉽고 비옥한 넓은 평야가 있는 등 벼의 생육조건이 좋은 중국과 인도, 동남아시아 지역이 지목되고 있으며, 벼농경의 기원에 관해서는 고고학 내지 인류학 분야에서 고든 차일드의 건조설, 브레이드우드의 핵지구설, 빈포드의 인구압-주변지구 가설을 비롯한 다양한 이론들이 있다.

벼의 재배방식의 추이에 대해서는 대개 처음에는 관개가 전혀 필요 없는 陸田農耕 내지 低濕地農耕에서 농촌조직의 발전과 더불어 대규모 경지면적에서 행해지는 체계적인 灌漑形態로 발전한 것으로 여겨지고 있으나, 灌漑農耕 初期에 小規模 乾田이 행해진 지역이 있었다는 견해도 있다.

稻作農業에는 氣候가 매우 중요한 요소를 차지하는데 여름이 高溫多雨한 몬순지대가 가장 이상적인 기후조건이라고 한다.

벼의 播種方式은 논에 직접 종자를 심는 直播法에서 일단 모자리에 移植했다가 어느 정도 成熟한 다음에 논에 옮겨 심는 모내기(移秧法)로 변천했다고 보는 것이 통설이나, 그 반대로 기술적으로 시행이 보다 용이하다는 이유를 들어 移植法이 먼저 행해졌고, 直播法이 後行했다는 설도 있다.

벼의 耕作方式은 농기구의 발달수준에 따라 한번 농사를 지은 다음 장기간 불규칙적으로 땅을 묵혔다가 다시 사용하는 休耕法에서 정기적으로 일정기간만 땅을 묵혀서 농사를 짓는 休閑法으로 발전해 간 것으로 여겨지고 있다.

앞서 언급했듯이 벼의 종류에는 인도와 동남아시아를 비롯하여 전세계적으로 栽培되는 Oryza sativa L.과 서부 아프리카 일부 지역에서 한정 재배되는 Oryza glaberima S. 등 크게 두 가지로 나뉘며, 전자는 다시 印度型으로 불리우는, 벼 뉘의 털이 狹長하고 벼수염(芒=까끄라기)이 없는 長粒種(인디카), 벼 뉘의 털 중 특히 옆부분이 짧고 종종 벼수염이 있는 圓形의 單粒種(자포니카 카토), 大粒種인 자바型(자포니카 무츠소) 등으로 분류된다.

과거에 사용된 벼는 炭化된 형태로 밭자리나 논자리 유적 내지 생활유적의 화덕, 저장구덩이, 인간배설물, 플로테이션기법의 재료가 되는 흙 속이나 토기 벽면 등에서 발견된다고 한다.

벼의 뉘를 제거한 쌀의 성분은 탄수화물 70~85%, 단백질 6.5~8.0%, 지방 1.0~2.0% 정도로 영양분이 풍부하여 전 세계 인구의 절반이 주식으로 사용하며, 인간이 섭취하는 열량의 약 21%를 차지하고 있다고 한다.

일본 벼농사의 기원에 대해서는 中國 華南으로부터 台灣, 流球西南諸島를 거쳐왔다는 견해, 中國 江南으로부터 華北과 韓半島의 북서부를 거쳐 南下해서 한반도 남부에서 北九州로 전파되었다는 견해, 揚子江 하구 부근으로부터 東中國海를 건너 한반도 남부와 더불어 北九州로 동시에 왔다는 견해, 山東半島 근처로부터 한반도의 서남부로 들어가 韓半島 南部를 거쳐 北九州로 들어갔다는 견해 등 제설이 있다. 그러나 일각에서는 반대로 일본의 벼가 한국에 전래되었다는 견해도 제기된 바 있다.

日本列島에 벼농사가 전해진 시기에 대해서는 크게 突帶文土器를 특징으로 하는 繩文時代 晩期로 보는 견해(기존에는 繩文時代 晩期를 보통 紀元前 4世紀代로 생각해 왔는데 최근에는 그것을 紀元前 5세기 대까지 올려다보면서 기존의 繩文時代 晩期를 弥生時代 先1期 혹은 弥生時代 早期로 부르자는 견해도 있다. 또한 日本의 國立民俗博物館에서는 弥生時代의 시작을 기원전 1000년 경 까지 올려다보아야 한다는 견해도 제기되었다고 한다)와 遠賀川式土器를 특징으로 하는 弥生時代 前期로 보는 견해 등으로 갈려져 있는데, 전자의 繩文時代 晩期 傳播論을 펴는 쪽에서는 韓半島의 無文土器時代 中期 後半의 孔列土器가 繩文晩期의 黑川式土器와 共伴한다는 사실을 주요 근거로 삼고 있고, 후자의 弥生時代 前期 傳播論을 펴는 쪽에서는 벼농사와 함께 複合文化를 이루는 해당 시기의 石包丁을 비롯한 磨製石器들이 韓半島의 그것과 유사하다는 점을 주요 근거로 삼고 있다.

日本의 벼농경의 발전 형태는, 弥生時代까지는 저습지를 개발하여 경작하는 濕田이 주류를 이루다가, 古墳時代에 이르러서 물을 인위적으로 끌어들이는 乾田이 개발된 것으로 알려져 있다.

또한 앞서 언급했듯이 稻作農耕에는 陸田農耕과 水田農耕의 두 가지가 있고, 일반적인 農耕史에 있어서는 대개 陸田農耕이 먼저 시작되는 것에 비해, 일본의 농업형태는 처음부터 水田農耕이 들어왔다는 견해와 논농사와 밭농사가 혼합된 나바따케(菜田) 방식이 들어왔다가 논농사에 중점을 둔 이따츠케(板付) 방식으로 이행되어졌다는 두 가지 설이 양립하고 있다.

일본벼의 種類인 弥生米는 單粒種으로서 자포니카 혹은 야포니카라는 명칭으로 불리우며 韓半島에서 출토되는 炭化米의 종류와 같은 것으로 알려져 있다.

고대 일본의 벼는 농업생산력의 근간으로 주목되고 있으며, 특히 邪馬台國 大和說 쪽에서는 大和平野가 九州를 비롯한 여타지역에 비해 水田農耕地帶로서의 월등한 자연지리적 조건을 갖추고 있다는 점을 자설의 주요한 근거로 활용하고 있다.

『日本書紀』 神代紀 上, 天智紀 등에서 벼는 たなつもの(tanatsumono)라는 이름으로 나타난다(國史大辭典編纂委員會編「やよいじだい, 弥生時代」(上野佳也), 『國史大辭典』14(吉川弘文館, 1993), p.238・小林行雄, 「古墳文化の形成」『岩波講座日本歷史』1(原始および古代)(岩波書店, 1962), pp.252-253:「稻と弥生時代人」『民族の起源』(塙新書, 1972), pp.105-109・三品彰英, 「種禾稻紵麻蠶桑緝績出細紵縑緜」『邪馬台國硏究總覽』(創元社, 1978), p.99・近藤義郎, 「弥生文化論」『岩波講座日本歷史』1(原始および古代1)岩波書店, 1962), pp.141-188・江上波夫, 「古代日本の對外關係-特に東シナ海をめぐって」『國際シンポジウム古代日本の國際化-邪馬台國から統一國家へ-』(朝日新聞社, 1990), pp.56-57, p.67:「日本民族の形成」『騎馬民族國家』(中公新書, 1978), pp.325-343・武光誠編, 「禾稻」『邪馬台國辭典』(同成社, 1986), p.63・田村晃一, 「東アジアにおける農耕の起源と發達」『東アジアにおける日本古代史講座』第1卷(學生社, 1980)・佐原眞, 「米の文化」『大系日本の歷史❶ 日本人の誕生Ⅰ』(小學館, 1997), pp.284-332・井上光貞, 『日本の歷史』1(神話から歷史へ)(中央公論社, 1973), pp.49-51・井上光貞・永原慶二・兒玉幸多・大久保利謙, 「古墳とヤマト政權」『日本歷史大系』1(古代文明の形成)(山川出版社, 1995), pp.221-223, p.234, pp.245-246・石井米雄・櫻井由躬雄, 「はじめに-東南アジア世界の發見」「東南アジア初期國家の形成」『東南アジア世界の形成』(講談社, 1991), pp.6-17, pp.26-35・上也佳也, 「弥生時代」『國史大辭典』第14卷(吉川弘文館太, 1994)・永留久惠, 『古代史の鍵・對馬』(大和書房, 1994), pp.51-55・西谷正, 「古代朝鮮と日本」『古代史論集4:古代朝鮮と日本』(名著出版, 1990), pp.4-5・李丙燾, 『韓國史大觀』(東方圖書, 1983), p.46・李基白 著, 「古代韓日關係」『韓國古代史論』(探究堂, 1987), pp.70-72・千寬宇・金東旭編輯, 「弥生式土器・土師器・須惠器の源流について」(金廷鶴)『[比較]古代日本と韓國文化<下>』(學生社, 1980), pp.13-18・千寬宇 編, 『「신동아」심포지움 韓國上古史의 爭點』(一潮閣, 1976), pp.79-128・이진희・강재언 지음(김익한・김동명 옮김), 『한일교류사 새로운 이웃나라 관계를 구축하기위하여』(학고재, 2002), pp.14-21・이선복, 「"신석기혁명"」『고고학개론』(이론과 실천, 1988), pp.198-214・Douglas.L. Oliver 著(權彛九 譯), 『人類學에의 招待』(探求堂, 1983), p.106・브리태니커세계대백과사전・두산백과사전두피디아. 外).

(125) 紵麻. ちょま(choma), からむし(karamushi). 紵麻란 쌍떡잎식물 쐐기풀목 쐐기풀과의 여러해살이풀인 모시풀을 말하며 學名은 Boehmeria nipponivea이다. 삼과(Cannabaceae) 식물인 麻(Cannabis sativa)의 일종으로 白色을 띤다.

麻織物 중에는 亞麻・大麻・苧麻・黃麻 等 植物의 靭皮纖維(植物의 養分通路인 篩部에 있는 纖維)를 이용하는 것과 뉴질랜드麻・마닐라麻 등 葉脈纖維를 이용하는 것 등이 있는데, 紵麻는 이 중 전자에 속한다고 한다.

麻纖維는 길이가 길어 서로 합쳐서 꼬기가 용이한 탓에 인류가 일찍부터 사용하였으며, 亞麻로 만든 천이 B.C 4-3세기 무렵에 *카프카스(영어로 코카서스 혹은 코카시아) 동쪽 흑해연안의 콜히드지역에서 발견되었다고 한다.

古代 日本의 麻로는 弥生土器片에 麻織物을 잣는데 사용하는 紡錘車의 繪畵가 등장하고, 本州 靜岡의 登呂遺跡과 北九州 地域 遺跡의 甕棺으로부터 弥生時代 實物의 麻布가 출토되었다고 한다.

日本 古代 紵麻의 用度에 관해서는 稅金의 品目으로 사용되었다는 설이 있다(下中邦彦編集兼發行,「からむし, カラムシ」『國民百科事典』3(平凡社, 1976), p.406・下中邦彦編集兼發行,「あさ[麻]」『世界大百科事典』1(平凡社, 1972), pp.134-135・下中邦彦編集兼發行,「からむし, Boehmerianipponivea」『世界大百科事典』6(平凡社, 1972), p.367・下中邦彦編集兼發行,「あさおりもの麻織物」『國民百科事典』1(平凡社, 1976), pp.75-76・奈良縣立橿原考古學研究所附屬博物館・田原本町教育委員會,『弥生の風景-唐古・鍵遺跡の發掘調査60年-』(奈良縣立橿原考古學研究所附屬博物館・田原本町教育委員會, 1996), pp.10-11, p.20, p.38・三品彰英,「種禾稻紵麻蠶桑緝績出細紵縑緜」『邪馬台國研究總覽』(創元社, 1978), p.99・武光誠編,「ちょま, 紵麻」『邪馬台國辭典』(同成社, 1986), pp.143-144・브리태니커세계대백과사전・두산백과사전두피디아. 外).

* 카프카스. 러시아 남부의 카스피해(海)와 흑해(黑海) 사이에 있는 山系 내지 地域의 총칭.

(126) 蠶桑. さんそう(sansō). 文句 자체는 누에와 뽕이라는 의미이나 문맥의 흐름상 '누에치기'로 해석해야 옳다.

(127) 緝績. しゅうせき(shūseki). 물레질 혹은 길쌈을 가리킨다. 기록의 시기에 대해서는 논의가 있지만, 『三國史記』 新羅本紀 儒理王 9年條에는 한가위 때에 6부 간에 왕녀 두 사람으로 하여금 편을 둘로 나누고 길쌈놀

이를 열어 지는 편이 이긴 편에 酒食을 장만했다고 하여 신라에 길쌈을 둘러싼 협업조직이 있었음을 시사하고 있는데, 당시 왜 사회에서도 이와 같이 길쌈작업을 둘러싼 협업조직이 있었는지, 만약 있었다면 그것이 고대 한국과는 어떠한 차이와 공통점이 있었는지에 대하여 향후 검토해 볼 문제이다.

길쌈은 동양사회에서는 대개 여자들의 전유영역으로 알려져 있으나 헤로도토스의 『역사』에 보면 이집트에서는 거꾸로 남자들이 집안에 들어앉아 길쌈을 하고 여성들은 시장에 나가 장사를 했다는 기록이 있다.

인류사상 紡織은 新石器時代에 들어서서 이루어지는 것으로 여겨지고 있다(武光誠 編,「しゅうせき, 緝績」 『邪馬台國辭典』(同成社, 1986), pp.110・三品彰英,「種禾稻紵麻蠶桑緝績出細紵縑緜」『邪馬台國研究總覽』(創元社, 1978), pp.99-100・井上光貞・永原慶二・兒玉幸多・大久保利謙,「古墳とヤマト政權」『日本歷史大系』1(古代文明の形成)(山川出版社, 1995), pp.199-200・김부식 지음(이병도역주),「권제1 신라본기 제1 유리이사금」『삼국사기』상(乙酉文化社, 1999), p.25・M.I. 핀리 편 (이용찬 옮김),「제2권 고대 이집트」『평단동서문화시리즈13 그리스의 역사가들 헤로도토스: 역사』(平旦文化社, 1987), p.72・千寬宇 編,『「신동아」심포지움 韓國上古史의 爭點』(一潮閣, 1976), p.94).

(128) 細紵. さいちょ(saicho). 글자 그대로 풀면 '精妙한 麻'라는 뜻으로서 세모시를 말한다. 세모시는 올이 가늘고 고와 시원한 느낌을 주기 때문에 古來로부터 일본 뿐 아니라 전 세계적으로 대표적인 여름철 옷감으로 사용되어졌다고 한다. 또한 세모시의 대표적인 재료인 어저귀는 溫帶에 분포하는 아욱과의 1년초로, 풀의 키는 2-3m 자라고, 여름에 황색의 꽃이 피며, 그 莖으로부터는 靭皮纖維를 채취하는데, 그 靭皮纖維는 强度는 약하지만 아름다운 백색의 광택을 띤다고 한다.

현대에 어서귀는 中國 東北部 및 러시아 지역에서 많이 생산되고 있고, 日本에서는 熊本, 靜岡 두 縣에서 재배되고 있다고 한다.

본문의 紵麻를 이용하여 細紵를 産出했다는 기록에 대해서는,『漢書』儋耳珠厓條에「男子耕農, 種禾稻紵麻, 女子桑蠶織績」이라고 하는 그와 거의 동일한 내용이 있는 사실로부터, 그것이 倭地의 實際 狀況을 이야기하는 것이 아니라 儋耳珠厓條를 토대로 한 陳壽의 舞文으로 보는 설이 있는가 하면, 다른 한편에서는 弥生土器 바닥에서 麻織物의 壓痕이 보고된 상황을 토대로 해당 기록을 역사적 사실로 보는 견해도 있다(下中邦彦編集兼發行,「いちび,イチビ」『國民百科事典』1(平凡社, 1976), pp.445-446 · 水野祐,「第二部評釋篇[第十一段]狗奴國(Ⅱ)條의「出細紵縑綿」項」『評釋魏志倭人傳』(雄山閣, 1987), p.235 · 三品彰英,「種禾稻紵麻蠶桑緝績出細紵縑緜」『邪馬台國硏究總覽』(創元社, 1978), pp.99-100 · 두산백과사전두피디아 · 브리태니커세계대백과사전).

(129) 縑綿. けんめん(kemmen). 縑綿은 繭의 外側 毛羽에 木綿의 綿을 섞어 만든 緋緞을 말한다. 絹(silk)은 여러 개의 누에 실을 삶아 1개의 강한 실을 얻을 수 있을 뿐 아니라 麻보다 아름답고 경제성도 뛰어난 점 때문에 인류에게 널리 이용되어져 왔으며, 中國이 그 원산지라고 한다.

본 魏志倭人傳에서 倭의 緋緞에 관한 기록은 위의 것 외에도 正始 4年條에 卑弥呼가 魏에 바친 倭錦, 絳青縑緜衣 등이 보이는데, 과거 이 기록들에 관해서는 당시 日本의 緋緞과 관련된 고고학 자료들이 모두 5세기 이후의 것들이어서 그 사실성을 의심하는 경향이 강했지만, 1963년 福岡縣 立岩遺跡의 弥生時代 中期(기원전 1c-기원후 1c) 墳墓에서 인골과 함께 출토된 劍과 矛 등의 鐵製武器에 織物의 斷片이 붙어있었던 사실을 근거로 日本地域에서의 養蠶의 歷史를 弥生時代 中期까지 올려보는 견해가 생겨나게 되었다.

한편 日本의 緋緞과 관련된 일본 국내의 기록으로는 『古事記』와 『日本書紀』에 蠶桑의 起源을 이야기하는 신화, 百濟의 照古王으로부터 染織技術者와 錦을 잣는 工人 등이 보내졌다는 전승, 吳로부터 縫工女가 도래하였다는 전승 등 다양한 전승적 기사들이 보인다.

魏書東夷傳에는 韓條에도 養蠶에 관한 기술이 나오고 있어 養蠶文化에 관한 고대 한일 간의 비교연구가 가능한 상황인데, 이와 관련된 것으로 과

거 白鳥庫吉은 緋緞의 日本語 きぬ(kinu)를 우리말의 '깁'이나 몽골어 'kyif'와 語根이 같은 우랄알타이어계 말로 본 적이 있다(白鳥庫吉, 「『所謂「神籠石」に就いて』附『「魏志」に見えたる倭國の文化の二三』(『史學雜誌』第28編第8号(1917.8).(下中邦彦編集兼發行, 「きぬおりもの絹織物」『世界大百科事典』7(平凡社, 1972), pp.239-240・下中邦彦編集兼發行, 「つむぎ紬」『世界大百科事典』21(平凡社, 1972), p.84・下中邦彦編集兼發行, 「きぬおりもの絹織物」『國民百科事典』4(平凡社, 1977), p.108・下中邦彦編集兼發行, 「つむぎ紬」『國民百科事典』9(平凡社, 1978), p.337・三品彰英, 「注解[種禾稻紵麻蠶桑緝績出細紵縑緜] 및 研究論文抄 四七, 白鳥庫吉「『所謂「神籠石」に就いて』附『「魏志」に見えたる倭國の文化の二三』(『史學雜誌』第二十八編第八号, 大正六年8月」『邪馬台國硏究總覽』(創元社, 1978), pp.99-100, pp.230-231・森浩一,『倭人伝の世界-わたしの古代學-』(小學館, 1989), pp.30-35・브리태니커세계대백과사전・두산백과사전두피디아).

(130) 牛. うし(ushi). 소-cattle. 소는 學名이 Bos taurus인 소목[偶蹄目] 솟과의 포유류로서 고기와 우유를 얻거나 사역을 목적으로 사용하는 가축화된 소과(Bovidae) 동물이며 성별과 나이에 따라 송아지・암소・황소 등으로 부른다고 한다. 또한 소는 중앙아시아가 원산지이나 한국과 중국, 일본의 소는 남아시아 계통의 것이라는 설이 있다고 한다.

과거에는 일본에 소가 말과 더불어 5, 6세기에 들어오고 7, 8세기에 이르러서야 牛耕, 馬耕이 시작되었던 것으로 인식되어 위의 기록을 의심하는 경향이 강하였으나 후에 弥生時代 遺跡에서 牛骨과 牛齒가 발견되었다고 한다.

일본에서의 소의 존재를 알려주는 이른 시기 일본 국내의 기록으로 『播磨國風土記』에는 揖保郡 塩阜 남쪽의 鹹水가 있는 곳에서 牛, 馬, 鹿이 모여 물을 마셨다는 기사, 宍禾郡 塩村의 鹹水에 牛馬가 모여 물을 마셨다는 기사 등이 보인다.

弥生時代에 고고학적으로 일본에서 발견되는 주요 飼育動物로는 소 외에 닭, 개, 돼지 등이 있다. 또한 주요 野生動物로는 사슴이 보인다(三品彰英, 「注解[種禾稻紵麻蠶桑緝績出細紵縑緜]」『邪馬台國硏究總覽』(創元社, 1978), pp.99-100・水野祐, 「第二部評釋篇[第十一段]狗奴國(Ⅱ)의 「無牛馬虎豹羊鵲」項」『評釋魏志倭人傳』(雄山閣, 1987),

pp.235-236・佐原眞,『大系日本の歷史❶ 日本人の誕生Ⅰ』(小學館, 1997), pp.325-326・森浩一,『倭人伝の世界-わたしの古代學-』(小學館, 1989), pp.142-152, p.166, p.182・브리태니커세계대백과사전・두산백과사전두피디아. 外).

▣ <주요 용어 일본어 발음>

播磨國風土記:はりまふどき(harimafudoki).揖保郡:いぼぐん(ibogun).塩阜:しおおか(shiooka).宍禾郡:しさわのこおり(shisawanokōri).

(131) 馬. うま(uma). 말-horse. 哺乳綱(Mamalia) 말目(Perissodactyla) 말과(Equidae)에 속하는 동물 혹은 기제목(奇蹄目) 말과의 포유류로 學名은 Equus caballus이다.

말은 개나 소에 비해 늦게 길들여져 新石器時代에 인도유럽의 한 종족에 의해 처음 이용되고 이후 기후, 음식, 사람의 영향을 받으면서 현재의 모습을 갖게 된 것으로 보는 설이 있는가 하면, 역시 新石器時代에 투르키스탄 방면에서 駱駝와 더불어 처음 가축화되었다고 보는 설도 있다고 한다.

과거에는 일본에 말이 소와 더불어 5, 6세기에 들어오고 7, 8세기에 이르러서야 牛耕, 馬耕이 시작되었던 것으로 인식되어 위의 기록을 의심하는 경향이 강하였으나, 후에 繩文, 弥生 遺跡에서 小數의 馬骨과 馬齒가 발견되었다고 한다.

일본에서의 말의 존재를 알려주는 이른 시기의 일본 국내의 기록으로『播馬國風土記』에 揖保郡 塩阜 남쪽의 鹹水가 있는 곳에서 牛, 馬, 鹿이 모여 물을 마셨다는 기사, 宍禾郡 塩村의 鹹水에 牛馬가 모여 물을 마셨다는 기사 등이 보인다.

日本의 말과 관련해서는 전 세계적인 호응을 얻어 갖가지 派生說들을 배태시킨 江上波夫의 騎馬民族說이 학계의 주목을 받고 있는데, 韓國 역사학계 가야사 분야의 金泰植 教授는 고고학계의 협력을 얻어 이 기마민족설 및 그 파생설들을 체계적으로 정리한 연구성과를 내놓은 바 있다(金

泰植・宋桂鉉共著,『韓國의騎馬民族論』(한국마사회・마사박물관,2003).(井上光貞・永原慶二・兒玉幸多・大久保利謙,「古墳とヤマト政權」『日本歷史大系』1(古代文明の形成)(山川出版社, 1995), p.258・三品彰英,「注解[其地無牛馬虎豹羊鵲] 및「硏究論文抄. 八九, 直良信夫「日本新石器時代家畜としての馬牛犬に就いて(東京考古學會『日本原始農業』所收, 昭和八年十一月)」『邪馬台國硏究總覽』(創元社, 1978), pp.102-103, pp.328-329・小林行雄,「馬はいつから日本にいたかか」『古墳の話』(岩波書店, 1969), pp.94-95・水野祐,「第二部評釋篇[第十一段]狗奴國(Ⅱ)의「無牛馬虎豹羊鵲」項」『評釋魏志倭人傳』(雄山閣, 1987), pp.235-236・佐原眞,「食用家畜の欠如」『大系日本の歷史❶ 日本人の誕生Ⅰ』(小學館, 1997), pp.325-326・上田正昭著,「馬の文化」『歸化人』(中央公論社, 1987), pp.79-86・江上波夫,『江上波夫の日本古代史』(大巧社, 1992):『騎馬民族國家』(中公新書, 1978):『[國際シンポジウム]古代日本の國際化-邪馬台國から統一國家へ-』(朝日新聞社, 1990)・森浩一,『倭人伝の世界-わたしの古代學-』(小學館, 1989), p.166, pp.135-179・佐原眞,「食用家畜の欠如」『大系日本の歷史❶ Ⅰ 日本人の誕生Ⅰ』(小學館, 1997), pp.325-326・金泰植・宋桂鉉共著,『韓國의 騎馬民族論』(한국마사회・마사박물관, 2003)・브리태니커세계대백과사전. 外).

(132) 虎. とら(tora). 호랑이-tiger. 호랑이는 고양이과(Felidae)에서 가장 큰 아시아산 동물이고, 學名은 Leo tigris 혹은 Panthera tigris인 대형고양이류(great cat)로서 힘과 포악성이 사자와 더불어 가장 강하다고 한다.

호랑이는 유라시아 북부에서 기원해 남쪽으로 이주한 것으로 여겨지고 있으며, 현재는 러시아의 極東地方에서 中國, 印度, 東南아시아의 일부에 이르는 지역에 분포하고 있다고 한다.

日本에는 호랑이가 서식하지 않으나,『日本書紀』欽明天皇 6(545)年 11月條에는 膳臣巴提便가 百濟에 사신으로 가서 호랑이를 퇴치하고 그 가죽을 가지고 돌아왔다는 기록이, 同書 天武天皇 朱鳥開元 元年(재위 15년 째-686)) 4月條에는 新羅로부터 온 공물 100여 종 속에 표범의 가죽과 더불어 호랑이의 가죽이 있었다는 기록이 각각 보인다(下中邦彦 編集兼發行,「とら, 虎, Panthera, tigris」『世界大百科事典』22(平凡社, 1972),pp.554-555・水野祐,「第二部評釋篇[第十一段]狗奴國(Ⅱ)의「無牛馬虎豹羊鵲」項」『評釋魏志倭人傳』(雄山閣, 1987), p.237・브리태니커세계대백과사전・두산백과사전두피디아. 外).

■ <주요 용어 일본어 발음>

膳臣巴提便:かじわでのおみはてひ(kashiwadenoomihatehi).

(133) 豹. ひょう(hyō). leopard(Leo pardus). 豹는 파드(pard), 파두스(pardus) 혹은 팬더(panther)라고도 하는 고양이科(Felidae)에 속하는 대형동물인 표범을 말한다. 學名은 panthera pardus 혹은 Felis pardus이고, 사자, 호랑이 및 다른 큰 동물들과 친연관계에 있다고 한다.

日本에서는 표범이 棲息하지 않지만『日本書紀』天武天皇 朱鳥開元 元年(재위 15년 째-686) 4月條에 新羅로부터 온 공물 100여종 속에 호랑이의 가죽과 더불어 표범의 가죽이 있었다는 기록이 보인다(下中邦彦編集兼發行,「ひょう, ヒョウ, 豹」『國民百科事典』11(平凡社, 1978), p.435 · 下中邦彦編集兼發行,「ひょう[豹]pantherapardus」『世界大百科事典』26(平凡社, 1972), pp.27-28 · 水野祐,「第二部評釋篇[第十一段]狗奴國(Ⅱ)의「無牛馬虎豹羊鵲」項」『評釋魏志倭人傳』(雄山閣, 1987), p.237 · 브리태니커세계대백과사전 · 두산백과사전두피디아. 外).

(134) 羊. ひつじ(hitsuji). 양-sheep. 양은 소목[偶蹄目] 솟과 羊屬 중 되새김을 하는 포유동물로서 學名은 Ovis aries이다.

羊은 그 조상이 본래 야수였다가 신석기시대에 중앙아시아의 아프카니스탄 지역이나 중동아시아, 유럽 등지에서 가축화되기 시작하였고, 현재는 오스트레일리아, 러시아연방, 중앙아시아지역 국가들, 뉴질랜드, 중국, 인도, 미국, 남아프리카공화국, 아르헨티나, 터키 등 대개 넓은 초원을 가진 나라들에서 주로 사육되고 있다고 한다.

羊과 관련된 특징적인 사항으로, 과거 유목민들 사이에서는 재산을 羊의 頭數로 나타내었고 여기에서 자본을 나타내는 영어의 capital이라는 단어가 생겨났다고 한다. 또한『聖書』에 최초로 나오는 동물이름이 羊인데, 고대 크리스트교도들은 스스로를 善한 牧者(羊飼)라고 불렀고 오늘날 牧師라는 말은 바로 이 牧養者에서 유래된 말이라 한다. 이 외에 羊은 인류의 사회구조에도 영향을 미쳐 인류사회는 다른 가축들과 더불어 양의 사육을 통해 내부에 분업이 생기고 문명의 초기단계에 들어섰다는 설이 있다.

日本에서 羊은 발견되지 않으나 『日本書紀』 推古天皇 7(599)年 秋 9月條에 「百濟貢駱駝一匹. 盧一匹. 羊二頭. 白雉一隻」이라는 기록이 보인다(下中邦彦 編集兼發行, 「ひつじ, ヒツジ, 羊」『國民百科事典』11(平凡社, 1978), pp.379-381・下中邦彦編集兼發行, 「ひつじ[羊] Ovis,aries」『世界大百科事典』25(平凡社, 1972), pp.465-467・水野祐, 「第二部 評釋篇[第十一段]狗奴國(Ⅱ)의 「無牛馬虎豹羊鵲」項」『評釋魏志倭人傳』(雄山閣, 1987), pp.236-237・브리태니커세계대백과사전・두산백과사전두피디아. 外).

(135) 鵲. かささぎ(kasasagi). 까치(magpie)를 말한다. 까치는 참새목(Passeriformes) 까마귀과(Corvidae)에 속하는 새로서 學名은 Pica Pica 혹은 Pica pica serica라고 한다.

까치의 몸체는 까마귀보다 약간 작으며 肩羽와 腹面이 白色을 띤 것 외에 나머지 부분은 모두 흑색으로 금속광택이 있다고 한다.

까치는 유럽, 유라시아, 아프리카, 북아메리카 대륙 서부지역, 아시아의 중국, 버마, 대만, 한반도 등에 서식하며, 日本에도 北九州의 佐賀平野로부터 筑後川 下流域의 平野部에 서식하고 있어, 현실은 일본에 까치가 없다는 위의 기록과는 다르다고 한다.

日本 國内의 까치에 관한 문헌으로는 江戶時代의 本草書로서 本草家 小野蘭山의 講義錄인 『本草綱目紀聞』을 文語調로 改版한 책인 『本草綱目啓蒙』이 있고, 여기에는 까치의 다양한 명칭이 실려 있다고 한다.

한편 『後漢書』 章懷太子의 注에는 위의 기록이 「鵲或作鷄」로 되어있는데, 이를 따르는 견해도 있다고 한다(下中邦彦 編集兼發行, 「かささぎ, カササギ 鵲」『國民百科事典』3(平凡社, 1976), p.163・下中邦彦 編集兼發行, 「かささぎ, Pica Pica」『世界大百科事典』5(平凡社, 1972), p.459・水野祐, 「第二部評釋篇[第十一段]狗奴國(Ⅱ)의 「無牛馬虎豹羊鵲」項」『評釋魏志倭人傳』(雄山閣, 1987), p.237・三品彰英, 「其地無牛馬虎豹羊鵲」『邪馬台國硏究總覽』(創元社, 1978), p.100・브리태니커세계대백과사전・두산백과사전두피디아. 外).

(136) 矛. ほこ(hoko). 창-spear. 矛는 鉾라고도 쓰며, 양날의 劍에 긴 자루를 단 刺突用 武器라는 定義가 있다. 中國에서는 殷代에 靑銅製의 矛가 만들어지기 시작했으며, 戰國時代의 것은 劍·戈와 더불어 한국의 청동기 문화에 도입되어 한국 狹鋒銅矛의 원형이 되었다고 한다.

日本에서는 弥生時代에 한반도 등 대륙으로부터 靑銅의 矛가 다른 銅製利器와 더불어 대부분 北九州에 집중적으로 도입되어졌고, 후에는 中廣, 廣鋒으로 불리우는 일본식의 仿製矛가 만들어져 그 범위가 四國에 까지 미쳤다고 한다.

弥生時代 日本의 銅矛는 武器로 사용되기도 했지만 그 크기가 실용적이라 할 수 없는 大型品들이고 또한 고의로 매몰된 흔적이 있는 사실 등으로부터 주로 종교의례에 사용된 것으로 여겨지고 있고, 『日本書紀』의 「天の瓊矛」나 「嚴矛」라는 기록들은 그 문헌적인 근거로 들려지고 있다.

日本에서 矛는 후대에 이르면 神幣로도 사용되어졌으며, 伊予의 大山祇神社, 大和의 石上神宮, 春日大社 등에는 그처럼 神幣로서 사용된 奈良時代 이후의 각종의 矛가 전해지고 있다고 한다(下中邦彦編集兼發行, 「たて盾」『世界大百科事典』28(平凡社, 1972), p.286 · 下中邦彦編集兼發行, 「ほこ矛,鉾」『國民百科事典』12(平凡社, 1978), p.461 · 森浩一, 『倭人伝の世界-わたしの古代學-』(小學館, 1989), p.112 · 三品彰英, 「注解[兵用矛楯木弓木弓短下長上竹箭或鐵鏃或骨鏃]」『邪馬台國硏究總覽』(創元社, 1978), p.103. 外).

■ <주요 용어 일본어 발음>

天の瓊矛:あまのぬぼこ(amanonuboko).嚴矛:いかしほこ(ikashihoko).大山祇:おおやまつみ(ōyamatsumi).大和:やまと(yakato).石上:いそのかみ(isonokami).春日:かすが(kasuga).

(137) 楯. たて(tate). shield. 楯이란 盾으로도 쓰는 防牌를 말하는 것으로, 防牌란 상대방의 武器를 튕겨내어 빗나가게 하는 防禦武器라는 定義가 있다.

防牌의 종류에는 손의 한쪽에 무기를 듦과 동시에 다른 한쪽 손에 드는

비교적 소형의 持盾과 陣을 지키기 위해 벌려놓는 大形의 置盾 등이 있으며, 방패의 일본어인 たて(tate)는 '(防牌를) 세우다'라는 뜻을 지닌 たてる(tateru)에서 유래한 말이라 한다.

日本의 防牌는 繩文時代의 것은 不明이나, 弥生時代의 예로서 위의 것과 더불어 奈良縣 石上遺跡에서 출토된 銅鐸鈕의 繪畵에 보이는 것과 靜岡市 登呂遺跡에서 발견된 실물방패 등이 있고, 古墳時代의 예로서는 대략 5세기 후반에 만들어져 奈良縣 天理市 石上神宮에 傳世되어 내려 온 것으로 알려져 있는 鐵製의 置盾, 傳群馬縣 瀧川에서 出土된, 狩獵文鏡에 描寫된, 持盾 등이 있으며, 이 외에 大阪府 豊中市 狐塚, 大阪府 黃金塚, 三重縣 石山古墳 등에서도 古墳時代의 防牌가 출토되었다고 한다.

『日本書紀』의 神武天皇이 熊野에서 올랐다는 天磐盾, *『先代舊事本紀』 권 제3「天神本紀」의 百八十縫之白盾 등은 일본 고대 문헌의 防牌와 관련된 용어로 알려져 있다.

日本 防牌의 源流에 대해서는, 그것이 置盾이든 持盾이든 모두 長方形을 띠고 있는 長盾이라는 점에 주목하여, 東南아시아로부터 中國 東北部 沿岸에 걸친 방패들과 연관이 있는 것으로 보는 견해가 있다(下中邦彦 編集兼發行,「たて, 盾」『世界大百科事典』19(平凡社, 1972), pp.363-365・下中邦彦編集兼發行,「たて, 盾, 楯」『國民百科事典』8(平凡社, 1977), p.531・三品彰英,「注解[兵用矛楯木弓木弓短下長上竹箭或鐵鏃或骨鏃]」『邪馬台國硏究總覽』(創元社, 1978), pp.103-104・武光誠編,「たて楯」『邪馬台國辭典』(同成社, 1986), p.138・森浩一,『倭人伝の世界-わたしの古代學-』(小學館, 1989), p.113. 外).

* 『先代舊事本紀』는 그것을 전반적으로는 위작으로 보는 경향이 강하나, 그 권3의「天神本紀」일부, 卷五「天孫本紀」의 尾張氏 및 物部氏 전승과 권10의「國造本紀」등에 다른 문헌에는 존재하지 않는 독자적인 所傳이 있는 사실을 근거로 해당 부분에 대해서는 사료적 가치를 인정하는 견해가 유력하다고 한다.

■ <주요 용어 일본어 발음>

天磐盾:あまのいわたて(amanoiwatate).
百八十縫之白盾:ももやそぬいのしらたて(momoyasonuinoshiratate).

(138) 木弓. もっきゅう(mokkyū), もくきゅう(mokukyū). 木弓 wooden bow. 木弓이란 나무로 만든 활을 말한다. 활은 지구상에서 가장 오랜 역사를 지니는 狩獵 및 武器로 사용되는 도구로 그 기원은 구석기시대로 거슬러 올라가며 이는 일본의 경우도 마찬가지라고 한다.

日本 弥生時代의 木弓은 본문에서 기술하고 있는 것처럼 손잡이 부분인 줌통이 중앙보다 아랫부분 내지 끝단에 위치하는(木弓短下長上) 특색을 지니는데, 이를 실증하는 예로서 傳香川縣에서 출토된 銅鐸繪畵가 있다(下中邦彦編集兼發行,「ゆみ, 弓」및「ゆみや, 弓矢」『世界大百科事典』31(平凡社, 1972), pp.42-45・武光誠編,「もくきゅう, 木弓」『邪馬台國辭典』(同成社, 1986), p.179・水野祐,「第二部評釋篇[第十一段]狗奴國(Ⅱ)條의「木弓短下長上」項」『評釋魏志倭人傳』(雄山閣, 1987), p.238・三品彰英,「注解[兵用矛楯木弓木弓短下長上竹箭或鐵鏃或骨鏃]」『邪馬台國研究總覽』(創元社, 1978), pp.103-104・佐原眞,『大系日本の歷史❶ 日本人の誕生Ⅰ』(小學館, 1997), p.109, p.345, p.392).

(139) 鏃. やじり(yajiri). arrow's head. 鏃이란 화살 끝에 다는 날카로운 도구로서 대개는 화살촉이라고 하되, 화살대에 대하여 화살뿌리라고도 한다는 定義가 있다. 단, 화살촉은 이와 같이 대개는 화살대와는 별도로 만들어지지만 화살대 그 자체를 날카롭게 하여 만드는 경우도 있다고 한다.

古代 日本 화살촉의 종류로는 骨鏃이나 石鏃이 繩文時代부터 사용되고, 弥生時代에는 骨・石・青銅・鐵 등의 4종류가 사용되었으며, 古墳時代에 이르러서는 주로 鐵鏃과 銅鏃이 사용되었다고 한다.

邪馬台國 時代 日本의 화살촉은 '倭國大亂期'의 混亂狀을 반영하는 자료로서 주목되어져 왔다(下中邦彦 編集 兼發行,「やじり, 鏃」『國民百科事典』13(平凡社, 1978), pp.494-495・下中邦彦編集兼發行,「やじり, 鏃」『世界大百科事典』30(平凡社, 1972), p.413・森浩一,『倭人伝の世界-わたしの古代學-』(小學館, 1989), p.105・森浩一 編,「森浩一의 發言內容」『倭人伝を讀む』(中央公論社, 1982), pp.50-51・三品彰英,「注解[兵用矛楯木弓木弓短下長上竹箭或鐵鏃或骨鏃]」『邪馬台國研究總覽』(創元社, 1978), pp.103-104・武光誠編,「ぞく(てつぞく・こつぞく)鏃(鐵鏃・骨鏃)」『邪馬台國辭典』(同成社, 1986), p.128・末松保和,『任那興亡史』(吉川弘文館, 1977), pp.256-257. 外).

(140) 위의 139) 參照.

(141) 위의 139) 參照.

(142) 儋耳・珠厓. たんじ(tanji)・しゅがい(shugai). 漢代 廣東城 海南島 西北의 儋縣 및 瞫都縣에 設置된 郡名으로서 郡의 治所는 각각 지금의 儋縣 서북 30里되는 지점 및 瓊山縣 동남 30리 되는 지점에 있었다고 한다.

이 두 郡은 漢武帝에 의해서 元封 元(기원전 110)年 海南島에 설치되었다가 파견관리의 심한 수탈로 토착민의 반란이 일어나자 기원전 82년에 朱崖郡 하나로 통합되어졌고, 朱崖郡은 다시 기원전 46년에 폐지되어졌다고 한다.

위의 儋耳와 珠厓에 관한 기록에 대해서는 그것을 왜지가 會稽 東冶의 동쪽에 있었다고 여긴 陳壽가 倭의 民俗과 海南島의 그것이 유사하다고 생각하여 상상적으로 쓴 것으로 보는 견해가 있는가 하면, 倭地에 儋耳・朱崖와 같은 風俗, 産物, 兵器 등이 있었음을 인식하고 쓴 당시의 모종의 사료에 토대한 것으로 보는 견해도 있다.

儋耳・珠厓 중 儋耳는 中國의 神話에서 긴 귀를 가진 나라인 聶耳國의 별칭으로 나온다(武光誠編, 「たんじ,儋耳」 『邪馬台國辭典』(同成社, 1986), p.139・石原道博編譯, 『中國正史日本傳(1)新訂魏志倭人傳他三篇』(岩波書店, 1991), pp.46-47・水野祐, 「第二部評釋篇[第十一段]狗奴國(Ⅱ)條의 「所有無与儋耳朱崖同」 項」『評釋魏志倭人傳』(雄山閣, 1987), pp.238-240・井上光貞・永原慶二・兒玉幸多・大久保利謙, 「邪馬臺國とその時代」『日本歷史大系』1(古代文明の形成)(山川出版社, 1995), p.199의 脚註(5)・原島礼二, 「ヤマタイ國をどう考えるか」『邪馬台國から古墳の發生へ』(六興出版, 1987), p.119・三品彰英, 「注解[所有無与儋耳朱崖同]・研究論文抄 八七, 橋本增吉」『東洋史より觀たる日本上古史研究-邪馬台國論考』(昭和七年十一月)」『邪馬台國研究總覽』(創元社, 1978), p.105, p.317・위앤커・전인초, 김선자 옮김, 「이형국」『세계문학전집16 중국신화전설1』(민음사, 2005), pp.409-410. 外).

(143) 이상의 倭의 器物에 관한 기술과 관련해서는 그 중에 邪馬台國 時代 畿內地域에서 고고학적으로 확인되는 銅鐸에 관한 내용이 전혀 보이지

않는다는 점이 문제시 되고 있고, 그 원인에 대해서는 卑弥呼의 시대에는 銅鐸이 邪馬臺國 지역에서 사라졌을 가능성에 대한 상정을 비롯한 다양한 견해가 제출되고 있다.

한편 日本의 銅鐸은 韓半島의 小銅鐸을 받아들여 만든 것이고, 韓半島의 小銅鐸은 샤먼의 의기로 使用되었다고 하는데(李基白・李基東, 『韓國史講座』 1(古代篇)(一潮閣,1993),pp.22-23,p.112), 이 小銅鐸 및 한국과 일본의 고분문화와 관련된 흥미로운 구소련의 자료가 있어 이를 소개해 보고자 한다.

필자는 석사시절 구소련의 레닌그라드 대학에서 한국학을 전공하고 있던 발로샤 블라디미르 티코노프(현재 한국에 귀화-한국명 박노자)씨가 필자의 은사였던 漢城大學의 윤석효 교수께 보낸, 한반도 문화와 스키타이 문화와의 관련성을 소개한, 러시아어로 된 연구책자 및 그에 대한 간략한 소개의 편지를 윤석효 교수께 부탁하여 사본을 만들어 보관하고 있었는데, 최근에 이것들을 검토하는 과정에 구 러시아 학자의「스키타이 사당」이라고 하는 논문(아래의 *로 표시한 책자에 所收)에 소련 남쪽 아드게아공화국의 스키타이 무당들은 제사지낼 때에 방울을 사용했다고 하는 내용이 있음을 발견하였다.

동 편지글에는 또한 비록 방울과 직접 관련된 것은 아니지만 상기논문에 방울이 발견된 아드게아공화국 스키타이의 제단이 方形이라는 내용이 있다는 사실이 소개되고 하는데, 이는 梅原末治氏 이래 일본학계의 통설인 前方後圓墳 前方部祭壇說과 비교적으로 연구해 볼 만한 내용일 것이다.

블라디미르씨의 편지글에는 위의 두 가지 사항 외에도「스키타이 남자무당」이라고 하는 논문에 스키타이 무당과 중앙아시아의 무당사회에서는 男神의 뜻을 잘 받들기 위해 남자무당과 여자무당이 결혼하는 풍습이 있었고 여자무당의 무덤에서는 물레와 바늘과 실이 발견되었다고 하는데, 이러한 이야기 素材들은『日本書紀』崇神紀에 나와 있는 倭迹迹日百襲姬命과 大物主大神 間의 婚姻談으로 구성되어 있는 箸墓傳說의 이야기 소재와 유사한 것이기에 흥미로운 내용이 아닐 수 없다.

이상의 여러 가지 사실들로 미루어 블라디미르씨가 윤석효 교수께 소개한 구 러시아 학계의 서적들은 인류학이나 고고학, 민속학 등 주변 분야와 연계시켜 연구할 경우 한국과 일본의 고대문화를 간접적으로 복원함에 있어 많은 도움이 될 것으로 판단되어 특히 러시아어의 독해가 가능한 제현을 위하여 이하 그 서지사항을 소개하여 둔다.

1. А.П.ОКЛАДНИКОВ, ПАЛЕОЛИТ ЦЕНТРАЛЬНОЙ АЗИИ),ИЗДАТЕЛЬСТВО<НАУК А>Новосибирск. 1981.
2. В.Е. МЕДВЕДЕВ, СРЕДНЕВЕКОВЫЕ ПАМЯТНИКИ ОСТРОВА УССУРИЙ СКОГО, ИЗЛАТЕЛЬСТВО <НАУКА>Новосибирск. 1982.
3. *А.И. МАРТЫНОВ, В.И. МОЛОДИН, СКИФО-СИбИРСКИЙ МИР ИСКУССТВО ИИДЕОЛОГИЯ, ИЗЛАТЕЛЬСТВО<НАУКА>Новосибирск. 1987.
4. Н.В. АНФИМОФ, ДРЕВНЕЕ ЗОЛОТО КУбАНИ, Красно дарское книжное излателство,1987.
5. С.И. ВАЙНШТЕЙН, МИР КОНЧЕВНИКОВ ЦЕНТРА АЗИИ, МОСКВА <НАУКА>, 1991.

(小林行雄,『古墳の話』(岩波書店, 1969), pp.133-134・齋藤忠,「古墳のかた」『日本古墳の研究』(吉川弘文館, 1972), p.62・近藤義郎,「前方後圓墳の成立と變遷」『考古學研究』15-1(考古學研究會, 1984), pp.32-34・田中琢,「前方部は祭壇か」『集英史版日本の歷史②倭人爭亂』(集英社, 1991), pp.201-202・石井良助・井上光貞編,「考古學から見た邪馬台國」(齋藤忠)『シンポジウム邪馬台國』(創文社, 1975)・田中琢,『集英史版日本の歷史②倭人爭亂』(集英社, 1991), p.171・佐原眞,『大系日本の歷史❶ 日本人の誕生Ⅰ』(小學館, 1997), p.340・森浩一,「九州で銅鐸は發達しなかった」『倭人伝の世界-わたしの古代學-』(小學館, 1989), p.38・井上光貞・永原慶二・兒玉幸多・大久保利謙編,「[補說8]銅鐸硏究의 歷史」(田中義昭)『日本歷史大系』1(古代文明の形成)(山川出版社, 1995), p.179의脚註(25). 外).

(144)「倭地는 溫暖하여(倭地溫暖)」라는 기술은 아래의 生彩나 맨발이라는 기술과 아울러 왜의 기후적 특성을 잘 나타내는 말이라고 할 수 있다.

(145)「生菜」에서 菜란 葉莖 또는 뿌리를 식용으로 삼는 식물=풀의 총칭을 말한다. 고대 일본지역의 菜의 종류에 관해서는 *『斐太後風土記』및『日本書紀』「神武紀」「垂仁紀」「応神紀」「仁德紀」「天智紀」등에 산엉겅퀴, 철쭉, 미나리, 민들레, 쑥, 유채씨, 고비, 죽순, 조릿대, 산우엉, 참외, 오

이, 파, 참깨, 고사리, 파, 양하, 땅두릅, 생강, 무, 마름, 겨자과 식물, 당근, 산초나무 등을 비롯한 수많은 품종들이 보인다(水野祐,「第二部 評釋篇[第十二段] 倭國總論(Ⅰ)條의「冬夏食生菜」項『評釋魏志倭人傳』(雄山閣, 1987), pp.276-278. 外).

* 斐太後風土記：ひだごふどき(hidagofudoki). 江戶時代 말기 飛驒(현 岐阜縣 북부 지역) 代官所의 지방관인인 富田礼彦(とみた いやひこ(tomita iyahiko)(1811-1877))가 편저한 地誌이다.

(146) 여기에는 倭人이 '모두 맨발(皆徒跣)'로 기술되어 있지만 彌生時代에 静岡地域에서 田下駄가 출토된 사실을 근거로 彌生時代에 倭人이 일상생활에서 어떤 신발을 신었을 가능성이 있을 것으로 보는 견해가 있다(井上光貞,「登呂遺跡の發掘」『日本の歷史』1(神話から歷史へ)(中央公論社, 1973), p.169・武光誠編,「邪馬台國人の生活」『邪馬台國辭典』(同成社, 1986), pp.31-32. 外).

▣ <주요 용어 일본어 발음>

田下駄:たげた(tageta).

(147)「屋室이 있으나, 父母兄弟는, 臥食을 (서로) 다른 곳에서 한다(有屋室, 父母兄弟, 臥食異處)」라는 문장의 의미에 대해서는, 妻子와 男便이 居處를 달리하는 妻訪婚을 설명하는 것으로 보는 설, 父母와 그 子女 夫婦가 別室에서 臥食하는 상황을 표현한 것으로 보는 설, 屋內에서 日本式 煖爐인 囲爐裏를 中心으로 座席을 달리함을 말하는 것으로 보는 설, 父母兄弟로 구성된 同一族員들이 母屋을 중심으로 別棟으로 나뉘어져 있는 각각의 가옥에서 별도로 생활을 영위하는 주거형태를 기술한 것으로 보는 설, 문구상으로는 父母兄弟의 四者가 모두 臥食處를 달리한다는 뜻이되 그 내용에 있어서는 연령별계급제도 하에서 각 세대가 평소의 낮 생활에서 부자남녀가 無別하게 지냈던 것과 달리 밤, 특히 祭禮와 같은 공식행사 때의 밤에는 취침을 달리하던 습속을 나타내는 것으로 보는 설 등 제설이 있다(佐伯

有淸,『硏究史邪馬台國』(吉川弘文館,1975),pp.167-168・水野祐, 「第二部評釋篇[第十二段] 倭國總論(Ⅰ)條의「父母兄弟. 臥食異處」項 및 [評第十一]「日本古代家屋の構造」・[評第十二]倭人の家屋生活」『評釋魏志倭人傳』(雄山閣, 1987), p.279, pp.282-301・平野邦雄 編, 「東アジア世界の変貌トヤマト王權」(鬼頭淸明)『古代を考える邪馬台國』(吉川弘文館, 1998), p.268・三品彰英, 「注解[有屋室父母兄弟臥食異處] 및 硏究論文抄 五一, 中山太郞「魏志倭人伝の土俗學的考察」(『考古學雜誌』第十二卷第七・九・十二号, 大正十一年三月～八月)」」『邪~馬台國硏究總覽』(創元社, 1978), pp.105-106, pp.238-239・山尾幸久,「弥生時代の社會とその社會」『新版・魏志倭人傳』(講談社, 1986), pp.157-158).

■ <주요 용어 일본어 발음>

囲爐裏:いろり(irori).

(148) 朱丹. しゅたん(shutan). 관련된 기록들을 조사해 보면, 朱란 化學成分的으로 赤色硫化水銀이라고도 하는 丹砂 혹은 水銀朱를 말하는 것이라 하고, 丹이란 천연적으로 산출되는 硫化鑛物인 赤鐵鑛을 粉碎하여 얻는 酸化第二鐵 成分의 鐵丹을 말하는 것이라 하는 것으로 미루어, 이 朱丹이라는 두 단어는 결국 같은 물질을 나타내는 합성어로 생각된다.

부산 지질학계의 윤선, 장두곤 교수에 따르면, 酸化第一鐵이 산화작용을 받으면 酸化第二鐵로 변하고, 酸化第二鐵이 還元作用을 받으면 酸化第一鐵로 변하며, 酸化第二鐵이 붉은 색을 띠는 것에 비해 酸化第一鐵은 녹회색을 띤다고 한다.

朱丹 같은 붉은 색의 염료들은 전 세계적으로 선사시대 이래 재생과 부활의 관념을 나타내는 주술적 도구의 재료 혹은 遺體의 防腐劑로 사용되었다고 한다. 고대 일본에서는 고고학적으로는 繪畵의 材料나 殯 儀式에 사용된 것으로 나타나고, 문헌적으로는 『日本書紀』의 海幸山幸 神話에 복속의례의 표시로 사용된 예가 보인다.

본 魏志倭人傳에는 상기의「朱丹」외에 正始 4(243)년조의 卑弥呼가 魏에 遣使하여 바친 품목 중에도 丹이 보이는데, 이 丹에 대해서는 왜의 특

산품으로 보는 설이 있다(武光誠編, 「朱丹」『邪馬台國辭典』(同成社, 1986), p.112・森浩一,「どこに眠る親魏倭王の金印」『倭人伝の世界-わたしの古代學-』(小學館, 1989), pp.29-30・水野祐, 「第二部評釋篇[第十二段]倭國總論(Ⅰ)條의 「以朱丹盜其身體」項 및 同條[評第十三]朱丹について」項」 및 [第十五段]倭國總論(Ⅳ)條의 「其山有丹」項」『評釋魏志倭人傳』(雄山閣, 1987), pp.279-281, pp.302-303, pp.354-355・三品彰英, 「民族學から見た倭人伝」『シンポジウム邪馬台國』(創文社, 1975), p.165:「注解[以朱丹塗其身體如中國用粉也]「飮食用籩豆手食」「硏究論文抄-87, 橋本增吉『東洋思想より觀たる日本上古史硏究-邪馬台國論考(昭和七年十一月」」『邪馬台國硏究總覽』(創元社, 1978), pp.106-108, p.311・小林行雄, 『古墳の話』(岩波書店, 1969), pp.143-144・윤선・장두곤, 『부산의지사(地史)와경관』(부산라이프신문사, 1994), pp.29-30・金元龍, 『한국의고분』(세종대왕기념사업회, 1974), p.40・한병삼, 『토기와청동기』(세종대왕기념사업회, 1974), p.70・金宅圭・成炳禧共編, 「新羅墓制에 관한 一考察-頭向의問題-」(金元龍)『韓國民俗硏究論文選[Ⅰ]』(一潮閣, 1982), p.260・조유전,「명주 하시동 발굴」『발굴이야기-왕의 무덤에서 쓰레기장까지, 한국 고고학 발굴의 여정-』(대원사, 1996), pp.304-305. 外).

◪ <주요 용어 일본어 발음>

殯もがり(mogari).海幸山幸神話うみさちやまさちしんわ(umisachiyamasachishin'wa).

(149) 「以朱丹塗其身體, 如中國用粉也」에서 「粉」이란 붉은 燕脂粉을 가리키는 것이라 한다(井上光貞・永原慶二・兒玉幸多・大久保利謙編, 「邪馬台國とその時代」(井上光貞)『日本歷史大系』1(古代文明の形成)(山川出版社, 1995), p.201・水野祐, 「第二部評釋篇[第十二段]倭國總論(Ⅰ)條의 「如中國用粉也」項」『評釋魏志倭人傳』(雄山閣, 1987), pp.280-281).

(150) 籩豆. へんとう(hentō). 이 籩豆에 대해서는 『漢書』 地理志 燕地條의 관련기록을 토대로 竹木을 갖고 만든 高杯를 가리키는 것으로 보는 견해가 있다. 고대 일본에서 高杯는 食器와 祭器로 사용되었다고 한다(國史大辭典編纂委員會編, 「たかつき高坏」『國史大辭典』9(吉川弘文館, 1988), pp.46-47・下中弘編纂・發行, 「高杯たかつき」『日本史大事典』第四卷(平凡社, 1994), p.639・三品彰英, 「注解[食飮用籩豆手食]・硏究論文抄, 八七, 橋本增吉『東洋史より觀たる日本上古史硏究-邪馬台國論考』(昭和七年十一月)」『邪馬台國硏究總覽』(創元社, 1978), pp.107-108, p.312・武光誠 編, 「べんとう, 籩豆」『邪馬台國辭典』(同成社, 1986), pp.171-172・都出比呂志, 「畿內五樣式における土器の變革」『小林

行雄博士古稀記念論文集考古學論考』(平凡社, 1982), pp.222-223・奈良縣立橿原考古學硏究所附屬博物館・田原本町敎育委員會,『弥生の風景-唐古・鍵遺跡の發掘調査60年-』(奈良縣立橿原考古學硏究所附屬博物館・田原本町敎育委員會, 1996), p.35・李丙燾,『韓國史大觀』(東方圖書, 1983), p.38. 外).

(151) 여기에는 「손으로 먹는다(手食)」고 되어 있지만, 일본에서는 석기시대 무렵의 埋葬品 중에 木製의 수저가 발견되었다고 한다.『古事記』나『日本書紀』에도 젓가락에 관한 신화나 전설이 실려 있다(森浩一,『倭人伝の世界-わたしの古代學-』(小學館, 1989), pp.202-216, pp.223-226・水野祐,「第二部評釋篇[第十二段]倭國總論(Ⅰ)條의「食飮用籩豆.手食」項」『評釋魏志倭人傳』(雄山閣, 1987), pp.281-282. 外).

(152)「그 죽음에 있어서는, 棺은 갖추나 槨이 없고, 흙을 쌓아 冢을 만든다(其死, 有棺無槨, 封土作冢)」라는 구절에 대해서는 '대체로' 古墳時代의 개시를 三國時代, 즉 卑弥呼의 시대로 보는 경향을 지니고 있었던 초기의 邪馬台國 大和說에서 먼저 그에 대한 검토가 전개되어져, 그것을 본문 뒷부분의 卑弥呼의 墳墓에 관한 기사와 동일한 묘제를 묘사한 것으로 보는 입장에서 그 실체를 前方後圓墳으로 비정하는 견해들이 있었으나, 대개 古墳時代의 시작을 3세기 말 혹은 4세기 초로 보는 새로운 관점이 배태된 이후에는, 양자를 분리하여, 전자에 대해서는 왜인 일반의 葬法을 묘사한 것으로 보고 그 실체를, 邪馬台國 九州說 쪽에서는 인공의 대규모적인 盛土를 하지 않는 甕棺墓나 箱式石棺墓을 묘사한 것으로 보는 견해, 邪馬台國 大和說 쪽에서는 箱式石棺墓를 묘사한 것으로 보는 견해 등이 있는데 비해, 후자에 대해서는 그것을 양설 모두 卑弥呼의 葬法을 묘사한 것으로 보되 邪馬台國 九州說 쪽에서는 3세기 중반 당시에는 아직 '徑百餘步'라는 규모의 묘제를 찾을 수 없다는 입장에서 墓域을 포함한 圓墳을 묘사한 것으로 보는 견해가 있고, 邪馬台國 大和說 쪽에서는 古代 吉備地方(岡山)의 楯築과 같은 巨大墳丘墓를 가리키는 것으로 보는 견해, 정형적인 전방후원분이 출현하기 이전의 이른바 '纏向型 前方後圓墳'의 하나인 大和의 石塚古

墳을 가리키는 것으로 보는 견해 등이 있다(三品彰英, 「注解[其死有棺無槨封土作塚]」『邪馬台國硏究總覽』(創元社, 1978), p.108 · 武光誠編, 「ちょう, 冢」『邪馬台國辭典』(同成社, 1986), pp.142-143 · 井上光貞 · 永原慶二 · 兒玉幸多 · 大久保利謙編, 「邪馬台國とその時代」(井上光貞)『日本歷史大系』1(古代文明の形成)(山川出版社, 1995), p.196 · 水野祐, 「第二部評釋篇[第十三段]倭國總論(Ⅱ)條의 「有棺無槨」「封土作冢」項」『評釋魏志倭人傳』(雄山閣, 1987), pp.304-306 · 石野博信, 『邪馬台の考古學』(吉川弘文館, 2001)의全紙面 · 寺澤薰, 『日本の歷史』2王權誕生(講談社, 2000)의 全紙面 · 近藤義郞『楯築遺跡』(岡山:山陽新聞社, 昭和55(1980)). 外).

(153) 「처음에 죽으면 10餘日을 停喪하는데, 當時에는 고기를 먹지 않는다. 喪主는 哭泣을 하고, 다른 사람들은 가서 歌舞飮酒를 한다. 葬禮가 끝나면, 온 집안이 水中으로 가서 澡浴을 하는데, 그것이 마치 練沐과 같다(始死停喪十餘日, 當時不食肉. 喪主哭泣, 他人就歌舞飮酒. 已葬, 居家詣水中澡浴, 以如練沐)라는 문장에서 「始死停喪十餘日…他人就歌舞飮酒」까지는 殯禮를, 「已葬」 이하는 葬送 後의 절차로써 행하는 禊祓을 각각 말하는 것으로 여겨지고 있는데, 禊祓에 대해서는 뒤의 관련항에서 다루기로 하고 여기에서는 우선 殯禮에 대하여 정리하기로 한다.

殯禮는 사람이 죽었을 때에 시체를 매장처리하기 전에 집이나 들에 草殯이나 土殯 혹은 家型石棺을 지어 놓고 영혼이 돌아오기를 염원하면서, 혹은 그것을 염원하면서도 遺體가 腐敗, 白骨化하는 등의 물리적 변화를 거쳐 死者가 최종적으로 죽음을 맞이하는 것을 확인하기 위해 그 안에서 각종의 의례를 행하는 주로 貴人들의 喪禮節次를 나타내는 용어로서, 일본어로 も(mo)=喪+かり(kari)(=仮)라고 한다. 殯을 나타내는 古代 日本語로는 이 もがり(mogari) 외에 荒城(あらき(araki)) 혹은 あがり(agari)라는 말도 있다고 한다.

고대 일본의 殯禮에 관한 일본 국내의 문헌기록으로 『古事記』 上卷에 所載한 天若日子神話에는 天若日子가 죽었을 때 그의 父母 및 妻인 下照比賣가 喪主가 되어 8日 8夜의 殯禮를 행한 다음 매장절차에서 衆鳥가 동원되는 내용이 나오는데, 이와 같이 殯禮에 衆鳥가 동원되는 것은 당시 鳥가 死者의 靈魂을 他界로 운반한다고 하는 俗信의 반영으로서, 장례의 역할을 분담하는 사람이 새의 衣裝을 착용했던 사실을 신화화한 것이라 한다.

또한 『日本書紀』 神代 下에는 天稚彦의 친구였던 味耜高彦根神가 弔問하러 나타났을 때 그 용모가 天稚彦와 매우 닮아 유족들이 死者가 살아 돌아온 것으로 알고 기뻐했다는 내용 및 味耜高彦根神이 天稚彦의 遺族들이 자신을 그처럼 不淨한 死者로 착각한 것에 화를 내고 殯禮를 위해 지어 놓은 집을 劍을 뽑아 베어 쓰러뜨렸다고 하는 내용 등이 나오는데, 전자에는 殯의 기간에는 아직 죽음이 확정되지 않았다고 하는 당대인의 관념이, 후자에는 고대 일본의 喪屋이 지극히 간단한 건물로 지어진 사실이 각각 반영되어 있는 것이라 한다.

고대 일본 초기의 殯禮는 늦어도 和風諡號의 獻呈이 개시된 宣化朝 이후에는 中國式 殯禮의 영향을 본격적으로 받게 되며, 이때부터 王家의 殯禮는 官吏인 土師氏가 총괄적으로 담당하였고, 殯宮이 설치된 장소는 대개 王이 崩御한 宮의 근방이었다고 한다.

王家의 中國式 殯禮 때에는 장례의식을 담당하는 官吏인 土師氏와 王族 등이 참여했는데, 이때에 장례의식을 담당한 官吏인 土師氏 麾下의 禰義나 余比 등의 *遊部는 大王의 魂이 피폐해지거나 사악한 靈이 달라붙는 것을 방지하기 위하여 刀나 矛를 몸에 차고 殯宮을 지키며 酒食을 奉仕했고, 장례의식에 참여한 王族 중 王室 肉親의 女性들은 殯宮에서 죽은 大王을 위해 奉仕하며 '여성의 挽歌'라 불리우는, 죽은 大王을 위한, 挽歌를 지어 불렀다고 한다.

王家殯禮의 행사에서는 이 외에 殯庭에서 목소리를 높여 우는 哭泣節次도 있었고, 儀式이 끝나면 死者에게 天皇家의 系譜인 帝王日繼가 奏上되고 和風諡號가 獻呈되는 한편 新王의 즉위의례가 행해지는 것을 마지막 절차로 하여 死王의 棺은 고분에 매장되었는데, 葬地는 殯宮으로부터 약 15~20㎞ 정도 떨어진 곳에 정해졌다고 한다.

또한 殯宮儀禮는 葬送儀式의 의미에 그치는 것이 아니라 代理誄를 통해 天皇을 비롯한 大臣 및 특정 황족들이 자신의 정치적 지위와 권력을 과시하는 장으로서 활용되기도 하였다 한다.

王家時代의 殯禮는 弥生時代 이래의 初期 殯禮에 비해 그 기간이 상당히 길어져 왕이나 왕족들의 殯禮期間은 1년 이내부터 5년에 이르기까지 다양하였는데, 일각에서는 이 정도의 기간이면 屍體는 당연히 썩지 않을 수 없었을 것으로 보고, 『日本書紀』仲哀紀에서 仲哀天皇이 九州의 여행지에서 죽었을 때에 神功皇后가 비밀히 遺骸를 穴門으로 옮겨 豊浦宮에서 殯을 하면서 행한 无火殯斂이라는 의식을 그와 같이 시체가 썩는 문제를 해결하기 위해 유해를 화열로 건조시켜 보존하기 위한 방식이었을 것으로 보는 설이 있다.

고대 일본의 殯宮儀禮는 후일 大化薄葬令의 發布나 佛敎火葬法이 채용됨에 따라 급격히 쇠퇴하여 「喪主哭泣, 他人就歌舞飮酒」의 모습만이 오늘날 일본의 민속에 남겨져 있고, 그 實例로서 沖繩 **八重山列島의 傳承이 있는데, 그에 따르면 死者의 屍床을 정돈한 후에 門の人(もんのひと(monnohito))라고 하는 哭女가 뜰 앞에서 큰 소리로 세 번을 울었고, 그렇게 하면 그 가족이나 친척도 큰 소리로 통곡했으며, 장례식 때에 墓에 死水를 지참한다든가 殯禮를 끝내고 집으로 돌아갈 때에 가족들이 문 앞에서 손발을 씻는 生水를 물가에서 푸는 것도 門の人의 역할이었다고 한다. 이 외에 현대의 葬禮儀式 때에 밤을 지새우는 것이나 외딴 섬에서의 風葬 및 洗骨의 風習도 殯의 遺習으로 보는 설이 있다.

고대 일본 왕가의 殯禮에는 절차상으로는 중국의 영향이 보이면서도 그 내용에 있어서는 일본적인 특성이 강하다고 한다.

한편 고대 한국의 殯禮에 대한 연구로서 李丙燾 博士는 百濟에서는 武寧王陵의 誌石에 武寧이라고 하는 廟號가 아닌 斯麻라고 하는 생전의

이름이 쓰여져 있는 것을 근거로 당시 百濟의 制度에서는 장례의식이 끝난 후에 ***廟號를 지어 바쳤을 것으로 추측하였다(李丙燾, 「百濟武寧王陵出土誌石에 대하여」 『韓國古代史硏究』 (2001)). 또한 동 박사의 조사에 따르면 中國에서 天子는 死後 7일에 殯하였다가 7월 후에 葬하고 大夫와 士庶人은 사후 3일에 殯하였다가 3월 후에 葬하는 것이 常禮였던 것에 비해, 夫餘에서는 5월을 殯하였고, 高句麗, 百濟에서는 3년을 殯하였다고 한다(李丙燾, 『한국고대사회와 그 문화』 (1973)).(國史大辭典編纂委員會,吉岡眞之, 「もがり殯」『國史大辭典』第十四卷(吉川弘文館, 1994), p.810・小林行雄, 「殯宮」『古墳の話』(岩波書店, 1969), pp.140-141・三品彰英, 「注解[始死停喪十餘日當時不食肉喪主哭泣他人就歌舞飮酒已葬居家詣水中澡浴以如練沐]」 및 「研究論文抄一七九, 和歌森太郎「大化前代の喪葬制について」(『古墳とその時代』(二)所收, 昭和三十三年四月), 五一, 中山太郎「魏志倭人伝の土俗學的考察」(『考古學雜誌』第十二卷第七・九・十二号,大正十一年三月～八月)」『邪馬台國研究總覽』(創元社, 1978), p.109, pp.455-456, pp.238-239・水野祐, 「倭人의葬制(Ⅲ)殯の實態」『評釋魏志倭人傳』(雄山閣, 1987), pp.327-329・薗田香融, 〈系図の意味〉「消えた系図一卷」『「古事記」と「日本書紀」の謎』(學生社, 1998), pp.123-124・和田萃, 「殯の基礎的考察」『史林』52-5(京都大學文學部內史學研究會, 1969), pp.32-90:「思想・文化の導入」『大系日本の歷史❷ | 古墳の時代 | 』(小學館, 1997), pp.362-365:「もがり殯」『日本史大事典』第六卷(平凡社, 1995), p.711・大塚初重, 「土師器・須惠器の編年とその年代」『日本考古學を學ぶ』(有斐閣選書, 1983), p.4・李丙燾, 『한국고대사회와 그 문화』(瑞文文庫, 1973), p.249:「百濟武寧王陵出土誌石에 대하여」『韓國古代史研究』(博英社, 2001), p.560. 外)

* 遊部(あそび(asobibe)의 遊(あそび(asobi))란 죽은 영혼을 동요케 하거나 하는 주변의 악한 혼을 누르기 위하여 음악을 연주하고 가무한 데서 유래한 말이라고 한다.

**能登半島(北陸地方의 중앙 부근에서 日本海 쪽으로 북을 향하여 돌출된 반도로서 거의 전역이 石川縣에 속해 있다)에서는 三升泣, 五升泣이라고 하여 報酬에 따라서 울어주는 풍습도 있다고 한다.

***본래 諡號와 廟號는 서로 다른 것이지만 한국에서는 廟號를 諡號의 의미로 사용한 것으로 알려져 있다.

▣ <주요 용어 일본어 발음>

殯禮:もがり(mogari).禊祓:みそぎはらい(misogiharai).天若日子(=天稚彦):あめのわかひこ(amenowakahiko).下照比賣:したてるひめ(shitateruhime).味耜高彦根:あぢすきたかひ

こね(ajisukitakahikone).帝王日繼:ていおうのひつぎ(teiōnohitsugi).代理誄:だいりしのびごと(dairishinobigoto).門の人:もんのひと(monnohito).无火殯斂:ほなしあがり(honashiagari).

(154)「當時에는 고기를 먹지 않는다(當時不食肉)」는 것은 장례의식 때의 육식금기를 말하는 것으로 보인다.

(155) 擧家. きょか(kyoka). 擧家란 사전적으로 '집안 모두' 혹은 '全家'란 의미이다(新村出編, 『廣辭苑』(岩波書店, 1987), p.631).

(156) 澡浴. そうよく(sōyoku). 澡浴은 단순히 喪期間 동안에 더럽혀진 의복과 몸을 씻는 행위가 아니라 죽음을 악으로 여기고 삶을 선으로 여기는 사상이 깃들어 있는 일종의 禊祓儀禮로 여겨지고 있다. 『古事記』에도 伊邪那岐命이 橘의 小門의 阿波岐源에서 禊祓했다는 기록이 보인다.

일본학계에서는 민속학적으로 沖繩縣 石垣島에서 會葬의 歸途에 潮水에서 몸을 씻고 나서 집으로 돌아가는 풍습이나 會葬者가 歸宅時 집 앞에서 盥에 발을 담그는 풍습, 장례의식 중 집의 현관 입구에 소금을 뿌리는 습관 등을 모두 禊祓을 계승한 것으로 보고 있다.

한편 한국의 李丙燾 博士는 「韓國古代의 井泉信仰」에 관하여 고찰하면서 *W. Robertson Smith라는 학자가 **셈족사회에 있어 神社가 흔히 샘이나 강 가까이에 세워져 있다고 소개한 것에 대하여, 이를 때를 씻는 것과 같은 편의 때문이 아니라 生水의 존재 그 자체가 그 장소에 신성성을 부여한 것으로 보고, 이러한 사실과 『古事記』 『日本書紀』에서 天照大神이나 小戔鳴尊이 神을 낳기 전에 天眞名井에서 씻었다는 기사를 모두 禊祓儀式과 관련짓고 있다(李丙燾, 『韓國古代史硏究』(2001)).

또한 한국학계의 일각에서는 三國史記, 三國遺事에 실려 있는 가락국이나 斯盧國의 시조탄생설화에 禊祓의 풍습이 반영되어 있는 것으로 보기도 한다(尹錫曉, 丁仲煥).(武光誠編, 「そうよく, 澡浴」「れんもく, 練木」『邪馬台國辭典』(同成社,

1986), p.128, p.185 · 三品彰英, 『邪馬台國研究總覽』(創元社, 1978), p.109, pp.238-239 · 井上光貞, 『日本の歴史』1(神話から歴史へ)(中央公論社, 1973), pp.23-40 · 水野祐, 「第二部評釋篇[第十三段]倭國總論(Ⅱ)의 「以如練木」項」『評釋魏志倭人傳』(雄山閣, 1987), pp.307-308 · 李丙燾, 『韓國古代史研究』(博英社, 2001), pp.784-795 · 丁仲煥, 『加羅史硏究』(혜안, 2000), pp.402-415 · 尹錫曉, 『신편가야사』(혜안, 1997), pp.122-123).

* 영국 스코틀랜드 출신의 동양학자이다.
**서울특별시 강동구 명일동 소재 명성교회의 담임 김삼환 목사에 따르면, 셈족은 크리스트교 성경 구약에 노아의 아들로 나오는 셈의 후손으로서 후일 아브라함과 예수 그리스도를 배출한 유다족의 한 지파라고 한다.

■ <주요 용어 일본어 발음>

橘:たちばな(tachibana).小門:をど(odo).阿波岐原:あわきはら(awakihara).禊祓:みそぎはらい(misogiharai).天眞名井:あまのまない(amanomanai).沖縄縣:おきなわけん(okinawaken).石垣島:いしがきじま(ishigakijima).

(157) 練沐. れんぼく(remboku). 中國에서 死後 13개월째가 되는 1週忌의 小祥忌(이에 대해 三周忌를 大祥忌라고 한다)때 입는 喪服을 練이라 하고, 그 祭를 練祭라 하는데, 탈상 후에 이것을 입고 목욕을 하기 때문에 練沐이라 한 것이라 한다. 練은 生絲(絹)를 재의 즙으로 삶아 익혀 부드럽게 만든 백색의 명주옷이라 한다(石原道博編譯,『中國正史日本傳(1)新訂魏志倭人傳他三篇』(岩波書店, 1991), pp.46-47 · 三品彰英, 「注解[始死停喪十餘日當時不食肉喪主哭泣他人就歌舞飮酒已葬居家詣水中澡浴以如練沐]」『邪馬台國研究總覽』(創元社, 1978), p.109).

(158) 이 語句가 百納本, 宮內廳本 등에는 「蟣蝨」으로 되어있고, 紹興本에는 「蟣虱」(右邊의 虱에서 를 씌우고 있는 부분은 실은 ㇏가 아닌 几. 필자 사용 字板의 植字 不在)으로 되어있는데, 본서에서는 선자를 따랐다.

(159) 이 語句가 百納本, 紹興本, 宮內廳本, 中華書局本 등에는 「持衰」, 三國志集解에는 「持哀」로 되어있는데, 본서에서는 전자를 따랐다.

(160) 이 語句가 대부분의 本에는 杼로 되어있으나 劃이 명확치 않은 것도 있고 杼로 되어있는 곳도 있는데, 본서에서는 「杼」를 따랐다.

(161) 이 語句가 諸本에는 「鳥號」로 되어있고 殿本에는 「鳥號」로 되어있는데, 본서에서는 전자를 따랐다.

(162) 이 語句가 百納本, 紹興本, 宮內廳本, 中華書局本 등에는 「獮猴」로 되어있고, 殿本에는 「獮猿」으로 되어있는데, 본서에서는 전자를 따랐다.

(163) 이하 항해 관습에 관한 기술.

(164) 이상의 「不梳頭. 不去蟣蝨, 衣服垢汚, 不食肉, 不近婦人, 如喪人」이라는 것은 모두 항해하는 사람들의 안전을 돕기 위한 持衰의 '禁忌行爲'로 여겨지고 있다.

(165) 持衰. じすい(jisui), じさい(jisai), じせい(jisei). 持衰와 관련해서는 그 語義 및 實體에 대한 논의가 보인다.

우선 전자의 持衰의 어의에 관한 논의들을 살펴보면, 持衰는 일본어로 읽을 때와 한자로 읽을 때에 각기 그 의미가 달라져서, 구체적으로 持衰의 衰는 일본어의 독법에 スイ(sui)(1), サイ(sai)나 セ(se)(2) 등 두 종류의 발음이 있고, 이 중 (1)의 スイ(sui)로 읽을 때에는 衰退하다, 減하다 라는 의미가,(2)의 サイ(sai)나 セ(se)로 읽을 때는 喪服이라는 의미가 된다고 하고(三品彰英,「注解[持衰]」『邪馬台國硏究總覽』(1978)), 衰를 한자의 의미로 읽으면 그것이 衰退한다는 의미로부터 轉訛된 災害의 災와 同意가 된다고 보는 설(1), 喪服(齋衰)이라는 의미가 된다고 보는 설(2) 등이 있는 와중에 衰에 持를 합쳐서 생각할 경우에는 (1)의 설에서는 持衰를 「

災害를 지니고 혹은 災害를 자기 일신에 짊어지고 일행의 희생이 된다」라는 의미로(曾我部靜雄,「魏志倭人伝に見ゆる持衰の意味」『歷史公論』 5-11(1936)),(2)의 설에서는 海路의 平安을 위한 戒行으로서「喪服을 입다」라는 의미로(市村瓚次郎,「魏志倭人伝の解釋-特に生口問題に就いて-」(『史學雜誌』 第41編 第3號(1930.3)) 각각 이해하고 있다.

또한 持衰의 실체에 대해서는 위의 그 語義에 대한 정의들로부터도 짐작할 수 있는 것처럼, 대체로 犧牲者라든가 戒行者 등과 같이 수동적으로 神을 만족시키는 행위를 통해 災害를 免하게 하는 代贖者로 보는 것이 일반적이나, 이 외에도 神을 招致, 感動시켜 적극적으로 災害를 免하게 하는 神部(かんども(kandomo))나 神功皇后와 같은 呪術師 내지 陰陽師的인 存在로 비정하는 설도 있다.

엔닌의『入唐求法巡禮行記』에도 엔닌 일행이 唐의 천태산(오대산) 여행을 위해 항해할 때에 배에 점쟁이가 탔다가 병에 걸려 죽었다는 기록이 나오는데, 그 실체야 어떻든 이 점쟁이의 경우도 持衰와 비슷한 존재로 여겨진다.

프레이저의『황금가지』에 보면 代贖者의 존재가 전 세계적으로 散見되고 있어 인류학적인 측면에서 위의 기사와 비교, 검토해 볼 만한 가치가 있을 것 같다(石原道博 編譯,『中國正史日本傳(1)新訂魏志倭人傳他三篇』(岩波書店, 1991), pp.46-47・肥後和男,「文化の飛躍的發展」『邪馬台國は大和である』(秋田書店, 1971), p.242・水野祐,「第二部評釋篇[評第十七]「持衰」について」『評釋魏志倭人傳』(雄山閣, 1987), pp.341-352・三品彰英,『邪馬台國研究總覽』(創元社, 1978), p.110, pp.288-289, pp.334-336, pp.339-340・大林太郎,「記念講演」『論争邪馬台國』(平凡社, 1980), pp.10-13・井上光貞,『日本の歷史』1(神話から歷史へ)(中央公論社1973), p.224・제임스 조지 프레이저 지음(박규태 옮김),『황금가지』(을유문화사, 2005)).

▣ <주요 용어 일본어 발음>

曾我部靜雄:そがべ/しずお(sogabe/shizuo).市村瓚次郎:いちむら/さんじろう

(ichimura/sanjirō).

(166) 生口. せいこう(seikō). 生口의 실체에 대한 제설을 살펴보면, 이전까지 석기시대에 있었던 日本이 畿內의 銅鐸, 銅鏃이라든가 九州地域의 銅劍, 銅鉾와 같이 대륙의 금속문화를 수용하고 제작하기에 이른 비약적인 역사적 과정에는 무언가 특별한 사정이 있었을 것이라고 하는 견지에서, 倭의 留學生이 中國의 工場으로 들어가서 실무에 복무하며 그곳 工匠의 지도를 받고 기술자로 養育되어 業을 이룬 후에 日本에서 온 일행과 함께 귀국하여 日本에 대륙의 금속문화를 도입하여 이를 비약적으로 발전시킨 사람들로 보는 설(中山平次郎,「魏志倭人傳の生口」『考古學雜誌』18-9(1928):「魏志倭人伝の『生口』に就いて」橋本增吉氏の高敎に答ふ」『考古學雜誌』19-2(1929)), 生口란 본래 전쟁에 의해서 획득한 포로의 의미로 사용되나 위지왜인전의 生口는 女王으로부터의 贈物로서 獻上된 것이므로 捕虜의 의미를 갖지 않음이 명백하지만 그렇다고 해서 유학생의 의미가 있다고 생각되지는 않고, 魏로부터의 答禮賜物이 엄청난 것에 비해 女王이 貢直한 物品이 소량이었던 것으로 미루어 그처럼 엄청난 답례물품을 준 것은 물품과 함께 바친 生口가 中國에 경제적으로 이익이 되는 존재였을 것이기 때문이라는 견지에서, 生口를 魏人이 미치지 못하는 기능을 갖고 있었던 潛水捕魚鰒者였을 것으로 보는 설(橋本增吉,「魏志倭人伝の生口に就いて」『考古學雜誌』19-1(1929):「『魏志』倭人伝の『生口』及び『持衰』の意義に就いて」『考古學雜誌』19-3(1929)), 生口의 口는 인간을 의미하고 生은 熟에 대하여 야만, 미개의 의미라는 견지에서, 노비 혹은 기타 사역에 바치기 위한 미개인으로 보는 설(市村瓚次郎,「魏志倭人傳の解釋-特に生口問題に就いて-」『史學雜誌』41-3(1930)), 자국의 국민을 隣國에 포로로 보냈을 것 같지 않다는 견지에서 九州 南邊의 인민 아니면 魏의 敵國인 吳國의 인민이었을 것으로 보는 설(波多野承五郎,「生口は捕虜」『考古學雜誌』19-5(1929)), 波多野承五郎의 견해를 지지하는 입장에서 生口를 九州 南部의 國民 내지 蝦夷로 보는 설(沼田頼輔,「生口に就いて」『考古學雜誌』19-7(1929)), 生口

중에는 漢人도 있기 때문에 生口의 공급지를 蠻夷戎狄이라든가 적국 등에 한정할 필요는 없고 史書의 用例上 漢人을 포함한 제 종족의 포로로서 奴婢나 役夫 혹은 潛水業務에 사용된 사람이었을 것으로 보는 설(橋本增吉,「生口問題の再考察」(『史學雜誌』 第四十一編第五号(1930.5)), 단순한 전쟁포로로 보는 설(森浩一, 「正確な『三國志』の描寫」『倭人伝の世界-わたしの古代學-』(1989)) 등을 비롯한 제 설이 있다(國史大辭典編纂委員會編, 「せいこう,生口」『國史大辭典』第八卷(吉川弘文館, 1987), p.208・石原道博編譯, 『中國正史日本傳(1)新訂魏志倭人傳他三篇』(岩波書店, 1991), pp.46-47・佐伯有淸, 『硏究史邪馬台國』(吉川弘文館, 1975), pp.198-208・水野祐, 「第二部評釋篇[第二十三段]倭魏涉外關係史(Ⅰ)-景初二年의 男生口四人, 女生口六人」『評釋魏志倭人傳』(雄山閣, 1987), p.490・三品彰英, 『邪馬台國硏究總覽』(創元社, 1978), pp.111-112, pp.281-284, p.287, pp.288-290・武光誠編,「せいこう, 生口」『邪馬台國辭典』(同成社, 1986), pp.125-126・森浩一, 「正確な『三國志』の描寫」『倭人伝の世界-わたしの古代學-』(小學館, 1989), p.18・汪向榮・夏應元編, 「二≪三國志・魏志・倭人傳≫」『中日關係資料彙篇』(中華書局, 1984), p.3).

▣ <주요 용어 일본어 발음>

波多野承五郎:はたの/しょうごろう(hatano/shōgorō).

(167)「그 一行이 바다를 건너 中國에 이를 때에는, 恒常 한 사람으로 하여금, 머리에 빗질을 하지 않게 하고, 서캐와 이를 떨어버리지 않게 하고, 의복에 때가 끼게 하고, 고기를 먹지 않게 하고, 부인을 가까이 하지 않게 하여, 마치 喪을 당한 사람과 같이 하게 하는데, 그것을 이름 하여 持衰라 한다. 만약 航海가 吉善하면, 서로 (中國으로부터 받은) 그 生口와 財物을 (持衰에게) 雇用하고(=돌보아 주고), 만약 疾病이 생기거나, 暴害를 당하면, 곧 그를 죽이려 하는데, 그것을 持衰不謹이라 한다(其行來渡海詣中國, 恆使一人, 不梳頭. 不去蟣蝨, 衣服垢汚, 不食肉, 不近婦人, 如喪人. 名之爲持衰. 若行者吉善, 共顧其生口財物, 若有疾病, 遭暴害, 便欲殺之, 謂其持衰不謹)」라는 文章 중에서는「其行來渡海詣中國」이라는 句節 및「若行者吉善, 共顧其生口財物)」라는 구절 등에 대한 해석을 둘러싼 논의들이 보인다.

우선「其行來渡海詣中國」이라는 구절에 대해서는, 이 중 行을「一行」이라는 뜻으로 보고, 그 의미를「그 일행이 바다를 건너 中國에 이를 때에는」이라는 뜻으로 해석하는 견해, 行來를 往來한다는 하나의 熟語로 보고, 그 의미를「왜인이 바다를 건너 中國을 왕래함에 있어」로 해석하는 견해 등이 있다.

또한「若行者吉善, 共顧其生口財物」이라는 구절에 대해서는 이를「만약 航海가 吉善하면, 서로 (中國으로부터 받은) 그 生口와 財物을 (持衰에게) 雇用한다(=돌보아 준다)」는 의미로 해석하는 견해,「만약 一行이 航海가 吉善할 때에는, 모두가 함께 (中國으로 보내는) 그 生口라든가 財物을 돌아보고 (이것에 의해 얻게 될 이익을 기뻐한다)」는 의미로 해석하는 견해,「(만약 航海가 吉善할 때에는), 함께 그 生口에게 財物을 돌보아 준다」는 의미로 해석하는 견해 등이 있다.

본서에서는 위의 두 문장 중 첫 번째 것에 대해서는「그 일행이 바다를 건너 中國에 이를 때에는」으로 해석한 견해를 따랐고, 두 번째 것에 대해서는「만약 航海가 吉善하면, 서로 (中國으로부터 받은) 그 生口와 財物을 (持衰에게) 雇用한다」로 해석한 견해를 따랐다(三品彰英,『邪馬台國研究總覽』(創元社, 1978), pp.17-19,pp.283-285,pp.290-292・水野祐,「第二部評釋篇[第二十三段] 倭魏涉外關係史(Ⅰ)-景初二年의 男生口四人, 女生口六人」『評釋魏志倭人傳』(雄山閣, 1987), p.490・武光誠編,「せいこう, 生口」『邪馬台國辭典』(同成社, 1986), pp.125-126・佐伯有清,『研究史邪馬台國』(吉川弘文館, 1975), pp.198-208).

(168) 이하 특산물에 관한 기술.

(169) 眞珠. しんじゅ(shinju). 眞珠란 일반적으로는 海水産의 대합이나 바지락과 같은 *雙殼類 조개에서 貝 속에 異物이 들어갔을 때에 貝의 分泌物이 그 異物을 감쌈으로써 생기는 구슬로 영어의 pearl을 가리키며, 珊瑚에서 생산되는 赤珠에 대하여, 白珠로도 불리운다고 한다.

日本의 眞珠조개로는 阿古屋貝, 黑蝶貝, 白蝶貝 등이 있고, 日本에서는 白珠라 하면 이 중 阿古屋貝를 가리킨다고 하나, 위의 眞珠의 실체에 대해서는 中國에서 pearl을 眞珠로 표기한 것은 남북조 이후라는 견지에서 그것을 **『說文』 ***『大戴禮』 등에 나오는 蚌이나 烏貝에서 産出되는 白珠일 것으로 보는 설, 弥生時代 末期부터 古墳時代에 걸쳐서는 施朱의 習俗이 성행하였다는 사실을 근거로 眞珠와 관계가 없는 眞朱로 보는 설 등이 있다.

古代 日本의 眞珠에 관한 기록은 위의 것 외에 『古事記』『日本書紀』등에도 등장하고 있으며 現存 最古의 實物은 東大寺 三月堂 不空羂索觀音像의 白毫 및 寶冠에 사용된 것이라고 한다.

日本에서 고고학 조사를 통해 眞珠가 출토된 예는 극히 드물다고 한다(下中邦彦編集兼發行, 「しんじゅ眞珠」『世界大百科事典』16(平凡社,1972), pp.121-123・下中邦彦編集兼發行, 「しんじゅ眞珠」『國民百科事典』7(平凡社, 1977), p.307・武光誠編, 「しんじゅ, 眞珠」「はくじゅ, 白珠」『邪馬台國辭典』(同成社, 1986), pp.118-119, p.157・三品彰英, 「註解「眞珠鉛丹各五十斤」「貢白珠五千孔靑大句珠二枚異文雜錦二十匹」『邪馬台國硏究總覽』(創元社, 1978), p.141, p.149・水野祐, 「評第十八「珍珠」について」『評釋魏志倭人傳』(雄山閣, 1987), pp.357-358, pp.363-364・홍재상, 『한국의 갯벌』(대원사, 2005), p.69・브리태니커세계대백과사전. 外).

* 이와 같이 두 개의 조가비를 가진 조개류를 다른 말로 二枚貝類라고도 한다.
**說文解字를 말하며 後漢의 許愼이 기원 100년 무렵에 撰한 중국 현존 최고의 字書이다.
***전한시대 戴德이 撰한 經書로서 漢代 以前 여러 유학자들의 禮說을 集成한 책이다. 총 85편이나 현존하는 것은 39편이다.

(170) 靑玉. せいぎょく(seikyoku). 玉은 아름다운 광택이 있는 구슬모양의 천연물질을 가리키는 경우와 일정한 재료로 만든 장신구를 가리키는 경우가 있으며, 이 중 천연물질로서의 玉에는 鑛物成分으로 만들어진 것과 動物性分으로 만들어진 것이 있고, 대개 광물성의 것을 玉, 動物性의 것을 珠로 부르지만, 그러한 규칙이 반드시 엄밀히 지켜지는 것은 아니라고 한다. 또한 裝身具로서의 玉은 천연물질을 깍거나 갈아서 혹은 구멍을 뚫

어 만드는 것을 말하는데, 이 중 고대에 가장 보편적으로 사용된 것으로 여겨지는, 구멍을 뚫어 만들고 명칭을 붙이는 장신구로서의 玉 중 주요한 것으로 다음과 같은 것들이 있다.

우선 勾玉이라는 것이 있는데, 이는 C字形 내지 コ字形으로 彎曲되어진 형태의 一端에 표면으로 통하는 구멍을 뚫은 옥을 가리키는 용어라고 한다. 勾玉은 그 원류를 繩文時代에서 찾을 수 있고, 弥生時代에 이르러 정형화된다고 한다. 勾玉은 다른 말로 曲玉이라고도 한다.

두 번째로 管玉이라는 것이 있는데, 이것은 가느다란 圓棒狀으로 中軸을 따라 구멍을 뚫은 옥을 가리키는 용어라고 한다. 『萬葉集』에 竹玉에 관한 기술이 나오는데 이것을 管玉으로 보는 견해가 있다고 한다.

세 번째로 丸玉이라는 것이 있는데, 이는 球形 내지 扁球形을 띠며 短軸을 따라 구멍을 뚫어 놓은 구슬을 가리키는 용어라고 한다. 다만 丸玉 중에서도 두 방향에서 구멍을 뚫어 十字形 또는 T字形이 섞여있는 형태를 지닌 것은 辻玉으로 細分하는 경우도 있는데, 이는 念珠 등과 같이 끈의 交點에 사용되어지는 것을 가리키는 용어라고 한다. 또한 丸玉 중 小形의 것을 小玉이라 하는데, 이는 편의적인 명칭으로서, 直徑이 어느 정도 이하의 것을 가리킨다고 하는 뚜렷한 구별 기준은 없다고 한다.

네 번째로 棗玉라는 것이 있는데, 이는 丸玉보다 긴 球形의 구슬로 長軸을 따라 구멍이 뚫려 있다고 한다.

다섯 번째로 平玉이라는 것이 있는데, 이것은 扁平한 橢圓形을 띠며 長軸을 따라 구멍이 뚫려 있는 것으로서 棗玉을 扁平하게 만든 것이라 한다.

여섯 번째로 切子玉이라는 것이 있는데, 이것은 多面體로 硏磨되어진 玉으로 2개의 截頭角錐體를 바닥면에 합친 형태로 만들어져 算盤玉이라고도 하며, 그 구멍은 모두 中軸을 따라 뚫려 있다고 한다.

이 외에 丸玉의 측면에 세로로 홈이 패여져 있는 것을 蜜柑玉, 棗玉의 측면에 세로로 홈이 패여져 있는 것을 山梔玉이라 한다고 한다.

이상이 고대에 보편적으로 사용된 것으로 여겨지는, 구멍을 뚫는 형태에 따라 붙여진, 玉의 장신구들이며, 고대에 사용된 장신구로서의 玉에는 드물지만 위와 같이 구멍을 뚫는 형태에 따라 이름을 붙이는 것 외에도 특수 제작기법에 따라서 이름을 붙인 것으로서 琉璃製 丸玉의 측면을 비틀어 花形으로 加工해 놓은 捩玉이라든가, 2종 이상의 색유리를 이용하여 표면에 문양을 베푼 丸玉이나 棗玉을 가리키는 蜻蛉玉이라는 것도 있다고 한다.

위의 青玉의 실체에 대해서는 그것을 翡翠나 碧玉으로 보는 설, 青瑪瑙乃至 青大句珠로 보는 설, 全鰒에서 採取한 구슬로 보는 설 등이 있다(下中邦彦編集兼發行, 「ぎょく玉」『國民百科事典』4(平凡社, 1977), p.230 · 水野祐, 「評第十八「珍珠」について」『評釋魏志倭人傳』(雄山閣, 1987), pp.358-364 · 三品彰英, 『邪馬台國硏究總覽』(創元社, 1978), pp.112-113, pp.148-149 · 武光誠編, 「せいぎょく, 青玉」『邪馬台國辭典』(同成社, 1986), p.125 · 岩崎卓也, 『古墳時代の知識』(東京美術, 1985), pp.108-110 · 永留久惠, 『古代史の鍵 · 對馬』(大和書房, 1994), pp.74-75 · 브리태니커세계대백과사전. 外).

<주요 용어 일본어 발음>

勾玉:まがたま(magatama).管玉:くだたま(kudatama).丸玉:まるだま(marudama).辻玉:つじだま(tsujidama).小玉:こだま(kodama).棗玉:なつめだま(natsumedama).平玉:ひらだま(hiradama).切子玉:きりこだま(kirikodama).算盤玉:そろばんだま(sorobandama).蜜柑玉:みかんだま(mikandama).山梔玉:くらなしだま(kuranashidama).刺玉:さしだま(sashidama).捩玉:ねじりだま(nejiridama).蜻蛉玉:とんぼだま(tombodama).

(171) 柟. たん(tan). 柟에 대해서는, 그것을 枏과 同字로 보고『說文』通訓定聲의「枏字亦作楠」이라는 구절에 근거하여 楠(녹나무)을 가리키는 것으로 보는 설, 梅(매화나무)를 가리키는 것으로 보는 설, 交譲木(굴거리 나무)을 가리키는 것으로 보는 설 등이 있는데, 이 중 楠은 樟腦木 내지 樟樹라고도 하므로 만약 뒤 (173) 항의 豫樟이 후술하는 대로 樟腦木 내지 樟樹를 가리키는 것이라면, 柟에 대해서는 梅 내지 交譲木 설을 취해야 할 것이다(武光

誠編, 「だん, 柟」『邪馬台國辭典』(同成社, 1986), p.139 · 水野祐, 「[第十五段]倭國總論(Ⅳ)條의 「其木有柟」項」『評釋魏志倭人傳』(雄山閣, 1987), p.355 · 三品彰英, 「注解[出眞珠青玉其山有丹其木有柟杼豫樟楺櫪投橿烏號楓香其竹篠簳桃支有薑橘椒蘘荷不知以爲滋味有獮猴黑雉]」『邪馬台國硏究總覽』(創元社, 1978), pp.112-113. 外).

(172) 杼. ちょ(cho), つるばみ(tsurubami), くぬぎ(kunugi). 櫟 혹은 櫪으로도 쓴다. 상수리나무를 말한다. 영어명칭은 evergreen oak tree, 學名은 Quercus dentata. 참나무과(Fagaceae)에 속하는 낙엽교목으로 키는 20m까지 자라고, 지름은 70㎝에 이르며, 그 열매인 도토리는 10월에 갈색을 띠고 지름이 2㎝ 정도까지 자란다고 한다. 도토리는 상수리나무 외에 졸참나무와 떡갈나무 등에도 열린다.

일본의 상수리나무는 岩手～九州의 山野에 자생하며, 그 열매인 도토리는 다른 지역의 그것에 비해 큰 편이라 한다. 일본의 상수리나무는 弥生時代에는 목재농구의 재료로서 사용되었고, 현대에는 표고버섯재배용 및 薪炭用材 등으로 쓰이되 그 중에서도 특히 薪炭用材로 쓰이는 경우가 많다고 한다(下中邦彦編集兼發行,「くぬぎクヌギ, 櫟」『國民百科事典』4(平凡社, 1977), p.393 · 武光誠編, 「クヌギ, 櫪」『邪馬台國辭典』(同成社, 1986), p.185 · 水野祐, 「[第十五段]倭國總論(Ⅳ)條의 「杼」項」『評釋魏志倭人傳』(雄山閣, 1987), pp.355-356 · 三品彰英, 「注解[出眞珠青玉其山有丹其木有柟杼豫樟楺櫪投橿烏號楓香其竹篠簳桃支有薑橘椒蘘荷不知以爲滋味有獮猴黑雉]」『邪馬台國硏究總覽』(創元社, 1978), pp.112-113 · 브리태니커세계대백과사전. 外).

(173) 豫樟. よしょう(yoshō). 豫州의 樟木(녹나무)이라는 뜻이다. 豫樟은, 豫州가 禹貢이 설치한 九州에 포함되는 湖北省, 山東省 一部 및 河南省 全部를 아우른 지역이라는 사실로부터, 中國에서 도입된 樹種일 것으로 추측되고 있다. 녹나무는 녹나무(Cinnamomum campbora) 녹나무과(Lauraceae)에 속하는 상록활엽교목으로 영어명칭은 camphor tree, 學名은 Cinnamomum camphora Sieb이다.

日本에서 樟木은 關東에서 九州 사이의 溫地에 나고, 문헌상으로는『古

事記』『日本書紀』에 배를 만드는 材料로 나타나며, 용도에 있어 고고학적으로 弥生時代에는 절구(臼)나 發火器의 材料로, 古墳時代에는 배의 材料로 각각 나타난다고 한다(下中邦彦 編集兼發行, 「くすのき ,クスノキ, 樟」『國民百科事典』4(平凡社, 1977), p.375 · 坂本太郎 · 家永三郎 · 井上光貞 · 大野晋校注, 「卷第一神代上第八段」『日本書紀』1(岩波文庫, 1997), pp.100-101 · 三品彰英, 「注解[出眞珠靑玉其山有丹其木有柟杼豫樟楺櫪投橿烏號楓香其竹篠簳桃支有薑橘椒蘘荷不知以爲滋味有獮猴黑雉]」『邪馬台國硏究總覽』(創元社, 1978), pp.112-113 · 武光誠編, 「よしょう, 豫樟」『邪馬台國辭典』(同成社, 1986), p.182. 外).

(174) 楺. ゆう(yū), じゅう(jū). 楺에 대해서는 *『廣韻』을 비롯한 관련서적들에는 그 명칭이 나와 있지 않아 이를 字形이 비슷한 楙, 즉 薔薇果의 落葉低木인 모과를 잘못 혼동한 것으로 보는 견해가 있다(武光誠編, 「じゅう, 楺」『邪馬台國辭典』(同成社, 1986), p.110 · 水野祐, 「[第十五段]倭國總論(Ⅳ)條의 「楺」項」『評釋魏志倭人傳』(雄山閣, 1987), p.355 · 三品彰英, 「注解[出眞珠靑玉其山有丹其木有柟杼豫樟楺櫪投橿烏號楓香其竹篠簳桃支有薑橘椒蘘荷不知以爲滋味有獮猴黑雉]」『邪馬台國硏究總覽』(創元社, 1978), pp.112-113. 外).

* 廣韻. 北宋의 陳彭年, 邱雍 등이 大中 祥符 元(1008)년에 지은 勅撰 韻書. 정식 명칭은 『大宋重修廣韻』.

(175) 櫪. れき(reki), 앞의 (172) 참조).

(176) 投. とう(tō). 投에 대해서는 字形의 近似性 및 静岡縣 登呂遺跡에서 발견된 木器가 田船, 田下駄 등을 비롯하여 90%가 杉나무 재료로 되어 있는 사실 등으로부터 柀(=披) 즉 杉나무의 잘못으로 보는 설이 있는가 하면, 소나무(松)의 잘못으로 보는 설도 있다(石原道博 編譯, 『中國正史日本傳(1) 新訂魏志倭人傳他三篇』(岩波書店, 1991), p.47 · 水野祐, 「[第十五段]倭國總論(Ⅳ)條의 「投」項」『評釋魏志倭人傳』(雄山閣, 1987), p.356 · 三品彰英, 「注解[出眞珠靑玉其山有丹其木有柟杼豫樟楺櫪投橿烏號楓香其竹篠簳桃支有薑橘椒蘘荷不知以爲滋味有獮猴黑雉]」『邪馬台國硏究總覽』(創元社, 1978), pp.112-113 · 汪向榮 · 夏應元編, 「二≪三國志 · 魏志 · 倭人傳≫」『中日關係資料彙篇』(中華書局, 1984), p.16. 外).

(177) 櫃. きょう(kyō), かし(kashi). 櫃에 대해서는 떡갈나무나 북가시나무 혹은 감탕나무 설 등이 있는데, 본서에서는 북가시나무 설을 취하기로 한다. 북가시나무의 영어명칭은 a Japanese evergreen oak, 學名은 Cyclobalanopsis acuta이며, 참나무과(Fagaceae) 참나무속(Quercus)에 속하는 상록교목으로 일본에서는 서남지역 난대림의 중심을 이루는 식물이며, 일부 동북지방의 남부에도 서식한다고 한다.

日本의 북가시나무는 弥生時代에는 고고학상 가래나 쟁기의 자루를 만드는 재료로 나타난다고 한다(下中邦彦編集兼發行,「かしカシ, 樫」『國民百科事典』3(平凡社, 1976), p.177・水野祐,「[第十五段]倭國總論(Ⅳ)條의「櫃」項」『評釋魏志倭人傳』(雄山閣, 1987), p.356・三品彰英,「注解[出眞珠青玉其山有丹其木有柟杼豫樟楺櫪投櫃烏號楓香其竹篠簳桃支有薑橘椒蘘荷不知以爲滋味有獮猴黑雉]」『邪馬台國研究總覽』(創元社, 1978), pp.112-113・武光誠編,「きょう櫃」『邪馬台國辭典』(同成社, 1986), p.71・브리태니커세계대백과사전. 外).

(178) 烏號. うごう(ugō). 烏號는 본래 中國의 始祖 黃帝가 사용했다는 활의 이름이나 여기에서는 문맥상 烏號와 모양이 비슷한 倭弓의 재료가 되는 뽕나무를 가리키는 것으로 여겨지고 있다.

잎에서 비단실을 뽑아내는 것으로 널리 알려진 뽕나무(Morus alba)는, 뽕나무과(Moraceae)에 속하는 낙엽활엽교목으로 영어명칭은 White Mulberry이고, 學名은 Morus bombycis이다. 일본에는 山桑, 白桑, 魯桑 등을 비롯한 100종 이상이 서식하며, 위의 烏號는 이 중 山桑의 한 종류로 알려져 있다. 日本의 山桑(산뽕나무)는 弥生時代에는 활의 재료로써 뿐 아니라 高杯의 재료로서도 사용되었다고 한다.

日本에는 뽕나무와 관련하여 벼락을 피할 때에 사용하는 くわばら(kuwabara), くわばら(kuwabara)라는 액막이 전승을 비롯한 수많은 呪文傳承이 있다고 한다(下中邦彦 編集兼發行,「くわ,クワ,桑」『國民百科事典』4(平凡社, 1977), p.472・下中邦彦編集兼發行,「くわ[桑]Morus, bombycis」『世界大百科事典』8(平凡社, 1972), pp.574-575・水野祐,「[第十五段]倭國總論(Ⅳ)條의「烏号」項」『評釋魏志倭人傳』(雄山閣, 1987), p.356・三品彰英,「注解[出眞珠青玉其山有丹其木有柟杼豫樟楺櫪投櫃烏號楓香其竹篠簳桃支有

薑橘椒蘘荷不知以爲滋味有獮猴黑雉]」『邪馬台國硏究總覽』(創元社, 1978), pp.112-113・汪向榮・夏應元編,「二≪三國志・魏志・倭人傳≫」『中日關係資料彙篇』(中華書局, 1984), p.16. 外).

■ <주요 용어 일본어 발음>

山桑:やまぐわ(yamaguwa).白桑:からやまぐわ(karayamaguwa).魯桑:ろぐわ(roguwa).

(179) 楓香. ふうこう(fūkō), かえで(kaede). 楓香에 대해서는 이를 단풍나무로 보는 설과 침나무(梫 혹은 桂)로 보는 설이 있는데, 본서에서는 단풍나무설을 따랐다.

단풍나무는 단풍나무과(Aceraceae)에 속하는 낙엽교목으로 영어명칭은 Japanese Maple이고, 學名은 Acer Palmatum이다. 단풍나무는 잎이 붉은 홍단풍, 잎이 푸른 청단풍, 가지가 아래로 처지는 수양단풍 등이 주종을 이루며, 서식조건으로서는 반그늘 또는 그늘지고 물기가 많은 땅에서 잘 자라고, 추위에도 잘 견디지만, 공해가 심한 곳이나 바닷가에서는 잘 자라지 못한다고 한다.

日本에는 총 26종의 단풍나무속이 있다고 하는데, 日本의 단풍나무와 관련된 한 가지 흥미로운 사실로, 日本의 8세기 문헌인 『萬葉集』까지는 단풍을 中華思想의 영향에 따라 「黃葉」으로 표기했으나 國風文化가 형성되는 9세기 이후부터는 일본 고유의 정서가 표출된 「紅葉」 이라는 말이 쓰였다고 한다(下中邦彦編集兼發行, 「かえで, カエデ, 楓」『國民百科事典』3(平凡社, 1976), pp.79-80・武光誠編,「ふうこう, 楓香」『邪馬台國辭典』(同成社, 1986), p.168・三品彰英,「注解[出眞珠靑玉其山有丹其木有柟杼豫樟楺櫪投橿烏號楓香其竹篠簳桃支有薑橘椒蘘荷不知以爲滋味有獮猴黑雉]」『邪馬台國硏究總覽』(創元社, 1978), pp.112-113・水野祐,「[第十五段]倭國總論(Ⅳ)의「楓香」項」『評釋魏志倭人傳』(雄山閣, 1987), p.356・조명철・김보한・김문자・이재석 지음, 「일본적 특성이 보이기 시작한 교토시내의 국풍문화는 어떤 것인가」 『일본인의 선택』(다른세상, 2002), pp.90-92・브리태니커세계대백과사전. 外).

(180) 篠. じょう(jō), ささ(sasa), しのだけ(shinodake). 벼과(Poaceae)에 속하는

상록성관목인 조릿대를 말한다. 영어명칭은 bamboo grass이고, 學名은 Sasa borealis이다. 모양이 가늘고 작으며 대나무의 일종으로 소나무와 함께 松竹으로도 불리운다고 한다.

『日本書紀』 등의 日本神話에는 黃泉國를 방문한 伊奘若尊이 伊奘冉尊과의 약속을 깨고 도망쳐 돌아올 때에 머리에 꽂은 빗을 던지자 그것이 筍이 되었고, 이에 뒤를 쫓아오던 黃泉國의 志許賣(容貌가 醜한 여자 鬼神)들이 그것을 먹는 사이 伊奘若尊가 도망쳤다는 古事가 있는 등 대나무는 고대에 귀신을 피하는 呪具로 알려져 있으며, 이는 대나무의 내부가 비어 있어 그 안에 신령이 깃든다고 믿었기 때문에 생겨난 전승이라고 한다. 『萬葉集』 卷十六의 竹取物語 및 『延喜式』 등에도 대나무에 관한 전승이 있다고 한다.

日本에서 조릿대는 弥生時代에는 주로 그 줄기가 화살이나 籠(바구니), 笊(조리) 등을 만드는 재료로 사용되어졌다고 한다(下中邦彦編集兼發行, 「たけ[竹]」『世界大百科事典』19(平凡社, 1972), pp.307-308・下中邦彦編集兼發行, 「たけタケ, 竹」『國民百科事典』8(平凡社, 1977), pp.503-504・水野祐, 「[第十五段]倭國總論(Ⅳ)條의 「其竹篠簳桃支」項」『評釋魏志倭人傳』(雄山閣, 1987), p.356・三品彰英, 「注解[出眞珠青玉其山有丹其木有柟杼豫樟楺櫪投橿烏號楓香其竹篠簳桃支有薑橘椒蘘荷不知以爲滋味有獼猴黑雉]」『邪馬台國研究總覽』(創元社, 1978), pp.112-113・武光誠編, 「篠」『邪馬台國辭典』(同成社, 1986), p.113・브리태니커세계대백과사전. 外).

■ <주요 용어 일본어 발음>

黃泉國:よもつくに(yomotsukuni).伊奘若尊:いざなぎのみこと(izanaginomikoto).伊奘冉尊:いざなみのみこと(izanaminomikoto).志許賣:しこめ(shikome).

(181) 簳. やだけ(yadake). 小竹 혹은 箭竹을 말하며, 영어명칭은 Arrow bamboo이고, 學名은 Pseudosasa japonica이다. 日本에서는 山地에 널리 분포하며, 弥生時代의 用度에 관한 정보는 보이지 않으나 箭竹이라는 別名

이 있는 것으로 미루어 과거 화살의 재료로 널리 사용되었던 것 같다.

現代 日本에서 小竹 혹은 箭竹은 정원관상용으로 사용되고 있다고 한다(下中邦彦編集兼發行, 「やだけ, Pseudosasa, japonica」『世界大百科事典』30(平凡社, 1972), p.420・下中邦彦編集兼發行, 「たけ,タケ,竹」『國民百科事典』8(平凡社, 1977), pp.503-504・水野祐, 「[第十五段]倭國總論(Ⅳ)條의 「其竹篠簳桃支」項」『評釋魏志倭人傳』(雄山閣, 1987), p.356・三品彰英, 「注解[出眞珠靑玉其山有丹其木有柟杼豫樟楺櫪投橿烏號楓香其竹篠簳桃支有薑橘椒蘘荷不知以爲滋味有獼猴黑雉]」『邪馬台國硏究總覽』(創元社, 1978), pp.112-113・브리태니커세계대백과사전. 外).

(182) 桃支. とうし(tōshi), とうき(tōki). 籐나무를 말한다. 籐나무의 영어명칭은 Japanese wisteria이고, 學名은 Wisteria floribunda이다.

籐나무는 대나무와 비슷한 蔓生의 식물로서 아시아의 열대지역에서부터 오스트레일리아 북부에 걸쳐 자생하나 古代 日本에는 존재하지 않았으므로 위의 기록은 잘못된 것이라 한다. 다만 우리나라 9세기 무렵의 일이기는 하나, 동남아의 자바나 수마트라에서 생산되는 栴檀木을 신라 승려 朗慧無染이 聖住寺 내의 9間이나 되는 큰 건물을 짓는데 사용하였던 사실로부터 유추해 볼 때, 어쩌면 魏志倭人傳 곳곳에 南方文化의 香臭가 많은 3세기 倭의 경우도 당시 해외교류를 통해 남방지역의 籐나무를 수입, 사용하고 있었던 것을 魏의 使者가 實見하고 倭의 樹種으로 오인하여 보고했던 것인데 魏志 編者가 그것을 그대로 수용했을 가능성이 있을지 모르겠다(武光誠編, 「桃支」『邪馬台國辭典』(同成社, 1986), p.149・水野祐, [第十五段]倭國總論(Ⅳ)條의 「桃支」項」『評釋魏志倭人傳』(雄山閣, 1987), p.356・三品彰英, 「注解[出眞珠靑玉其山有丹其木有柟杼豫樟楺櫪投橿烏號楓香其竹篠簳桃支有薑橘椒蘘荷不知以爲滋味有獼猴黑雉]」『邪馬台國硏究總覽』(創元社, 1978), pp.112-113・曺凡煥, 『新羅禪宗硏究-朗慧無染과 聖主山門을 중심으로-』(一潮閣, 2001), pp.143-144. 外).

(183) 薑. しょうが(shōga), はじかみ(hajikami). 生薑을 가리키며, 영어명칭은 ginger이고, 學名은 Zingiber officinale이다. 생강은 생강과(Zingiberaceae)에 속하는 다년생초로서 일반적으로 아시아 남동부가 원산지로

추정되고 있다.

생강은 뿌리와 줄기가 향기롭고 톡 쏘는 맛이 있어 주로 음식의 양념에 쓰이고 향료나 약품 등으로도 사용된다고 한다. 또한 그 속명인 징기베르(Zingiber)는 그리스어 징기베리스(Zingiberis)에서 유래했고, 징기베리스라는 명칭은 산스크리트 향신료 이름인 'singabera' 라는 말에서 유래되었다고 한다.

日本에서 生薑은 弥生時代의 用度에 대해서는 정보가 보이지 않으나, 주로 平安時代부터 栽培가 시작되어 그 용도는 塊莖이나 幼芽가 生食 내지 *漬物의 材料 혹은 香味料 등으로 쓰였고, 현재는 주로 소스나 청량음료의 原料, 菓子用, 醫藥用 등으로 쓰인다고 한다(下中邦彦編集兼發行,「しょうが サョウガ, 生姜」『國民百科事典』7(平凡社, 1977), pp.70-71・下中邦彦 編集兼發行,「みょうが ミョウガ, 茗荷, 蘘荷」『國民百科事典』13(平凡社, 1978), p.233・三品彰英,「注解[出眞珠靑玉其山有丹其木有柟杼豫樟楺櫪投橿烏號楓香其竹篠簳桃支有薑橘椒蘘荷不知以爲滋味有獮猴黑雉]」『邪馬台國硏究總覽』(創元社, 1978), pp.112-113. 外).

* 漬物. つけもの(tsukemono). 주로 野菜를 소금, 쌀겨, 된장, 麴, 醬油, 酢 등에 절인 것을 말한다.

(184) 橘. たちばな(tachibana). 柑橘類 혹은 蜜柑類(운향과(Rutaceae)에 속하는 橘屬(Citrus)・금감속(Fortunella)・탱자나무속(Poncirus) 등의 총칭)의 한 종류이며, 영어명칭은 mandarin orange이고, 學名은 Citrus unshiu Marcvich이다.

*『書經』과 『古事記』에도 橘의 이름이 보이고,『日本書紀』에는 垂仁天皇 90년조에 垂仁天皇이 新羅로부터 渡來한 天日槍의 後孫이자 三宅連의 始祖인 田道間守에게 命하여 常世國에 가서 橘을 구해오라 명하자 田道間守는 10년이 걸려 天皇이 죽은 이듬해에야 그것을 구해 돌아왔다는 기록이, **『肥後國誌』에는 神功皇后가 三韓征伐의 歸途에 蜜柑을 갖고 돌아와 紀州의 熊本縣 八代 付近에 심었다는 기록이 각각 보인다.

古代 日本에서는 黃色의 果實인 橘을 상록의 잎과 더불어 태양의 혜택을 나타내는 것이자 꿈에 그리는 永遠의 나라인 常世國의 상징으로 여기

는 사상이 있었다는 견해가 있다.

日本의 橘産地는 薩摩地方(鹿兒島縣 西部)의 山中 및 紀伊半島 以西의 태평양 연안인 것으로 알려져 있다(下中邦彦編集兼發行, 「たちばなタチバナ, 橘」『國民百科事典』8(平凡社, 1977), p.525 · 坂本太郎 · 家永三郎 · 井上光貞 · 大野晋校注, 「巻第6垂仁天皇」『日本書紀』二(岩波文庫, 1996), pp.56-57 · 水野祐, [第十五段]倭國總論(Ⅳ)條의 「有薑.橘.椒.蘘荷」項」『評釋魏志倭人傳』(雄山閣, 1987), p.356 · 브리태니커세계대백과사전. 外).

* 書經. 일명 尙書라고도 하는 中國 最古의 歷史書로서 그 내용은 堯舜에서 夏, 殷, 周 3代 帝王의 언행록을 정리한 演說集이되 일부 春秋時代 諸侯 및 秦穆公 등의 言行錄도 포함되어 있다.

**肥後國誌. ひごこくし(higokokushi). 明和 九(安永 元(1772))年에 森本一瑞(もりもと/いちずい(morimoto/ichizui))가 저술한 肥後國(현 熊本縣)의 地誌.

▣ <주요 용어 일본어 발음>

田道間守:たじま/もり(tajima/mori).

(185) 椒. しょう(shō), さんしょう(sanshō), はじかみ(hajikami). 山椒나무를 말하며, 영어명칭은 Japanese pepper, 學名은 Zantboxylum scbinifolium이다. 日本의 山椒나무는 北海道 남부에서 九州사이의 山地에 나는 밀감과의 落葉低木으로서 人家에서도 잘 자란다고 한다.

문헌상 일본의 산초나무와 관련된 기록이 『日本書紀』 巻 第3 神武天皇 戊午年 12月條에 보인다(下中邦彦編集兼發行, 「さんしょう,サンショウ,山椒」『國民百科事典』6(平凡社, 1977), pp.192-193 · 三品彰英, 「注解[出眞珠青玉其山有丹其木有柟杼豫樟楺櫪投橿烏號楓香其竹篠簳桃支有薑橘椒蘘荷不知以爲滋味有獮猴黑雉]」『邪馬台國硏究總覽』(創元社, 1978), pp.112-113 · 브리태니커세계대백과사전. 外).

(186) 蘘荷. じょうか(jōka). 茗荷(みょうが(myōga)라고도 한다. 영어명칭은 Myoga이고, 學名은 Zingiber mioga(Thunb) Roscoe이다. 생강과(Zingiberaceae)에 속하는 多年宿根草이다.

日本 蘘荷의 弥生時代의 용도에 관해서는 정보가 보이지 않으나, 대개 地下莖은 향미료로, 꽃이삭과 새순은 식용으로 각각 쓰인다고 한다.

日本의 10세기 문헌인 *『和名類聚抄』에는 めが(mega)라는 이름으로 실려 있다고 한다(下中邦彦 編集兼發行, 「しょうが,サョウガ,生姜」『國民百科事典』7(平凡社, 1977), pp.70-71:「みょうが,ミョウガ,茗荷,蘘荷」『國民百科事典』13(平凡社, 1978), p.233・三品彰英, 「注解[出眞珠靑玉其山有丹其木有柟杼豫樟楺櫪投橿烏號楓香其竹篠簳桃支有薑橘椒蘘荷不知以爲滋味有獮猴黑雉]」『邪馬台國硏究總覽』(創元社, 1978), pp.112-113・武光誠編, 「蘘荷」『邪馬台國辭典』(同成社, 1986), p.113. 外).

* 和名類聚抄. わみょうるいじゅしょう(wamyōruijushō). 平安時代 中期에 편찬된 辭書로서 承平年間(931-938)에 勤子內親王(きんしないしんのう(kinshinaishinno)의 요구에 따라 源順(みなもとのしたごう)가 편찬했다고 한다.

(187) 獮猴. びこう(bikō). 원숭이를 말하며, 영어명칭은 Japanese Macaque(=Monkey) 혹은 Snow Monkey이고, 學名은 Macaca fuscata이다. 猿 혹은 獮猿으로도 쓴다. 청서번티기류(tree shrew)에 속하는 동물이다.

일본원숭이는 本州, 四國, 九州, 屋久島 등지에 棲息하는 種으로서 원숭이류 중에서 서식처가 위도상 최북단에 속한다고 한다.

일본원숭이와 관련된 문헌상의 기술로서 『日本書紀』 皇極紀 元年 7月條에는 新羅 西部에 獮猴라는 城名이 있었음이 나타나 있는데, 韓半島에는 원숭이가 서식하였다는 기록이 없는 만큼 이는 단순한 音借字이거나 당시 원숭이가 서식했던 倭의 觀念이 新羅에 도입된 결과 나타난 명칭이 아닌가 생각된다(金鉉球, 『大和政權の對外關係的硏究』(吉川弘文館, 1985), p.376・下中邦彦編集兼發行, 「さる,サル,猿」『國民百科事典』6(平凡社, 1977), pp.148-151・武光誠編, 「びこう獮猴」『邪馬台國辭典』(同成社, 1986), p.160・水野祐, 「第二部評釋篇[第十五段]倭國總論(Ⅳ)條의「有獮.猴.黑雉」項」『評釋魏志倭人傳』(雄山閣, 1987), p.356・三品彰英, 「注解[出眞珠靑玉其山有丹其木有柟杼豫樟楺櫪投橿烏號楓香其竹篠簳桃支有薑橘椒蘘荷不知以爲滋味有獮猴黑雉]」『邪馬台國硏究總覽』(創元社, 1978), pp.112-113・新村出編, 「にほんざる」『廣辭苑』(岩波書店, 1987), p.1840・브리태니커세계대백과사전. 外).

■ <주요 용어 일본어 발음>

猿:さる(saru).獮猿:びえん(bien).

(188) 黑雉. こくち(kokuchi). 검은 꿩을 말한다. 꿩은 닭목 꿩과에 속하는 텃새로서 영어명칭은 Pheasant 혹은 Ring-Necked Pheasant이고, 검은꿩의 영어명칭은 Black pheasant이다. 또한 꿩의 學名은 Phasianus colchicus karpowi이고, 검은 꿩은 별도의 학명분류가 보이지 않는다.

P. colchicus의 아종으로 알려져 있는 일본꿩(學名 P. colchicus versicolor)은 주로 本州 以南 各地에 棲息하고 몸 전체가 녹색을 띠는 것은 있어도 검은 꿩은 발견되지 않으며, 이로 인해 위의 黑雉라는 기록은 鳥 또는 熊의 잘못이거나 다른 문헌에 보이는 南越 海中 山島上의 조류 서식에 관한 사실을 陳壽가 혼동한 것으로 보기도 한다(下中邦彦編集兼發行,「きじ,キジ,雉」『國民百科事典』 4(平凡社, 1977), p.49 · 水野祐,「第二部評釋篇[第十五段]倭國總論(Ⅳ)條의「有獮.猴.黑雉」項」『評釋魏志倭人傳』(雄山閣, 1987), p.356 · 三品彰英,「注解[出眞珠靑玉其山有丹其木有柟杼豫樟楺櫪投橿烏號楓香其竹篠簳桃支有薑橘椒蘘荷不知以爲滋味有獮猴黑雉]」『邪馬台國硏究總覽』(創元社, 1978), pp.112-114 · 武光誠編,「こくち, 黑雉」『邪馬台國辭典』(同成社, 1986), p.90 · 브리태니커세계대백과사전. 外).

(189) 이 語句가 百納本, 紹興本, 宮內廳本 등에는「四節」, 殿本에는「四時」로 되어있는데, 본서에서는 전자를 따랐다.

(190) 이 文句가 紹興本, 百納本, 宮內廳本, 中華書局本 등에는「但計」, 汲古閣本에는「但記」로 되어있는데, 본서에서는 전자를 따랐다.

(191) 이 文句가 百納本, 紹興本, 宮內廳本, 中華書局本 등에는「不妬忌」, 汲古閣本에는「不嫕忌」로 되어있는데, 본시에서는 전자를 따랐다.

(192) 이 文句가 百納本, 宮內廳本, 中華書局本 등에는 「諍訟」, 殿本, 汲古閣本 등에는 「爭訟」으로 되어있는데, 본서에서는 전자를 따랐다.

(193) 이 文句가 百納本, 紹興本, 宮內廳本, 中華書局本 등에는 「沒其妻子」로 되어있고, 版本에 따라서「滅其妻子」로 되어있는 경우도 있는데, 본서에서는 전자를 따랐다.

(194) 이 語句가 百納本, 紹興本, 宮內廳本, 中華書局本 등에는 「宗族」, 殿本에는 「親族」으로 되어있는데, 본서에서는 전자를 따랐다.

(195) 이하 占卜을 비롯한 각종 풍속 및 신분질서에 관한 기술.

(196) 「그 風俗에, 일이 있어 行來를 云爲함에 있어서는, 그때마다 (짐승의) 뼈를 불태우며, 그리고 卜으로써 吉凶을 占쳐, 먼저 그 卜한 바를 알린다(其俗, 擧事行來有所云爲, 輒灼骨, 而卜以占凶吉, 先告所卜)」라는 구절은 卜占(骨卜 혹은 骨占이라고도 한다)의 풍속을 기술한 것이다. 唐의 段公路가 撰述한 *『北戶錄』에도 위에 실려 있는 倭의 骨卜에 관한 내용과 유사한 구절이 있다고 한다.

卜占 혹은 骨占은 왜, 한국, 중국을 비롯해 몽고, 퉁구스, 스칸디나비아반도 지역, 아프카니스탄, 北美, 아라비아반도를 중심으로 하는 중근동・북아프리카 사막지역(Bedouin 지역), 영국, 스코틀랜드 등 세계각지에서 행해졌다고 한다.

占法의 종류는 민족마다 조금씩 다르나 대체로 동물의 胛骨을 불에 태워 吉凶을 판단하는 肩胛骨占法과 동물의 內臟의 변화를 보고 판단하는 臟卜術 등이 있었으며, 占卜의 목적은 대개 祭祀, 戰爭, 狩獵이나 農業의 경제생활에 관한 것과 왕 및 왕족의 행위와 안부의 여부 등을 묻는 데에 있었다고 한다.

中國의 占卜風俗으로는 고고학적으로 商代의 甲骨文이 유명하고, 이른 시기의 관련 문헌기록으로는 『禮記』 周禮 鄭玄의 注에 「問事之正曰貞, 問歲美惡, 謂問於龜」라는 구절이 보인다.

韓國의 경우는 夫餘에서 전쟁이 있을 때에 소를 죽여서 그 굽모양을 보고 길흉을 판단하는 祭儀에 관한 기록이, 高句麗에서는 후일 山上王의 小后가 된 酒桶村 출신 后女의 출생담과 관련된 占卜記錄이, 삼한지역에서는 熊川貝塚에서의, 卜占에 사용한, 鹿骨 발견의 예와 蔚珍鳳坪碑의 소의 발굽을 이용한 卜占記錄 등의 예가 각각 보이고 있다.

日本의 骨卜과 관련해서는 고고학적으로는 關東을 중심으로 八道府縣의 貝塚이나 集落址 遺跡에서 弥生時代 卜骨의 흔적이 발견되었고, 일본 국내의 문헌으로는 『日本書紀』 神代紀에 天照大神이 天石窟에 숨었을 때 사슴의 어깨뼈를 뽑아서 占을 쳤다는 기록이 보이는데, 이 중 후자와 관련해서는 본래 일본에는 鹿骨을 사용하는 고유의 卜占法(=太占)이 존재하다가 나중에 中國의 風習을 받아들여 龜骨法을 사용하게 된 것으로 보는 견해가 있다.

또한 日本 骨卜의 유래에 대해서는 북방수렵민의 습속이 중국, 한반도를 經由해 들어온 것으로 보는 견해가 있다(石原道博 編譯, 『中國正史日本傳(1)新訂魏志倭人傳他三篇』(岩波書店, 1991), pp.47-48 · 森浩一, 『倭人伝の世界-わたしの古代學-』(小學館, 1989), pp.139-145 · 水野祐, 「第二部評釋篇[第十五段]倭國總論(Ⅳ)條의 「灼而骨卜～龜法, 視火坼占兆」項」『評釋魏志倭人傳』(雄山閣, 1987), pp.366-371 · 三品彰英, 「注解[其俗擧事行來有所云爲輒灼骨而卜以占凶吉先告所卜其辭如令龜法視火坼占兆] · 研究論文抄, 八七, 橋本增吉『東洋史より觀たる日本上古史研究-邪馬台國論考』(昭和七年十一月)」『邪馬台國研究總覽』(創元社, 1978), pp.114-115, p.315 · 武光誠編, 「龜卜」「骨卜」『邪馬台國辭典』(同成社, 1986), p.71, pp.91-92 · 大林太郎, 「記念講演」『論争邪馬台國』(平凡社, 1980), p.13 · 新村出編, 「ふとまに(太占 · 太兆)」『廣辭苑』(岩波書店, 1989), p.2116 · 阿辻哲次, 『漢字のはなし』(岩波ジュニア新書, 2008), pp.32-33 · 李丙燾, 「夫餘考」『韓國古代史研究』(博英社, 2001), p.224 · 李道學, 『백제고대국가연구』(一志社, 1995), p.57).

* 北戶錄. 異物奇事를 蒐集한 책으로 특히 동물, 식물, 기물 및 관습과 사회풍속 등에 관해 쓰고 있다고 한다.

▣ <주요 용어 일본어 발음>

天石窟:あめのいわ(amenoiwa). ト占法(=太占):ふとまに(futomani).

(197) 龜法이란 다른 말로 龜卜이라고도 한다.

(198) 「그 말이 마치 (命)令하는 것 같은데, (이와 有似한) 龜法에서는 火坼을 보고 兆를 占친다(其辭如令, 龜法視火坼占兆)」 라는 문장에 대해서는 이를 「其辭如令龜法, 視火坼占兆」로 끊어 읽는 견해(A)(菅政友,伴信友), 「其辭如令, 龜法視火坼占兆」로 끊어 읽는 견해(B)(山崎宏), 「其辭如令. 龜法視火坼占兆」로 끊어 읽는 견해(C)(水野祐) 등이 있는데, 본서는 이 중 (B)의 방식에 따라 해석하였다(三品彰英,「注解[其俗擧事行來有所云爲輒灼骨而卜以占凶吉先告所卜其辭如令龜法視火坼占兆]」『邪馬台國研究總覽』(創元社, 1978), pp.114-115 · 水野祐, 「第二部 評釋篇[第十五段]倭國總論(Ⅳ)條의 「其辭如令　龜法視火坼占兆」『評釋魏志倭人傳』(雄山閣, 1987), p.365, pp.369-371).

▣ <주요 용어 일본어 발음>

伴信友:ばん/のぶとも(ban/nobutomo).

(199) 「사람들의 성정은 술을 즐긴다(人性耆酒)」라는 내용과 같이 고대 일본인이 술을 좋아했음은 일본의 신화, 전설 뿐 아니라 『萬葉集』에도 *大宰帥였던 大伴旅人의 讚酒歌 13首를 비롯해 술과 관련된 수많은 노래가 실려 있음을 통해 알 수 있다고 한다(水野祐, 「[第十七段]倭國總論(Ⅵ)」의 「人性嗜酒」項」『評釋魏志倭人傳』(雄山閣, 1987), p.373. 外).

* 大宰帥. だざいのそち/だざいのそつ(dazainosochi/dazainosotsu). 7세기 후반에 九州의 筑前國(福岡縣 西部)에 설치된 지방행정기관인 大宰府의 長官으로서 律令制에서는 西海道의 9國 2島를 관장하며 九州의 외교, 방위의 책임자였다고 한다. 또한 그 次官에는 大宰權帥와 大宰大貳 등이 있었다고 한다.

■ <주요 용어 일본어 발음>

大伴旅人:おおとものたびと(ōtomonotabito).

(200) 魏略. ぎりゃく(giryaku). 魏의 郎中이었던 魚豢이 魏의 역사를 一家의 私記形態로 기술한 雜史類의 史書이다.

魚豢이 지은 『魏略』은 唐代까지 完本이 존재하다가 산일되었으나, 『三國志』의 배송지주를 비롯하여 『史記』 索隱, 『漢書』 注, 『後漢書』注, 『文選』注, 『北堂書鈔』 『藝文類聚』 『太平御覽』 『舊唐書』 經籍志, 『新唐書』 藝文志 등 唐宋時代의 諸書와 民國時代에 張鵬一이 각종 사서에 逸文形式으로 전하는 魏略의 記事를 모아 撰述한 『魏略輯本』 등에 인용되어 있거나 그 관련 내용이 있어 대강의 체제를 짐작할 수 있고, 또한 일본의 太宰府 天滿宮 西高辻家 所藏의 『翰苑』 殘卷에도 魏略의 逸文이 있는데 그 안에는 『魏略輯本』의 遺漏를 보완해 줄 수 있는 내용이 있다고 한다.

위의 기록들을 대상으로 한 연구들에 따르면, 『魏略』은 그 외적인 구성이 30권 혹은 50권으로 되어 있으며 내용상으로는 帝紀 외에 五行志·中外官志 등의 志와 列傳이 있는 등 正史의 체제를 갖추고 있으나, 劉知機의 *『史通』 題目篇에는 『魏略』이 魏의 역사를 망라하여 싣되 低俗粗雜한 내용도 많다고 적혀 있다고 한다.

『魏略』의 편찬시기에 대해서는 3세기 전반으로 보는 견해도 있지만 『三國志』가 편찬된 太康年間과 그다지 멀지 않은 시기에 편찬된 것으로 보는 견해가 지배적이다.

『魏略』은 그것이 『隋書』나 『舊唐書』의 經籍志에 보이는 『典略』과 동일한 것인지의 여부에 대해서도 하나의 쟁점이 되고 있으며, 『魏略』과 『三國志』와의 관계에 대해서는 『魏略』이 『三國志』의 底本이 되었다고 보는 견해가 많지만 두 사서 간의 편찬시기의 차가 수년에 불과할 뿐 아니라 『三國志』에서 『魏略』이 본문과 구분되어 적기되었다고 하는 사실 등을 근거로 그것을 부정하는 견해도 있다(武光誠編,「魏略」『邪馬台國辭典』(同成社, 1986), pp.72-73 · 三品彰英,「注解[到其北岸狗邪韓國] 및 「研究論文抄 90, 伊藤德男「魏略の製作年代に就いて『歷史學研究』第四卷第十一号, 昭和十年五月」『邪馬台國研究總覽』(創元社, 1978), p.64, pp.329-332 · 平野邦雄編, 「東洋學からみた『魏志』倭人伝」(池田溫)『古代を考える邪馬台國』(吉川弘文館, 1998), pp.97-99 · 水野祐, 「[第十七段]倭國總論(VI)」의 「魏略曰」項」『評釋魏志倭人傳』(雄山閣, 1987), p.373. 外).

* 史通. 唐 景龍 4(710)년에 성립된 중국 최초의 史學理論書.

(201) 「正歲四節」이란 曆(れき(reki 혹은 こよみ(koyomi))을 말하는 것이다. 본문의 裴松之注에는 倭人이 正歲四節(曆)을 알지 못하였다고 되어 있는데, 일본에서 曆이 공식적으로 사용된 것은 대개 백제의 승려 觀勒에 의해서 推古天皇 10(602)년에 전해진 *元嘉曆이 처음인 것으로 알려져 있으므로, 弥生時代에 正歲四節을 알지 못하였다는 이 기록은 타당하다고 할 수 있다. 단, 인류학적으로 曆의 起源은 계절과 신의 행동을 예측하고 신들에 대한 복잡한 의식을 정확히 집행하기 위한데 있었다고 하므로 3세기의 일본에도 曆의 원초적인 개념은 존재했다고 볼 수 있겠다.

日本에서 曆이 適用된 뚜렷한 예로 『日本書紀』 持統起 4(690)년 11월 甲申條에는 元嘉曆과 **儀鳳曆을 사용하도록 했다는 내용이 나오는데, 위에서 言及했듯이 元嘉曆이 百濟로부터 導入된 것에 비해, 儀鳳曆은 新羅로부터 도입된 것으로 알려져 있다.

『日本書紀』에는 神武卽位 前紀인 甲寅年 11月 丙戌朔에서부터 仁德紀 87년 10월 癸未朔까지는 儀鳳曆이, 安康紀 3년 8월 甲申朔부터 天智紀 6년 윤

11월 丁亥朔까지는 元嘉曆이 각각 사용되었다고 하는 사실이, 1946년에, 日本의 大分縣 臼杵 出身의 天文學者이자 曆學者인. 小川淸彦에 의하여 밝혀진 바 있다.

日本에서는 이와 같이 처음에는 韓半島를 통해 들어온 中國의 曆을 차용하다가 澁川春海가 中國의 모든 天文學理論을 정리, 개선하고, 그 후에 다시 우리나라 최초의 曆法인 조선 세종때의 七政算을 아울러 참작하여 1682년 貞享曆이라고 하는 最初의 曆法을 만들어 썼으며, 1873년에는 다시 그레고리력을 받아들여 유럽의 7일 일주일 주기를 비롯한 서양의 改曆을 받아들였다 한다(井上光貞, 『日本の歷史』1(神話から歷史へ)(中央公論社, 1973), p.46・水野祐, 「第二部評篇의 評第三十四「青大勾珠」について」『評釋魏志倭人傳』(雄山閣, 1987), p.592・和田萃, 『大系日本の歷史❷ 古墳の時代Ⅰ』(小學館, 1997), pp.206-208・岸俊男, 「小川淸彦氏の曆日硏究」『日本の古代』6(岸俊男編)(中央文庫, 1996), pp.31-33・李丙燾, 「第七篇 百濟史上의第問題:第七 百濟學術 및 技術의 日本傳播」『韓國古代史硏究』(博英社, 2001), pp.585-586・金恩淑, 「『古事紀』・『日本書紀』의 편찬 과정」『강좌 한국고대사』제5권 문자생활과 역사서의 편찬(재단법인 가락국사적개발연구원, 2003), pp.371-372・李基東, 「백제문화의 전개」「百濟의 曆法에 대한 中國 史書의 記錄을 立證-元嘉曆의 채용시기와 日本으로의 傳授문제-」『百濟史硏究』(一潮閣, 1996), p.17, pp.267-268・이정모, 『달력과권력』(부・키,2001), pp.181-184. 外).

* 中國 南宋의 何承天에 의해 만들어져 元嘉 22(445)년부터 시행된 曆.
**中國 唐의 李淳風이 만들고 高宗 麟德 2(665)년부터 사용되기 시작한 曆.

▣ <주요 용어 일본어 발음>

澁川春海:しぶかわ/はるみ(shibukawa/harumi).

(202) 南宋 裴松之의『三國志』注는 元嘉 6(429)년에『三國志』본문의 결함을 보완하고자『魏書』『續漢書』『世語』『英雄記』『魏略』『漢紀』등을 비롯한 210種에 이르는 수많은 문헌을 이용하여 작성되었다고 한다(武光誠編, 「三國志」『邪馬台國辭典』(同成社, 1986), pp.98-99・水野祐, 『評釋魏志倭人傳』(雄山閣, 1988), p.15・全海宗, 『東夷傳의 文獻的 硏究』(一潮閣, 1980), p.52).

(203) 大人. たいじん(taijin). 이 大人이라는 어구와 관련해서는 그 실체에 관한 문제가 제기되었는데 그 대표적인 설들을 들어보면, 邪馬台國 九州說에서는 邑落의 首長(下戶)뿐 아니라 諸小國의 官의 성격을 띤 君主 및 君主에 준하는 존재들을 총칭하는 것으로 보는 견해(牧健二, 『日本の原始國家』(1968)), 王-官吏에 이어지는 3단계 지배계층을 가리키는 것으로 보는 견해(榎一雄, 『邪馬台國』(1966)) 등이 있고, 이어 邪馬台國 大和說에서는 邪馬台國 및 諸小國의 官을 비롯한 支配宗族을 일괄하여 지칭하는 것으로 보는 견해(原島祀二, 『日本古代社會の基礎構造』(1968))가 있다.

상기 大人의 실체 문제와 관련해서는, 본문의 그 아래에 나오는 下戶와의 상관관계 속에서 倭人의 사회구조나 신분질서를 복원하는 연구가 이루어져 왔다(肥後和男, 「大和邪馬台國の身分制度」『邪馬台國は大和である』(秋田書店, 1971), p.246 · 佐伯有淸, 『硏究史邪馬台國』(吉川弘文館, 1975), pp.256-260, pp.266-269 · 武光誠編, 「たいじん,大人」『邪馬台國辭典』(同成社, 1986), pp.132-133 · 三品彰英, 「注解[見大人所敬但搏手以当跪拜] · [下戶与大人相逢道路逡巡入草傳辭說事或蹲或跪兩手據地爲之恭敬對応聲曰噫比如然諾]」『邪馬台國硏究總覽』(創元社, 1978), p.115. 外).

(204) 「大人이 恭敬하는 바를 보면, 다만 손뼉을 치고 跪拜를 한다(見大人所敬, 但搏手以當跪拜)」라는 구절에 대해서는, 그것을 「大人이 공경하는 바를 보면, 다만 박수를 침으로써 跪拜에 當한다」는 의미로 해석하고 그 내용에 대해서는 祭式, 祝宴이라든가 協議 등과 같은 集會에서 鬼神에게 禮拜를 올릴 때에 大人과 下戶가 參席하여 大人이 먼저 敬禮를 하면, 下戶는 跪拜 대신에 직립한 채로 일제히 박수를 쳐서 이에 따르는 상황을 기술한 것으로 보는 견해(牧健二,「第二~三世紀における倭人の社會」『史林』 45-2(1962))가 있는가 하면, 본문 뒤의 「下戶與大人相逢道路, 逡巡入草, 傳辭說事, 或蹲或跪, 兩手據地, 爲之恭敬」이라는 구절이 下戶가 大人에게 恭敬하는 방식을 기술하고 있는 것임에 비해 위의 구절은 大人이 下戶의 인사에 대해 답례하는 모습을 기술한 것으로 보아야 한다는 견해도 있다(宮田俊彦,「魏志倭人伝の『搏手

』について(『日本歷史』第123號)(1958.9).(西田長男,「神」『國史大辭典』第三卷(吉川弘文館, 1994)・平井直房,「神道」『國史大辭典』第七卷(吉川弘文館, 1994)・宮田登,「神」『日本史大事典』第二卷(平凡社, 1995)・大隅和雄,「神道」『日本史大事典』第三卷(平凡社, 1995)・佐伯有淸,『硏究史邪馬台國』(吉川弘文館, 1975), pp.256-257・武光誠編,「きはい,跪拜」「たいじん, 大人」『邪馬台國辭典』(同成社, 1986), p.70, pp.132-133・久米邦武, <國民敬神の結習>「(論說)神道ハ祭天の古俗」『史學會雜誌』23(東京大學出版會, 1891), pp.2-4・小林行雄,「埴輪を飾る心理」『古墳の話』(岩波書店, 1969), pp.167-168・三品彰英,「注解[見大人所敬但搏手以当跪拜]・[下戶与大人相逢道路逡巡入草傳辭說事或蹲或跪兩手據地爲之恭敬對応聲曰噫比如然諾]」『邪馬台國硏究總覽』(創元社, 1978), p.115・水野祐,「第二部評釋篇[第十七段]倭國總論(VI)條의「見大人所敬　但搏手以爲當跪拜」『評釋魏志倭人傳』(雄山閣, 1988), p.373・村岡田司지음(박규태옮김),「고신도」『일본신도사』(예문서원, 1998), pp.25-64. 外).

<주요 용어 일본어 발음>

宮田俊彦:みやた/としひこ(miyata/toshihiko).

(205)「壽考」란 長壽의 의미이다.

(206)「그 사람들은 長壽하여, 혹은 100년, 혹은 80, 90年을 산다(其人壽考, 或百年, 或八九十年)」라고 하는 年齡記述에 대해서는, 東方은 木德의 땅이자 * 扶桑이 나는 蓬萊의 神仙鄕으로서 不老不死의 妙藥이 있기 때문에 그 지역에 사는 倭人은 반드시 長命할 것이라고 하는 中國人의 五行思想에 의거하여 陳壽가 작위적으로 쓴 것으로 보는 견해, 未開社會의 老齡者는 문명사회인 보다 훨씬 高齡者로 보이는 외모를 가진다고 하는 생각에서 비롯된 추측성 기록으로 보는 견해 등 제설이 있다(三品彰英,「注解[其人壽考或百年或八九十年]・硏究論文抄,八七, 橋本增吉『東洋史より觀たる日本上古史硏究-邪馬台國論考』(昭和七年十一月)」『邪馬台國硏究總覽』(創元社, 1978), pp.115-116, p.312・水野祐,「第二部評釋篇[第十七段]倭國總論(VI)條의「其人壽考。或百年或八九十年」『評釋魏志倭人傳』(雄山閣, 1988), p.374. 外).

* 扶桑. ふそう(fusō). 중국의 전설에 동방 해상에 있다고 하는 섬나라 또는 거목을 가리킨다. 일본의 이칭이기도 하다.

(207) 下戶. げこ(geko). 이 下戶라는 어구에 대해서도 그 실체에 관한 문제가 제기되었는데 그 대표적인 설들을 들어보면, 邪馬台國 九州說의 牧健二는 下戶를 邑落의 首長으로(牧健二, 『日本の原始國家』(1968)), 邪馬台國 大和說의 原島礼二는 下戶를 首長을 補佐하는 被支配首長層으로(原島礼二, 『日本古代社會の基礎構造』(1968)), 武光誠은 下戶를 倭人社會를 구성한 被支配者層에 속하는 사람들로(武光誠編, 「下戶」『邪馬台國辭典』(1986)). 武田幸男은 下戶를 一般邑落民으로(武田幸男, 「魏志東夷伝に見える下戶問題」『朝鮮社會の歷史的發展』(1967)) 각각 보았다.

上記 下戶의 실체와 관련해서는 夫餘나 韓 등 魏書東夷傳의 다른 條에 보이는 그것의 用例와 비교, 검토하는 경향이 눈에 띤다(佐伯有淸, 『研究史邪馬台國』(吉川弘文館, 1975), pp.254-262 · 武光誠編, 「下戶」『邪馬台國辭典』(同成社, 1986), p.79 · 肥後和男, 「大和邪馬台國の身分制度」『邪馬台國は大和である』(秋田書店, 1971), p.246 · 三品彰英, 「注解[見大人所敬但搏手以当跪拜] · [下戶与大人相逢道路逡巡入草傳辭說事或蹲或跪兩手據地爲之恭敬對応聲曰噫比如然諾]」『邪馬台國研究總覽』(創元社, 1978), p.115).

▣ <주요 용어 일본어 발음>

武光誠:たけみつ/まこと(takemitsu/makoto).武田幸男:たけだ/ゆきお(takeda/yukio).

(208) 「그 風俗에, 나라의 大人은 모두 4,5婦, 下戶는 간혹 2,3婦를 두지만(其俗, 國大人皆四五婦, 下戶或二三婦)」이라는 문장에 나타난 것처럼 倭人社會에서 한 남자가 여러 부인을 거느렸다고 하는 기술에 대해서는 그 신빙성을 의심하는 견해와 신뢰하는 견해로 갈려져 있고, 후자와 같이 신뢰하는 쪽에서는 그것을 노동력 확보라는 사회적인 필요에서 생겨난 풍습으로 보는 설, 당시 邪馬台國의 王이 女子였다고 하는 점에 토대하여 母系制 下의 對偶婚의 모습으로 보는 설, 邪馬台國에서 女子가 王이 된 것은 당시의 특수한 정치적 상황에 基因하는 것이라는 견지에서 父系制 下의 一夫多妻婚

을 말하는 것으로 보는 설 등 제설이 있다.

이 기사를 분석함에 있어서는 인류학의 연구성과를 적용하는 경향이 강하다(三品彰英,「注解 [其俗國大人皆四五婦下戶或二三婦婦人不淫不妬忌]・硏究論文抄, 八七, 橋本增吉『東洋史より觀たる日本上古史硏究-邪馬台國論考』(昭和七年十一月)」『邪馬台國硏究總覽』(創元社, 1978), p.116, p.314・水野祐,「第二部評釋篇[第十七段]倭國總論(VI)條의「其俗~下戶或二三婦」『評釋魏志倭人傳』(雄山閣, 1988), pp.382-384, pp.388-398・森浩一 編,「岡田英弘의 發言內容」『倭人伝を讀む』(中央公論社, 1982), pp.35-38, p.41・武光誠編,「たいじん,大人」『邪馬台國辭典』(同成社, 1986), pp.132-133・井上光貞,『日本の歷史』1(神話から歷史へ)(中央公論社, 1973), pp.226-227・井上光貞・永原慶二・兒玉幸多・大久保利謙,「階級社會の步み」『日本歷史大系』1(古代文明の形成)(山川出版社, 1995), p.156・平野邦雄編,「東アジア世界の変貌とヤマト王權」(鬼頭清明)『古代を考える邪馬台國』(吉川弘文館, 1998), p.267).

(209)「婦人들은, 淫亂하지 않고, 妬忌하지 않는다(婦人, 不淫, 不妬忌)」라는 기술에 대해서는, 이를 바로 뒤에 나오는「不盜竊」의 禁忌와 더불어 그것이 도덕적인 차원의 성격을 이야기하는 것이 아니라 공동체적 내지 一夫多妻制의 사회구조적 특성에 기인하는 풍습으로 보는 설, 五行思想에 이끌려진「東方有君子國」思想에 토대한 舞文으로 보는 설 등 제설이 있다(大林太郞,「記念講演」『論爭邪馬台國』(平凡社, 1980), pp.17-18, p.312・水野祐,「第二部評釋篇[評第十]「狗奴國論」項 및 [第十八段]倭國總論(VII)의「夫人不淫不妬忌」項]『評釋魏志倭人傳』(雄山閣, 1987), p.265, pp.384-386・三品彰英,「注解[其俗國大人皆四五婦下戶或二三婦婦人不淫不妬忌]・硏究論文抄, 八七, 橋本增吉『東洋史より觀たる日本上古史硏究-邪馬台國論考』(昭和七年十一月)」『邪馬台國硏究總覽』(創元社, 1978), p.116・루이스 헨리 모건/최달곤・정동호 옮김,『고대사회』(문화문고, 2000)).

(210)「도둑질을 하지 않고, 諍訟이 드물다(不盜竊, 少諍訟)」라는 구절의 의미를 대개는 일본사회 전반의 습속으로 이해하는 것이 보통이나, 그와 달리 이 구절까지가 앞의「婦人......」운운하는 구절에 이어 狗奴國에 한정된 사실을 말하는 것으로 보고 이 뒤에 이어지는「其犯法」의 其부터가 왜국 전체를 받는 것으로 이해하는 견해도 있다. 이는 '네오기마민족설' 혹은 '狗奴國 東遷說'의 입장에서 狗奴國의 역할을 크게 본 데서 배태된 관점

이다(水野祐,「第二部　評釋篇[評第十八段]倭國總論(Ⅶ)條의「○尊卑各有次序○足相臣服」『評釋魏志倭人傳』(雄山閣, 1987), pp.356-357. 外).

(211)「그 法을 어김에 있어서는, (죄가) 가벼운 者는, 그 妻子를 沒收하고, (罪가) 무거운 者는, 그 門戶 및 宗族을 滅한다(其犯法, 輕者, 沒其妻子, 重者, 滅其門戶及宗族)」라는 문장에서는 이 중 門戶와 宗族의 의미를 둘러싸고 논의가 이루어져 ① 門戶는 兄弟나 近親의 小家族으로 구성된 혈연집단의 一群, 宗族은 부계씨족집단으로 보는 설, ② 奈良의 正倉院에 남아있는 奈良時代의 戶籍(8세기)을 토대로 당시 房戶(ぼうこ(bōko))라고 불리우는 가족단위를 門戶, 그러한 가족단위 몇 개가 모인 家族群인 鄕戶(ごうこ(gōko))가 하나의 사회적 단위로 묶여있는 형태를 宗族으로 보는 설, ③ 당시의 竪穴式住居 2, 3개 단위를 門戶, 그리고 이러한 門戶가 몇 개가 모인 것을 宗族으로 보는 설 등이 보인다.

日本에서는 唐律을 모방해 작성한 大寶律令(701년)에서 國家와 天皇에 대한 범죄에 대해 이와 같은 緣坐法이 적용되어 졌다고 한다(武光誠 編,「邪馬台國人の生活」『邪馬台國辭典』(同成社, 1986), p.32 · 三品彰英,「注解[其犯法輕者沒其妻子重者滅其門戶及宗族]」『邪馬台國硏究總覽』(創元社, 1978), pp.116-117 · 水野祐,「第二部評釋篇[評第十八段]倭國總論(Ⅶ)條의「其法～重者滅其門戶及宗族]」『評釋魏志倭人傳』(雄山閣, 1987), p.387 · 井上光貞,『日本の歷史』1(神話から歷史へ)(中央公論社, 1973), pp.222-223 · 山尾幸久,『新版 · 魏志倭人傳』(講談社, 1986), pp.162-164 · 原島礼二,「四.王と大人と下戶」『邪馬台國から古墳の發生へ』(六興出版, 1987), pp.190-191).

(212)「尊卑에 각기 差序가 있으나, 足히 서로 臣服한다(尊卑各有差序, 足相臣服)」라는 구절은 그것이 왜인사회 내의 신분질서 내지 계급제의 존재를 전하는 것으로 여겨지고 있다(三品彰英,「注解[其犯法輕者沒其妻子重者滅其門戶及宗族]」『邪馬台國硏究總覽』(創元社, 1978), p.117 · 森田悌,『邪馬台國とヤマト政權』(東京堂出版, 1998), pp.114-115 · 水野祐,「第二部評釋篇[評第十八段]倭國總論(Ⅶ)條의「○尊卑各有次序○足相臣服」『評釋魏志倭人傳』(雄山閣, 1987), pp.387-388).

(213) 이 語句가 百納本, 紹興本, 宮內廳本, 中華書局本 등에는「邸閣」으로 되어있고,「殿本」에는「邸閤」으로 되어있는데, 본서에서는 전자를 따랐다.

(214) 이 句節이 百納本, 宮內廳本 등에는「檢察諸國畏憚之」로 되어있고, 紹興本에는「檢察諸國諸國畏憚之」로 되어있는데, 본서에서는 후자를 따랐다.

(215) 이 語句가 대부분의 本에는「刺史」로 되어있고, 宮內廳本에는「勅使」로 되어있는데, 본서에서는 전자를 따랐다.

(216) 이 文句가 紹興本에는「相遙」로 되어있고, 宮內廳本, 百納本 등에는「相逢」으로 되어있는데, 본서에서는 후자를 따랐다.

(217) 이하는 조세제도 및 교역상황에 관한 기술.

(218) 租賦. そふ(sofu). 租稅를 말한다. 租賦라는 용어는 租와 賦의 합성어로서 租는 中國에서 祭祀에 바치는 수확물을 의미하다가 후에는 田租를 가리키는 말이 되었고, 賦는 처음에는 兵役을 일컫는 말이었다가 후에 兵役을 면제받는 대신에 받는 武器調達費用 내지는 人頭稅의 의미로 바뀌었다고 한다. 또한 이러한 租와 賦의 구별은 전한시대까지 이어졌지만 후한 무렵부터는 양자 차이의 명확성을 잃어버리고 租賦와 租稅가 同義語로 사용되기에 이르렀다고 한다.

日本의 租의 起源은 첫 收穫物을 司祭的 首長에게 貢納하는 관행과 의례에서 비롯된 것으로 여겨지고 있으나, 위의 본문에 기술된 倭人의 租賦는 그와 같은 宗敎的, 儀禮的 供與가 아닌 軍事와 결부된 일종의 강제적 생산물의 수취로서 이해하는 경향이 강하다(石井良助・井上光貞編,「前漢書の書例に據って解釋された邪馬台國・女王國・倭・倭國」(牧健二)『シンポジウム邪馬台國』(創文社,

1975), pp.39-80・水野祐,「第二部評釋篇[評第十九段]倭國總論(Ⅶ)條의「租賦」및「有邸閣」項」『評釋魏志倭人傳』(雄山閣, 1987), pp.408-409・武光誠編,「そふ,租賦」『邪馬台國辭典』(同成社, 1986), pp.130-131・金鉉球,『大和政權の對外關係的研究』(吉川弘文館, 1985), pp.246-257・鎌田元一,「國造と屯倉」『日本の古代』6(岸俊男編)(中央文庫, 1996), pp.139-163).

(219) 邸閣. ていかく(teikaku). 일명 高床式倉庫를 말하는 것으로 여겨지고 있다. 邸閣은 기존에는 그 용도를 대개 食物을 保管하는 倉庫로 보아왔는데, 日野開三郎이 이를 饑饉을 대비한 저축의 의미를 포함하되 그 주요 기능을 邪馬台國이 軍事國家로서의 경향을 강화시키기 위한 군비조달의 조세체제 하에서 조세를 담아두는 대규모적인 軍事倉庫로 이해한(日野開三郎,「邸閣-東夷伝用語解の二-」『東洋史學』6(1952)) 이후에는 이를 대체로 왜국 내의 혼란상을 반영하는 軍事倉庫로 이해하는 경향이 강하다.

한편 高床式建物은 東南아시아가 원류인 건축양식으로서 한반도 남부의 가야지역에도 존재하였으나 대륙적인 풍토를 지닌 韓半島에서는 적응하지 못하고 곧 사라졌고, 雨量이 많고 濕度가 높은 해양적 풍토를 지닌 日本列島에서는 널리 보급되었다고 하는 견해가 있다(武光誠編,「ていかく, 邸閣」『邪馬台國辭典』(同成社, 1986), pp.147-148・三品彰英,「注解[收租賦有邸閣]」및「一三八, 日野開三郎「邸閣-東夷伝用語解の二-」(『東洋史學』第五輯, 昭和二十七年十二月)『邪馬台國研究總覽』(創元社, 1978), p.117, pp.404-405・水野祐,「第二部評釋篇[評第十九段]倭國總論(Ⅶ)條의「租賦」및「有邸閣」項」『評釋魏志倭人傳』(雄山閣, 1987), pp.408-409・汪向榮・夏應元編,「二≪三國志・魏志・倭人傳≫」『中日關係資料彙篇』(中華書局, 1984), p.17. 外).

■ <주요 용어 일본어 발음>

日野開三郎:ひのかい/さぶろう(hinokai/saburō).

(220) 市場. いちば(ichiba). 고대의 市는 동서양을 막론하고 제정이 분리되기 이전에는 신에게 제사지내는 성소 내지 왕과 귀족들이 중요한 국사를 의논하는 장소였다가 제정이 분리된 이후에는 상품의 유통장소인 동

시에 죄인에 대한 처형과 사면이 이루어지던 장소였다고 한다.

고대 메소포타미아의 神殿村落 形成期에 있어 각 집단의 司祭者는 정치권력자를 겸하면서 그 집단 내에서 교환할 생산품들을 神殿에 공동으로 집적하여 타집단과의 交易을 주관하며 交易된 물자를 다시 각 구성원에게 재분배하고 각 집단의 종교적 의식뿐 아니라 정치적인 기능까지도 경제활동과 더불어 神殿에서 행한 사실로부터 유추하여, 3세기 당시 왜국 내에서도 각 소국별로 교역의 중심지가 조성되고 이곳에 다른 물자와 교환하기 원하는 각종 물자를 개인적으로 또는 집단적으로 집적하여 國邑 主帥의 主管 下에 交易이 진행되고, 그 교역된 물건들이 각 구성원들에게 분배되었으리라고 추측하는 견해가 있다.

『日本書紀』에는 市에서 5, 6세기 무렵에 형벌의 집행이라든가 죄인의 資産의 陳列, 外交使節의 迎接, *歌垣 등이 행하여졌음을 전하고 있다고 한다(武光誠編,「いち, 市」『邪馬台國辭典』(同成社, 1986), pp.52-53 · 李賢惠,「鐵生産과交易」『三韓社會形成過程硏究』(一潮閣, 1984), p.147 · 이에나가 사부로(이영 옮김),「민족종교로서의제사」『일본문화사』(까치, 1999), pp.43-44 · 李成九,「聖所 · 治所의 變化와 移動」『中國古代의 呪術的 思惟와 帝王統治』(一潮閣, 1997), pp.14-77 · 김태영,「서구의 상상속에 만들어진 동양관, 게이샤」『일본문화의 산책』(보고사, 2005), p.199 · 김덕수, 『그리스와 로마 지중해의 라이벌』(살림, 2007) pp.30- 35. 外).

* 歌垣. うたがき(utagaki). 특정한 때와 장소에 남녀노소가 모여 함께 음식을 먹으며 노래를 겨루던 주술적 신앙행사로 남녀 한 쌍이 서로에게 求愛歌를 겨루며 戀愛關係를 형성하기도 했다고 한다.

(221)「大倭로 하여금 그것을 監督케 한다(使大倭監之)」라는 구절에 대해서는, 이를 있는 그대로 읽으면「大倭로 하여금 그것을 監督케 한다」는 의미가 되지만 그렇게 읽으면 使役의 뜻인 使라는 난어 앞에 주어가 나와야 하는데 그것이 나오지 않는다고 보고 原文을 고쳐서 모순을 해결하려는 견해들이 한 가지 유형을 이루고 있고, 해당 구절의 전후문맥 내지는 魏志倭人傳 전체 문맥과의 관계 속에서「使大倭監之」의 주어와 객어를 찾는

견해들이 또 다른 유형을 이루고 있다.

우선 전자의 유형으로, 邪馬台國 大和說에서는 위의 문장 중「使大倭監之」라는 문구를「代大倭監之」의 誤寫로 보고 또한 이 구절이 본래는 본문에서 伊都國의 一大率 뒤에 붙어「(大和朝廷이 派遣한) 一大率은 大倭, 즉 邪馬台國을 대신하여 諸國을 監察한다」는 의미의 문장이었을 것으로 보는 견해가 있고(志田不動麿,「邪馬台國方位考」『史學雜誌』38-10(1927)), 邪馬台國 九州說에서는『三國志』魏書 東夷傳 東沃沮條의「使大加統責其租稅」라는 구절을 '使大加가 그 租稅를 統責한다'라는 의미로 읽은 다음「使大倭監之」를 그와 동일한 어법으로 보아 해당 구절을 '使大倭가 이를 監督한다'라는 의미로 이해하는 견해가 있다(古田武彦,『「邪馬台國」はなかった-解讀された倭人伝の謎-』(1971)).

또한 후자의 유형으로, 邪馬台國 大和說에서는 交易을 監督하도록 시킨 주체를 魏로, 交易監督을 담당한 주체인 大倭를 大和朝廷으로 보는 견해(山田孝雄,「狗奴國考」『世界』78·80·81·83(1910))를 비롯한 제설이 있고, 邪馬台國 九州說에서는 交易을 監督하도록 시킨 주체는 諸國王이고, 一大率은 女王이 파견한 總督이며, 交易을 監督한 大倭는 倭의 大人으로 보는 견해(那珂通世,「外交繹史卷之三」『那珂通世遺書』(1915)) 등을 비롯한 제설이 있다(石原道博編譯,『中國正史日本傳(1)新訂魏志倭人傳他三篇』(岩波書店, 1991), p.48·三品彰英,『邪馬台國研究總覽』(創元社, 1978), pp.19-21, pp.117-119, p.276, p.417·那珂通世,「外交繹史卷之三」『那珂通世遺書』(故那珂博士功績紀念會, 1915)), p.340·佐伯有清,『研究史邪馬台國』(吉川弘文館, 1975), pp.195-196·水野祐,「第二部評釋篇[第十九段]倭國總論(Ⅷ)條의(評第二十二)「大倭」考」『評釋魏志倭人傳』(雄山閣, 1987)), pp.409-413·武光誠編,「大倭」『邪馬台國辭典』(同成社, 1986), pp.136-138·榎一雄,「「國國有市, 交易有無, 使大倭監之, 自女王國以北, 特置一大率檢察諸國, 諸國畏憚之, 於國中有如刺史」の大倭について」『邪馬台國』(至文堂, 1975)), pp.223-227·森田悌,「倭國の政治構造」『邪馬台國とヤマト政權』(東京堂出版, 1998), pp.135-139. 外).

■ <주요 용어 일본어 발음>

志田不動麿:しだ/ふどまろ(shida/fudomaro).那珂通世:なか/みちよ(naka/michiyo).吉田東

伍:よしだ/とうご(yoshida/tōgo).橋本増吉:はしもと/ますきち(hashimoto/masukichi).

(222)「女王國으로부터 以北(女王國以北)」이라는 구절에서는 '以北'을 그대로 以北으로 보느냐 아니면 以西로 고쳐보느냐 하는 문제에 대한 논의 및 '女王國 以北' 국가들의 실체 등에 대한 논의 등이 보이는데, 이를 요약하면, 原文의 '以北'에 대하여 邪馬台國 大和說에서는 그것을 '以西'로 고쳐 이해하는데 비해, 邪馬台國 九州說 쪽에서는 기술 그대로 '以北'으로 보는 것이 전통적인 경향이다. 이는 大和說은 女王國의 위치를 大和地域으로 비정함으로써 大和地域을 중심으로 방향을 생각한 것이고, 九州說은 女王國의 위치를 九州 안에 비정함으로써 女王國의 상대적인 위치인 九州 남쪽을 중심으로 방향을 생각한 결과이다.

한편 '女王國 以北' 국가의 실체를 둘러싼 논의에 대해서는 이미 앞의 (77)항에서 언급하였으니 이를 참조하기 바란다(三品彰英,「注解[女王國以北]」『邪馬台國研究總覽』(創元社, 1978), pp.120・石井良助・井上光貞編,「前漢書の書例に據って解釋された邪馬台國・女王國・倭・倭國」(牧健二)『シンポジウム邪馬台國』(創文社, 1975), pp.39-83. 外).

(223) 一大率. いちだいそつ(ichidaisotsu). 一大率이라는 어구에 대해서는 그 실체에 대한 문제제기가 이루어졌다.

단, 일각에서는 이 어구를 고쳐 大率(だいそつ(daisotsu))로 읽는 논자들도 있으나 여기에서는 통설인 一大率로 읽는 견해에 대해서만 간략히 소개하면, 一大率의 실체에 대하여 邪馬臺國 大和說에서는 大和地域으로부터 伊都國에 派遣된 太宰府 太宰師의 前身이나 그와 유사한 성격을 지닌 존재로 보는 설이 유력한 가운데 특이설로서 一大率을 魏의 帶方郡으로부터 派遣된 官人으로 보는 견해가 있고(山田孝雄), 邪馬臺國 九州說 쪽에서는 一大率을 太宰府 太宰師의 前身으로 보는 大和說 쪽의 통설적 견해를 一大率과 太宰府 兩者의 상관관계가 멀다거나(那珂通世) 太宰府의 起源이 推古

條 이상을 거슬러 올라가지 않는다거나(橋本增吉), 2세기대에 伊都國을 중심으로 하여 결성된 博多灣 沿岸 諸國의 連合體가 3세기대에도 여전히 해체되지 않았다거나(井上光貞) 하는 등의 관점에서 비판하고, 一大率을 北九州 山門의 邪馬台國에서 파견한 女王의 官吏로 보는 경향이 강하다(原島礼二,「第二章倭人連合諸國の官名と一大率をどうみるか」『邪馬台國から古墳の發生へ』(六興出版, 1987), pp.67-71 · 武光誠編, 「大率」『邪馬台國辭典』(同成社, 1986), pp.133-135 · 森田悌, 「倭國の政治構造」『邪馬台國とヤマト政權』(東京堂出版, 1998), pp.131-132 · 三品彰英, 「注解[一大率]」『邪馬台國硏究總覽』(創元社, 1978), pp.120-121 · 水野祐, 『評釋魏志倭人傳』(雄山閣, 1987), p.410, pp.414-421, pp.432-434 · 汪向榮 · 夏應元編, 「二《三國志 · 魏志 · 倭人傳》」『中日關係資料彙篇』(中華書局, 1984), p.17).

(224) 諸國. しょこく(shokoku). 이 諸國의 실체에 대해서는 一大率이 설치된 곳이 伊都國이라는 점을 토대로 주로 九州地域 國家들을 가리키는 것으로 여겨지고 있다.

이 諸國에 관한 본문의 기술로부터 유추할 때 諸國은 주변의 국가들과 對外交易을 활발히 행했을 것으로 여겨지는데, 이들이 交易한 주된 대상은 당시의 情勢上 대개 中國 魏의 본토나 樂浪, 帶方 등의 中國 郡縣들이었을 것이지만, 위 항목 아래의 구절에 "王은 使臣을 派遣해 京都, 帶方郡, 諸韓國에 보낸다"라는 기록이 있고 아울러 『三國志』 魏書東夷傳 弁辰韓條에 "나라에 철이 나서 韓 · 濊 · 倭 모두가 이를 얻어간다"는 기록이 있는 사실을 감안하면, 이 당시 倭의 교역상대국 중에는 中國 魏나 中國 郡縣 외에 가야를 비롯한 한반도의 국가들도 포함되어 있었을 것이다.

이 당시 倭가 이처럼 韓半島나 中國과 교류를 가진 사실에 대해서는, 弥生時代 山口縣 宇部市의 沖ノ山遺跡에서 韓半島의 茶戶里式 항아리에 대량으로 埋納된 半兩錢과 五銖錢이 大阪 八尾市 龜井遺跡과 東大阪市 巨摩遺跡, 爪破遺跡, 그리고 그 남쪽 柏原市의 遺跡 등지에서 後漢代의 五銖錢이 각각 발견된 사실을 그 근거로 지적하는 견해가 있다.

또한 史書의 記錄에는 없지만 倭의 地域에서 吳의 赤烏(238-251)紀年 銘

文이 새겨진 畵文帶神獸鏡이 출토된 사실을 근거로 倭가 中國 江南의 吳와도 교류하였을 가능성을 점치는 견해도 있다(井上光貞, 「邪馬台國は專制國家か」『日本國家の起源』(岩波書店, 1969), p.159. 外).

▣ <주요 용어 일본어 발음>

沖ノ山: おきのやま(okinoyama).

(225) 「日常的인 治所는 伊都國에 두는데(常治伊都國)」라는 문장은 一大率 혹은 大率의 治所가 伊都國에 두어진 사실을 말하는데, 그 이유를 대개는 伊都國이 北九州의 관문에 위치하며 倭의 內陸과 韓半島를 비롯한 대륙과의 무역을 중개하는 중요한 지점이었기 때문이었을 것으로 보고 있다. 또한 伊都國의 성장은 대개 2세기 초반부터로 보고 있으며, 이 당시부터 2세기 후반에 邪馬台國 連合이 등장하기 이전까지는 伊都國이 北九州 連合의 盟主로서 이른바 '男王時代'를 주도한 것으로 여겨지고 있다(井上光貞,『日本國家の起源』(岩波書店, 1969), pp.29-34・佐伯有淸, 『硏究史邪馬台國』(吉川弘文館, 1975), pp.237-240:『硏究史戰後の邪馬台國』(吉川弘文館, 1975), pp.26-30, pp.162-174・石井良助・井上光貞編, 「邪馬台國の政治構造-牧健二博士に捧ぐ-」(井上光貞)『シンポジウム邪馬台國』(創文社, 1975), pp.15-27・森田悌, 『邪馬台國とヤマト政權』(東京堂出版, 1998), pp.118-123・三品彰英, 「注解[其國本亦以男子爲王, 住七八十年倭國亂相攻伐歷年] 및 硏究論文抄三〇, 中山平次郎「漢委奴國王印出土狀態より見たる漢魏時代の動靜に就て」(同名)」『邪馬台國硏究總覽』(創元社, 1978), pp.122-125, p.210・水野祐, 「第二部評釋篇[第二十段]倭國總論(IX)條의 「住七八十年」項」」『評釋魏志倭人傳』(雄山閣, 1987), pp.426-427・原島礼二, 「高地性集落」『邪馬台國から古墳の發生へ』(六興出版, 1987), pp.177-180・田中琢, 「警戒する倭人」『日本の歷史②倭人爭亂』(集英社, 1991), pp.32-36・브라이언 페이건 지음(이희준옮김), 「취락과 교역」『고고학으로의 초대』((주)사회평론, 2002), pp.348-349).

(226) 刺史. しし(shishi). 刺史는 漢武帝(시호 효무제)가 元封 5(紀元前 106)年에 全國을 13州로 분할하면서 各州에 州內의 郡國을 巡幸하며 郡守 및

豪民에 대한 감찰업무를 수행케 하기 위하여 監察御使를 대신해 設置한 部刺史에서 비롯된 직책으로, 魏晋의 刺史는 軍事權의 位相과 管轄範圍를 의미하는 使持節・都督이라는 명칭을 갖고 軍政과 民政을 統轄하되 특히 管內의 郡(國)을 觀察하고, 州行政의 大綱을 장악하고, 황제의 명령을 하달하며, 地方의 政情을 上達하는 역할을 담당하였다고 한다(武光誠編,「刺史」『邪馬台國辭典』(同成社, 1986), pp.104-105・石原道博編譯,『中國正史日本傳(1)新訂魏志倭人傳他三篇』(岩波書店, 1991), pp.48-49・三品彰英,「『魏志』倭人伝の讀み方・注解[於中有如刺史]」『邪馬台國研究總覽』(創元社, 1978), p.21, p.121・水野祐,「第二部評釋篇[第二十段]倭國總論IX條의 ○於國中. ○有如刺史」『評釋魏志倭人傳』(雄山閣, 1987), pp.422-423・榎一雄,『邪馬台國』(至文堂, 1975), p.54・諸橋轍次,「使君」『大漢和辭典』卷1(大修館書店, 1984), p.737:「刺史」『同書』卷2(大修館書店, 1984), p.1342).

(227)「國中에 마치 刺史가 있는 것 같다(於國中有如刺史)」라는 구절의 의미에 대해서는 이를 一大率의 職務의 樣相을 설명하는 것으로 보는 설과 一大率과는 별개로 諸國에 刺史와 유사한 官吏가 설치되어 있었음을 묘사한 것으로 보는 설 등이 있다(森田悌,『邪馬台國とヤマト政權』(東京堂出版, 1998), pp.132-133. 外).

(228)「王은 使臣을 派遣해 京都, 帶方郡, 諸韓國에 보낸다(王遣使詣京都, 帶方郡, 諸韓國)」라는 구절에서의 王에 대해서는 크게 이를 伊都國王으로 보는 설과 邪馬台國의 女王으로 보는 설 등으로 갈려져 있는데, 이 문제를 판단하는 관건은 그 앞의「自女王國以北, 特置一大率, 檢察諸國, 諸國畏憚之, 常治伊都國, 於國中有如刺史」라는 伊都國 관련기술과의 상관성 하에서 王의 실체를 생각하느냐, 아니면 이를 독립된 문장으로 보고 王의 실체를 魏志倭人傳의 전체적인 맥락 속에서 이해하느냐 하는 점에 있다(三品彰英,「『魏志』倭人伝の讀み方・注解[王遣使]」『邪馬台國研究總覽』(創元社, 1978), pp.21-23, p.121・水野祐,「第二部評釋篇[第二十段]倭國總論IX條의「詣京都, 帶方郡」項」『評釋魏志倭人傳』(雄山閣, 1987), p.424・武光誠編,「大率」『邪馬台國辭典』(同成社, 1986), pp.133-135).

(229) 京都. きょうと(kyōto). 魏의 首都 洛陽을 가리킨다. 洛陽은 中國 河北城 北西部, 즉 洛水 北岸에 위치한 華北平野와 西方을 연결하는 교통의 요충지로서 西周 成王 때인 기원전 11세기 무렵에 周公이 동방경략을 위한 근거지로서 後代 洛陽의 西部에 洛邑을 건설한 것이 낙양의 시초이며, 이어 東周, 後漢, 魏, 西晉, 北魏 등이 이곳을 國都로 삼았으나, 그 이후 피폐해진 것을 隋가 中國大陸을 통일하여 河南縣에 都城을 재건하면서 이곳에 洛陽縣 및 河南郡의 治所를 옮긴 것이 오늘날 洛陽市의 기반이 되었다고 한다(國史大辭典編纂委員會編,「洛陽」『國史大辭典』第十四卷(吉川弘文館, 1993), p.498・水野祐,「第二部評釋篇[第二十三段]倭魏涉外關係史(1)—景初二年의「詣京都」項」『評釋魏志倭人傳』(雄山閣, 1987), pp.488-489・汪向榮・夏應元編,「二≪三國志・魏志・倭人傳≫」『中日關係資料彙篇』(中華書局, 1984), p.17. 外).

(230)「王은 使臣을 派遣해 京都, 帶方郡, 諸韓國에 보낸다. 郡使가 倭國에 이르면...(王遣使詣京都, 帶方郡, 諸韓國. 及郡使倭國...)」이라는 문장은「王遣使詣京都, 帶方郡, 諸韓國. 及郡使倭國...」과 같이 끊어 읽어야 할 것이다(汪向榮・夏應元編,「二≪三國志・魏志・倭人傳≫」『中日關係資料彙篇』(中華書局, 1984), pp.17-18).

(231)「모두 나루터로 맞아들여 搜露하여, 傳送文書・賜有之物을, 女王에게 보냄에 있어, 差錯이 일어날 수 없게 한다(皆臨津搜露, 傳送文書賜遺之物, 詣女王, 不得差錯)」라는 구절에서 搜露란 안을 열어 드러내게 하여 조사한다는 뜻으로 外交 使臣들이 伊都國 港口에 도착하였을 때 그 소지품의 내부를 검열했다는 말이라고 한다.

이 搜露의 주체와 관련하여 대부분의 학자들은 中國을 비롯한 외국 사절들의 傳送文書 및 賜有之物을 搜露한 장소인 '津'을 伊都國 港口로 보는 것에 비하여, 특이설로서, 末盧國을 伊都國의 일부로 보는 입장에서 一大率이 搜露한 津을 末盧國으로 보는 견해도 있다.

한편 위 문장의 한문상의 독법에 대해서도 논의가 이루어져, 이를 ①「

皆臨津搜露, 傳送文書賜遺之物, 詣女王不得差錯」으로 끊어 읽는 견해(菅政友,橋本增吉), ②「皆臨津搜露傳送文書賜遺之物, 詣女王不得差錯」으로 끊어 읽는 견해(那珂通世, 內藤湖南, 喜田貞吉), ③「皆臨津搜露, 傳送文書賜遺之物, 詣女王, 不得差錯」으로 끊어 읽는 견해(伴友信,村瀨栲亭,安藤正直) ④「皆臨津搜露, 傳送文書賜遺之物詣女王, 不得差錯」으로 끊어 읽는 견해(榎一雄) 등이 있는 와중에 ①②의 讀法을 취하는 논자들은 사신 일행이 邪馬台國으로 간 것으로 파악하였고, ③④의 讀法을 취하는 논자들은 女王에게 보내진 것은 文書와 賜遺之物 뿐이고, 郡使는 伊都國에서 머무른 것으로 보았다.

본서에서는 이 구절의 내재적인 의미에 대해서는 각 논자의 검토과제로 돌리고 다만 독법만을 ③에 따랐다(石原道博 編譯, 『中國正史日本傳(1)新訂魏志倭人傳他三篇』(岩波書店, 1991), pp.48-49・三品彰英,「魏志倭人伝の讀み方」『邪馬台國硏究總覽』(創元, 1978), pp.23-24・水野祐, 『評釋魏志倭人傳』(雄山閣, 1987), pp.414-421, p.424・武光誠編,「大率」『邪馬台國辭典』(同成社, 1986), pp.133-135・森田悌,「倭國の政治構造」『邪馬台國とヤマト政權』(東京堂出版, 1998), pp.106-135).

■ <주요 용어 일본어 발음>

喜田貞吉: きた/さだきち(kita/sadakichi).村瀨栲亭: むらせ/こうてい(murase/kōtei).

(232)「(大人이) 대답할 때에는 소리를 내어 噫라고 하는데, 比喩하면 承諾하는 말 같다(對應聲曰噫, 比如然若)」라는 문장 중의 '噫'에 대하여 井上光貞은 이를 현대 일본어 はい(hai)에 해당되는 古語 あい(ai)의 音借로 보았다(井上光貞, 『日本の歷史』1(神話から歷史へ)(中央公論社, 1973),p.226).

(233) 이 文句가 百納本, 紹興本, 宮內廳本, 中華書局本 등에는「能惑衆」으로, 四史本에는「能感衆」으로 되어있는데, 본서에서는 전자를 따랐다.

(234) 이하 왜국의 정치상황에 관한 기술.

(235) 「그 나라(其國)」라는 문구에 대해서도 역시 그 실체에 관한 문제제기가 이루어졌는데 그 대표적인 설들을 들어보면, 邪馬台國 九州論 쪽에서는, 본문의 其國이라는 어구의 뒷 구절에 나오는 國中이나 共立이라는 文句와 관련지어 邪馬台國을 중심으로 하는 九州地域 政治連合體로서의 倭國을 가리키는 것으로 보는 설이 있고(井上光貞, 『日本國家の起源』, 昭和44(1969)), 邪馬台國 大和論 쪽에서는 專制君主制 國家로서의 邪馬台國 내지 그것을 중심으로 하는 畿內諸國을 가리키는 것으로 보는 설이 있다(上田正昭, 『日本古代國家成立史の硏究』, 昭和34(1959)).(佐伯有淸, 「二邪馬台國問題の再檢討」『硏究史戰後の邪馬台國』(吉川弘文館, 1975), pp.166-173・西嶋定生, 「倭國の女王卑弥呼」『邪馬台國と倭國』(吉川弘文館, 1994), pp.8-10・森田悌, 「倭國の政治構造」『邪馬台國とヤマト政權』(東京堂出版, 1998), pp.118-119).

■ <주요 용어 일본어 발음>

井上光貞:いのうえ/みつさだ(inoue/mitsusada).上田正昭:うえだ/まさあき(ueda/masaaki).

(236) 倭國亂. わこくのらん(wakokunoran). 이 倭國亂이라는 문구와 관련해서는 그것이 발생하게 된 직접적인 원인 내지는 성격에 대한 논의가 이루어져, 邪馬台國 大和論이든 九州論이든 그것을 倭地域 내부의 반란이나 계급대립 내지는 세력다툼의 차원에서 이해하는 것이 일반적이나 예외적으로 倭國亂의 직접적인 원인을 『日本書紀』 崇神紀에 보이는 疫病의 大流行에서 찾는 견해도 있다(志田諄一, 「大和朝廷の成立をめぐる問題」 『駿台史學』 25(1969.9).(井上光貞, 「邪馬台國は專制國家か」『日本國家の起源』(岩波書店, 1969), pp.154-155・井上光貞・永原慶二・兒玉幸多・大久保利謙編, 「「階級社會の歩み」(田中義昭)・「邪馬台國とその時代」(井上光貞)」『日本歷史大系』1(古代文明の形成)(山川出版社, 1995), p.171, pp.190-192・森浩一編, 「前倭人の活躍」『日本の古代1倭人の登場』(中央公論社, 1985), pp.30-34・石井良助・井上光貞編, 「邪馬台國の政治構造-牧健二博士に捧ぐ-」(井上光貞)『シンポジウム邪馬台國』(創文

社, 1975), pp.17-19・佐伯有清,『研究史戰後の邪馬台國』(吉川弘文館, 1975), pp.26-27, p.126・森田悌,「倭國の政治構造」『邪馬台國とヤマト政權』(東京堂出版, 1998), pp.123-125・三品彰英,「注解[其國本亦以男子爲王,住七八十年倭國亂相攻伐歷年]」『邪馬台國研究總覽』(創元社, 1978), p.125・水野祐,「第一部概說篇(九)倭」및「第二部評釋篇[第二十段」倭國總論(Ⅸ)의「相攻伐歷年」項」『評釋魏志倭人傳』(雄山閣, 1987), pp.94-102, p.428・鈴木武樹編,「「卑弥呼考」(1910)」(湖南・內藤虎次郎)」『論集邪馬臺國』(大和書房, 1975), p.175・武光誠編,「わこくたいらん, 倭國大亂」『邪馬台國辭典』(同成社, 1986), pp.189-191・平野邦雄編,「東アジア世界の変貌とヤマト王權」(鬼頭淸明)『古代を考える邪馬台國』(吉川弘文館, 1998), p.266・上田正昭,『日本古代國家成立史の硏究』(靑木書店, 1974), pp.54-55・田中琢,「倭國大いに亂れる」『集英社版日本の歷史②倭人爭亂』(集英社, 1991). pp.75-77・白石太一郎,『古墳と古墳群の硏究』(塙書房, 2000), pp.24-29・寺澤薰,「倭國亂れる」『日本の歷史』2王權誕生(講談社, 2000), pp.228-236・笠井新也,「邪馬臺國は大和國である」『考古學雜誌』12-7(日本考古學會, 1922):「卑彌呼卽ち倭迹迹日百襲姬命」『考古學雜誌』14-7(日本考古學會, 1924)・肥後和男,『邪馬台國は大和である』(秋田書店,1971) 外).

▣ <주요 용어 일본어 발음>

志田諄一:しだ/じゅんいち(shida/jun'ichi).

(237) 共立. きょうりつ(kyōritsu). 이 共立과 관련해서는 그 주체가 누구이냐 하는 문제가 논의되었는데, 이는 앞의 (235)항과 연동되어 있는 사항으로서, 그것을 九州地域 政治連合體를 형성한 邪馬台國을 중심으로 하는 倭諸國勢力으로 비정하는 설(井上光貞), 專制國家를 형성한 邪馬台國 內部 내지 그것을 중심으로 하는 畿內諸勢力으로 비정하는 설(上田正昭)이 있다(三品彰英,「注解[乃共立一女子爲王]」『邪馬台國研究總覽』(創元社, 1978), pp.125-126・佐伯有淸,『硏究史邪馬台國』(吉川弘文館, 1975), pp.234-252, pp.270-273, p.275:『硏究史戰後の邪馬台國』(吉川弘文館, 1975), pp.26-28・武光誠編,『邪馬台國辭典』(同成社, 1986), pp.24-25・白石太一郎,「前方後圓墳出現の歷史的背景」『古墳と古墳群の硏究』(塙書房, 2000), pp.24-31・石井良助・井上光貞編,「邪馬台國の政治構造-牧健二博士に捧ぐ-」(井上光貞)『シンポジウム邪馬台國』(創文社, 1975), pp.26-27:「邪馬台國は專制國家か」『日本國家の起源』(岩波書店, 1969), pp.154-155・井上光貞・永原慶二・兒玉幸多・大久保利謙,「古代部分의 甘粕 健執筆內容」『日本歷史大系』1(山川出版社, 1995)・上田正昭,「日本神話論」『講座日本史』(歷史學硏究會・日本史硏究會,

1971), pp.100-106・小林行雄,「大和地方の自然的優位」『古墳の話』(岩波書店, 1969), pp.45-46:『民族の起源』(塙書房, 1972):「古墳の發生の歷史的意義」『史林』38-1(京都大學文學部, 1955):,「古墳文化の形成」『岩波講座日本歷史』1(原始および古代)(岩波書店, 1962):『古墳の話』(岩波書店, 1969)・森田悌,「倭國の政治構造」『邪馬台國とヤマト政權』(東京堂出版, 1998), pp.106-147・田中琢,『集英史版日本の歷史②倭人爭亂』(集英社, 1991)・水野祐,『評釋魏志倭人傳』(雄山閣, 1987)).

(238)「이에 共立하여, 한 女子를 王으로 삼았는데(乃共立, 一女子爲王)」라는 구절은 卑彌呼의 즉위를 이야기하는 것으로 여겨지고 있다.

卑彌呼의 卽位時期에 대해서는 邪馬台國 大和論이든 九州論이든 그것을 2세기 후반으로 보는 것이 통설이나 최근 고고학계의 邪馬台國 大和論 쪽에서는 大和地域의 定型的인 前方後圓墳 出現 以前의 '纏向型 前方後圓墳'의 하나인 石塚古墳에 대한 編年을 기반으로 그것을 3세기 초반으로 잡는 학설들도 있다(佐伯有淸,『硏究史邪馬台國』(吉川弘文館, 1975):『硏究史戰後の邪馬台國』(吉川弘文館, 1975)・井上光貞,『日本國家の起源』(岩波書店, 1969)・石井良助・井上光貞編,「邪馬台國の政治構造-牧健二博士に捧ぐ-」(井上光貞)『シンポジウム邪馬台國』(創文社, 1975)・三品彰英,「注解[其國本亦以男子爲王,住七八十年倭國亂相攻伐歷年] 및 硏究論文抄三〇, 中山平次郎「漢委奴國王印出土狀態より見たる漢魏時代の動靜に就て」(同名)」『邪馬台國硏究總覽』(創元社, 1978)・田中琢,「警戒する倭人」『日本の歷史②倭人爭亂』(集英社, 1991)・石野博信,『邪馬台の考古學』(吉川弘文館, 2001)・汪向榮・夏應元編,「二≪三國志・魏志・倭人傳≫」『中日關係資料彙篇』(中華書局, 1984)).

(239) 卑彌呼. ひみこ(himiko), ひめこ(himeko), ひむか(himuka), ひむほ(himuho). 卑彌呼와 관련해서는 대개 그 實體와 語義에 대한 논의가 있었다.

우선 實體에 대하여 邪馬台國 大和說 쪽에서는 神功皇后로 보는 설(新井白石), 垂仁天皇의 皇女이자 日葉酢媛命의 딸인 倭姬命으로 보는 설(內藤湖南), 孝靈天皇의 皇女이자 崇神天皇의 叔母인 倭迹迹日百襲姬命으로 보는 설(笠井新也・肥後和男・和歌森太郎) 등 대개 大和地域 大和朝廷의 인물로 보는

논설이 주류를 이루었고, 邪馬台國 九州說 쪽에서는 神功皇后를 詐稱한 熊襲의 類로 보는 설(本居宣長), 九州地域의 國造나 縣主 혹은 女酋로 보는 설(星野恒), 『日本書紀』 所載 景行天皇의 九州征服說話에 나오는 福岡縣의 八女津媛으로 보는 설(久米邦武) 등 九州地域의 土豪로 보는 설이 주류를 이루었으나 양자의 유형이 반드시 획일적인 것은 아니고 비정 대상이 서로 교차되는 경우도 있어 주의를 요한다.

또한 卑弥呼라는 이름의 語義에 대해서는 그것을 姬命 내지 姬尊(ひめみこと(himemikoto)):신분이 높은 尊貴한 여인)을 傳譯한 약칭으로 보는 견해와 日の巫女(ひのみこ(hinomiko)) : 太陽神을 섬기는 女司祭)를 의미하는 말로 보는 견해 등이 있다(石原道博 編譯, 『中國正史日本傳(1)新訂魏志倭人傳他三篇』(岩波書店, 1991), pp.49-50・三品彰英,「(魏志倭人傳)注解」『邪馬台國研究總覽』(創元社, 1978)・水野祐,「第二部評釋篇「[評第二十七]卑弥呼論」項　및「[第二十八段]倭魏涉外關係史(Ⅵ)-女王壹与共立條의「卑弥呼以死, 大作塚」項」『評釋魏志倭人傳』(雄山閣, 1987), pp.469-477, pp.564-565・鈴木武樹編,「「倭女王卑弥呼考」(1910)」(白鳥庫吉)・「卑彌呼考」(1910)」(湖南・內藤虎次郎」『論集邪馬臺國』(大和書房, 1975), p.104, p.165・武光誠編,「ひみこ(ひめこ), 卑弥呼」「やまとととひももそひめ, 倭迹迹日百襲嬉」「やまとひめのみこと, 倭姬命」『邪馬台國辭典』(同成社, 1986), p.164, pp.166-167, pp.181-182・森浩一,『倭人伝の世界-わたしの古代學-』(小學館, 1989), pp.69-72, p.91・森田悌,『邪馬台國とヤマト政權』(東京堂出版, 1998), pp.139-140・水野祐,「第二部評釋篇[第二十段]倭國總論(Ⅸ)條의「名曰卑弥呼」項」「[第二十八段]倭魏涉外關係史(Ⅵ)-女王壹与共立條의「卑弥呼以死,大作塚」項」『評釋魏志倭人傳』(雄山閣, 1987). pp.429-431, p.556・三品彰英,『邪馬台國研究總覽』(創元社, 1978), p.145, pp.126-129・山岸良二,「卑弥呼の墓は“古墳”なのか」『　別冊｜歷史讀本』(新人物往來社, 1997), pp.41-42・肥後和男,『邪馬台國は大和である』(秋田書店, 1971), pp.73-259・和田萃,『大系日本の歷史❷｜古墳の時代｜』(小學館, 1997), pp.27-28・佐伯有淸,『研究史邪馬台國』(吉川弘文館, 1975), p.9, pp.21-27, p.50, pp.79-94, p.142-143, p.283・井上光貞・永原慶二・兒玉幸多・大久保利謙編,「邪馬台國とその時代」(井上光貞)『日本歷史大系』1(古代文明の形成)(山川出版社, 1995), pp.192-193의 脚註18)・石野博信,「卑弥呼の墓を求めて」『邪馬台の考古學』(吉川弘文館, 2001), p.56・汪向榮・夏應元編,「二≪三國志・魏志・倭人傳≫」『中日關係資料彙篇』(中華書局, 1984), p.18).

■ <주요 용어 일본어 발음>

星野恒:ほしの/ひさし(hoshino/hisashi).久米邦武:くめ/くにたけ(kume/kunitake).

(240)「그 나라는 本來 또한 男子로써 王을 삼았는데, 住七八十年에, 倭國에 亂이 일어나, 서로 歷年 攻伐하였다. 이에 共立하여, 한 女子를 王으로 삼았는데, 이름을 卑弥呼라 하였다(其國本亦以男子爲王, 住七八十年, 倭國亂, 相攻伐歷年. 乃共立, 一女子爲王, 名曰卑彌呼)」라는 문장은『後漢書』倭傳에는「安帝永初元年, 倭國王帥升等, 獻生口百六十人, 願請見, 桓靈間, 倭國大亂, 更相攻伐, 歷年無主」라는 내용으로,『梁書』倭傳에는「漢靈帝光和中, 倭國亂, 相攻伐歷年」이라는 내용으로,『北史』俀(倭)國傳에는「靈帝光和中, 其國亂, 遞相攻伐, 歷年無王」이라는 내용으로,『太平御覽』所引의『魏志』에는「又曰倭國本以男子爲王, 漢靈帝光和中, 倭國亂, 相攻伐無定」이라는 내용으로 각각 되어 있는 등 史書마다 조금씩 그 내용이 달라, 일본학계에서는 위의 각 기사들을 비교, 분석하여 본래의 문장에 대한 복원을 시도하는 연구가 이루어졌는데, 그 논의의 핵심은 위의 문장들로부터 倭國大亂이 일어난 시기 내지 卑彌呼가 즉위한 시기가 2세기 후반의 光和 中 혹은 桓靈年間이라는 사실을 이끌어 내고, 이 2세기 후반의 시기들과 연결되어 있는 '住七八十年'이라는 것이 卑彌呼가 魏에 遣使한 景初年間(237-239)으로부터 逆으로 計算된 數値이냐, 아니면 倭國에서 男王들이 재위했던 後漢의 中元, 永初 무렵에서부터 헤아려진 數値이냐 하는 점에 모아져 있다.

이는 바꾸어 말하면 상기의 논의과정 속에서 卑弥呼의 登場時期를 2세기 후반으로 보는 오늘날의 통설이 배태된 것이라 할 수 있다(佐伯有淸,『研究史邪馬台國』(吉川弘文館, 1975), pp.237-240:『研究史戰後の邪馬台國』(吉川弘文館, 1975), pp.26-30, pp.162-174・井上光貞,『日本國家の起源』(岩波書店, 1969), pp.29-34・石井良助・井上光貞編,「邪馬台國の政治構造-牧健二博士に捧ぐ-」(井上光貞)『シンポジウム邪馬台國』(創文社, 1975), pp.15-27・井上光貞・永原慶二・兒玉幸多・大久保利謙編,「「邪馬台國とその時代」(井上光貞)」『日本歷史大系』1(古代文明の形成)(山川出版社, 1995), pp.192-193・森田悌,『邪馬台國とヤマト政權』(東京堂出版, 1998), pp.118-123・三品彰英,『邪馬台國研究總覽』(創元社, 1978), pp.122-125, p.210・水野祐,「第二部評釋篇[第二十段]倭國總論(IX)條의「住七八十年」項」」『評釋

魏志倭人傳』(雄山閣, 1987), pp.426-427・原島礼二,「高地性集落」『邪馬台國から古墳の發生へ』(六興出版, 1987), pp.177-180・田中琢,「警戒する倭人」『日本の歷史②倭人爭亂』(集英社, 1991), pp.32-36・汪向榮・夏應元編,「二≪三國志・魏志・倭人傳≫」『中日關係資料彙篇』(中華書局, 1984), p.18).

(241) 鬼道. きとう(kitō). 이 鬼道라는 語句에 대해서도 역시 그 실체에 관한 문제제기가 이루어졌는데, 그 대표적인 논설들을 살펴보면, 日本의 傳統信仰으로서 초자연적인 靈力과 일체화하여 神意를 엿보는 것을 주요한 내용으로 삼는 것으로 보는 설, 中國 등 外來系統의 샤머니즘으로 보는 설, 卑彌呼가 中國에서 유행하고 있던 後漢 張魯의 道敎를 導入하여 倭國의 國敎로 삼은 것으로 보는 설, 南方的인 憑依形 샤머니즘을 도교적 요소로 재조직한 것으로 보는 설, 靈魂崇拜 祖靈信仰으로 보는 설 등 제설이 있는데, 이 중 어느 설을 취하느냐는 卑彌呼의 司祭的 性格에 대한 이해와 밀접한 연관이 있다(肥後和男,「ヤマトトトヒモモソヒメの登場」『邪馬台國は大和である』(秋田書店, 1971), pp.187-188・三品彰英,『邪馬台國硏究總覽』(創元社, 1978), pp.128-129・森浩一,『倭人伝の世界-わたしの古代學-』(小學館, 1989), pp.86-87・武光誠編,「鬼道」『邪馬台國辭典』(同成社, 1986), pp.68-70・森田悌,「倭國の政治構造」『邪馬台國とヤマト政權』(東京堂出版, 1998), pp.142-144・水野祐,「第二部評釋篇「[評第二十七]卑弥呼論」項」『評釋魏志倭人傳』(雄山閣,1987), pp.469-477).

(242)「鬼道를 섬겨, 能히 무리들을 迷惑시켰다(事鬼道, 能惑衆)」라는 내용을 小林行雄은 首長이자 司祭者였던 卑弥呼의 역할을 오해한 것으로 보았다(小林行雄,「首長が司祭者であった時代」『古墳の話』(岩波書店, 1969),pp.53-54).

(243)「나이가 이미 찼으나(年已長大)」라는 卑彌呼의 年齡 記述에 대하여, 邪馬台國 連合體의 形成時期를 3세기 초반으로 보는 特異說을 제외한, 邪馬台國 連合體의 形成時期를 2세기 후반으로 보는 통설에서는 그녀가 3세기 중반 당시 오늘날의 나이계산법으로 대략 70세 정도였던 데 대한 표

현으로 이해하는 것이 일반적이나 이에 비해 古田武彦는 卑彌呼의 나이를 35세로 추정한 적이 있다. 다만 古田武彦는 3세기 왜의 사회에서는 「一年二倍年暦」을 따르고 있었기 때문에 당시 사람들은 卑弥呼의 나이를 35세의 두 배인 70세로 인식하였을 것으로 보았다(古田武彦,『ここに古代王朝ありき邪馬一國の考古學』(朝日新聞社, 1979), pp.3-5. 外).

(244) 夫壻. ふせい(fusei). 지아비.

(245) 男弟. おおど(ōdo). 본문에 卑弥呼의 統治를 佐治한 것으로 나오는 男弟의 실체에 대해서는 이를 卑弥呼와의 상호관계의 관점에서, *『おもろ雙紙』의 관련기술을 토대로 二重統治體制 하에 있었던 古琉球의 男性王과 그 女君인 きこえ大君의 관계와 유사한 것으로 보는 견해(佐喜眞興英『女人政治考』(1926.6)), 倭姫命에 대한 倭建命이나 神功皇后에 대한 仲哀天皇과 같은 관계로 보는 견해(武光誠編, 「だんてい,男弟」『邪馬台國辭典』(1986)) 등을 비롯한 제설이 있다(石原道博編譯,『中國正史日本傳(1)新訂魏志倭人傳他三篇』(岩波書店, 1991), pp.49-50・森浩一,『倭人伝の世界-わたしの古代學-』(小學館, 1989), pp.82-83, pp.87-90・佐伯有淸,『硏究史邪馬台國』(吉川弘文館, 1975), pp.190-192・三品彰英, 「(注解)[有南弟佐治國]「硏究論文抄, 六九, 佐喜眞興英『女人政治考』(大正十五年六月)」『邪馬台國硏究總覽』(創元社, 1978), pp.129-130, pp.271-273・武光誠編, 「だんてい, 男弟」『邪馬台國辭典』(同成社, 1986), pp.140-141・肥後和男, 「ヤマトトトヒモモソヒメの登場」『邪馬台國は大和である』(秋田書店, 1971), pp.188-191. 外).

* おもろ雙紙. おもろさうし 혹은 おもろそうし(omorosaushi 혹은 omorosōshi). 13세기부터 14세기까지의 古琉球의 神歌를 모아놓은 책이다.

■ <주요 용어 일본어 발음>

きこえ:kikoe.佐喜眞興英:さきま/こうえい(sakima/kōei).倭姫命:やまとひめのみこと(yamatohimenomikoto).倭建命:やまとたけるのみこと(yamatotakerunomikoto).神功皇后:じんぐうこうごう(jingūkōgō).仲哀天皇:ちゅうあいてんのう(chūaitenno).

(246) 「왕이 된 이래로, 모습을 본 이가 드물었다(自爲王以來, 少有見者)」라는 구절을 三品彰英는 幽事的 世界를 섬기는 司靈者가 俗的 環境으로부터 분리되어 聖能을 나타내었던 사실을 기술한 것으로 이해하였다(三品彰英, 「(注解)[自爲王以來少有見者]」『邪馬台國硏究總覽』(創元社, 1978), p.130).

(247) 「婢千人」의 실체에 대해서는 이를 卑彌呼의 「事鬼道」를 補助하는 女神官들로 보는 설, 女子奴婢이되 宮廷巫女团의 役割도 동시에 겸한 것으로 보는 설, 卑彌呼에 의해 全國의 各 神社에 配置된 巫女로 보는 설 등 제설이 있다(三品彰英, 『邪馬台國硏究總覽』(創元社, 1978), p.130, pp.271-273 · 肥後和男, 「大和王朝の外交能力」『邪馬台國は大和である』(秋田書店, 1971), pp.204-205 · 水野 祐, 「第二部 評釋篇[第二十一段]倭國總論(X)條의 「以婢千人.自侍」項」『評釋魏志倭人傳』(雄山閣, 1987), p.406).

(248) 「음식을 供給하고 말을 전하도록(給飮食傳辭)」에서의 '給飮食'을 森浩一 敎授는 폴리네시아 마오리족의 추장이 밥을 먹을 때 자신의 손을 뒤로 돌려 사용하지 않고 시중드는 여성이 입에 먹여주는 행위와 같은 것으로 보았다(森浩一, 『倭人伝の世界-わたしの古代學-』(小學館, 1989), pp.83-84)).

(249) 여기에 나오는 「宮室」 「樓觀」 「城柵」이라는 용어 중에서 우선 「宮室」은 단지 地上에 構築한 家屋, 곧 住居를 말하는 것인데, 이처럼 宮室이라는 말이 통념과 같이 '왕의 방'이라는 뜻이 아니라 평범한 주거를 가리키는 뜻으로 쓰인 이유는 古代에는 귀천을 가리지 않고 모두 거처를 宮이라 하였기 때문이라 한다. 그러나 秦始皇 이후에는 오로지 皇帝나 皇族의 주거에 한해서 宮으로 칭하게 되었고, 여기에서 「宮城」 「宮禁」 「離宮」 「帝宮」이라는 용어가 파생적으로 생겨났다고 한다.

또한 樓觀은 高殿 또는 望樓를 가리키는 용어이고, 「城柵」은 城壘와 같고 城堡와도 동의어로서 敵을 防禦하기 위한 城砦를 가리키는 용어라고 한다(水野祐, 「第二部評釋篇[第二十一段]倭國總論(X)條의 「宮室樓觀. 城柵. 嚴設」 項」『評釋魏

志倭人傳』(雄山閣, 1987), p.408).

(250)「女王國 東으로 바다를 千餘里 건너면, 다시 나라가 있는데, 모두 倭種이다(女王國東渡海千餘里, 復有國, 皆倭種)」라는 구절을 둘러싼 연구사에 대해서는 三品彰英이 정리한 제설 중 주요한 것만을 옮기면 다음과 같다.

위의 문장이 『漢書』 地理志 所引의 『魏略』에서는 「度海千里復有國皆倭種」이라고 되어 있어 東이라는 글자가 빠져 있고, 『後漢書』에는 「自女王國東度海千餘里至狗奴國雖皆倭種而不屬女王」이라고 하여 狗奴國이 女王國의 동쪽에 있는 것으로 되어 있는데, 이 중 우선 『魏志』와 『魏略』의 差異에 대해서는 수많은 학자들이 그것을 『魏略』에는 본래 東이라는 文字가 없었다가 『魏志』에서 처음 첨가되어진 것으로 본 것에 비해, 邪馬台國 九州說의 橋本增吉는 『漢書』 地理志 所引의 魏略에 東이라는 文字가 보이지 않는다고 하여 곧바로 『魏略』의 原文에 그 文字가 없었을 것이라고 추단하는 것은 잘못이며, 東쪽이라는 말은 女王國 쪽에 附屬되어 女王國이라는 말과 더불어 생략된 것이라고 하는 견해를 내었다(橋本增吉, 『東洋思想より觀より日本上古史研究-邪馬台國論考』(1932.11)).

이어 『後漢書』의 기술에 대해서는 邪馬台國 九州說의 白鳥庫吉가 그것을 『魏志』의 「女王國東度海千餘里復有國皆倭種」과 「此女王境界所盡其南有狗奴國」의 二句를 連結하여 改作한 것으로 『後漢書』의 著者 范曄은 『魏志』에 기술되어 있는 「其餘旁國」의 최후의 나라인 奴國이 「倭國之極南界」에 위치하는 까닭에 그 나라의 南方에 다시 『魏志』에서 이야기하는 것과 같이 狗奴國은 존재할 수 없다고 생각하여 '사실과는 다르게' 東方으로 고쳐 쓴 것이라 추정하였고(鈴木武樹 編, 「倭女王卑弥呼考(1910)」(白鳥庫吉)」 『論集邪馬臺國』(1975)), 橋本增吉은 이와 같은 『後漢書』의 改作說을 취하면서도 그 이유는 劉宋時代의 范曄이 알고 있었던 邪馬台國은 畿內 大和였기에 그는 『魏書』 『魏略』에 쓰여져 있는 魏時代의 사실과는 다르게 南을 東으로 생각하고 썼을 것이라고 하였으며(上同), 이들 兩氏의 설에 대하여 邪馬台國 大

和說의 山田孝雄은 『魏志』의 方向記述은 본래 90度의 誤謬가 있고, 따라서 『後漢書』가 『魏志』의 南을 東으로 訂正하여 기술한 것은 당연한 귀결로 보아야 할 것이라고 언급하면서 이를 氏의 狗奴國=毛野國說의 유력한 근거로 삼았다(山田孝雄「狗奴國考 古代東國文化の中心」(『考古學雜誌』第十二卷第八・九・10・11・12(1922.4~8).(三品彰英, 「(注解)[女王國東渡海千餘里復有國皆倭種] 및 硏究論文抄 五三,山田孝雄「狗奴國考 古代東國文化の中心」(『考古學雜誌』第十二卷 第八・九・10・11・12號, 大正十一年 四月~八月・橋本增吉『東洋思想より觀より日本上古史硏究-邪馬台國論考』(昭和七年十一月)」『邪馬台國硏究總覽』(創元社, 1978), pp.131-132, pp.303-304).

(251) 侏儒國. しゅじゅこく(shujukoku). 侏儒란 小人 즉 난장이를 지칭하는 말이다. 이 侏儒國이라는 기술에 대해서는 그것이 거리상으로 邪馬台國으로부터 너무나 멀리 떨어져 있는 것으로 되어있고, 또한 그렇듯 키가 작은 사람들이 따로이 국가를 형성하여 살았음이 증명되지 않는다는 이유를 들어 해당 기술의 사실성을 부정적으로 보는 견해가 있는가 하면, 필리핀이나 東南아시아의 島嶼地方 혹은 네그리트족 등의 身長 150㎝ 이하의 小種族들을 가리키는 것으로 보는 견해도 있다(武光誠編, 「しゅじゅこく, 侏儒國」『邪馬台國辭典』(同成社, 1986), pp.111-112・三品彰英, 「(注解)侏儒國」『邪馬台國硏究總覽』(創元社, 1978), p.132・水野 祐, 「第二部評釋篇[第二十二段]東方倭人國とその他の諸國條의 「又有侏儒國.在其南人長三四尺」項」『評釋魏志倭人傳』(雄山閣, 1987), pp.475-482・新妻利久, 「五行思想と「倭人伝」『やまと邪馬台國』(新月社, 1968), p.65・林範植 지음, 『『三國志』 魏書 東夷傳 倭人條에 나타난 倭人의 世界』 (백산자료원,2012),p.81).

(252) 裸國. らこく(rakoku). 裸體族이 사는 나라. 裸國에 관한 기술은, 본문의 다른 곳에서 倭國의 位置를 「計其道里, 當在會稽東治之東」이라고 하여 현재의 中國 福建省 동쪽에 비정하고 있고, 또 倭의 風俗・物産의 특징을 「所有無与儋耳朱崖同」이라는 식으로 현재 中國의 海南島 地域과 有似한 곳으로 간주하는 등 일반적으로 倭國을 실제의 日本列島 보다 남방으로 상당히 떨어진 곳에 위치한 것으로 기술하고 있는 사실로부터 魏人이

南洋 風土에 관한 애매한 지식으로 조작한 것으로 보는 설, 倭國이 남방의 풍토를 지녔을 것으로 오해하여 추측적으로 기술한 것으로 보는 설 등이 있다.

이 裸國과 관련하여 주목되는 것으로, 8세기 후반에서 9세기 전반에 작성된 敦煌文書 P.1283에 따르면, 甘肅省 回廊地帶에서 투르판에 이르는 지역의 어느 한 곳에 있었던 Hor人의 기록에는 Monba Beg-tse라고 하는 벌거벗고 사는 나라가 있다는, 막연한 遠方에 대한, 추상적인 내용이 실려 있다고 한다(武光誠 編, 「らこく, 裸國」『邪馬台國辭典』(同成社, 1986), pp.183-184 · 水野祐, 「第二部評釋篇[第二十二段]東方倭人國とその他の諸國條의 「又有裸國.黑齒國」項」『評釋魏志倭人傳』(雄山閣, 1987), p.483 · 盧泰敦, 「돈황(燉煌)문서 P.1283의Mug-lig」『고구려사연구』((주)사계절출판사, 1999), pp.529-534).

(253) 黑齒國. こくしこく(kokushikoku). 이 黑齒國에 관한 기술에 대해서는, 동남아시아 열대지방에서 植生하는 檳榔樹의 열매인 檳榔子를 씹으면 치아가 검어진다는 점에 착안하여 그것을 南方種族 혹은 臺灣에 관한 기술로 보는 설, 黑齒의 風俗이 고고학적으로 弥生時代까지 日本에서 발견되지 않는 사실을 토대로 陳壽가 南方社會에 대한 지견을 갖고 쓴 반공상적인 윤색으로 보는 설, 古墳時代의 日本列島에서 黑齒人骨이 발견되는 사실을 근거로 日本에서 자생한 檳榔의 風習으로 보는 설 등이 있다(三品彰英, 「注解[黑齒國]」『邪馬台國硏究總覽』(創元社, 1978), p.132 · 水野祐, 「第二部評釋篇[第二十二段]東方倭人國とその他の諸國條의 「又有裸國.黑齒國」項」『評釋魏志倭人傳』(雄山閣, 1987), p.483 · 武光誠編, 「こくしこく, 黑齒國」『邪馬台國辭典』(同成社, 1986), pp.87-88).

(254) 參問. さんもん(sammon). "헤아려 보면"이라는 뜻이다.

(255) 「參問하면, 倭地는, 외떨어진 海中洲島上에 있고, (길이) 혹은 끊기기도 하고 혹은 이어지기도 하며, 周旋이 가히 5千餘里이다(參問, 倭地, 絶在海中洲島之上, 或絶或連, 周旋可五千餘里)」라는 문장 중에서는 '周旋可五千餘里'

라는 문구의 의미를 둘러싼 논의가 보이는데, 三品彰英가 정리한 그 주요설 만을 간단히 정리하면 다음과 같다.

本居宣長 이래의 邪馬台國 九州論者들이 周旋을 '周圍'의 뜻으로 보고 九州一島를 가리키는 것으로 이해하였던 것에 비해, 邪馬台國 大和論者인 山田孝雄은 기존 九州說의 견해와 같이 『魏志』의 倭地를 南北으로 길게 뻗어있는 섬이라는 입장에서 狗邪韓國으로부터 南 5千餘里라는 구절을 이해할 경우 邪馬台國은 *奄美大島 부근이 되므로 日本列島의 地理와 부합되지 않는다는 문제의식 하에서, **『佩文韻府』의 周旋의 用例 중에 스스로 '旋轉하여 行動한다'(=돌아다닌다)는 의미가 있음을 찾아내고 그것을 토대로 周旋이라는 말은 (魏使가) 九州一島 만이 아닌 大和地域까지 포함한 日本列島 全體를 旋轉하였다(돌아다녔다)는 의미를 묘사한 것으로 보고 南 5千餘里를 東 5千餘里로 고쳐 投馬國과 邪馬台國을 本州 안에서 찾아야 할 것이라고 주장하였다(山田孝雄, 「狗奴國考-古代東國文化の中心-」『考古學雜誌』12-8・9・10・11・12, 大正11(1922)).(三品彰英, 「注解[參問倭地絶在海中洲島之上或絶或連周旋可五千餘里] 및 研究論文抄 五三, 山田孝雄「狗奴國考-古代東國文化の中心-」(『考古學雜誌』第十二卷第八・九・十・十一・十二号,大正十一年四月～八月」『邪馬台國研究總覽』(創元社, 1978), pp.131-135, pp.241-242 外).

* 奄美大島. あまみおおしま(amamiōshima). 九州南方 海上에 있는 奄美群島 혹은 奄美諸島의 主島로서 행정구역상으로 鹿兒島縣에 속하여 있다.
** 佩文韻府. 清代의 蔡升元 등이 康熙帝의 勅을 받들어 편찬한 韻書. 106권.

(256) 이 文句가 百納本, 紹興本, 宮内廳本, 中華書局本 등에는 「景初二年」으로 되어있고, 太平御覽 및 日本書紀 所引의 魏志와 梁書 등에는 「景初三年」으로 되어있는데, 본서에서는 학설에 대해서는 검토를 각 논자의 몫으로 미루고 단지 표기만을 임의적으로 「景初二年」으로 하였다.

(257) 이 語句가 대부분의 本에서는 「難升米」로 되어있고, 『日本書紀』 所引의 魏志에는 「難斗米」로 되어있는데, 본서에서는 전자를 따랐다.

(258) 이 文句가 百納本, 紹興本, 宮內廳本, 中華書局本 등에는 「遣使」로 되어있고, 日本書紀 所引의 魏志에는 「遣吏」로 되어있는데, 본서에서는 후자를 따랐다.

(259) 이 語句가 대부분의 本에는 「劉夏」로 되어있고, 日本書紀 所引의 魏志에는「鄧夏」로 되어있는데, 본서에서는 전자를 따랐다.

(260) 이 句節이 百納本, 紹興本, 宮內廳本, 中華書局本 등에는 「我甚哀汝」로 되어있고, 本에 따라서는 「我甚衰汝」로 되어있는 경우도 있는데, 본서에서는 전자를 따랐다.

(261) 이 語句가 百納本, 紹興本, 宮內廳本, 中華書局本 등에는 「金印紫綬」, 宋南本에는 「銀印紫綬」, 汲古閣本에는 「金銀紫綬」로 각각 되어있는데, 본서에서는 「金印紫綬」를 따랐다.

(262) 이 「漢文帝着皀」의 '皀'가 版本에는 異體字의 略字인 皁로 되어있으나 본서에서는 正字로 썼다.

(263) 이 「鉛丹」의 鉛이 各 本에는 俗字인 鈆으로 되어 있으나 본서에서는 本字를 썼다.

(264) 이하 邪馬台國의 對魏關係에 대한 기술.

(265) 본문에는 이처럼 倭의 女王이 帶方郡에 使者를 파견한 시기가 景初 二年 六月로 되어있지만, 『三國志』 「魏書」 明帝本紀에 帶方郡이 司馬懿의 魏軍에 의해 점령당한 것이 景初 二年 八月로 되어있어 그보다 이전

인 景初 二年 六月에 倭의 使者가 帶方郡으로 갈 수 없었던 점, 『梁書』 및 『日本書紀』 神功皇后紀가 모두 倭의 魏에로의 遣使時期를 景初 3年으로 적고 있는 점 등을 근거로 卑弥呼가 魏에 遣使한 實際時期는 景初 3年으로 고쳐보아야 한다는 견해가 제기되어져(內藤湖南) 최근까지 통설화 되어 있으나*, 이에 대해 魏가 公孫氏의 본거지인 요동정벌을 단행하기 전인 景初 元年 七月에 이미 司馬懿가 후방 교란작전을 감행, 성공하고 새로이 임명한 樂浪太守 劉昕과 帶方太守 鮮于嗣를 각각 상륙시켜 군현을 관할하고 있었기에 景初 二年 八月의 작전은 단지 주력군을 투입한 사건이므로 倭의 景初 二年 六月 遣使에 문제가 없다는 요지의 주장이 제기된 적이 있다(水野祐, 「第二部評釋篇[第二十三段]倭魏涉外關係史(I)-「景初二年」條의 [評第二十八]景初三年朝貢改訂說の誤謬」項」」 『評釋魏志倭人傳』(1987)).

본서에서는, 이 중 어느 쪽이 타당한지의 여부에 대해서는 각 논자들의 몫으로 맡기고, 표기만을 편의상 「景初二年」으로 하였다.

한편 문헌상 위의 景初 二年 혹은 三年의 記事는 後漢 安帝 永初 元(107)年 이래 끊어졌던 倭와 中國 本土 間의 외교관계가 재개된 최초의 공식기록이지만, 1970년 봄에 黃河와 揚子江의 중간지점에 있는 中國 安徽省 亳縣의 일명 '元宝坑 1号墓'라 불리우는 後漢時代인 2세기 후반(170년 무렵)의 曺氏墓에서 「.....有倭人以時盟不」이라는 塼銘이 발견되어 위의 공백시기 왜와 중국 간의 교섭상을 엿볼 수 있는 또 다른 자료로 주목받고 있다.

이와 관련하여 한 가지 염두에 두었으면 하는 것으로, 『三國志』 魏書 東夷傳 韓條에 204年 公孫康의 帶方郡 設置에 관한 기술에 이어 "이후 왜, 한은 마침내 대방에 속하였다"라는 기사가 보이는데, 어쩌면 이 또한 107년에서 卑彌呼의 魏로의 遣使時期 사이에 나름대로의 中日關係가 형성되어 있었을 가능성을 시사해 주는 또 다른 자료로 볼 수 있을지 모르겠다(三品彰英,「(注解)[景初二年六月]」『邪馬台國硏究總覽』(創元社, 1978), p.135 · 鈴木武樹編, 「「卑弥呼考(1910)」(湖南 · 內藤虎次郎)」『論集邪馬臺國』(大和書房, 1975), p.174 · 水野祐, 「第二部評釋篇

[第二十三段]倭魏涉外關係史(Ⅰ)-｢景初二年｣條의 [評第二十八]景初三年朝貢改訂說の誤謬 및｢[第二十四段]倭魏涉外關係史(Ⅱ)-｢正始元年｣條의｢倭王因使上表答謝恩詔｣項｣｣『評釋魏志倭人傳』(雄山閣, 1987)), pp.498-505, pp.541-543・大森志郎,｢魏志倭人傳と日本書紀の成立｣『日本文化史論考』(創文社, 1975), pp.3-6・堀敏一,｢卑弥呼の冊封｣『中國と古代東アジア世界-中華的世界と諸民族-』(岩波書店, 1993), p.130・平田俊春,｢神功皇后紀と日本書紀の紀年｣『卑弥呼・邪馬台國の硏究』(東宣出版, 1973), p.219・岡崎敬,｢記念講演｣『論争邪馬台國』(平凡社, 1980), p.50・上田正昭著,｢邪馬台の國｣『歸化人』(中央公論社, 1987), p.51・山尾幸久,｢｢いま一つの威脅・高句麗｣｢ヤマト政權=倭王の國際的認知｣｣『新版・魏志倭人傳』(講談社, 1986), p.16-19, p.223・岡田英弘,｢『魏志倭人伝』を評す｣『末松保和博士古稀紀念會編古代東アジア史論集』下卷(吉川弘文館, 1978), p.45・森浩一,『倭人伝の世界-わたしの古代學-』(小學館, 1989), pp.8-13, pp.127-128・森浩一編,｢編者のメモ｣(森浩一)『倭人伝を讀む』(中央公論社, 1982), pp.199-203・汪向榮・夏應元編,｢二≪三國志・魏志・倭人傳≫｣『中日關係資料彙篇』(中華書局, 1984), p.19).

* 이후에는『太平御覽』에서 卑弥呼의 遣使時期를 景初三年으로 적고 있는 점도 '景初三年說'의 근거로 부가되었다.

(266) 難升米. なしま(nashima), なしめ(nashime), なんしょうみ(nanshōmi). 본문상 大夫 難升米는 景初 二年 六月에 卑彌呼의 명으로 都市牛利와 더불어 帶方郡에 가서 帶方太守 劉夏의 안내로 魏의 明帝를 拜謁, 朝獻하고 魏 明帝로부터 率善中郎將의 官爵과 銀印靑綬 및 卑彌呼에게 주는 親魏倭王의 詔書와 下賜品 등을 가지고 돌아왔고, 正始 6(245)년에는 邪馬台國과 狗奴國과의 政情을 魏에 上申한 인물이다.

難升米의 實體에 대해서는『日本書紀』垂仁朝에 *常世國으로 香果를 求하러 간 것으로 나오는, 天の日矛(amenohiboko)의 一族, 田道間守로 비정하는 內藤湖南의 설이 있다(內藤虎次郎,｢卑弥呼考｣『藝文』1-2・3・4(1910)).(石原道博編譯,『中國正史日本傳(1)新訂魏志倭人傳他三篇』(岩波書店, 1991), p.50・三品彰英,｢(注解)[大夫難升米]『邪馬台國硏究總覽』(創元社, 1978), p.135・鈴木武樹編,｢｢卑弥呼考(1910)｣(湖南・內藤虎次郎)｣『論集邪馬臺國』(大和書房, 1975), pp.166-167・武光誠編,｢なんしょうみ, 難升米｣『邪馬台國辭典』(同成社, 1986), p.155・水野祐,｢第二部評釋篇[第二十三段]倭魏涉外關係史(1)—景初二年の｢遣大夫難升米｣項｣『評釋魏志倭人傳』(雄山閣, 1987), pp.486-487・汪向榮・夏應元編,｢二≪三國志・魏志・倭人傳≫｣『中日關係資料彙篇』(中華書局,1984), p.19).

* 常世國. とこよのくに(tokoyonokuni). 고대 일본에서 신앙된, 바다 저편에 있는 것으로 여겨진, 異世界를 말한다고 한다.

<주요 용어 일본어 발음>

天の日矛:あめのひぼこ(amenohiboko).

(267) 劉夏. りゅうか(ryūka). 본문상 劉夏는 帶方郡 太守로서 景初 二年 六月에 卑彌呼가 보낸 使者인 難升米를 맞이하여 洛陽으로 보낸 인물이다. 劉夏는 다른 사료에는 보이지 않아 그 실체를 알기 어려우나, 公孫氏로부터 帶方郡을 접수한 太守 劉昕으로 보는 설이 있는가 하면, 劉昕을 景初 元年에 비밀리에 파견된 帶方郡의 初代 太守로 보고 劉夏는 그 뒤를 이은 제 2대 太守로 보는 설도 있다(三品彰英, 「(注解)[太守劉夏遣吏]『邪馬台國硏究總覽』(創元社, 1978), p.185 · 水野祐, 「第二部評釋篇[第二十三段]倭魏涉外關係史(1)—景初二年의 「太守劉夏」「帶方太守劉夏」項」『評釋魏志倭人傳』(雄山閣, 1987), p.488, p.489 · 武光誠編, 「りゅうか, 劉夏」『邪馬台國辭典』(同成社, 1986), p.184).

(268) 「景初二年(238년) 六月, 倭女王이, 大夫 難升米 등을 派遣해 郡에 이르러, 天子께 朝獻하도록 보내주기를 要求하자, 太守 劉夏가, (護送하는) 官吏와 將帥를 派遣하여, 京都로 보내 왔다(景初二年六月, 倭女王, 遣大夫難升米等詣郡, 求詣天子朝獻, 太守劉夏, 遣吏將, 送詣京都)」라는 卑弥呼의 魏로의 遣使記錄에 대해서는 오늘날 일본학계에서 卑弥呼의 탁월한 외교적 능력을 평가하는 차원의 견해들이 부각되고 있는데, 그 代表的 實例를 들어보면, 肥後和男은 卑弥呼가 魏에 使者를 派遣한 것은 魏가 公孫氏를 물리치고 樂浪과 帶方을 回復한 것을 慶賀하고 이를 통해 魏로부터 冊封을 받아 倭國 內에서의 자신의 지위를 높이기 위한 뛰어난 지도력을 발휘한 것이며, 卑弥呼는 이 遣使를 통해, 이전에 北九州의 奴國王이 遣使하여 「漢委奴國王」이라는

한정된 칭호를 받았던 것에 비해, 日本列島 全體의 倭國王으로 책봉되는 효과를 거두었다고 하였다(肥後和男,「ヤマトトトヒモモソヒメの登場」『邪馬台國は大和である』(1971)). 또한 森浩一은 이를 中國과의 교통을 차단하고 있던 公孫氏 勢力의 멸망 사태에 당하여 때를 놓치지 않은 기민한 외교상의 움직임으로 보았다(森浩一,『倭人伝の世界-わたしの古代學-』(1989)).(佐伯有淸,『硏究史戰後の邪馬台國』(吉川弘文館, 1975), pp.30-31, pp.69-71・肥後和男,「ヤマトトトヒモモソヒメの登場」『邪馬台國は大和である』(秋田書店, 1971), pp.196-201・森浩一,『倭人伝の世界-わたしの古代學-』(小學館, 1989), p.27. 外).

(269) 制詔. せいしょう(seishō).「制詔」란 황제의 명령을 가리키는 말로 策書, 制書, 詔書, 戒書 등의 諸 詔書形式 중 制書의 정형적인 문투를 가리키는 용어이며, 드물게는 策書形式에 사용되기도 하는 용어라고 한다.

또한 制書는 九卿, 經書의 官, 近時의 官 등을 任命할 때 쓰는 형식용어이고, 策書는 三公諸侯王을 임명할 때 쓰는 형식용어라고 한다(三品彰英,「(注解)[制詔]『邪馬台國硏究總覽』(創元社, 1978), p.136・水野祐, 「第二部評釋篇[第二十三段]倭魏涉外關係史(1)—景初二年의「制詔」項」『評釋魏志倭人傳』(雄山閣, 1987), p.489・武光誠編,「詔書」『邪馬台國辭典』(同成社, 1986), p.113-114), p.135).

(270) 太守. たいしゅ(taishu). 太守는 秦代에 설치되어 郡守라 하였는데, 前漢 景帝 中元 2(기원전 148)년에 太守로 개칭하였다. 太守는 후에 다시 刺史로 개칭되어지며, 宋代 以後에는 知事의 雅稱이 되었다고 한다.

여기에서는 帶方太守를 가리킨다(石原道博 編譯,『中國正史日本傳(1)新訂魏志倭人傳他三篇』(岩波書店, 1991), p.50・三品彰英,「(注解)[太守劉夏遣吏]『邪馬台國硏究總覽』(創元社, 1978), p.185. 外).

(271) 都市牛利. づしごり(zushigori), づがり(zugari). 都市牛利는 본문상 景初 二年 六月에 卑弥呼의 命으로 難升米와 더불어 帶方郡에 가서 帶方太守 劉夏의 안내로 魏의 明帝에게 生口와 貢物을 바치고 率善校尉로

임명되어 銀印靑綬를 假授받는 한편 卑弥呼에게 주는 親魏倭王의 조서와 하사품을 가지고 돌아온 인물이다.

都市牛利의 實體에 대하여 邪馬台國 大和說의 內藤湖南은 그 발음을 づしごり(zushigori) 혹은 づがり(zugari)로 읽은 다음 그를 出雲 出石 出身으로서 孝昭天皇의 *食地臣인 出石心(いずしこころ(izushikokoro)) 내지 出雲郡에 소재한 都我利神社의 祭神 津狡命(つがりのみこと(tsugarinomikoto))에 비정하였다(內藤湖南, 「卑弥呼考」『藝文』1-2・3・4(1910)).(石原道博 編譯, 『中國正史日本傳(1)新訂魏志倭人傳他三篇』(岩波書店, 1991), p.51・鈴木武樹編, 「「卑弥呼考」(1910)」(湖南・內藤虎次郞)」『論集邪馬臺國』(大和書房, 1975), pp.167-168・三品彰英, 「(注解)[都市牛利]」『邪馬台國硏究總覽』(創元社, 1978), pp.136-137・水野祐, 「第二部評釋篇[第二十三段]倭魏涉外關係史(1)—景初二年의「都市牛利」項」『評釋魏志倭人傳』(雄山閣, 1987), pp.489-490・吉田孝, 「都市は官名か」『日本の誕生』(岩波書店, 1997), pp.37-39・森田悌, 「倭國の政治構造」『邪馬台國とヤマト政權』(東京堂出版, 1998), pp.135-139・汪向榮・夏應元編, 「二≪三國志・魏志・倭人傳≫」『中日關係資料彙篇』(中華書局, 1984), p.19. 外).

* 食地臣. けくにおみ(kekuniomi). 飮食供養의 祭祀를 上申하는 신하.

<주요 용어 일본어 발음>

都我利神社:つがりじんじゃ(tsugarijinja).

(272) 斑布2匹2丈. はんぷにひつにじょう(hampunihitsunijō). 斑布란 주름 혹은 다양한 색깔이 섞여 있는 明紬 내지 綿布를 말한다. 또한 匹은 布帛 길이의 단위인데, 魏의 척도법상 1尺은 23㎝, 1丈은 10尺, 四丈이 1匹이었으므로, 2匹 2丈은 23m의 길이가 되며, 이를 端單位로 換算하면, 1端은 1丈 8尺 내지 2丈에 해당되므로, 2匹 2丈은 약 5端 정도가 된다(三品彰英, 「(注解)[斑布2匹2丈]」『邪馬台國硏究總覽』(創元社, 1978), p.137・水野祐, 「第二部評釋篇[第二十三段]倭魏涉外關係史(1)—景初二年의「斑布」및「二匹二丈」項」『評釋魏志倭人傳』(雄山閣, 1987), pp.490-491・武光誠編, 「はんぷ 斑布」『邪馬台國辭典』(同成社, 1986), p.158).

(273) 親魏倭王. しんぎわおう(shingiwaō).「親○○○制詔」라는 칭호는 後漢부터 魏晋代까지의 詔書 記載形式으로, 『三國志』에는 이 외에도 明帝 太和 3(230)년에 魏가 과거 흉노와 다투었던 大月氏의 後身인, 지금의 印度에서 아프카니스탄 지역에 걸쳐 있었던, 쿠샨왕조(大月氏)의 王 波調(바스데비)에게 보내는 詔書에 「親魏大月氏王」이라는 칭호를 사용한 예가 보이는데, 이 둘은 中國이 外臣에게 주는 칭호로서는 최고의 것이라고 한다.

이처럼 魏가 倭의 卑彌呼에게 「親魏倭王」이라는 파격적인 우대의 작호를 부여한 것이나, 이 문장 하단에 실려 있는, 卑彌呼가 帶方郡으로 使者를 파견하여 조공한데 대한 답례로서 倭國의 朝貢物과는 비교가 안 될 정도로 厚한 答禮品과 個人賜物, 金印을 下賜하는 형태의, 魏의 倭에 대한 특별한 親和外交 태도의 이유에 대해서는, 대개 이를 魏가 周邊諸民族을 자신의 내부질서에 편입시키려는 政策 내지 吳, 公孫氏, 高句麗, 韓族 등에 대한 견제책의 일환으로 이해되고 있다.

한편 이에 비해 卑彌呼가 魏에 朝貢한 이유에 대해서는, 앞서도 잠간 언급했지만, 魏의 權威를 빌어 倭國 內에서의 자신의 권위를 높이려는 卑彌呼의 탁월한 외교능력의 차원에서 이해되고 있다(佐伯有清, 「東アジア世界と邪馬台國」『研究史戰後の邪馬台國』(吉川弘文館, 1975), pp.214-221 · 森浩一, 「機敏な邪馬台國の國際外交」『倭人伝の世界-わたしの古代學-』(小學館, 1989), pp.24-26 · 榎一雄, 『邪馬台國』(至文堂, 1975), pp.122-123 · 三品彰英, 「注解[親魏倭王]」『邪馬台國研究 總覽』(創元社, 1978), pp.137-138 · 水野祐, 「第二部 評釋篇[第二十三段]倭魏涉外關係史(1)—景初二年의 「今以汝爲親魏倭王」項」『評釋魏志倭人傳』(雄山閣, 1987), p.492 · 武光誠編, 「しんぎわおう, 親魏倭王」『邪馬台國辭典』(同成社, 1986), pp.116-117 · 堀敏一, 「卑弥呼の冊封」『中國と古代東アジア世界-中華的世界と諸民族-』(岩波書店, 1993), p.131 · 岡崎敬, 「記念講演」『論爭邪馬台國』(平凡社, 1980), p.51, p.54 · 井上光貞 · 永原慶二 · 兒玉幸多 · 大久保利謙, 「邪馬台國とその時代」『日本歷史大系』1(古代文明の形成)(山川出版社, 1995), pp.206-207 · 江上波夫編, 『世界各國史12北アジア史』(山川出版社, 1973), pp.29-30. 外).

(274) 金印紫綬. きんぃんししゅぅ(kin'inshishū). 春秋時代 이래로 中國

에서는 그 지위에 대한 증표로서 印綬가 수여되었는데, 漢의 制度에서 內臣의 相國에게는 金印綠綬, 丞相과 大將軍에게는 金印紫綬, 秩 2千石 이상의 官僚에게는 銀印靑綬, 1,000石에서 400石까지의 官僚에게는 銅印黑綬, 封建諸侯國의 王에게는 金印盭綬, 列侯에게는 金印紫綬, 그리고 異民族의 王, 즉 外臣에게는 內臣(=封建諸侯國)의 王보다 한 단계 낮은 金印紫綬가 각각 수여되었는데, 卑彌呼에게 수여된 金印紫綬는 이러한 원칙에 기초한 것이라고 한다.

이와 관련하여 한국학계의 한 견해에서는 三韓에서는 大國의 臣支級 支配者나 그 가운데 辰王으로 成長한 者는 金印, 臣支보다 지위가 낮은 中郎將과 都尉는 銀印, 그리고 小別邑과 一般邑落의 渠帥는 銅印을 각각 所持했을 것으로 보았다(三品彰英,「(注解)[金印紫綬・銀印靑綬]」『邪馬台國硏究總覽』(創元社, 1978), p.138・文昌魯,『三韓時代의邑落과 社會』(신서원, 2000), pp.171-174).

(275) 裝封. そうふ(sōfu). 어구적으로는 包裝하여 封한다는 의미인데, 古代 中國에서는 외교문서나 물품을 보낼 때에는 封泥라고 하는 점토덩어리를 사용하여 封印한 것으로 알려져 있다. 고대 서아시아에서도 이러한 방법을 취하였다고 한다.

(276) 假授. かじゅ(kazu). 이처럼 魏가 邪馬台國에 爵位를 '假授'한 이유에 대해서는 당시 魏가, 邪馬台國이 비록 倭國 내의 有力國이기는 하여도 邪馬台國 스스로 倭王에 오를 정도의 실력을 가지고 있지 못하다고 판단한 결과로 보는 견해, 魏가 倭를 格이 떨어지는 蕃夷로 취급하였기 때문이라고 보는 견해 등과 같이 정치적 측면에서 그 용어의 의미를 찾는 견해가 있는가 하면, 그와 달리 假授를 天子가 직접 건네주는 親授와 상대되는 말로써 使者를 매개로 間接的으로 수여한다는 의미로 보는 견해도 있다(堀敏一,「卑弥呼の冊封」『中國と古代東アジア世界-中華的世界と諸民族-』(岩波書店, 1993), pp.131-132・佐伯有淸,『硏究史戰後の邪馬台國』(吉川弘文館, 1975), pp.251-254・水野祐,「第二

部 評釋篇[第二十三段]倭魏涉外關係史(1)—景初二年의「假金印紫綬」및「假授」項」『評釋魏志倭人傳』(雄山閣, 1987), pp.492-493).

(277)「내 심히 너를 아껴, 지금부터 너를 親魏倭王으로 삼고, 일단 金印紫綬를 裝封하여, 帶方太守에게 보내, 너에게 假授케 하노라(我甚哀汝, 今以汝爲親魏倭王, 假金印紫綬裝封, 付帶方太守, 假授汝)」라는 魏 明帝의 조서내용 중 '金印紫綬'나 '親魏倭王' '汝忠孝'라는 말에 대해서는 기존의 논설에서 中國의 倭에 대한 冊封體制의 變化를 나타내는 중요한 근거로써 들려진 바 있다.

栗原朋信는 邪馬台國의 卑彌呼가 魏의 明帝 때에 '親魏倭王'의 칭호를 받으면서 수여받은 '金印紫綬'가「外臣」의 王印 規格에 적합하고, 그 칭호도 '親魏倭王'이지「親魏倭國」이 아니며, 또한 明帝의 冊封文 속에 '汝忠孝'라는 말이 보이는 것은, 과거 倭奴國의 단계에서는 아직 中國 王朝에 臣屬하지 않는 '不臣의 朝貢國'이었던 倭國이 卑彌呼의 邪馬台國 時代에 이르러 '外臣의 朝貢國'으로 바뀐 사실을 나타내는 것이라 하였다.

또한 이 논설에 대하여 西嶋定生은 卑彌呼가 狗奴國과의 抗爭을 魏에 告하고 魏가 이것을 告喩한 사실이 위와 같은 冊封體制의 존재를 전제로 한 것이라고 하여 그것을 지지하였다(佐伯有淸, 『硏究史邪馬台國』(吉川弘文館, 1975), pp.218-219). 外).

■ <주요 용어 일본어 발음>

西嶋定生:にしじま/さだお(nishijima/sadao).

(278) 種人. しゅじん(shujin). 이 種人이란, 魏의 明帝가 親魏倭王이라는 爵位와 그 證票인 金印紫綬로써 綏撫토록 한 대상인 것으로 미루어, 그 아래에 나오는 '國中人'에 포함되는 말이되 주로 卑彌呼의 官人層을 지칭하여 말하는 것 같다.

(279) 率善中郎將. そつぜんちゅうろうしょう(sotsuzenchūrōshō). 中郎將이란 交代로 宿直하며 宮城을 護衛하는 近侍武官(中郎)의 長으로서 秦代에 처음 設置된 官職이었으나, 後漢 以後 필요에 따라서 임시로 황제의 명령을 받아 符信을 지니고 외국으로 가는 臨時使職으로서의 雜中郎將이 설치되어졌고 率善中郎將은 그 중의 하나였다고 한다.

이 率善中郎將의 보다 구체적인 실체에 대해서는 親魏倭王의 護衛에 任命된 武官으로 보는 견해가 있다(武光誠編, 「率善中郎將」『邪馬台國辭典』(同成社, 1986), p.130・石原道博編譯, 『中國正史日本傳(1)新訂魏志倭人傳他三篇』(岩波書店, 1991), pp.51-52・三品彰英, 「(注解)[率善中郎將]」『邪馬台國硏究總覽』(創元社, 1978), pp.138-139・水野祐, 「第二部評釋篇[第二十三段]倭魏涉外關係史(1)—景初二年의 「今以難升米爲率善中郎將」項및「假銀印靑綬」項」『評釋魏志倭人傳』(雄山閣, 1987), pp.493-494・汪向榮・夏應元編, 「二≪三國志・魏志・倭人傳≫」『中日關係資料彙篇』(中華書局, 1984), p.20. 外).

(280) 率善校尉. そつぜんこうい(sotsuzenkōi). 校尉는 前漢 때에 將軍이 部를 引率하기 위해 처음 설치되어진 직책으로, 前漢 武帝 때에 中壘・屯騎・步兵・越騎・長水・胡騎・射聲・虎賁 등의 八校尉가 설치되어졌다가, 後漢 때에 中壘・胡騎・虎賁이 생략된 五校尉로 정비되어져 주로 宿衛兵을 이끌고 황제의 신변을 경호하는 임무를 수행하되 비상시 지방으로 출동하는 임무를 맡았고, 이후 魏代에 걸쳐서는 五校尉 외에 각종의 校尉들이 濫造되었는데 率善校尉는 그 중의 하나라고 한다.

이 率善校尉의 보다 구체적인 실체에 대해서는 親魏倭王을 守護하는 武官으로 보는 견해가 있다(武光誠編, 『邪馬台國辭典』(同成社, 1986), pp.129-130・石原道博編譯, 『中國正史日本傳(1)新訂魏志倭人傳他三篇』(岩波書店, 1991), pp.51-52・三品彰英, 「(注解)[率善校尉]」『邪馬台國硏究總覽』(創元社, 1978), p.139・水野祐, 「第二部評釋篇[第二十三段]倭魏涉外關係史(1)—景初二年의「牛利爲率善校尉」項」『評釋魏志倭人傳』(雄山閣,1987), pp.493-494).

(281) 「지금부터, 難升米는 率善中郎將으로 삼고, 牛利는 率善校尉로 삼아,

銀印青綬를 假授하고, 맞아들여 慰勞하고, 物品을 주어 돌려보내노라(今以, 難升米爲率善中郎將, 牛利爲率善校尉, 假銀印青綬, 引見勞, 賜遣還)」라는 문장은 中國 魏의 明帝가 卑彌呼의 신하들에게 位를 주는 내용이 핵심을 이루고 있는데, 이와 같이 魏의 皇帝가 卑弥呼 뿐 아니라 그 부하인 使者들에게도 位를 준 것은, 본래 中國의 異民族에 대한 冊封體制에서는 이민족 국가의 군주만이 中國 皇帝와의 사이에 君臣關係를 맺고, 이민족 내부는 이민족의 군주에게 위임하던 것과는 예외적인, 中國의 位에 의해서 卑彌呼와 그 부하들 간의 신분관계를 명확히 하는 효과를 노린, 魏晉南北朝 時代 당시의 특수한 중국의 이민족정책의 일환이었을 것으로 보는 견해가 있다(堀敏一, 「卑弥呼の冊封」『中國と古代東アジア世界-中華的世界と諸民族-』(岩波書店, 1993), p.133).

(282) 絳地交龍錦. こうぢこうりゅうきん(kōjikōryūkin). 絳地交龍錦에 대해서는 그것을 明紬나 絁와 같은 粗雜하고 두터운 붉은 布地에 이무기 혹은 두 마리의 龍이 서로 얽혀 있는 모습을 그린 錦布로 보는 견해가 있다. 中國의 新疆省 樓閣과 外蒙古의 노인울라古墳 등에서는 이와 같은 交龍錦이 발견되었다고 한다(石原道博編譯, 『中國正史日本傳(1)新訂魏志倭人傳他三篇』(岩波書店, 1991), pp.51-52・三品彰英, 「(注解)[絳地交龍錦]」『邪馬台國硏究總覽』(創元社, 1978), p.139・水野祐, 「[第二十三段]倭魏涉外關係史(Ⅰ)-景初二年條의 「絳地交龍錦五匹」項」『評釋魏志倭人傳』(雄山閣, 1987), p.494・井上光貞・永原慶二・兒玉幸多・大久保利謙, 『日本歷史大系』1(古代文明の形成)(山川出版社, 1995), pp.199-200・井上秀雄他譯註, 『東アジア民族史1』正史東夷伝(三國志倭人伝)(平凡社, 1976), p.301).

(283) 弋綈. よくてい(yokutei). 검은 색의 올이 굵고 거친 明紬를 말한다(諸橋轍次, 「弋綈」『大漢和辭典』卷4(大修館書店, 1984), p.673).

(284) 絳地縐粟罽. こうぢすうぞくけい(kōjisūzokukei). 絳地縐粟罽란 붉은 布地의 바탕에 가느다란 깃털이 붙어 있는 毛織物을 말한다.

古代의 農耕民族은 대체로「麻」類의 織物을 사용한 것에 비해, 獸毛를

紡織한 毛織物은 遊牧民族이 사용하여 이러한 종류의 毛織物이 外蒙古의 노인울라古墳에서 출토된 예가 있다고 한다.

中國의 이른 시기의 古書에 毛織物이 다양한 명칭으로 나타난다고 하는 지적이 있는 것으로 미루어, 위의 絳地縐粟罽는 中國이 遊牧民族으로부터 毛織物을 받아들인 시기가 오래되어 어느 때인가 부터 中國에서 이미 자체 생산하고 있었던 것을 魏가 倭에 보낸 것이 아닌가 짐작된다.

古代 日本의 毛織物은 法隆寺와 正倉院에서 所藏하고 있는 新羅 毛氈이 가장 오래된 실물이라고 한다(下中邦彦 編集兼發行, 「けおりもの, 毛織物」『世界大百科事典』9(平凡社, 1972), pp.181-184・下中邦彦編集兼發行, 「けおりもの, 毛織物」『國民百科事典』4(平凡社, 1977), pp.543-544・三品彰英, 「(注解)[絳地縐粟罽]」『邪馬台國研究總覽』(創元社, 1978), p.139・武光誠編, 「すうぞくけい縐粟罽」『邪馬台國辭典』(同成社, 1986), p.122・水野祐, 「第二部評釋篇[第二十三段]倭魏涉外關係史(1)—景初二年의「絳地縐粟罽」項」『評釋魏志倭人傳』(雄山閣, 1987), pp.494-495・井上光貞・永原慶二・兒玉幸多・大久保利謙, 「邪馬臺國とその時代」『日本歷史大系』1(古代文明の形成)(山川出版社, 1995), pp.199-200・諸橋轍次, 「罽」『大漢和辭典』卷九(大修館書店, 1985), p.29).

(285) 張.ちょう(chō). *『大辭林』에 張은 본래 종이라든가 가죽 등을 헤아리는데 사용하는 용어로 나와 있는데, 여기에서는 絳地縐粟罽라는 비단을 세는 단위로 사용되고 있다.

* 大辭林. 日本의 출판사인 三省堂이 발행하는 중형 일본어사전이다.

(286) 蒨絳. せんこう(senkō). 蒨은 꼭두서니 植物을 말하고, 絳은 진한 붉은 색깔을 말하므로, 蒨絳이란 꼭두서니에서 나오는 진한 붉은 색의 染料로 물들인 무늬비단을 말하는 것 같다(武光誠 編, 「せんこう,蒨絳」『邪馬台國辭典』(同成社, 1986), p.126・三品彰英, 「(注解)[蒨絳]」『邪馬台國研究總覽』(創元社, 1978), p.139・水野祐, 「[第二十三段]倭魏涉外關係史(Ⅰ)-景初二年條의「絳地交龍錦五匹」및「蒨絳五十匹」項」『評釋魏志倭人傳』(雄山閣, 1987), pp.494-495・井上光貞・永原慶二・兒玉幸多・大久保利謙, 「邪馬臺國とその時代」『日本歷史大系』1(古代文明の形成)(山川出版社, 1995), pp.199-200. 外).

(287) 紺靑. こんじょう(konjō)」. 紺靑은 群靑(고운 광택이 나는 짙은 남색) 보다 약간 짙은 색깔을 의미하나, 여기에서는 그 색깔의 染料로 染色한 무늬비단을 말하는 것으로 보아야 한다(井上光貞・永原慶二・兒玉幸多・大久保利謙,「邪馬臺國とその時代」『日本歷史大系』1(古代文明の形成)(山川出版社, 1995), pp.199-200・水野祐,「[第二十三段]倭魏涉外關係史(Ⅰ)-景初二年條의「紺靑五十匹」項」『評釋魏志倭人傳』(雄山閣, 1987), p.495. 外).

(288) 貢直. こうじき(kōjiki). 貢直에 대해서는 이를 단지 倭가 朝貢한 物品에 걸 맞는 답례물품이라는 의미의 말로 보는 견해가 있는가 하면, 卑彌呼가 魏에 보낸 貢物 중에는 魏 皇帝의 嗜好를 충족시켜 주는 특별한 기능을 가진 生口들이 있었고, 그것을 높게 평가한 魏 皇帝가 그에 합당하게 보답하는 품물이라는 의미를 지닌 말로 보는 견해도 있다(堀敏一,「卑弥呼の冊封」『中國と古代東アジア世界-中華的世界と諸民族-』(岩波書店, 1993), p.132・佐伯有淸,『研究史邪馬台國』(吉川弘文館, 1975), pp.200-201・水野祐,「[第二十三段]倭魏涉外關係史(Ⅰ)-景初二年條의「答汝所獻貢直」項」『評釋魏志倭人傳』(雄山閣, 1988), pp.495-496).

(289) 紺地句文錦. こうちくもんきん(kōchikumonkin). 紺地句文錦에 대해서는, 句라는 글자에 直角三角形 및 굽었다고 하는 두 가지 의미가 있는 사실을 근거로 이 둘 중 어느 하나의 문양을 지닌 紺色바탕의 錦을 가리키는 것으로 보는 견해가 있다(三品彰英,「(注解)[紺地句文錦]」『邪馬台國研究總覽』(創元社, 1978), p.140・水野祐,「[第二十三段]倭魏涉外關係史(Ⅰ)-景初二年條의「紺地句文錦」項」『評釋魏志倭人傳』(雄山閣, 1988), p.497・井上光貞・永原慶二・兒玉幸多・大久保利謙,「邪馬臺國とその時代」『日本歷史大系』1(古代文明の形成)(山川出版社, 1995), pp.199-200).

(290) 細班華罽. せいはんかけい(seihankakei). 작은 반점(=얼룩)무늬가 들어간 毛織物을 말하는 것 같다(三品彰英,「[細班華罽]『邪馬台國研究總覽』(創元社, 1978), p.140・水野祐 ,「[第二十三段]倭魏涉外關係史(Ⅰ)-景初二年條의「細班華罽」項」『評釋魏志倭人傳』(雄山閣, 1988), p.497・井上光貞・永原慶二・兒玉幸多・大久保利謙,「邪馬臺國とその時代」『日本歷史大系』1(古代文明の形成)(山川出版社, 1995), pp.199-200).

(291) 白絹. はくけん(hakuken), しろきぬ(shirokinu). 흰 明紬. 日本 古語로는 しらきぬ(shirakinu)가 된다고 한다. 白絹이란 광의로는 염색하지 않은 흰 바탕의 絹織物(white silk fabrics)의 총칭이며, 협의로는 緋色(진홍색)으로 물들인 紅絹(scarlet silk cloth)을 精練한 후 거기에 밀가루녹말풀을 발라 펴서 말린 平織薄地의 白色絹布(white silk cloth)를 받쳐 무늬를 넣어 만드는 옷의 안감 중에서도 특히 婦人用 和服의 고급안감으로 사용되어지는 絹織物을 말한다고 한다. 또한 倭가 이러한 白絹을 처음 사용한 것이 위의 기록과 같이 3세기 중엽인지의 여부는 확실치 않다고 한다(下中邦彦 編集兼發行, 「しろきぬ,白絹」『世界大百科事典』15(平凡社, 1972), p.505).

▣ <주요 용어 일본어 발음>

緋色:ひいろ(hīro).紅絹:もみ(momi).

(292) 위의 「白絹五十匹」이라는 문구가 魏志倭人傳 상에서의 倭의 織物에 관한 마지막 기술인데, 石野博信는 邪馬台國 大和說을 취하면서 이상 열거된 魏의 織物片이 일본에서 현재까지는 아직 발견되어지지 않았지만 奈良縣 天理市 下池山古墳의 鏡袋遺跡으로부터 「斑布」가 복원되어졌고, 또한 微細한 痕迹을 토대로 石室의 粘土를 被覆했던 赤과 黑의 㾠布가 복원되어진 상태라서 향후 (大和地域) 3세기의 유적으로부터 魏의 錦이 발견될 전망이 높다고 하였다(石野博信,「織物」『邪馬台の考古學』(吉川弘文館,2001), p.213)).

▣ <주요 용어 일본어 발음>

石野博信:いしの/ひろのぶ(ishino/hironobu).下池山古墳:しもいけやまこふん(shimoikeyamakofun).

(293) 金八兩. きんはちりょう(kinhachiryō). 黃鐘의 中間을 채울 수 있는 기장 1200알의 무게를 12銖라 하고, 一兩은 24銖이므로, 8兩은 192銖의 무게가 된다. 이를 日本의 度量衡單位인 匁로 換算하면, 一兩=16匁이므로 8兩=128匁가 된다. 한편 現代 日本의 尺貫法에서 1匁는 3.75g이므로 8兩=128匁는 480g이 되는 셈이나 이를 魏代의 度量衡으로 계산하면 111. 36g 정도가 된다고 한다(三品彰英, 「(注解)[紺地句文錦]」『邪馬台國硏究總覽』(創元社, 1978), p.140 · 水野祐, 「[第二十三段]倭魏涉外關係史(Ⅰ)-景初二年條의 「金八兩」項」『評釋魏志倭人傳』(雄山閣, 1988), p.497).

▣ <주요 용어 일본어 발음>

匁:もんめ(momme).

(294) 五尺刀. ごしゃくとう(gosyakutō). 五尺刀란 칼날의 길이가 5尺인 鐵刀를 말하는데, 이 五尺刀의 實體에 대해서는 그와 크기가 비슷한 佐賀縣 三津永田遺跡의 弥生式 後期 甕棺이나 福岡縣 遺跡의 箱式石棺에서 출토된 素環頭大刀로 비정하는 견해가 있다.

한편 4세기 후반의 것으로 여겨지는 奈良縣 天理市 櫟本町의 東大寺山古墳에서도 中平(184-189)이라는 年號가 새겨진 後漢時代의 五尺刀가 발견되었는데, 이를 초기의 邪馬台國과 中國 間의 交流를 나타내는 하나의 증표로 보는 견해가 있다(下中邦彦 編集 兼 發行, 「かたな,刀」『世界大百科事典』5(平凡社, 1972), pp.633-634 · 下中邦彦編集兼發行,「とうけん刀劍」『國民百科事典』10(平凡社, 1978), pp.4-6 · 水野祐, 「[第二十三段]倭魏涉外關係史(Ⅰ)-景初二年條의「五尺刀二口」項」『評釋魏志倭人傳』(雄山閣, 1988), p.497 · 三品彰英, 「(注解)[五尺刀]」『邪馬台國硏究總覽』(創元社, 1978), p.140 · 石野博信, 「卑弥呼の墓」『邪馬台の考古學』(吉川弘文館, 2001), p.100 · 田中琢, 「石と靑銅の武器から鐵の武器へ」『集英社版日本の歷史②倭人爭亂』(集英社, 1991), pp.48-49 · 森浩一, 『倭人伝の世界-わたしの古代學-』(小學館, 1989), p.68, pp.128-134).

▣ <주요 용어 일본어 발음>

佐賀縣:さがけん(sagaken).三津永田:みつながた(mitsunagata).奈良縣:ならけん(naraken).天理市:てんりし(tenrishi).櫟本町:いちのもとちょう(ichinomotochō).

(295) 銅鏡百枚에 대해서는 뒤의 「鏡」 항에서 함께 설명한다.

(296) 眞珠. しんじゅ(shinju). 이 眞珠에 대해서는 그것을 佩玉으로서의 蚌珠로 보는 설이 있는가 하면, 眞珠는 古代 中國人들에게 귀한 물품이었는데 그것을 中國이 오히려 眞珠의 産出國인 倭에게 50斤(1斤은 16兩=222.72g. 앞의 (293) 항 참조)씩이나 下賜했다는 기술을 懷疑하고, 이 眞珠란 실은 鉛丹의 同類로서 水銀朱를 가리키는 眞朱를 잘못 표기한 것으로 보는 설도 있다(三品彰英,「注解[以朱丹塗其身體如中國用粉也]『邪馬台國研究總覽』(創元社, 1978), pp.106-107, p.141 · 水野祐,「[第二十三段]倭魏涉外關係史(Ⅰ)-景初二年條의「眞主鉛丹各五十斤」項」『評釋魏志倭人傳』(雄山閣,1988), p.497).

(297) 鉛丹. えんたん(entan). 鉛丹은 鉛을 공중에서 가열하여 만든 黃赤色의 結晶性粉末로 赤鉛이라고도 하는, 四酸化三鉛(Pb3O4)의 慣用名으로, 오늘날에는 녹을 방지하는 페인트, 鉛유리, 축전지의 極板, 研磨制의 製造 등에 사용되고 있는데, 위의 鉛丹에 대해서는 鐵丹과는 異質의 顔料로써 사용된 것으로 보는 견해가 있는가 하면, 魏의 明帝가 下賜한 또 다른 물건 중 녹성이 있는 五尺刀나 鏡과 같은 쇠붙이를 녹슬지 않도록 보존하라는 녹방지의 물질로 주었을 것으로 보는 견해도 있다(下中邦彦編集兼發行,「えんたん 鉛丹」『世界大百科事典』4(平凡, 1972), p.101 · 水野祐,「第二部評釋篇[第二十三段]倭魏涉外關係史(Ⅰ)-景初二年條의「眞主鉛丹各五十斤」및 [眞珠鉛丹各五十斤]項」『評釋魏志倭人傳』(雄山閣, 1988), p.497 · 三品彰英,「注解[以朱丹塗其身體如中國用粉也]『邪馬台國研究總覽』(創元社, 1978), pp.106-107).

(298) 여기에서 國家란 魏를 가리키는 것이다.

(299) 好物. こうぶつ(kōbutsu). 好物이라는 말에 대해서는 그것을 (卑弥呼의) 嗜好品의 의미로 해석하는 견해, '良好한 物品'이라는 의미로 해석하는 견해 등이 있다(堀敏一, 「卑弥呼の冊封」『中國と古代東アジア世界-中華的世界と諸民族-』(岩波書店, 1993), pp.132-133・水野祐, 「第一部 概說篇 第二章 魏を中心とする三國時代史概觀」『評釋魏志倭人傳』(雄山閣, 1988), p.102, p.108・森田悌, 『邪馬台國とヤマト政權』(東京堂出版, 1998), pp.79-80).

(300) 「國家가 너를 아끼고, 그로 인해 너에게 鄭重히 好物을 賜한 사실을 알리도록 하라(使知國家哀汝, 故鄭重賜汝好物也)」라고 하여 魏가 倭를 각별히 생각하는 태도를 보인 이유에 대해서는, 앞의 (273)항에서 이미 언급한 것처럼, 대개 魏가 周邊諸民族을 자신의 내부질서에 편입시키려는 政策 내지 吳, 公孫氏, 高句麗, 韓族 등에 대한 견제책의 일환으로 이해되고 있다.

한편 魏 明帝가 卑彌呼에게 내린 특별하사품목을 선택함에 있어서는 그것이 魏 明帝의 일방적인 의도가 아닌 難升米나 都市牛利의 意見이라든가 바램이 반영되었을 것으로 추측하는 견해가 있다(水野祐,「[第二十三段]倭魏涉外關係史(Ⅰ)-景初二年條의 「使知國家哀汝, 故鄭重賜汝好物也」項」『評釋魏志倭人傳』(雄山閣, 1988), p.498・森田悌, 『邪馬台國とヤマト政權』(東京堂出版, 1998), pp.118-124・森浩一, 『倭人伝の世界-わたしの古代學-』(小學館, 1989), p.29).

(301) 이 語句가 대부분의 本에는 「梯儁」으로 되어있고, 日本書紀 所引의 魏志에는 「梯攜」으로 되어있는데, 본서에서는 전자를 따랐다.

(302) 이 文句가 百納本, 宮內廳本, 紹興本 등에는 「詔恩」으로 되어있고, 中華書局本에는 「恩詔」로 되어있는데, 본서에서는 후자를 따랐다.

(303) 이 語句가 百納本, 紹興本, 宮內廳本 등에는 「掖邪拘」로 되어있고, 中華書局本, 汲古閣本 등에는 「掖邪狗」로 되어있는데, 본서에서는 후자를 따랐다.

(304) 이 語句가 百納本, 紹興本, 宮內廳本, 中華書局本 등에는 「黃幢」으로 되어있고, 日本 靜嘉堂文庫版의 紹熙本에는 「黃憧」으로 되어있는데, 본서에서는 전자를 따랐다.

(305) 正始. せいし(seishi). 明帝의 뒤를 이은 少帝 齊王 芳의 改元年號이다. 이때의 改元은 단순한 改元이 아니라 殷正曆을 太和曆으로 고치는, 이른바 曆의 改定까지 포함한 改元이었는데, 太和曆은 夏正이어서 建寅月을 正月로 삼아야만 했으나, 景初 3年의 다음해인 正始 元年 正月은 建丑月이었고 夏正의 正月이 아니었기 때문에 景初 3년 12월의 다음 달을 후 12월로 삼고 1년을 13개월로 만든 후 그 다음 달인 建寅月을 正始 元年으로 삼았다고 한다.

참고로 말하면 年號는 中國의 前漢 武帝 때에 시작되어 韓國, 日本으로 퍼져 사용되었으며, 현재는 東洋三國 중에서 名目的인 天皇制가 존속하고 있는 日本만이 사용하고 있다(石原道博 編譯, 『中國正史日本傳(1)新訂魏志倭人傳他三篇』(岩波書店, 1991), p.52・水野祐, 「[第二十四段]倭魏涉外關係史(Ⅱ)-「正始元年」條의 「正始元年」項」『評釋魏志倭人傳』(雄山閣, 1988), p.538. 外).

(306) 弓遵. きゅうじゅん(kyūjun). 魏志倭人傳과 魏志 韓傳 등의 기술을 종합하면, 弓遵은 帶方郡의 太守로서 正始 元(240)年에 帶方郡 내 자신의 소속관리인 建中校尉 梯儁을 倭로 파견하여 景初 二年 六月에 魏의 明帝(曹叡)로부터 위임받은 詔書, 印綬, 金, 錦, 鏡, 刀 등을 女王 卑弥呼에게 전달케 하였고, 正始 6(245)년에는 魏의 齊王(후에 廢帝가 되는 曹芳)으로부터 다시 倭의 難升米에게 黃幢을 假授하라는 임무를 부여받았으나, 그 이듬해인 正始 7(246)年에 辰韓八國 分割問題로 諸韓國과 충돌하여 교전을 벌이다 전사하여 임무를 수행하지 못한 것으로 나오는 인물이다(武光誠 編, 「きゅうじゅん, 弓遵」『邪馬台國辭典』(同成社, 1986), p.71・三品彰英, 「注解[弓遵]『邪馬台國研究總覽』(創元社,1978), p.142・李丙燾, 『韓國史』古代篇(乙酉文化社, 1959), pp.336-337, pp.347-349・李基白, 『한국사신론』(일조각, 2000), pp.53-54・李鍾旭, 『한국고대사의 새로운 체계』(소나무, 1999),

pp.73-76・李基東,『百濟史硏究』(一潮閣, 1996), p.128・千寬宇,『加耶史硏究』(一潮閣, 1991), pp.186-191・申瑩植,『百濟史』(이화여자대학교출판부, 1992), p.216・林起煥, 『한국역사연구회 제67회 연구발표회 : 4세기 동아시아 국제질서와 삼국의 대외관계』(한국역사연구회고대사분과4세기연구반, 1999), p.7).

(307) 建中校尉. けんちゅうこうい(kenchūkōi). 後漢末에서 魏에 걸쳐 濫授된 校尉의 하나로 建忠校尉가 옳다는 견해도 있으나 武光誠에 의하면 建中이 올바르다고 한다(武光誠 編,「けんちゅうこうい, 建中校尉」『邪馬台國辭典』(同成社, 1986), pp.79-80・水野祐,「評釋篇[第二十三段]의 倭魏交涉史關係(Ⅰ)-景初二年의「牛利爲率善校尉」項」및 [第二十四段]倭魏交涉史關係(Ⅱ)-正始元年의「遣建中校尉」項」『評釋魏志倭人傳』(雄山閣, 1987), pp.493-494, p.539).

(308) 梯儁. ていしゅん(teishun). 梯儁은 본문상 建中校尉의 職에 있던 魏의 官人으로 正始 元(240)年에 帶方太守 弓遵의 명령으로 景初年間에 魏의 朝廷으로부터 받아 놓았던 詔書와 印綬를 받들고 邪馬台國으로 가서 卑彌呼에게 수여한 인물이다(武光誠 編,「ていしゅん, 梯儁」『邪馬台國辭典』(同成社, 1986), p.148).

(309) 金. きん(kin). 주기율표 Ib족에 속하는 元素. 元素記號 Au, 原子番號 79, 原子量 196.9665. 열전도율이 좋을 뿐 아니라 연성과 전성이 좋아 가공하기 쉽고, 조밀하고 귀중한 밝은 황색의 광택이 있어 시각적으로 아름답고, 변색되거나 부식되지 않는 장점을 지니고 있어 일찍부터 인간의 관심을 끌었다고 한다.

이집트・크레타・앗시리아・에트루리아에서는 정교한 예술품 제작이나 상품용역을 교환하는 수단으로 사용되었고, 中國에서도 마찬가지였으나, 銀과 더불어 상류계급들 사이에서만 한정적으로 사용되었다고 한다.

위의 金의 성격에 대해서는 그것을 외교관계의 예물로 보는 것이 일반적이지만, 당시 邪馬台國이 伊都國에 一大率을 두고 中國과 활발한 교역을 하고 있었던 사실을 근거로, 그것을 禮物로서의 寶石이 아니라 魏 明帝가 卑彌呼로 하여금 자신이 하사한 여러 물품 외에 다른 中國의 진귀한 물건들을 구입하도록 배려한 稱量貨幣였을 개연성이 있다고 보는 견해도 있다. 이와 관련하여 참고로 언급하면, 일본 최초의 본격적인 통용화폐는 輸調庸法 整備의 필요에서 中國의 *開元通寶를 모방하여 708년에 鑄造한 和同開珎으로 알려져 있다.

위의 金이란 魏 明帝의 조서내용 중에 나오는 '金八兩'을 가리키는 것이다(下中邦彦編輯兼發行, 「きん金」『世界大百科事典』8(平凡社, 1972), pp.98-100・下中邦彦編集兼發行,「日本の貨幣」『國民百科事典』3(平凡社, 1976), pp.26-27・下中邦彦編集兼發行, 「きん,金」『國民百科事典』4(平凡社, 1977), pp.297-298・加藤繁, 『中國貨幣史研究』(財團法人東洋文庫, 1991), pp.207-208, pp.213-216・三品彰英, 「(魏志倭人傳)注解[金八兩]『邪馬台國硏究總覽』(創元社, 1978), p.140・水野祐, 「第二部評釋篇[第二十三段]「倭魏涉外關係史(Ⅰ)-景初二年條의 「金八兩」項」『評釋魏志倭人傳』(雄山閣, 1987), p.497・薗田香融, 『日本古代財政史の研究』(塙書房, 1981), pp.23-33・브리태니커세계대백과사전. 外).

* 開元通寶. 唐 高祖 武德 4(621)년에 중국 최초로 주조된 화폐.

■ <주요 용어 일본어 발음>

和同開珎:わどうかいちん(wadōkaichin).

(310) 帛. はく(haku). 이 帛이란 앞의 魏 明帝의 조서내용 중에 나오는 白絹을 가리키는 것이다(井上光貞・永原慶二・兒玉幸多・大久保利謙,「邪馬台國とその時代」『日本歷史大系』1(古代文明の形成)(山川出版社, 1995), p.200・水野祐, 「第二部評釋篇[第二十四段]「倭魏涉外關係史(Ⅱ)-正始元年條의 「並齎詔賜金・帛・錦・罽・刀・鏡・彩物」」『評釋魏志倭人傳』(雄山閣, 1987), p.539).

(311) 錦. きん(kin), にしき(nishiki). 이 錦이란 앞의 魏 明帝의 조서내용 중에 나오는 紺地句文錦을 가리키는 것이다(井上光貞・永原慶二・兒玉幸多・

大久保利謙,「邪馬台國とその時代」『日本歷史大系』1(古代文明の形成)(山川出版社, 1995), p.200・水野祐,「第二部評釋篇[第二十四段]「倭魏涉外關係史(Ⅱ)-正始元年條의「並齎詔賜金・帛・錦・罽・刀・鏡・彩物」」『評釋魏志倭人傳』(雄山閣, 1987), p.539).

(312) 罽. けい(kei). 이 罽란 앞의 魏 明帝의 조서내용 중에 나오는 細班華罽를 가리키는 것이다(井上光貞・永原慶二・兒玉幸多・大久保利謙,「邪馬台國とその時代」『日本歷史大系』1(古代文明の形成)(山川出版社, 1995), p.200・水野祐,「第二部評釋篇[第二十四段]「倭魏涉外關係史(Ⅱ)-正始元年條의「並齎詔賜金・帛・錦・罽・刀・鏡・彩物」」『評釋魏志倭人傳』(雄山閣, 1987), p.539).

(313) 刀. かたな(katana). 날붙이의 하나로, 양쪽에 날이 있는 것을 劍이라 부르는데 비해, 한쪽 면만 날이 있는 것을 刀라 부른다는 定義가 있다.

일반적인 인류사에 있어 石器時代에는 부싯돌같이 단단한 돌이나 흑요석・뼈・조개껍질 등이 주로 칼의 재료로 쓰였고, 청동기시대 및 철기시대에 이르러서는 그것이 각각 靑銅器와 鐵器로 대체되었다고 하며, 또한 日本의 弥生時代에는 처음에는 석제 및 청동제품이 함께 쓰이다가 후에 철제의 것이 도입된 것으로 알려져 있다.

이 刀는 앞의 魏 明帝 조서내용 중에 나오는 五尺刀二口를 가리키는 것이다(下中邦彦編集兼發行,「かたな刀」『世界大百科事典』5(平凡社, 1972), pp.633-634・下中邦彦編集兼發行,「とうけん刀劍」『國民百科事典』10(平凡社, 1978), pp.4-6・井上光貞・永原慶二・兒玉幸多・大久保利謙,「邪馬台國とその時代」『日本歷史大系』1(古代文明の形成)(山川出版社, 1995), p.200・石野博信,「卑弥呼の墓」『邪馬台の考古學』(吉川弘文館, 2001), p.100・田中琢,「石と靑銅の武器から鐵の武器へ」『集英社版日本の歷史②倭人爭亂』(集英社, 1991), pp.48-49・森浩一,『倭人伝の世界-わたしの古代學-』(小學館,1 989), p.68, pp.128-134. 外).

(314) 鏡. かがみ(kagami). 빛의 반사를 이용하여 사물의 모습이나 형태를 비추는 도구이다. 최초의 鏡은 대개 水鏡으로 보나 石鏡이 거울의 源流였다고 보는 설도 있다. 水鏡이나 石鏡 다음에는 銅鏡이 나타나고 이후

鐵鏡도 사용되었다고 한다.

中國에서는 鏡의 歷史가 殷代부터 시작되지만, 殷周時代까지는 數가 극히 드물고, 戰國時代에 제작되는 銅鏡부터 본격적인 鏡의 歷史가 시작되는데, 戰國時代에는 다소 조잡하지만 羽狀紋, 花菱紋, 鳳凰紋, 龍紋, 山字紋, 禽獸紋, 重圈紋 등등의 다양한 문양이 새겨진 鏡들이 제작되다가, 漢代에 이르러 花文鏡, 四神鏡, 神獸鏡, 畵像鏡 등 정교한 鏡들이 만들어지고 이때부터 中國의 鏡들이 韓半島나 日本列島로 유입되기 시작한다.

韓半島에서는 이때가 初期鐵器時代 내지는 青銅器時代 後期에 해당되는데, 이 당시 韓半島에서는 전통적인 多鈕細文鏡과 더불어 中國鏡들이 사용되기 시작했고, 일본에서는 弥生時代 初期에 이르러 처음에는 한반도 계통의 多鈕細文鏡이 도입되다가, 대략 弥生時代 中期부터 中國鏡들이 도입되어져 그 仿製鏡 뿐 아니라 直弧文鏡과 같은 日本 고유의 것이라 일컬어지는 鏡도 만들어지게 되었다.

이와 같이 日本으로 도입된 中國의 鏡에 관하여 초창기 일본학계의 연구들에서는, 반드시 모두가 다 그런 것은 아니지만, 대개는 古墳時代의 개시시기를 오늘날의 弥生時代까지 올려다보는 관점을 共有하면서, 邪馬台國 大和論 쪽에서는 中國으로부터 도입된 初期의 漢鏡이 北部九州에서 압도적으로 많이 출토되다가, 三國時代에는 文化의 中心이 九州에서 畿內로 옮겨져 三國鏡들을 비롯한 鏡들이 畿內를 중심으로 분포한다는 주장을 하는 경향이 강하였고, 이에 대해 邪馬台國 九州論 쪽에서는 九州地域에는 아직 三國時期 鏡의 발굴이 충분치 않다는 知見 下에 향후의 발굴성과를 좀 더 지켜보아야 한다는 입장에 서는 등 양자의 관점이 팽팽히 대립하고 있었는데, 이후 日本의 古墳에서 발견되는 三角緣神獸鏡이 三國時代 魏의 明帝가 卑弥呼에게 下賜한 鏡이고, 卑弥呼는 이것을 京都의 椿井大塚山古墳에 매장된 지방수장을 매개로 全國의 地方首長들에게 配布하였으며. 이것들이 약 반세기 정도 傳世되다가 古墳에 묻혔다는 내용을 골자로 하는,

三國時代 政治 및 文化의 中心이 畿內 大和에 있었다는 쪽에 힘을 실어주는, 小林行雄의 이른바 '三角緣神獸鏡同范鏡分有論'이라 일컬어지는, 邪馬台國 大和論이 提唱된 이래 최근에 이르기까지 큰 반향을 불러일으키고 있고, 이에 대한 다양한 反應說들도 나와 있다.(*本版에서 反應說의 紹介 省略)

한편 위의 鏡이란 魏 明帝의 조서내용 중에 나오는 銅鏡百枚를 가리키는 것이다(下中邦彦編集兼發行,「かがみ鏡」『世界大百科事典』5(平凡社, 1972), pp.314-320・下中邦彦編集兼發行,「かがみ鏡」『國民百科事典』3(平凡社, 1978), pp.98-100・井上光貞・永原慶二・兒玉幸多・大久保利謙編,「邪馬台國とその時代」(井上光貞)『日本歷史大系』1(古代文明の形成)(山川出版社, 1995), pp.196-198, p.200・井上光貞,『日本の歷史』1(神話から歷史へ)(中央公論社, 1973), p.281, pp.315-317・三品彰英,『邪馬台國硏究總覽』(創元社, 1978), pp.140-141, pp.393-395, pp.478-480・水野祐,「第二部評釋篇[第二十三段]의 [評第三十一]明帝の下賜品と銅鏡白枚」『評釋魏志倭人傳』(雄山閣, 1987), pp.517-537・佐伯有淸,『硏究史戰後の邪馬台國』(吉川弘文館, 1975), pp.128-154・白石太一郞,『古墳と古墳群の硏究』(塙書房, 2000), pp.16-36, pp.131-133, p.162, pp.437-460・甘粕健,「古墳の形成と技術の發達」『岩波講座日本歷史』原始および古代1(岩波書店, 1975), pp.281-321・原島礼二,『邪馬台國から古墳の發生へ』(六興出版, 1987), pp.10-30, pp.72-84・齋藤忠,「邪馬台國の位置の問題」『日本古墳の硏究』(吉川弘文館, 1962), pp.325-331・小林行雄,「古墳の發生の歷史的意義」『史林』38-1(京都大學文學部, 1955), pp.16-20:「古墳文化の形成」『岩波講座日本歷史』1(原始および古代)(岩波書店, 1962), pp.242-260:『古墳の話』(岩波書店, 1969), pp.35-81: 『民族の起源』(塙書房, 1972), pp.201-213・王仲殊,「日本の三角緣神獸鏡について」『第7回古代史シンポジウム』(全日空・朝日新聞社・日本中國文化交流協會, 1985), pp.4-7:「古代の日中關係-志賀島の金印から高松塚の海獸葡萄鏡まで-」『[國際シンポジウム]古代日本の國際化-邪馬台國から統一國家へ-』(朝日新聞社, 1990), pp.16-21・森浩一,『倭人伝の世界-わたしの古代學-』(小學館, 1989), p.40:「日本の古代文化-古墳文化の成立と發展の諸問題-」『古代史講座』3(古代文明の形成)(學生社, 1962), pp.197-220・森田悌,『邪馬台國とヤマト政權』(東京堂出版, 1998), pp.79-80・春成秀爾,「前方後圓墳論」『東アジア世界における日本古代史講座』2(倭國の形成と古墳文化)(學生社, 1985), p.240・田中琢,『集英史版日本の歷史②倭人爭亂』(集英社, 1991), pp.231-254・和田萃,『大系日本の歷史❷ 古墳の時代Ⅰ』(小學館, 1997), pp.88-130・白石太一郞,「前方後圓墳出現の歷史的背景」『古墳と古墳群の硏究』(塙書房, 2000), pp.24-30, pp.131-136, pp.161-169・柳田康雄,「北部九州の出現期古墳とその背景」『古墳はなぜつくられたか』(大和書房, 1988), pp.52-53・汪向榮・夏應元編,「二≪三國志・魏志・倭人傳≫」『中日關係資料彙篇』(中華書局, 1984), p.19・마이클 설리반 著(金敬子・金基珠譯),「戰國時代」『中國美術史』((주)지식산업사, 1991), pp.65-66・브리태니커세계대백과사전. 外).

▣ <주요 용어 일본어 발음>

小林行雄: こばやし/ゆきお(kobayashi/yukio)).

(315) 采物. さいもつ(saimotsu). 采物의 실체에 대해서는, 그것을 앞의 魏 明帝 조서내용 중의 珍珠와 鉛丹을 가리키는 것으로 보는 견해, 采物이라는 문자의 의미에 주목하여 신분표시로서 彩色文様이 베풀어진 旗와 衣服 등을 가리키는 것으로 보는 견해 등이 있는데, 正始 元年에 梯儁이 가져온 物品이 모두 魏 明帝의 詔書에 따른 것이므로 이 采物 또한 魏 明帝의 조서내용 중에 나오는 眞珠와 鉛丹을 가리키는 것으로 봄이 마땅할 것이다(三品彰英, 「注解[采物]『邪馬台國硏究總覽』(創元社, 1978), p.142 · 水野祐, 「第二部評釋篇[第二十四段]「倭魏涉外關係史(Ⅱ)-「正始元年」條의 「並齎詔賜金 · 帛 · 錦 · 罽 · 刀 · 鏡 · 彩物」」『評釋魏志倭人傳』(雄山閣, 1987), p.539).

(316) 여기까지가 帶方郡의 官吏이자 魏의 使臣인 梯儁이 正始 元年에 明帝가 하사한 물품들을 가지고 倭에 간 사실을 전하는 기사인데, 肥後和男는 魏使가 卑彌呼를 만났음을 나타내는 직접적인 기록이 없음을 근거로 魏使는 伊都國까지만 와서 (一)大率을 만나고 돌아간 것으로 보았다(肥後和男, 「大和朝廷の外交能力」『邪馬台國は大和である』(1971)).

일찍이 榎一雄도 伊都를 기점으로 行程記述이 달라짐을 근거로 魏使는 伊都에 머물렀고 邪馬台國에는 가지 않았다고 하였고(榎一雄, 「魏志倭人伝の里程記事について」『學藝』33(1947. 12), 白鳥庫吉도 그러한 주장을 하였던 것(白鳥庫吉, 「卑弥呼問題の解決」(『オリエンタリカ』 1 · 2(1948. 8 · 1949. 11))에 비하여, 平野邦雄은 伊都가 郡使가 왕래함에 있어 항상 머무르는 곳으로서 一大率이 文書라든가 國信物을 女王이 있는 곳으로 傳送했다고 되어있는 사실로부터 보면 郡使는 伊都에 있었고 邪馬台國에는 가지 않았던 것처럼 생각될 수 있지만, 正始 元年의 郡使는 倭王에게 拜假하고 아울러 詔를 가져왔으며 女王도 使者에게 딸려서 上表하고 詔恩을 答謝했다고 되어 있기 때문에 당시

郡使가 邪馬台國으로 갔다고 이해되며, 또한 冊封使가 卑彌呼의 王都로 가는 것은 당연하다고 하였다.

단, 氏는 그럼에도 불구하고 投馬國에서 邪馬台國에 이르는 旅程이「水行 10日, 陸行 1月」이라고 하는 구체적이라고 할 수 없는 기록으로 되어있는 것은, 正始 元年의 (倭側) 使臣의 中國側에 있어서의 외교상의 기록은 魏志에 상세하게 기술된데 비해, 倭側에서의 郡使의 卑彌呼 謁見의 보고문은 채록되지 않았고, 該當 旅程記事는 郡使・諸韓國使가 卑彌呼의 王都에 가지 않고 伊都에 머물렀던 기타의 倭國 방문 때에 그들이 傳聞한 기록이 채용된 결과라고 하였다(平野邦雄編,「邪馬台國とその時代-總論」(平野邦雄)『古代を考える邪馬台國』, 平成10(1998)).(三品彰英,『邪馬台國硏究總覽』(創元社, 1978), pp.371-372, p.383・肥後和男,「大和朝廷の外交能力」『邪馬台國は大和である』(秋田書店, 1971), p.204・平野邦雄編,「邪馬台國とその時代-總論」(平野邦雄)『古代を考える邪馬台國』(吉川弘文館, 1998), pp.11-12, p.16. 外).

■ <주요 용어 일본어 발음>

平野邦雄:ひらの/くにお(hirano/kunio).

(317)「倭王이 使臣에게 付託 上表하여, 恩詔에 答謝하였다(倭王因使上表, 答謝恩詔)」라는 문장에 대해서는 因을「부탁하다」는 의미로 보고「(帶方太守 弓遵이 使者를 통해 皇帝의 詔書와 賜物을 보내오자) 倭王이 使臣에게 付託, 上表하여, 恩詔에 答謝하였다」는 내용으로 해석하는 견해가 있는가 하면, 그와 달리 특별한 恩賜를 받은 卑弥呼가 魏의 使者가 돌아가는 길에 便乘하여 報恩의 賜辭를 바치는 上表文을 委託한다는 것은 不可解하다는 관점에서, 因을 因果關係의 의미로 해석하여「(帶方太守 弓遵이 使者를 보내 皇帝의 詔書와 賜物을 보내오자), 倭王이 그로 인해 使臣을 보내 상표하여, 恩詔에 答謝하였다」라는 의미로 해석하는 견해도 있는데, 본서에서는 한문의 문법상 매끄럽다고 생각되는 전자를 따랐다.

『日本書紀』大化 4(648)年에도 日本의 改新政權이 唐에 留學 許可를 요구하는 上表文을 보내면서 그것을 改新政權이 직접 전달하는 것이 아니라 新羅의 使者에 딸려서 보낸 예가 있다.

한편 위의 上表文 作成과 관련된 견해로서, 日本漢字의 初期 傳來에 관하여 다룬 한 연구에 따르면, 한자도입기에 왜의 지역에서는 한자작성 시 干支가 틀리거나 偏이라든가 旁을 거꾸로 쓰거나 글자를 문양으로 묘사하는 등 漢字에 대한 이해도가 낮았던 사실을 근거로, 이 때 卑弥呼가 魏의 皇帝에게 보냈을 正式漢文의 답장은 韓半島의 渡來人 혹은 中國人이 작성했을 가능성이 있다고 보는 견해가 있다(山田孝雄,「狗奴國考(3)-古代東國文化の中心-」『考古學雜誌』12-10(日本考古學會, 1922), p.618・水野祐,「第二部評釋篇[第二十四段]「倭魏涉外關係史(Ⅱ)-「正始元年」條의「倭王因使上表答謝恩詔」項」『評釋魏志倭人傳』(雄山閣, 1987), p.541・阿辻哲次,『漢字のはなし』(岩波ジュニア新書, 2008), pp.77-79・津田左右吉,『日本古典の研究』(岩波書店, 1973), p.30・佐伯有淸,『硏究史戰後の邪馬台國』(吉川弘文館, 1975), pp.23-34・金鉉球,『大和政權の對外關係的研究』(吉川弘文館, 1985), p.416).

(318) 伊聲耆掖邪狗. いせきやくやく(isekiyakuyaku)를 비롯해 여러 가지 발음이 있다. 伊聲耆掖邪狗는 본문상 卑弥呼의 명령으로 正始 4(243)년에 大夫를 칭하며 魏로 가서 生口와 獻物을 바치었고, 魏로부터 率善中郎將에 임명되어 그 印綬를 받은 인물이라고 한다.

伊聲耆掖邪狗의 실체에 대하여, 內藤湖南은 伊聲耆를 いさんが(isangga), 掖邪狗를 いさか(isaka)로 읽은 다음 이 두 명칭을 동일인의 중복으로 보고 그를『延喜式』神名帳 出雲國 出雲郡條에 나오는 出雲國造의 祖上 伊佐我命(いさがのみこと(isaganomikoto))에 비정했고(內藤湖南,「卑弥呼考」(『藝文』1-2・3・4(1910.5・6・7)), 牧健二는 伊聲耆와 掖邪狗를 하나의 이름으로 보고 이를 いしきややく(ishikiyayaku) 혹은 いせきえやこ(isekieyako)로 읽은 다음 이를 筑前國 怡土郡 石木鄕(いしきごう(ishikigō))와 관련이 있는 어느 인물로 비정했으며(牧健二,「魏志の倭の女王國の政治地理」『史學雜誌』62-9(1953.9)), 水野祐 또한 伊

聲者는 石城(いしき(ishiki))나 거주지를 나타내는 말, 掖邪狗는 인명으로서 이 두 명칭은 한 사람의 인명을 표시한 것으로(水野祐,「第二部評釋篇[第二十五段]「倭魏涉外關係史(Ⅲ)-「正始四年」條의「大夫伊聲耆掖邪狗」項」『評釋魏志倭人傳』(1987)), 藤田元春는 伊聲耆는『新撰姓氏錄』에 나오는 *滋野氏의 舊姓인 "伊蘇志(いそし(isoshi))" 一族을 가리키는 것이고, 掖邪狗는 고유명사이자 (伊蘇志 一族의) "少子"(いさこ(isako))의 譯音으로 양자는 한 사람의 인명을 가리키는 것으로(藤田元春,「魏志倭人伝に見えた伊蘇志の一族」『史林』22-4, (1937. 2) :「魏志倭人伝の道里について」『上代日支交通史の研究』(1943)) 각각 이해하였다(石原道博編譯,『中國正史日本傳(1)新訂魏志倭人傳他三篇』(岩波書店, 1991), p.52・三品彰英,『邪馬台國硏究總覽』(創元社, 1978), p.142, pp.198-200, pp.366-369, pp.408-409・水野祐,「第二部評釋篇[第二十五段]「倭魏涉外關係史(Ⅲ)-「正始四年」條의「大夫伊聲耆掖邪狗」項」『評釋魏志倭人傳』(雄山閣, 1987), pp.544-545・武光誠編,「いせき伊聲耆」「やくやく掖邪狗」『邪馬台國辭典』(同成社, 1986), p.51, p.180・汪向榮・夏應元編,「二≪三國志・魏志・倭人傳≫」『中日關係資料彙篇』(中華書局, 1984), p.20).

* 滋野氏. しげのうじ(shigenouji).『新撰姓氏錄』에 紀氏와 동족으로서 天道根命(あまのみちねのみこと/あめの-(amanomichinenomikoto/ameno-))의 후예씨족으로 나와 있으며, 舊姓은 처음에는 楢原造(ならはらのみやつこ(naraharanomiyatsuko))였다가 나중에 伊蘇志臣(いそしのおみ(isoshinoomi))를 칭한 것으로 나온다고 한다.

■ <주요 용어 일본어 발음>

藤田元春:ふじた/もとはる(fujita/motoharu).

(319) 倭錦. わきん(wakin), わのにしき(wanonishiki), やまとにしき(yamatonishiki). 이 倭錦에 대하여 小林行雄은 그것을 錦과 비슷한 倭人의 織物을 말하는 것으로 보고, 그 실체를 魏志倭人傳 말미에 나오는 絹織物인 異文雜錦에 비정하였다(小林行雄,『古代の技術』(1962)).

또한 이 倭錦과 관련해서는 그 제작주체를 추정하는 논의들도 보여, 正

始 元(240)년에 中國에서 받은 비단을 토대로 倭에서 自體 生産한 것으로 보는 견해가 있는가 하면, 고고학적으로 日本에서 絹紗는 5세기 이후에 나타난다는 知見을 근거로 그것을 倭의 것이 아닌 韓半島産의 絹이나 帛으로 보는 견해도 있다(三品彰英,『邪馬台國硏究總覽』(創元社, 1978), p.142, p.480 · 水野祐,「第二部評釋篇[第二十五段]「倭魏涉外關係史(Ⅲ)-「正始四年」條의「倭錦」項」『評釋魏志倭人傳』(雄山閣, 1987), p.545 · 武光誠編,「けんめん,緜緜」「やまとにしき,倭錦」『邪馬台國辭典』(同成社, 1986), p.80, p.181 · 肥後和男,「大和王朝の外交能力」『邪馬台國は大和である』(秋田書店, 1971), p.207).

(320) 絳青縑緜衣. こうせいけんめんい(kōseikemmen'i). 絳青縑緜衣에 대해서는 이를 하나의 실체로서 赤靑 및 靑色 바탕의 縑皮 안에 綿을 집어넣어 만든 衣으로 보는 견해가 있는가 하면, 該當 字句를 絳靑縑과 緜衣의 둘로 나누고 양자를 별개의 실체로 보는 견해도 있다(三品彰英,「(注解) [絳靑縑] 『邪馬台國硏究總覽』(創元社, 1978), p.142 · 水野祐,「[第二十五段]倭魏涉外關係史(Ⅲ)條의「絳青縑緜衣」項」『評釋魏志倭人傳』(雄山閣, 1987), pp.545-546 · 肥後和男,「大和王朝の外交能力」『邪馬台國は大和である』(秋田書店, 1971), p.207).

(321) 帛布. はくふ(hakufu). 이 帛布에 대해서는 絹과 布의 합성어로 보는 견해, 絹織物을 말하는 것으로 보는 견해 등이 있다(水野祐,「第二部 評釋篇[第二十五段]「倭魏涉外關係史(Ⅲ)-「正始四年」條의 「帛布」項」『評釋魏志倭人傳』(雄山閣, 1987), p.546 · 武光誠編,「はくふ 帛布」『邪馬台國辭典』(同成社, 1986), p.157).

(322) 앞의「朱丹」 항 참조.

(323) 木犭付短弓矢. もっぷたんきゅうし(mopputankyūshi). 木犭付短弓矢와 관련해서는, 이 중 *犭付가 獸名이라는 견지에서 잘못된 표기로 보아 그것을 줌통을 나타내는 弣로 바꾼 다음, 어구의 전체적인 의미를 '손잡이가 달린 短弓과 그 화살'로 이해하는 견해, 木犭付短弓과 矢를 분리하여 그 각

각을 서로 별개의 용어로 보는 견해, 『延喜式』 民部條의 「赤木南島所進」이라는 기사를 근거로, 木犭付短弓矢 앞의 「丹」字까지를 합쳐, 丹木犭付短弓矢를 하나의 명칭으로 보는 견해 등이 있다.

한편 日本 古代 遺跡에서 출토된 遺物이나 正倉院에 다수 전해지는 고대 일본활의 실물이 長弓系임을 근거로 이 木犭付短弓矢라는 기록 자체를 부정하는 견해도 있다(石原道博 編譯, 『中國正史日本傳(1) 新訂魏志倭人傳他三篇』(岩波書店, 1991), p.52 · 三品彰英, 「(注解)[木犭付短弓矢]『邪馬台國硏究總覽』(創元社, 1978), pp.142-143 · 水野祐, 「第二部評釋篇[第二十五段]倭魏涉外關係史(Ⅲ)-正始四年條의 「率善中郎將印綬」項」『評釋魏志倭人傳』(雄山閣, 1987), pp.546-547 · 肥後和男, 「大和王朝の外交能力」『邪馬台國は大和である』(秋田書店, 1971), pp.207-208 · 井上光貞 · 永原慶二 · 兒玉幸多 · 大久保利謙, 『日本歷史大系』1(古代文明の形成)(山川出版社, 1995), p.200 · 江上波夫編, 『世界各國史12北アジア史』(山川出版社, 1973), p.36 · 諸橋轍次, 「犭付」『大漢和辭典』第七(大修館書店, 1985), p.683 · 汪向榮 · 夏應元編, 「二≪三國志 · 魏志 · 倭人傳≫」『中日關係資料彙篇』(中華書局, 1984), p.20. 外).

* 犭付란 몸체가 羊과 비슷하며 귀가 네 개 있고 꼬리가 없으며 등이 눈이 된다는 想像上의 동물이다.

(324) 『三國志』 魏書 卷四 齊王芳 本紀 正始 四年條에는 이 魏志倭人傳 본문 正始 四年條의 「其四年, 倭王復遣使大夫伊聲耆掖邪狗等八人, 上獻生口倭錦絳靑縑緜衣帛布丹木犭付短弓矢」라는 문장이 「冬十二月, 倭國女王卑弥呼遣使奉獻」이라는 문장으로 축약되어 있다(水野祐, 「[第二十五段]倭魏涉外關係史(Ⅲ)條의 「上獻」項」『評釋魏志倭人傳』(雄山閣, 1987), p.545).

(325) 印綬. いんじゅ(inju). 印綬란 印 및 그것을 매다는 끈을 말한다. 印은 다른 말로 章이라고도 한다. 印에는 官印과 私印이 있는데, 앞에서 설명한 奴國王의 金印이나 魏 明帝가 卑彌呼에게 下賜한 金印紫綬의 金印은 모두 官印이다.

官印은 새로운 官職이라든가 爵位가 除授될 때에 그 증거로서 該當 官職이나 官位의 명칭을 새기는, 오늘날의 辭令章과 같은 것으로, 이것이 주변제국에게 주어지는 경우는 中國을 중심으로 하는 국제질서인 冊封體制에 편입되었음을 의미하는 것이라 한다.

官印制度는 春秋時代 이래 秦漢時代에 걸쳐 정비되어지되 특히 漢代에 발전했다고 한다(武光誠編, 「「金印紫綬」및「銀印靑綬」」『邪馬台國辭典』(同成社, 1986)・西嶋定生, 『邪馬台國と倭國』(吉川弘文館, 1994), pp.52-53・三品彰英, 「注解[金印紫綬・銀印靑綬]」『邪馬台國硏究總覽』(創元社, 1978), p.138・水野祐, 「[第二十三段]倭魏涉外關係史(Ⅰ)條의[評第三十]明帝より賜わった金印紫綬と親魏倭王項」『評釋魏志倭人傳』(雄山閣, 1987), pp.512-516・阿辻哲次, 『漢字のはなし』(岩波ジュニア新書, 2008), pp.74-76).

(326) 壹拜. いっぱい(ippai). 壹拜란 正始 四年에 遣使한 邪馬臺國의 使臣 모두에게 일률적으로 벼슬을 수여했다는 의미의 문자라고 한다(水野祐, 「第二部評釋篇[第二十五段]倭魏涉外關係史(Ⅲ)-正始四年條의 「壹拜」項」『評釋魏志倭人傳』(雄山閣, 1987), p.546).

(327) 黃幢. こうどう(kōdō). 幢이란 軍의 지휘에 사용되는 깃발을 말하는 것으로 특히 中郞將 내지 將官에게 수여된 軍旗인데, 그 색깔이 黃色인 이유에 대해서는 魏가 陰陽五行說에 있어 土德의 王朝이고 土德의 色이 黃이기 때문이라는 설을 비롯한 제설이 있다.

또한 魏가 倭에 黃幢을 보낸 배경에 대해서는, 魏가 邪馬台國과 狗奴國 間의 싸움을 조정하기 위해 보내진 것이라는 설, 본래 黃幢은 魏가 일단 高句麗를 쳐서 北方을 안정시킨 다음 正始 6(245)년 이후부터는 南方을 안정시키기 위해 그동안 강성해진 韓을 제압하려고 倭와 협력하여 남북에서 韓을 공격하려는 목적 하에 보내졌다가, 후에 帶方太守 弓遵이 戰死하는 迂餘曲折을 거친 끝에 마침내 韓이 제압되자, 그 목적이 邪馬台國과 狗奴國 간의 戰爭에서 일정한 역할을 수행하기 위한 것으로 목적이 바뀌어서 보내졌다고 하는 설, 狗奴國과의 전쟁에 魏가 가담한 사실을 나타내기 위해 보내졌다고 하는 설 등 제설이 있다.

또한 正始 6(245)년에 魏의 皇帝가 詔書로 邪馬台國의 大夫 難升米에게

보낸 黃幢은 正始 8(247)년에야 邪馬台國에 도착하게 되는데, 이처럼 黃幢이 늦게 도착한 이유에 대해서는 黃幢을 倭로 보내야 할 책임을 맡은 帶方郡이 그 이듬해인 246년에 韓 세력과 영토분할 문제로 갈등을 겪는 와중에 太守 弓遵이 사망한 사건 때문으로 여겨지고 있다(井上光貞,「邪馬台國の政治構造」『シンポジウム邪馬台國』(創文社, 1975), pp.27-31・三品彰英,「注解[詔賜倭難升米黃幢付郡假授]」『邪馬台國硏究總覽』(創元社, 1978), p.143・佐伯有清,『硏究史戰後の邪馬台國』(吉川弘文館, 1975), pp.200-202・水野祐,「第二部評釋篇[評第十]狗奴國論・[第二十六段]倭魏涉外關係史(Ⅳ)-「正始六年」條의「黃幢」項」『評釋魏志倭人傳』(雄山閣, 1987), p.273, pp.548-552・小林行雄,『民族の起源』(塙書房, 1972), p.198・武光誠編,「こうどう, 黃幢」『邪馬台國辭典』(同成社, 1986, p.85).

(328) 王頎. おうき(ōki). 王頎는 본래 玄菟郡 太守로서 일찍이 高句麗와의 싸움에서 242년에 東川王을 추격한 적이 있었던 인물로, 景初 3(239)년 8월에 帶方太守로 취임한 弓遵이 正始 7(246)년에 辰韓八國 分割問題로 諸韓國과 불화가 일어나 그들과 교전하다 사망하자, 이 때(正始 8(247)년) 弓遵을 대신하여 帶方君 太守로 전임하게 된 것이라 한다. 王頎는 그 후 景元 4(263)年에 다시 甘肅省의 天水太守로 轉任했다고 한다(三品彰英,「注解[弓遵]」『邪馬台國硏究總覽』(創元社, 1978), p.142・水野祐,「第二部評釋篇[第二十四段]倭魏涉外關係史(Ⅱ)-「正始元年」條의「太守弓遵」項」및 [第二十六段]倭魏涉外關係史(Ⅳ)-「正始六年」條의「黃幢」項」및 [第二十七段]倭魏涉外關係史(Ⅴ)-「正始八年」條의「太守王頎」項」『評釋魏志倭人傳』(雄山閣, 1987), pp.538-539, p.542, pp.548-552, p.553).

(329) 官. かん(kan). 이 官은 帶方郡 官廳을 의미한다.

(330) 卑彌弓呼. ひみきゅうこ(himikyūko), ひめきゅうこ(himekyūko). 狗奴國 男王의 이름이다. 卑彌弓呼에 대해서는, 이를 狗奴國 男王의 명칭으로 보고 그 뒤에 나오는 素는「본디」라는 부사로 보는 견해와, 素까지 아우른 卑彌弓呼素를 狗奴國 男王의 명칭으로 보는 견해 등이 있다. 본서에서는 전자를 따랐다.

한편 卑彌弓呼까지를 人名으로 보는 쪽에서는, 卑彌呼가 여성을 가리키는 姬命(himemikoto)의 약칭임에 대하여, 그것을 男性을 가리키는 彦尊(ひこのみこと(hikonomikoto))의 약칭으로 보는 견해가 있고(石原道博 編譯, 『中國正史日本傳(1) 新訂魏志倭人傳他三篇』(1991)), 素까지를 아울러 人名으로 보는 쪽에서는, 그것을 ひめこそ(himekoso)로 읽되 こそ(koso)를 남성을 가리키는 말이 아닌 사람을 존중하거나 사람에 중점을 둘 때에 사용하는 접미어로 보는 견해가 있다(坂本太郎, 「魏志倭人伝雜考」「邪馬台國』, 昭和29(1954)). (石原道博 譯, 『中國正史日本傳(1)新訂魏志倭人傳他三篇』(岩波書店, 1991), p.53 · 三品彰英, 「注解[卑弥弓呼(素)]」『邪馬台國硏究總覽』(創元社, 1978), p.144 · 水野祐, 「第二部評釋篇[第二十七段]倭魏涉外關係史(Ⅴ)-「正始八年」條의 「狗奴國男王」및「卑弥弓呼」項」『評釋魏志倭人傳』(雄山閣, 1987), pp.553-554 · 武光誠編, 「卑弥弓呼(素)」『邪馬台國辭典』(同成社, 1986), pp.162-163 · 汪向榮 · 夏應元編, 「二≪三國志 · 魏志 · 倭人傳≫」『中日關係資料彙篇』(中華書局, 1984), p.21. 外).

(331) 「倭女王 卑彌呼는, 狗奴國 男王 卑彌弓呼와 더불어, 본시 不和하였는데(倭女王卑彌呼, 與狗奴國男王卑彌弓呼, 素不和)」라는 구절에 시사되어 있는 邪馬台國과 狗奴國 간의 紛爭에 대해서는, 이를 兩者 連合體 間의 싸움으로 보는 설과 邪馬台國 連合體와 狗奴國 單一國 간의 싸움으로 보는 설로 갈려져 있다.

(332) 載斯烏越. さいしうおつ(saishiuotsu). 載斯烏越과 관련해서는, 그 명칭에 대한 논의, 명칭의 실체에 대한 논의, 卑弥呼가 載斯烏越을 帶方郡에 使者로 파견한 이유에 대한 논의 등이 보인다.

우선 그 명칭에 대해서는, 載斯烏越을 하나의 명칭으로 보는 견해와 載斯와 烏越이라는 두 명의 합칭으로 보는 견해 등이 있는데, 본서에서는 전자를 따랐다.

이어 載斯烏越이라는 명칭의 실체에 대한 논의들을 載斯烏越을 하나의 명칭으로 보는 견해들에 한하여 살펴보면, 발음의 유사성을 근거로 出雲

國 飯石郡 須佐神社(すさじんじゃ(susajinja))나 同國 大原郡 佐世神社(させじんじゃ(sasejinja))와 관련이 있는 名族으로 보는 설(內藤湖南, 「卑弥呼考」『藝文』 1-2・3・4(1910)), 그 발음을 さしうお(sashiuo)로 읽고 肥前國 東松浦郡의 佐志(さし(sashi))라는 지명과 연관된 씨족명으로 보는 설(牧健二, 「魏志の倭の女王國の政治地理」『史學雜誌』 62-9(1953)), 그 발음을 わつじおほえ(watsujiohoe)) 혹은 いずしおほえ(izushiohoe))로 읽고 兵庫縣 出石地域의 *大兄으로 비정하는 설(藤田元春, 「魏志倭人伝の道里について」『上代日支交通史の硏究』(1943)) 등이 보인다.

마지막으로 卑彌呼가 載斯烏越을 帶方郡에 파견한 이유에 대해서는, 狗奴國과의 싸움을 앞두고 帶方郡에 원조를 요청하기 위해서라고 보는 설, 邪馬台國은 당시 이미 狗奴國과 戰爭을 벌이고 있다가 邪馬台國의 戰勢가 불리해지자 도움을 요청하기 위해 파견한 것으로 보는 설 등이 있다(石原道博 編譯, 『中國正史日本傳(1)新訂魏志倭人傳他三篇』(岩波書店, 1991), p.53・三品彰英, 「注解[載斯烏越] 및 硏究論文抄一四一,牧健二, 「魏志の倭の女王國の政治地理」(『史學雜誌』62-9, 昭和28年9月:百十一, 藤田元春「魏志倭人伝の道里について」(『上代日支交通史の硏究』の第五章を成す, 昭和18年)」『邪馬台國硏究總覽』(創元社, 1978), p.144, pp.366-369, pp.408-409・鈴木武樹編, 「卑弥呼考(1910)」(湖南・內藤虎次郞)」『論集邪馬臺國』(大和書房, 1975), p.168・水野祐, 「第二部 評釋篇「評釋篇[第二十七段]倭王涉外關係史(Ⅴ)-「正始八年」條의 「倭載斯烏越」 및 「詣郡」및「相攻擊狀」項」『評釋魏志倭人傳』(雄山閣, 1987), pp.554-555・井上光貞, 「中國史書からみた日本」『日本國家の起源』(岩波書店, 1969), pp.37-38・汪向榮・夏應元編, 「二≪三國志・魏志・倭人傳≫」『中日關係資料彙篇』(中華書局, 1984), p.21).

* 大兄. おおえ(ōe). 大兄의 의미에 대하여 직접 설명한 동시대적 사료는 보이지 않으나 이는 5세기에서 7세기 후반까지 혹은 6세기 전기부터 7세기 중엽 무렵까지 大王家와 더불어 일반 호족들에게서도 보이는 호칭이며, 『日本書紀』에는 그것을 おひね(ohine)라는 古訓으로 읽은 예가 있다고 하는 분석적 견해가 있다.

<주요 용어 일본어 발音>

飯石郡:いいしぐん(īshigun).大原郡:おおはらぐん(ōharagun).

(333) 塞曹掾史. さいそうえんし(saisōenshi). 塞曹掾史라는 語句와 관련된 기존의 연구성과들을 살펴보면, 漢代 이래 郡國에는 재지의 유력자 중에서 다양한 행정부문을 관장하는 각종의 曹가 설치되어져 그 長을 掾이나 史 혹은 이 둘의 合称인 掾史라 하였고, 특히 하급관리의 正을 掾, 副를 屬이라 하였으며, 史는 기록을 담당하는 官吏, 塞는 國境에 설치된 적을 방비하는 砦, 즉 邊境에 있는 小城이나 壘와 같은 것을 말하고, 曹는 官司의 의미라는 등의 분석결과 등이 나와 있는데, 이를 토대로 판단하면, 塞曹掾史란 郡 혹은 國의 邊境의 방비를 위해 설치된 小城이나 壘와 관련된 업무를 담당하는 地方官廳에 근무하는 官吏의 正을 말하는 것 같다.

塞曹掾史와 관련해서는 위의 기록 외에도 『後漢書』 百官志에 「曹掾史」, 漢代에 屯田이 설치되었던 甘肅 居延地區에서 출토된 『居延漢簡』에 「塞曹史」 등 그 異稱으로 여겨지는 기록들이 보인다고 한다(石原道博 編譯, 『中國正史日本傳(1)新訂魏志倭人傳他三篇』(岩波書店, 1991), p.53・三品彰英, 「注解[載斯烏越]」『邪馬台國研究總覽』(創元社, 1978), p.144・水野祐, 「第二部評釋篇「評釋篇[第二十七段]倭王涉外關係史(V)-「正始八年」條의「倭載斯烏越」및「詣郡」및「相攻擊狀」項」『評釋魏志倭人傳』(雄山閣, 1987), pp.554-555・武光誠編, 「さいそうえんし, 塞曹掾史」『邪馬台國辭典』(同成社, 1986), p.93).

(334) 張政. ちょうせい(chōsei). 張政은 본문상 正始 8(247)년에 帶方郡太守 王頎의 命을 받아 邪馬台國으로 가서 詔書와 黃幢을 難升米에게 수여하고 王頎의 檄文을 卑彌呼에게 전하는 한편 卑彌呼가 죽고 壹與(혹은 臺與)가 즉위한 뒤에 재차 邪馬台國으로 가서 壹與(혹은 臺與)에게 檄을 傳해준 다음에 掖邪狗에게 호송받아 귀환한 인물로 나온다. 張政은 帶方郡의 屬官으로 여겨지고 있다(三品彰英,「注解[載斯烏越]」『邪馬台國研究總覽』(創元社, 1978), p.144・武光誠編, 「ちょうせい, 張政」『邪馬台國辭典』(同成社, 1986), p.93).

(335) 檄. けき(keki). 中國 古代의 檄이란 본래 軍兵徵召의 내용을 써서 알리는 告示文이라 하나, 본문의 문맥상 여기에서는 狗奴國과 싸움을 벌

이는 邪馬台國에 대한 魏側의 某種의 勸告文의 의미로 사용된 것 같다(武光誠編, 「けき,檄」『邪馬台國辭典』(同成社, 1986), p.79・水野祐, 「第二部評釋篇[第二十七段]倭魏涉外關係史(Ⅴ)-「正始八年」條의「爲檄告諭之」項」 및「[評第三十二]張政の「爲檄告諭之」の內容について」『評釋魏志倭人傳』(雄山閣, 1987), pp.556-563).

(336) 告諭. こくゆう(kokuyū). 통상 「告」란 아래에서 위로 알리는 것을 말하고, 위에서 아래로 발하여 말하는 것을 「誥」라 하며, 여기에서 告諭라 한 것은 帶方郡이 倭國의 大夫 難升米를 통하여 상급자인 女王에게 檄文을 주었기 때문이라 한다(水野祐, 「第二部 評釋篇「爲檄告諭之」」『評釋魏志倭人傳』(雄山閣, 1987), p.556).

(337) 이 句節이 百納本, 紹興本, 宮內廳本, 中華書局本 등에는「宗女壹與年十三爲王」으로 되어있고, 通志에는「宗女臺與爲王國中乃定臺與年十三」으로 되어있는데, 본서에서는 전자를 따랐다.

(338) 冢. ちょう(chō). 본 魏志倭人傳에는 冢에 관하여 두 개의 기사가 나오는데, 하나는 앞의 (152) 항의「其死, 有棺無槨, 封土作冢」의 冢이고, 나머지 하나가 위의 것이다. 이 冢에 대해서는 앞의 (152)항 참조(武光誠編,「冢」『邪馬台國辭典』(同成社, 1986), p.38, pp.142-143・三品彰英, 「注解[大作塚徑百餘步]『邪馬台國硏究總覽』(創元社, 1978), pp.145-146・佐伯有淸, 『硏究史邪馬台國』(吉川弘文館, 1975), pp.175-176・水野祐, 「[評第十五]倭人の葬制(Ⅱ)「封土作塚」と古冢の出現-弥生古墓と古墳の始原」 및 [第二十八段]倭魏涉外關係史(Ⅵ)-「女王壹与共立」條의「塚」「徑百餘步」項」『評釋魏志倭人傳』(雄山閣, 1987), p.326, pp.565-567・石井良助・井上光貞編, 「前漢書の書例に據って解釋された邪馬台國・女王國・倭・倭國」(牧健二)『シンポジウム邪馬台國』(創文社, 1975), pp.77-78・石野博信, 「卑弥呼の墓を求めて」『邪馬台の考古學』(吉川弘文館, 2001), pp.56-130・井上光貞, 「中國史書からみた日本」『日本國家の起源』(岩波書店, 1969), p.60・森浩一, 「ヒミコの墓は周溝墓?」『倭人伝の世界-わたしの古代學-』(小學館, 1989), pp.60-63・田中琢,「殉死と埴輪」『集英社版日本の歷史②倭人爭亂』(集英社, 1991), pp.256-259. 外).

(339) 「卑彌呼가 죽어, 크게 冢을 만들었는데(卑彌呼以死, 大作冢)」라는 문장에 대해서는 이를 1. 앞의 帶方郡의 告諭 關聯 內容과 무관한 별개의 독립된 문장으로 보고 이를 「卑彌呼가 죽어, 크게 塚을 만들었는데」라고 해석하는 견해, 2. 「卑彌呼以死」의 以를 "이미"의 뜻으로 보고, 또한 死 다음에 접속사 而가 생략된 것으로 보아, 이 문장의 의미를 「(正始 八年에 倭의 使者인 載斯와 烏越이 帶方郡으로 출발했을 무렵에는 卑彌呼가 아직 살아 있었으나, 帶方郡使 張政이 告諭하려고 왔을 때에) 「卑彌呼는 이미 죽어 있었다. 그래서 크게 冢을 만들었다(卑彌呼以死. 而大作冢)」라는 의미로 해석하는 견해, 3. 以를 앞의 狗奴國과의 不和事件의 인과관계의 접속사로 보아 「(狗奴國과의 싸움 때문에) 卑彌呼가 죽어, 크게 冢을 만들었는데(卑彌呼以死, 大作冢)」라고 해석하는 견해 등이 있는데, 본서에서는 그 내재적인 의미에 대해서는 각 논자들의 검토과제로 돌리고 단지 문맥의 흐름을 고려하여 해석만을 1.에 따랐다.

卑彌呼의 死亡時期에 대해서는 대체로 247년이나 248년으로 보는 것이 통설이나, 그와 달리 卑彌呼가 正始 중 사망했다는 『北史』의 기록에 토대하거나 『日本書紀』 所引의 「晋起居注」 所載의 晋에 遣使한 倭의 女王을 壹與(혹은 臺與)로 보는 입장 등에서 그 시기를 247-249년 혹은 247-250년 무렵으로 비교적 폭넓게 잡는 견해들도 있다(山岸良二, 「卑弥呼の墓は"古墳"なのか」『 別冊 l 歷史讀本』(新人物往來社, 1997), pp.41-42 · 水野祐, 「第二部評釋篇'[第二十八段]倭魏涉外關係史(Ⅵ)-「女王壹与共立」條의 「卑弥呼以死,大作塚」項」『評釋魏志倭人傳』(雄山閣, 1987), pp.564-565 · 三品彰英, 『邪馬台國硏究總覽』(創元社, 1978), pp.144-145, pp.493-495 · 石野博信, '「卑弥呼の墓を求めて」『邪馬台の考古學』(吉川弘文館, 2001), p.56).

(340) 徇葬. じゅんそう(junsō). 지금까지 日本列島에서 弥生時代 後期에 殉葬이 존재하였다는 증거는 전혀 보이지 않고 있고, 심지어 『日本書紀』 垂仁紀에 나오는 殉葬의 대용물인 人物型埴輪도 古墳時代 中期가 되어야 나타나고 있어 弥生時代 日本列島에서의 殉葬의 존재를 의심하는 경

향이 강하지만, 이러한 모순에 대한 하나의 代案으로서, 中國 長沙縣 馬王堆에서 출토된 *軑侯夫人의 死體가 십 수매의 의상으로 둘러싸여져 있는 모양이 吉備의 宮山古墳에서 출토된 圓筒形器臺에 테상돌대가 있는 것과 서로 유사한 것으로 看做하여, 圓筒形器臺를 卑弥呼 時代에 이루어진 殉葬의 증거로 보는, 邪馬台國 大和說의 입장에 있는, 原田大六의 흥미로운 견해가 있다(原田大六,『卑弥呼の墓』(1977).(井上光貞,「中國史書からみた日本」『日本國家の起源』(岩波書店, 1969), p.60:「埴輪の起源」『日本の歴史』1(神話から歴史へ)(中央公論社, 1973), pp.400-402・三品彰英,「(注解)[殉葬者奴婢百餘人]」『邪馬台國研究總覽』(創元社, 1978), p.147・水野祐,「第二部評釋篇「[第二十八段]倭魏涉外關係史(Ⅵ)-「女王壹与共立」條의「徇葬者奴婢百餘人」項」『評釋魏志倭人傳』(雄山閣, 1987), p.567・武光誠編,「徇葬」『邪馬台國辭典』(同成社, 1986), pp.112-113・原田大六,『卑弥呼の墓』(六興出版, 1977), pp.150-164).

* 軑侯. 前漢 初期에 長沙의 相을 역임하고 初代 軑侯가 된 정치가 利蒼을 말하며 그 夫人의 이름은 辛追로 알려져 있다.

(341) 壹與(いよ(iyo)). 卑弥呼 宗女의 이름이다. 壹與라는 명칭에 대해서는 이를 그대로 받아들이는 설과『南史』『北史』『太平御覽』所引의 魏志,『梁書』『翰苑』『通典』등에 壹與를 臺與라고 표기한 것이나 邪馬台國이 옳으냐 邪馬壹國이 옳으냐 하는 논쟁에서 전자의 입장을 지지하는 관점 등에 의거하여 臺與로 보는 설 등으로 갈려져 있는데, 본서에서는 그에 대한 판단을 각 논자의 검토과제로 돌리고 단지 表記만을 壹與로 하였다.

本文에는 卑彌呼의 死後 男王이 세워졌으나 나라가 진정되지 않고 誅亂이 일어났을 때 13세인 그녀가 즉위하자 나라가 안정되었고, 즉위한 壹與(혹은 臺與)는 大夫 率善中郎將 掖邪狗 등 20인을 낙양으로 보내어 生口 30人, 白珠 등을 貢獻한 것으로 나와 있다.

壹與(혹은 臺與)에게는 '共立된 女性支配者', '卑弥呼의 宗女', '13歲에 不過한 小女', '巫女' 등의 특징이 존재하는데, 이러한 점들은 邪馬台國 王權의 形態 혹은 社會體制 내지 政治體制 등의 성격과 관련지어지고 있다.

또한 壹與(혹은 臺與)의 실체와 관련해서는, 邪馬台國 大和說을 주장하면서, 卑彌呼를 『日本書紀』에 記載되어 있는 倭姬命에 비정하는 것과 짝하여, 그 이름을 臺與가 맞는 것으로 보고, 倭姬命과 마찬가지로 『日本書紀』에 所載한, 崇神天皇의 皇女, 豊鍬入姬命에 비정하는 견해가 있다(內藤湖南,「卑弥呼考」『藝文』 1-2・3・4(1910)).(三品彰英,「(注解)[復立卑彌呼宗女壹與]」『邪馬台國硏究總覽』(創元社, 1978), pp.147-148・鈴木武樹編,「「卑弥呼考」(1910)」(湖南・內藤虎次郎)」『論集邪馬臺國』(大和書房, 1975), p.169・武光誠編,「壹(臺)与」『邪馬台國辭典』(同成社, 1986), pp.56-57・水野祐,「第二部評釋篇「[第二十八段]倭魏涉外關係史(Ⅵ)-「女王壹与共立」條의「年十三」項」『評釋魏志倭人傳』(雄山閣, 1987), pp.568-569・井上光貞,「中國史書からみた日本」『日本國家の起源』(岩波書店, 1969), p.39・汪向榮・夏應元編,「二≪三國志・魏志・倭人傳≫」『中日關係資料彙篇』(中華書局, 1984), p.21. 外).

▣ <주요 용어 일본어 발음>

豊鍬入姬命(とよすきいりひめのみこと(toyosukiirihimenomikoto))

(342)「다시 男王이 섰으나, 國中이 不服하고, 다시 서로 誅殺하여, 당시 千餘人을 죽였다. (이에) 다시 卑彌呼의 宗女 壹與를 세워, 年13歲로써 王으로 삼으니, 國中이 마침내 安定되었다(更立男王, 國中不服, 更相誅殺, 當時殺千餘人. 復立卑彌呼宗女壹與, 年十三爲王. 國中遂定)」라는 구절에 대해서는, 그 상황에 대한 서술이 卑彌呼 즉위 당시의 그것과 유사한 관계로, 卑弥呼 卽位條의 쟁점과 마찬가지로, '男王'의 실체가 무엇인가, 또 '國中'은 어디를 의미하는가 하는 점들이 논의의 주요 대상이 되었는데, 그 대표적인 설들을 간단히 들어보면, 당시 倭國의 政治形態를 九州地域의 連合體制로 보는 쪽(井上光貞)에서는「男王」을 九州地域 連合體 諸小國의 王,「國中」을 九州地域 邪馬台國 連合 中으로 각각 보았고, 당시 倭國의 政治形態를 畿內의 邪馬台國을 중심으로 하는, 九州에서 畿內에 이르는 지리적 범위의, 세습화의 길을 걷는, 專制國家 體制로 보는 쪽(上田正昭)에서는「男王」을 專制國家로서의 邪馬台國 內部의 支配者集團으로,「國中」을 專制國家로서의 邪馬台國 中으로 각각 보았다(佐伯有淸,『硏究史戰後の邪馬台國』(吉川弘文館, 1975),

pp.237-239. 外).

(343) '政'이란 앞의 塞曹掾史 張政을 말한다.

(344) 이 告喩 또한 앞의 告諭와 마찬가지로, 아랫사람인 帶方郡의 張政이 윗사람인 壹與(혹은 臺與)에게 上申한다는 의미의 말로써 壹與(혹은 臺與)의 즉위를 祝賀하는 의미가 담긴 것이라 한다. 이는 한편으로 앞의 檄이 某種의 勸告文이었던 것과 차이가 나는 것이기도 하여 檄의 의미의 다양성을 엿볼 수 있는 연구결과이기도 하다(水野祐,「[第二十八段]倭魏涉外關係史(VI)-女王壹与共立條의「政等以檄告喩壹與」『評釋魏志倭人傳』(雄山閣, 1987), pp.570-571. 外).

(345) 臺. たい(tai). 臺는 魏의 皇帝가 있는 洛陽의 朝廷을 가리킨다(武光誠編,「たい,台」『邪馬台國辭典』(同成社, 1986), pp.130-131・水野祐,「[第二十九段]倭魏涉外關係史(VII)-「壹与朝貢」條의「因詣台」項」『評釋魏志倭人傳』(雄山閣, 1987), pp.577-578. 外).

(346) 이「白珠5千孔」이라는 수량에 대해서는 이를 그대로 받아들이는 견해와『太平御覽』所引의「魏志」 및 *『淵鑑類函』 珍寶部條 등에 의거하여「白珠五十孔」 설을 취하는 견해 등이 있다.

또한 이 白珠의 실체에 대해서는 그것을 水晶 내지 美石으로 보는 설, 眞珠조개에서 채취한 眞珠로 보는 설, 潛水漁獵民에 의해서 채취된 海産의 全鰒眞珠로 보는 설, 碧玉製管玉이나 貝製小玉으로 보는 설 등 제설이 있다(三品彰英,「(注解)[貢白珠五千孔青大句珠二枚異文雜錦二十四]」『邪馬台國硏究總覽』(創元社,1978), pp.148-149・森浩一,「どこに眠る親魏倭王の金印」『倭人伝の世界-わたしの古代學-』(小學館, 1989), pp.29-30・武光誠編,「はくじゅ白珠」『邪馬台國辭典』(同成社, 1986), p.157・水野祐,「第二部評釋篇[第二十九段]倭魏涉外關係史(VII)-「壹与朝貢」條의「白珠」項」『評釋魏志倭人傳』(雄山閣, 1987), p.578, pp.621-654. 外).

* 淵鑑類函. 중국 청 강희제 49(1710)년에 펴낸 백과사전으로 張英 등 130여 명의 학자가 편찬에 참여했다고 한다.

(347) 靑大句珠. せいたいくじゅ(seitaikuju). 이 靑大句珠의 句는 勾의 譌字로 여겨지고 있다. 靑大句珠에 대해서는 그 명칭과 실체에 대한 문제가 제기되었다.

우선 명칭에 대한 견해들을 살펴보면, 靑大句珠를 앞 문장의 孔과 연결시켜 孔靑大句珠가 맞다고 보는 견해와 孔은 뒤의 枚, 匹과 더불어 수량단위라는 견지에서 靑大句珠라는 명칭이 옳다고 보는 견해 등이 있다. 본서에서는 이 중 후자를 따랐다.

또한 (孔)靑大句珠의 실체에 대해서는 1. 瑪瑙로 보는 설, 2. 碧玉製 長大勾玉으로 보는 설. 3. 硬玉製勾玉으로 보는 설, 4. 琉璃製勾玉으로 보는 설, 5. 車輪石으로 보는 설, 6. 眞珠로 보는 설 등 제설이 있는데, 이 중에는 산출지를 토대로 邪馬台國의 位置를 논하는 견해도 보이고 있다(武光誠編,「孔靑大句珠」『邪馬台國辭典』(同成社, 1986), p.82・三品彰英,『邪馬台國硏究總覽』(創元社, 1978), pp.148-149, pp.277-278, p.451・水野祐,「第二部評釋篇[第二十九段]倭魏涉外關係史(Ⅶ)-「壹与朝貢」條의「靑大句珠二枚」項」 및 [評第三十四]「靑大句珠」について」『評釋魏志倭人傳』(雄山閣, 1987), pp.578-596・佐伯有淸,『硏究史邪馬台國』(吉川弘文館, 1975), p.285・森浩一,「どこに眠る親魏倭王の金印」『倭人伝の世界-わたしの古代學-』(小學館, 1989), pp.29-30・汪向榮・夏應元編,「二≪三國志・魏志・倭人傳≫」『中日關係資料彙篇』(中華書局, 1984), p.22).

(348) 異文雜錦. いもんざっきん(imonzakkin). 이 異文雜錦에 대해서는 이를 앞의「倭錦」항에서 언급한, 倭錦과 同一한 絹織物로 보는 小林行雄의 설 외에, 小林과 같은 倭錦과의 상관관계에 대한 고려가 없이 문자의 의미에 토대하여, 이색적이고 진귀한 색채를 띤 斑點文様의 錦織物로 보는 견해도 있다(三品彰英,『邪馬台國硏究總覽』(創元社, 1978), p.142, pp.148-149, p.480・水野祐,「第二部評釋篇[第二十九段]倭魏涉外關係史(Ⅶ)-「壹与朝貢」條의「異文雜錦二十匹」項」『評釋魏志倭人傳』(雄山閣, 1987), p.579).

(349) 상기 본문의 壹與의 朝貢記事와 관련해서는 그것을『日本書紀』神功皇后紀 66年條에 인용된「晋起居注」所載 倭女王의 朝貢記事와 동일

한 사건으로 보는 경향이 강하다.

이상 壹與(혹은 臺與)의 西晉으로의 遣使記事로써 魏志倭人傳의 記述은 끝이 나는데, 日本學界에서는 이 이후 3세기 후반 내지 4세기 초에 『日本書紀』 계보상에서 10대 천황으로 나오는 崇神을 첫 지배자로 하는 大和政權이 탄생하는 것으로 보는 경향이 강하며, 그러한 경향을 지닌 학자 중의 한 사람인 和田萃는 『梁書』 所載의 '壹與 뒤에 男王이 세워졌다'는 기사 중의 '男王'을 崇神으로 비정한 바 있다(和田萃, 『大系日本の歷史❷ 古墳の時代Ⅰ』, 平成9(1997)). (井上光貞, 「中國史書からみた日本」『日本國家の起源』(岩波書店, 1969), pp.43-46・堀敏一, 「高句麗と慕容燕」「卑弥呼の冊封」『中國と古代東アジア世界-中華的世界と諸民族-』(岩波書店, 1993), p.134, p.136・佐伯有淸, 「邪馬台國硏究の再開」『硏究史戰後の邪馬台國』(吉川弘文館, 1975)), pp.17-18・水野祐, 「女王國の行方と王朝交替論」『評釋魏志倭人傳』(雄山閣, 1987), pp.621-654・森田悌, 『邪馬台國とヤマト政權』(東京堂出版, 1998), pp.150-163・白石太一郎, 『古墳と古墳群の硏究』(塙書房, 2000)pp.24-30・和田萃, 『大系日本の歷史❷Ⅰ古墳の時代Ⅰ』(小學館, 1997), p.84・李貞姬, 「古代日本의政治的 勢力 成長에 對하여」 『韓國傳統文化硏究』創刊號(曉星女子大學校韓國傳統文化硏究所, 1985), p.186 外).

備考) 이상 도표 3개 : 본판에서 추가

부록) 위지왜인전 시대의 한일관계사를 다룬 논문 : 2세기 말 3세기 초 '금관국 왕자층 도일' 고

林 範 植

目 次

Ⅰ. 머리말

주지하듯이 근대학문 형성기에 배태된, 이른 시기의 문헌사료 이용을 가능한 한 자제하는 풍토는, 한국 고대사학계가 전통적으로 고대 초기 한일교류사상의 복원 작업에 그다지 관심을 기울이지 않는 요인으로 작용해 왔으며, 그러한 경향은 현재까지도 강하게 남아 있다.

그러나 대략 1960년대 후반부터 고고학의 발굴성과가 축적되면서 삼국의 내재적인 발전상이 드러나자, 학계의 일각에서는 『삼국사기』 초기기록을 인정하는 견해들이 점차 대두하기 시작했고, 그러한 분위기를 틈타 초기 한일 교류 관계의 한 측면을 『삼국사기』 초기기록을 이용해 복원하려는 시도가, 일찍이 천관우 선생에 의해 이루어진 바 있다.

천관우 선생은 과거 각종의 중국사서에 실려 있는 북방에서 한반도로의 주민 이동에 관한 관점, 즉 '삼한이동론'의 시각으로 『삼국사기』 초기기록의 신빙성을 증명하고, 이어 다시 삼한주민들의 일본열도로의 이동 사실에 유의하면서 『삼국사기』 신라본기 가야 관계 초기기사에 대한 분석을 시도, 奈解尼師今 4(199)년조의 金官國의 王 首露의 死亡을 전하는 기사 및 그로부터 2년 후인 同 6(201)년조의 가야가 신라에 請和하는 기사 등을 『金海金氏璿源譜略』에 所載한 금관국 왕자의 외부 진출을 시사하는 전승기사와 결부시켜, 해당 삼국사기 기사들이 금관국 왕자층이 일본열도로 진출함으로써 금관국이 내부적으로 약화된 사실 및 그에 대해 대응한 양상 등을 암시한다는, 초기 한일교류사 분야에 있어 중요한 견해를 제출했던 것이다[1].

천관우 선생의 이 논설은 이후 일단의 학자들에 의해 그 설득력을 인정받는 와중에, 1990년대 초 부산대학 지질학과의 윤선 교수가 해수면 변동과 관련된 지질학 자료를 토대로, 그 이전부터 오늘날의 김해평야에 존재하고 있던 일명 '고김해만' 폐항 사건의 측면에서, 실제로 2세기 말 3세기 초 무렵에 금관국 왕자층이 일본열도로 빠져나갔을 만한 정황이 된다는 입론을 이끌어 냄으로써 천관우 선생의 논설은 새로운 전기를 마련하게 된다.

필자는 1995년 석사학위 논문에서 한성대학 윤석효 교수의 지도하에,『삼국사기』신라본기의 지진기록에 의거하여 위와 같은 윤선 교수의 논설을 뒷받침하는 견해를 낸 바 있는데, 여기에서는 주로 필자가 1997년에서 1999년 사이에 일본에 유학하게 된 것을 계기로 얻게 된『日本書紀』上代記錄에 대한 지견과 최근의 관련 발굴성과 및 본 위지왜인전 역주해 작업성과 등을 토대로 2세기 말 3세기 초 금관국 왕자층의 일본열도 진출의 역사적 배경에서부터 그들의 일본열도에서의 활동상에 이르기까지의 전반적인 상황을 나름대로 정리해 보고자 한다.

Ⅱ. 2세기 말 3세기 初 '金官國 王子層의 渡日'에 관한

1) 삼국사기 초기기록에 대한 긍정적인 시각은 대체로, 남한에서는 백제 역사의 출발시기를 기존에 비해 약 100년 정도 올려다 본 이병도 박사에 의해 개척되어 이기백, 김원룡 교수 등에 본격화되기 시작하였는데, 상기 천관우 선생의 논설은 이들 이후에 나온 연구이다. 천관우 선생의 작업 이후 인류학과 고고학의 이론을 이용한 방대하고도 체계적인 삼국사기 초기기록 신빙론 작업이 최근까지 약 30여 년에 걸쳐 전 서강대학 총장이었던 이종욱 교수에 의해 이루어진 바 있다.

한편 북한학계에서는 김석형 교수 이래 삼한의 성립시기를 기원 이전으로 올려다 봄으로써 삼국사기 초기기록 신빙론으로 이어질 수 있는 분위기가 형성되어 있는 것 같다. 그 개념이 삼한이든 삼국이든 기원 이전부터 한반도의 이주민들이 일본열도에서 분국을 형성한 것으로 본다는 것은 달리 말하면 한반도 정치체의 기원을 삼국사기 초기기록과 비슷한 시기까지 올려다 본다는 것을 전제로 할 수밖에 없기 때문이다.

그러나 주체사상에 입각하여 그들이 사대주의라고 비판하는 김부식의 삼국사기와는 단절을 꾀하려는 모순이 존재하는 만큼 문헌실증을 기조로 하는 우리 학계의 입장에서는 그들과의 역사관의 교감이 쉬워 보이지 않는다. 북한이 자신의 체제를 옹호하기 위한 차원에서 발상한 위와 같은 역사관의 자기모순을 스스로 극복하고 자기체제에 대한 통렬한 비판을 거쳐 겸허한 자세로 남한과의 역사관을 조율하며 진정한 통일의 정신적 기반을 구축해 가기를 바라마지 않는다.

기존 견해의 소개와 새로운 논의 설정

『삼국사기』「신라본기」에는 奈解尼師今 4(199)년조에 金官國의 王 首露의 사망 사건을 전하는 내용이 나오고, 다시 그로부터 2년 후인 同 6년(201)조에는 가야가 신라에 請和하는 사건이 기술되는 등, 『三國史記』의 기년상 2세기 말 3세기 초에 이르러 가야 내부에 무언가 급작스러운 변화의 조짐을 전하는 기사들이 나타나는데, 기존에 이에 대해서는 한반도 북쪽에 있었던 三韓이 한반도 안의 지역으로 이동했다는 이른바 '삼한이동론'에 입각하여 『삼국사기』 초기기록의 대체적 신빙론을 이끌어 내는 시각을 기반으로 해당 기사들을 『金海金氏璿源譜略』(1914年에 刊行) 所載의 金官國 初代王 首露 7子의 「厭世上界」 라는 내용 및 同 제 2대 왕 居登의 王子 仙의 「乘雲離去」 라는 내용, 그리고 『日本書紀』 天孫降臨神話 등과 결부시켜, 해당 삼국사기 신라본기 기사들의 문맥이 농경기마민인 금관국의 주도층[2]이 일본열도로 진출함으로써 금관국 세력이 내부적으로 약화된 사실 및 그에 대한 대응양상을 암시하는 것이라는 견해가 일찍이 천관우 선생에 의해 제출된 바 있다.[3]

이 논설의 요지를 좀 더 구체적으로 설명하면, 고대 초기 '삼한이동론'의 시각에서 보면 『三國史記』「新羅本紀」와 「百濟本紀」의 기사들, 특히 이미 이른 시기부터 신라와 백제가 전쟁을 벌이는 기사들은 이동하는 辰韓係와 馬韓系 勢力 間의 싸움으로 이해하면 합리적인 설명이 된다는 관점에서, 『삼국사기』 초기기록의 대체적 신빙론을 이끌어 내는 시각에 입각하여 『삼국사기』 신라본기 奈解尼師今 4(199)년조의 金官國 王 首露가 死亡하는 기사 및 그로부터 불과 2년만인 奈解尼師今 6(201)년에 금관국으로 여겨지는 가야가 신라에 請和하는 기사 등을, 금관국 왕자층이 일본열도로 진출한 결과 그 세력이 내부적으로 약화된 상황 및 그에 대한 대

---

2) 이는 해당 사건에 대한 학계의 일반적인 표현이다. 그러나 기록상으로는 그 '주도층'의 실체가 금관국의 왕자들로 되어 있으므로 여기에서는 그것을 대개 '금관국 왕자층'이라는 용어로 바꾸어 사용하였다.

3) 千寬宇,「復元加耶史」『文學과知性』(문학과지성사,1977여름):『加耶史硏究』(一潮閣, 1991), pp.16-18, 181-184:千寬宇・金東旭 編輯,「韓國史からみた騎馬民族說」(千寬宇)『[比較]古代日本と韓國文化(上)』(學生社, 1980), pp.17-35:古朝鮮史・三韓史硏究』(一潮閣, 1989), pp.2-208.

웅책을 시사하는 것으로 볼 수 있고, 이러한 추론을『金海金氏璿源譜略』所載의 首露王 7子의「厭世上界」전승과 居登의 王子 仙의「乘雲移居」傳承 등 금관국 왕자층이 외부로 진출했음을 시사하는 일련의 기사들 및 그에 대응되는 것으로 여겨지는 일본측 기록인『日本書紀』의 天孫降臨神話 등을 통해 뒷받침해 볼 수 있다는 것인데, 이 논설은『삼국사기』초기기록 대체적 신빙론이 해당 논설이 발표된 이후 한층 더 유력해진 점,[4]『金海金氏璿源譜略』에 소재한 일련의 기사들의 사료적 가치가 인정되는 점,[5] 당대 한반도와 일본열도 간의 밀접한 해류의 흐름[6]이나 한국

---

4) 현재의 단계에서『삼국사기』초기기록 신빙론은 아직 완성되지는 않았지만『삼국사기』초기기록에 대한 최근까지의 연구성과 및 풍납토성의 발굴성과 등을 통하여 최소한 삼국이 형성된 시기가『삼국사기』초기기록과 그다지 큰 차이가 나지 않음을 추측할 수 있으므로 일단『삼국사기』초기기록과 기년의 추세를 어느 정도는 신뢰할 수 있다고 생각된다. 다만 그 개별적인 기사나 기년에 대해서는 당연히 별도의 검토가 이루어져야 할 것이고 본고는 그러한 작업의 하나가 되는 셈이다.

5) 이미 조선시대 후기부터 신분질서의 혼란을 틈타 족보의 조작이 횡행하였던 사실을 고려하면 신분질서가 와해된 일제시대에는 족보의 조작이 더욱 심하였을 가능성이 없지 않다 (이와 관련하여 일제시대 족보 간행 상황에 대해서는 이기백 교수의 조사를 참조하라(이기백,『한국전통문화론』(一潮閣, 2002), p.157). 그러나 다른 한편으로 빛나는 가문을 가진 성씨들은 자기의 姓이 他姓과 混沌되는 것을 막았을 정도로(淸風金氏大宗會,「韓國姓氏槪觀」『淸風金氏世憲錄附錄』(回想社, 2003), p.48. 參照), 조상이나 족보를 중시한 사실을 생각하면, 조선시대나 일제시대의 심한 족보 조작은 실은 주로 과거에 격이 낮았던 가문들에서 발생한 것이지, 김해김씨와 같은 대성들은 가계의 격을 다소 높이는 정도라면 몰라도 극단적인 개변은 하지 않았을 것으로 여겨지며, 이러한 차원에서『金海金氏璿源譜略』의「厭世上界」나「乘運移去」라는 전승을 아주 오래된 역사적 사실의 반영으로서 사료적 가치가 있는 것으로 판단하고 이를 금관국 세력의 일본열도진출 사건과 결부시킨 천관우 선생의 견해는 설득력이 있다고 생각된다.

이처럼『金海金氏璿源譜略』의「厭世上界」나「乘運移去」전승이 金官國 王子層의 일본열도진출을 암시하는 것일 가능성은 고대 동아시아에 있어 이주민의 파동이 항상 신화적인 전승기록을 남겼다는 사실을 통해 뒷받침될 수 있다.

즉, 문헌기록상 부여의 건국집단이 고조선지배층의 한 계통에서, 고구려의 건국집단이 부여지배층의 한 계통에서, 백제의 건국집단이 고구려지배층의 한 계통에서 각각 갈라져 나온 것으로 기술되어 있는 등, 사서상 고대 동아시아의 정치지배집단이 母處에서 다른 지역으로 진출할 때에는 항상 그와 관련된 신화전승이 남겨지는 것이 常例인데, 이는『金海金氏璿源譜略』의「厭世上界」나「乘運移去」라는, 금관국 왕자들의 외부진출을 시사하는, 설화적 전승을 금관국 세력의 일본열도진출 사건과 결부시킬 만한 방증이 되는 것이다.

다만 현재 남아 있는 가야 관련 주요 문헌인『駕洛國記』에는 위와 같은 내용이 없는 것이 문제이기는 하나 그 原因을『駕洛國記』의 原典인『開皇錄』『開皇曆』등의 작성 배경과 관련하여 다음과 같이 이해해도 좋을 것 같다.

이미 6세기에 국가사서를 편찬한 신라의 예로 미루어, 최근의 주요 연구성과들에서 드러나고 있는 것처럼, 금관국이 존속기간 대부분 신라에 대하여 독립적 위상을 유지했던 만

과 일본지역 양자에서 발견되는 고대 초기 유적·유물의 공통성[7]과 같은 금관국 이주민이 고대 초기부터 일본열도로 건너갔음을 말해주는 정황이나 증거 등 다양한 측면에서 그 설득력이 입증된다.

큼 금관국도 스스로의 역사기록을 가지고 있었거나 아니면 구체적인 구전자료 정도는 존재하고 있었을 것으로 여겨지는데, 『김해김씨선원보략』에 관련 전승이 있는 것으로 미루어 아마도 그 자료들 안에는 금관국 왕자층의 일본열도진출과 관련된 사실이 기재되어 있었고, 금관국 지배층은 신라에 항복하여 들어간 후에 자신들이 고국에서 가지고 갔을 그 기록들을 底本으로 삼아 『개황록』 『개황력』 등을 편찬했을 것으로 추측된다.

그런데 기존에 이야기되고 있는 것처럼, 『개황록』 『개황력』이 편찬된 시기가 대략 삼국통일기라고 한다면, 그 보다 구체적인 시기는 자신이 금관국의 외손으로서 신김씨에게 수로왕의 제사를 허락해 준 문무왕대가 유력할 터이므로, 신김씨들은 『개황록』 『개황력』을 편찬한 후 수로왕의 제사를 허락해 준 문무왕에게 그것을 제출 내지 열람시켜야만 했을 가능성이 높은데, '대왕암 전설'에서 유추할 수 있는 것처럼, 통일전쟁을 직접 주도하는 과정에 일본에 대한 경계심을 강하게 가지게 되었을 문무왕의 인물적 성격상, 문무왕이 그 내용들을 접하였을 경우 그다지 달갑게 여기지 않았을 것이며, 아마도 신김씨들은 그러한 점을 우려하여 『개황록』 『개황력』 에는 금관국의 일본열도진출과 관련된 내용을 삽입시키지 않았기에, 『개황록』 『개황력』 등을 전거로 삼은 『가락국기』에는 해당 기록이 계승되지 못하였고, 후일 내용구성에 있어 조금이나마 융통성 발휘가 가능한 사적인 족보형태의 기록을 작성할 때에는 금관국의 일본열도진출 사실을 『김해김씨선원보략』의 내용과 비슷하거나 그와 똑같은 암시적 표현으로 실었던 것이 후일 『金海金氏璿源譜略』에 계승되었던 것이 아닌가 생각된다.

이상 『김해김씨선원보략』에 실려 있는 금관국 왕자층의 외부진출을 시사하는 「厭世上界」나 「乘運移去」라는 내용이 금관국 왕자층의 일본열도진출 사실을 암시한다는 천관우 선생 견해의 타당성을 나름대로 뒷받침해 보았는데, 다만 『김해김씨선원보략』에는 神女에 관한 내용과 같이 흔히 전승을 신비화할 때에 사용되는 상투적인 조작도 가해졌음을 별도로 염두에 둘 필요는 있겠다.

또한 慶南 河東郡에는 수로왕 7子가 외삼촌 長有和尙을 따라 七佛寺로 出家하여 가야산에서 聖佛했다는 전승이 있어 위와 같은 상정에 다시 혼란을 주지만, 『日本書紀』에 하동이 한반도와 일본열도 간 교역의 중개기지로 활용되었음을 전하는 기사가 있는 것으로 미루어, 이 '7佛寺 傳承'은 首露王의 7子가 일본열도로 건너가기 위해 일단 항구가 있는 하동에 갔다가 어떠한 사정으로 그곳에 잠시 머무르며 보인 행적을 후일 민간에서 허황옥 가문의 출자를 모티프로 하는 불교전승과 결부시켜 윤색해 놓은 정도로 생각해 두고자 한다.

6) 金鉉球, 「현해탄을 건너서」 『백제는 일본의 기원인가』 (창작과비평사, 2002), p.34.

7) 尹錫曉, 「가야의 왜지진출과 세력확장」 『신편가야사』 (혜안, 1997), pp.143-160.
李憲載, 「伽耶諸國의 國家形成에 關한 硏究-金官伽耶를 中心으로 한 移住民의 役割 및 經濟的 背景과 관련하여-」 『漢陽大學校大學院文化人類學科考古學專攻碩士學位論文』(한양대학교대학원, 1990), pp.97-100.
成洛俊, 「1~3世紀 韓·日 兩地域의 甕棺墓」 『韓國古代史論叢』 5(韓國古代史硏究所, 1993), pp.322-323.
水野祐, 「評第十五倭人の葬制(II)「封土作冢」と古塚の出現-弥生古墓と古墳の始原」 『評釋魏志倭人傳』(雄山閣, 1987), p.318. 등 참조.

이와 같은 나름대로의 공감대가 형성되어 있었던 때문인지 역사학계의 일각에서는 천관우 선생의 논설을 지지, 발전시키는 견해들이 보이다가, 1990년대 초에는 지질학계에서까지 이 논설을 보완하는 연구가 이루어져 해당 논설이 더욱 부각되는 계기를 맞이한다.

즉, 천관우 선생은 금관국 이주민의 도일활동이 활발하던 당시의 시대적 정황과 각종의 문헌기록들을 조합하여, 금관국 왕자층이 일본열도로 진출한 사실을 추론해 내는, 탁월한 연구성과를 거두었으나, 그처럼 금관국 왕자층이 일본열도로 진출하게 된 구체적 '원인'을 분석하는 데까지는 나아가지 않았는데,[8] 1990년대 중반에 한성대학 윤석효 교수의 저서(1990년도 판『伽耶史』(民族文化社 刊行))에서 천관우 선생의 논설을 접하게 된 부산의 지질학자 윤선 교수가, 자신이 1970년대 후반부터 꾸준히 시행해 오던 金海市 長有面 水佳里 貝塚 및 同 大同面 禮安里 古墳群 일대 海蝕洞 등의 두 유적을 대상으로 시행한 지질조사 성과를 토대로, 3세기 초 고김해만이 쇠퇴하기 시작하는 지질학적인 현상을 분석해 내고, 이것을 천관우 선생이 입론한 2세기 말 3세기 초 금관국 왕자층 일본열도 진출 사건의 원인과 결부지었던 것이다.

윤선 교수의 이와 같은 입론의 배경은, 본인의 주장에 따르면, 한성대학의 윤석효 교수가 상게서에서 제철무역국가인 함안 아라가야의 성장요인으로서 천연의 良港인 마산만의 존재를 든 것에 시사받아, 지리적 환경이 아라가야와 비슷한 금관가야의 성장에도 함안의 마산만과 같이 천연의 조건을 갖춘 良港이 존재하였을 것이라는 발상에서 비롯된 것이라 하는데,[9] 그 요지를 좀 더 자세히 소개하면 대략 다음과 같다.

윤선 교수는 아라가야가 마산만을 기반으로 제철무역국가로 성장했다는 윤석효 교수의 견해에 시사받아, 아라가야와 마찬가지로 제철무역국가였던 것으로 알려져 있는 금관국도 당연히 그 중심지인 김해에 천연의 良港이 존재했을 것으로 생각하고, 김해의 해안지리를 예의 조사해 보았으나, 그 후보지가 될 만한 장소 중에 우선 낙동강 하구역의 남측 해안, 즉 菉山에서 서쪽으로 南陽까지는 천연항구로서의 입

8) 물론 정치세력의 외부로의 진출에는 그 자체가 이유라는 견해도 있을 수 있겠지만, 그 이면에는 항상 일정한 배경적 계기가 반드시 존재하는 법인데, 천관우 선생의 연구에서는 그러한 점에 대해서는 언급하고 있지 않은 것이다.

9) 후일 윤석효 교수는 이러한 점에 和答하여『伽耶史』改訂版에서 尹銑 敎授의 논설을 가야 멸망의 한 요인으로서 받아들이고 있다(尹錫曉, 「가야의 멸망」『伽耶史』(혜안, 1997), pp.231-236).

지조건을 갖춘 곳이 없고, 또한 南陽과 龍院사이의 熊東灣과 그 부근은 김해로부터 너무 멀고 규모도 작으며, 교역물품을 김해로 전달하기 위해서는 해상으로 운송된 화물을 다시 험준한 산악로를 통하여 육로로 수송해야 하는 불편한 점이 있는 등, 현재 김해의 지형조건으로는 금관국이 제철무역국가로 성장할 수 있는 항구가 없다는 판단을 하게 되었다.

이러한 문제의식 하에서 윤선 교수는 자신의 분야인 지질학적인 관점으로 발상의 전환을 하여, 자신이 1970년대 후반부터 시행해 오던 경상남도 김해시 長有面 水佳里 가동 部落 第5區 貝塚 및 同 大同面 禮安里 들판의 馬山에 位置한 海蝕洞 등에 대한 조사성과를 분석, 해수면 변동 문제를 검토해 본 결과, 오늘날의 김해시를 비롯한 김해평야 일대에는 함안의 마산만 못지않은 內灣인 '古金海灣'[10])이 2~3m의 水深을 갖고 존재하며, 항구 역할을 수행하던 도중, 모종의 지각변동에 의한 지반의 융기로 인해 3세기 초를 기점으로 바닷물이 서서히 후퇴하기 시작, 3세기 말 4세기 초에는 항구로서의 기능을 잃어버리고, 이어 7세기 무렵에 이르러서는 바닷물이 완전히 후퇴했다는 총체적인 소견 하에서, 이 중 3세기 초 고김해만이 후퇴하기 시작하는 사건을, 천관우 선생이 제시하고, 윤석효 교수가 인용한, 2세기 말 3세기 초 금관국 왕자층 일본열도 진출 사건의 원인으로 비정했던 것이다.[11])

앞서 언급한 바와 같이 필자는 과거 석사학위 논문에서『삼국사기』신라본기의 지진기록을 근거로 윤석효 교수의 지도하에 윤선 교수의 논설을 지지한 바 있는데,[12]) 필자의 初攷 이후 최근까지 관련 연구성과들이 축적되어 현재에는 김해평야가 과거에 고김해만이었다는 인식이 상당히 보편화되어 있고,[13]) 또한 얼마 전에는

10) 이는 지질, 고고 학계에서의 일반적인 명칭이어서, 이에 대한 설명이 필요한 위의 것 외의 앞과 뒤에서는 모두 그것을 ' ' 기호를 생략한 채 고유명사와 같은 어법으로 사용하였다.

11) 윤선, 「釜山 그 땅의 역사」『부산의 역사와 자연』(부산라이프신문사, 1992), pp.41-43.
윤선・장두곤,「고김해만」『부산의 지사와 경관』(부산라이프신문사,1994), pp.111-113.
윤선, 「고김해만의 자연환경변화와 금관가야」『伽倻文化』第10號(財團法人伽倻文化硏究, 1997), pp.242-246.

12) 林範植, 〈任那(金官)伽耶의 衰退와 '安羅(阿羅)伽耶의 浮上〉「4-5世紀 伽耶 對外關係의 性格에 關한 硏究」『漢城史學』第8輯(漢城史學會, 1996), pp.75-80.

13) 최근 수 년 간의 각종 논고나 학술토론회에서는 고김해만의 존재를 염두에 둔 논의가 이루어지는 경우가 많았는데 그 대표적인 예를 들면 다음과 같다.
尹錫曉, 『신편가야사』(혜안, 1997), pp.231-236.
권주현, 「'古自國'의 역사적 전개와 그 문화」『가야각국사의 재구성-가야사 학술심포지

항만시설로 여겨지는 굴립주건물지도 발견되는 등[14] 해당 문제에 대한 보강 근거들이 상당히 갖추어져 있는 상황이어서, 이 논의를 보다 진전시켜도 좋다고 판단되므로, 여기에서는 위와 같은 인식에 이어질 수 있는 또 하나의 문제의식으로서, 금관국 왕자층이 고김해만을 상실할 위기 상황에서 일본열도로 진출하게 된 역사적 배경[15]에서부터 그들의 일본열도에서의 활동상에 이르기까지의 전반적인 상황을 고찰해 보기로 하겠다.

Ⅲ. 2세기 말 3세기 초 '金官國 王子層 渡日'의 歷史的 背景 및 그들의 일본열도에서의 활동상에 대한 접근

1. 2세기 말 3세기 초 '金官國 王子層의 渡日' 事件과 관련된 일본측 사료의 비정

움-』(부산대학교한국민족문화연구소가야사정책연구위원회, 2000), pp.148-149.
白承忠, 「許皇后初行路」『韓國文化硏究』4(釜山大學校韓國文化硏究所, 1991), pp.287-302.
李永植, 「九干社會와 駕洛國의 成立」『伽倻文化』第7號(財團法人伽倻文化硏究院, 1994)의 多處.
仁濟大學校加耶文化硏究所, 「綜合討論」『加耶諸國의 鐵-인제대학교가야문화연구소창립기념기념국제학술대회-』(仁濟大學校加耶文化硏究所, 1995), p.180.에 있는 司會者 仁濟大學校 李永植 교수의 발언.
남재우, 「포상팔국 전쟁과 그 성격」『伽倻文化』第10號 (재단법인가야문화연구원, 1997), p.206의 脚註68)
南在祐, 「安邪國의 성장조건과 발전」『지역과 역사』 제5호(부산경남역사연구소, 1999), p.7.
노중국, 「가야사 연구의 어제와 오늘」『한국고대사속의 가야』(혜안, 2001), pp.14-15.

14) 경남발전연구원에 의해 2003.4.14~2003.10.11(연장 25일 포함) 사이에 이루어진 ' ' 김해 봉황동 가야인 생활체험촌 조성부지 내 유적발굴조사 ' ' 약보고서 참조.

15) 윤선 교수의 논설은 이를테면 2세기 말 3세기 초 금관국의 쇠퇴 및 그에 이어지는 금관국 왕자층의 일본열도진출의 '외면적 원인'을 지질학적인 관점으로 규명한 것이라 할 수 있다. 이에 대하여 필자는 문헌사가로서 그것의 '내재적인 원인'에 해당되는 '역사적인 배경'이 존재하고 있었는가 하는 문제의식을 갖고 그것을 규명해 보고자 하는 것이다.

1) 金海金氏璿源譜略에 보이는 2세기 말 3세기 초 '金官國 王子層의 渡日' 事件에 對應되는 일본측 사료로서 日本書紀 崇神, 垂仁 紀 두 가야 관계 기사의 적출

위에서 설정한 문제의식을 해명해 나가기 위해서는 당연히 관련사료를 적출해야 할 필요가 있는데, 이 작업을 우선 위의 논설을 입론한 당사자인 천관우 선생이 지적한 사료들을 검토하는 것에서부터 시작해 보기로 하자.

기존에 천관우 선생이 2세기 말 3세기 초 금관국 왕자층의 도일 사건을 반영하는 것으로 본 사료에 대해서는 앞에서 이미 간략히 언급했지만 여기에서 약간 더 자세히 소개하면, 金海金氏大同譜인 『金海金氏璿源譜略』에 所載한 금관국 수로왕 7子의 「厭世上界」라는 傳承과 금관국 제2대왕 居登의 王子 仙가 神女와 더불어 「乘運移去」했다는 전승 등 금관국 왕자들의 외부 진출을 시사하는 내용, 그리고 금관국의 건국신화인 龜旨峰神話와 내용이 비슷한 『日本書紀』의 天孫降臨神話 등인데, 이 중 『金海金氏璿源譜略』에 所載한 金官國 首露王 7子의 「厭世上界」 라는 전승과 『日本書紀』의 天孫降臨神話 등은 首露王이 개국시조로 되어 있는 『駕洛國記』의 건국신화와 그 이야기구조가 유사하다는 점에서, 이 두 사료는 모두 가야 건국 초기 및 그로부터 멀지 않은 시기에 발생한 사건들을 반영하고 있는 것으로 여겨지므로, 가야의 형성시기를 기원전 2세기 무렵 내지 그 이전으로 추정하는 견해들[16]에 따를 경우, 일단 상기 두 사료는 2세기 말 3세기 초라는 시점에 있어서의 금관국 왕자층의 도일 사건을 파악하는 전거로서는 적합지 못할 것 같다.[17]

한편 이에 비해 居登의 王子 仙가 「乘運移去」하였다는 『金海金氏璿源譜略』의 기사는 『삼국사기』 초기기록 기년의 대강을 인정할 경우 위의 두 사료와는 달리

---

16) 李丙燾, 「首露王考」 『韓國古代史研究』 (博英社, 2001), p.320.
李鍾旭, 「가락국의 소국형성과 가야연맹의 전개」 『서강인문논총』 제7집 (서강대학교출판부, 1997), p.121.

17) 수로왕 7자 전승은 당연히 금관국 초기의 사실을 반영한 것으로 보아야 하고, 또한 구지봉신화가 가야의 건국신화인 만큼 이 이야기를 모방한 천손강림신화도 그것이 만약 실제의 역사적 사실을 반영한 것이라면, 그 또한 가야의 건국시기와 버금가는 시기에 발생한, 일반적으로 3세기 말 내지 4세기 초에 건국된 것으로 여겨지는, 大和政權의 기원적 정치체의 실제의 대 금관국 관계의 사적을 大和政權의 國家起原을 올리기 위해 大和政權의 事迹으로 기술한 것이거나, 혹은 大和政權을 주체로 하는 신화로 기술해야 할 이유가 있었던 모 정치체의 대 금관국 관계의 이른 시기의 事迹으로 보아야 할 것이다.

금관국 왕자층의 2세기 말 3세기 초 '일본열도 진출 사건'을 시사하는 것으로 생각되나, 그처럼 "乘運移去" 라는 간단한 내용만 가지고서는, 당시 금관국 왕자 仙가 일본열도로 건너가게 되는 역사적 배경을 추론하기 힘들거니와, 나아가 이것이 국내측 자료라는 특성상 仙의 일본열도에서의 활동은 더더욱 알 수가 없다.

그렇다면 居登의 王子 仙가 渡日하게 된 역사적 배경이나 그의 일본열도에서의 활동상은 영원히 비밀에 묻혀 버릴 수밖에 없는 것일까. 하지만 이와 같이 초기의 가야제국에서 중추적인 역할을 담당한 금관국의 핵심지배층이 일본열도로 빠져나간 중대사건이, 당대의 한반도와 일본열도의 正史에는 일체 등장하지 않는 채, 다만 한국의 족보자료에 한하여, 그것도 암시적인 전승형태로만 남아 있을 뿐이라고 단정하기 보다는, 또 다른 관련자료 잔존의 가능성을 열어 둘 여지가 있다고 생각되며, 이러한 차원에서 필자는 이하 서술하는 견지에서, 『日本書紀』 10世 崇神天皇 65년조 및 同 11世 垂仁天皇 2年 是歲條 등에 보이는 두 가야 관계 기사를 『김해김씨선원보략』에 所載한 거등의 王子 仙의 「乘運移去」라는 기사에 대응되는 일본 측 전승사료로서 비정하고 싶다.[18]

2) 日本書紀 崇神, 垂仁 紀의 두 가야 관계 기사를 금관국 왕자 仙의 渡日과 대응되는 일본측 사료로 보는 두 가지 논거

① 兩者 事件 紀年의 近似性

-日本書紀 崇神, 垂仁 紀의 두 가야 관계 기사에 관한 韓國의 李丙燾와 日本의 笠井新也 두 박사 견해의 지지의 관점에서-

우선 첫 번째 논거는 양자 사료에 보이는 사건 기년의 근사성이다. 과거 한국의 이병도 박사는, 고대 가야제국과 왜국의 정치구조를 연맹체제로 파악함과 동시에, 소뿔 모양의 머리 장식에 관한 한국 및 중국사서 상의 문헌기술과 그 고고학적 증거를, 『日本書紀』 崇神, 垂仁 紀에 보이는 都怒我阿羅斯等나 그 관련 명칭들의 의미와 연결시켜 垂仁紀의 都怒我阿羅斯等가 금관국의 왕자라는 사실을 이끌어 내고

18) 이 두 기사는 한국 및 일본 학계에서 너무나 잘 알려진 것들이므로 굳이 擧示하지 않는다.

아울러 都怒我阿羅斯等의 일본에서의 旅程에 대한 분석결과 및 지리상 帶方郡과 邪馬臺國 間의 거리에 비해, 金官國과 邪馬臺國 間의 距離가 보다 약간 가까우므로 金官國과 邪馬臺國 間의 교섭시기가 帶方郡과 邪馬臺國이 교섭한 3세기 중반 보다 약간 더 빠를 것이라고 하는 지견 등을 종합하여, 『日本書紀』 崇神, 垂仁 紀의 두 가야 관계 기사를, 3세기 초반에 가야제국의 맹주국인 금관국의 왕자가 日本海 루트를 거쳐 당시 倭의 盟主國이었던 畿內 邪馬臺國과 교섭한 사실을 전하는 것으로 본 적이 있고,[19] 그 보다 이전 日本의 笠井新也 博士는 垂仁紀 2년조에서, 都怒我阿羅斯等가 도착한 笥飯이라는 地名이 大和로 통하는 길목이라는 점, 都怒我阿羅斯等가 지나간 行路에 弥生式 土器包含層이 있고, 그 안에서 銅鏃이라든가 貨泉이 출토된 사실, 6세기 이전에는 瀨戶內海 항로에 도적들이 들끓는 위험성으로 인해 외국의 사절들이 주로 외해를 이용하였을 것이라는 지견 등을 주요 근거로, 이 기사를 외해를 이용한 大伽羅國과 畿內 邪馬臺國 간의 교섭으로 본 적이 있는데,[20] 만약 이 두 견해에 따를 경우 崇神, 垂仁 紀의 두 가야 관계 기사는 『金海金氏璿源譜略』 所載의 가야관계기사와 기년이 서로 거의 일치하게 되는 것으로써, 필자는 다음과 같은 『日本書紀』 상대기사 구성방식에 대한 이해의 측면에서 위의 두 박사의 견해를 지지하고 싶다.

일본 근대사학의 아버지라 일컬어지는 津田左右吉 이래 최근까지의 『日本書紀』의 기사 구성에 대한 일본학계의 주요 연구성과를 大和政權의 초대지배자 神武紀부터 29代 欽明紀까지에 한하여 정리해 보면, 神武天皇 및 그 다음의 '缺史 八代' 기사들은 씨족관계 전승 및 가공의 자료들을 토대로 배치된 사실성이 박약한 것이고, 다시 그에 이어지는 崇神과 垂仁의 2系譜 내지 여기에 景行까지를 합친 3系譜 및 그 기사들에 대해서는 그 이전의 '缺史 八代'에 비해 기사가 풍부하게 늘어나는 점 및 和風諡號의 고유성 등을 근거로 나름대로의 신빙성이 점쳐지고 있고, 神功紀의 卑弥呼와 그녀를 이은 倭 女王의 中國 遣使에 관한 邪馬台國 관련 기록들과 神功 46년조부터 欽明紀까지에 걸쳐 왜의 백제를 중심으로 하는 對 韓半島 關係 史迹을 담은 '百濟三書' 내지 그 계통의 기록들은 역사적 사실성이 뚜렷하며, 나아가 이 중 神功紀의 紀年은 邪馬台國의 紀年에 맞추었다고 하는 등의 인식이 확립되어져 있

19) 李丙燾, 앞의 책(2001), 博英社.
20) 笠井新也, 「邪馬臺國は大和國である」 『考古學雜誌』 12-7 (日本考古學會, 1922) 참고로 말하면 이 두 견해는 서로 영향관계가 없이 각자 독창성을 띠고 있다.

는 상황인데[21], 필자는 이와 같은 일본학계의 연구성과를 염두에 두고 神功紀와 그 이후에 보이는 기사구성의 특징을 주목한 결과 대략 다음과 같은 사실을 발견할 수 있었다.[22]

---

21) 井上光貞, 『日本の歷史』 1 (神話から歷史へ) (中央公論社, 1973), pp.268-284.
水野祐, 「崇神天皇をめぐる物語」 『 別冊 | 歷史讀本』 (新人物往來社, 1997), p.294:「女王國の行方と王朝交替論」 『評釋魏志倭人傳』 (雄山閣, 1997), p.636.
津田左右吉, 「記紀の由來, 性質, 及び二書の差異」 『日本古典の硏究』 上 (岩波書店. 1948)
鎌田元一, 「王權と豪族」 『日本の古代』 6 (岸俊男 編)(中央文庫, 1996), p.81.
井上光貞 編,『シンポジウム邪馬台國』(創文社, 1976), pp.142-147, p.222, pp.247-249에 실린 齊藤忠 발언.
坂本太郎, 「記紀硏究の現段階」 「日本書紀の撰修」 「古事紀の成立」 「日本書紀の成立」 「日本書紀の後代改刪說について」 『日本古代史の基礎的硏究』 上 (財團法人東京大學出版會, 1982)
白石太一郞, 『古墳と古墳群の硏究』 (塙書房, 2000), pp.493-494.
小林行雄, 『古墳の話』 (岩波書店, 1969), p.204.
岡田精司, 「記・紀說話群の構成」 『「古事記」と「日本書紀」の謎』(學生社, 1998), pp.68-76.
岡田精司, 「河內大王家の成立」 『古代王權の祭祀と神話』 (塙書房, 1980), pp.273-320.
直木孝次郞, 『神話と歷史』 (吉川弘文館, 1973), p.8, pp.70-83.
直木孝次郞, 「応神王朝序說」 『日本古代の氏族と天皇』 (塙書房, 1972), pp.173-200.
直木孝次郞, 「古事記と日本書紀はどうちがうか」 『「古事記」と「日本書紀」の謎』 (學生社, 1999)
和田 萃, 『大系日本の歷史❷ | 古墳の時代 | 』 (小學館, 1997), pp.26-28, p.33.
山田英雄, 『日本書紀』 (ニコ-トンプレス. 1998)
야마다 히데오 지음(이근우 옮김), 『日本書紀入門』 (民族文化社, 1988)
李根雨, 『『日本書紀』에 인용된 百濟三書에 관한 硏究』 (韓國精神文化硏究院, 1994)
金恩淑, 「『古事紀』・『日本書紀』의 편찬 과정」 『강좌 한국고대사』 제5권 문자생활과 역사서의 편찬 (재단법인 가락국사적개발연구원, 2003)
孫大俊, 「第一部 神話・傳承 속에 보이는 韓日關係」 『古代韓日關係史硏究』 (京畿大學校 學術振興院, 1993)
김현구・박현숙・우재병・이재석 공저, 『일본서기한국관계기사연구』 (I)-(Ⅲ)) (일지사,2002-2004) 등 참조.

22) 이하의 논의를 펼침에 있어서는 대략 다음의 자료들을 참조하였다.
金鉉球, 『大和政權の對外關係的硏究』 (吉川弘文館,1986)
井上光貞, 『日本の歷史』 1 (神話から歷史へ)(中央公論社, 1973), pp.268-284.
井上光貞・永原慶二・兒玉幸多・大久保利謙編, 「邪馬台國とその時代」 『日本歷史大系』1 (古代文明の形成)(山川出版社, 1995)
坂本太郎, 「記紀硏究の現段階」 「日本書紀の撰修」 「古事紀の成立」 「日本書紀の成立」 「日本書紀の後代改刪說について」 『日本古代史の基礎的硏究』 上, (財團法人東京大學出版會. 1982)
榎一雄, 『邪馬台國』 (至文堂, 1975), pp.179-181.
鎌田元一, 「王權と豪族」 『日本の古代』 6(岸俊男 編) (中央文庫, 1996)

만약 위에서 정리한 일본학계의 인식과 같이, 『日本書紀』 編者가 神功紀의 紀年을 邪馬台國의 紀年에 맞춘 것이 사실이라고 한다면, 최근 일본학계의 또 다른 유력설들에서는 壹與(혹은 臺與)[23]가 집정하던 시기를 마지막으로 邪馬臺國 連合[24]은 소멸되고, 崇神을 첫 지배자로 하는 大和政權이 탄생하는 것으로 이야기되고 있으므로, 기사 배열의 순서상 卑弥呼 및 壹與(혹은 臺與)의 중국견사기록이 실려 있는 神功紀 다음에는 당연히 3세기 말 내지 4세기 초의 인물로서, 大和政權의 실질적인 초대 지배자로 여겨지고 있는 崇神에 관한 기록이 이어져야 함에도 불구하고, 바로 그 崇神을 비롯한 大和政權 初期 人物들의 系譜 및 事迹 記事들은 卑弥呼 및 壹與(혹은 臺與)의 중국견사기록이 실려 있는 神功紀 보다 5代前인 崇神紀에서 시작하여 神功紀 자신까지의 사이에 배치되어져 있고,[25] 나아가 일반적으로 그 시간적 무대가 주로 3세기 중반(구체적으로는 239년에서 266년까지)으로 여겨지고 있는

津田左右吉, 「記紀の由來, 性質, 及び二書の差異」 『日本古典の研究』 上(岩波書店. 1948)
江上波夫, 『騎馬民族國家』 (中公新書, 1978)
水野祐, 『日本古代の國家形成』 (講談社. 1967)
那珂通世, 「外交繹史卷之一」 『那珂通世遺書』 (故那珂博士功績紀念會. 1915)
芳賀章內 編輯, 『歷史公論』 1 古事紀・日本書紀の世界 (雄山閣, 1978)
和田萃, 「記紀の編纂」 『大系日本の歷史❷ 古墳の時代Ⅰ』 (小學館, 1997)
山田英雄, 『日本書紀』 (ニコートンプレス, 1998)
上田正昭 外 5人, 「記・紀說話群の構成」 『「古事記」と「日本書紀」の謎』 (學生社, 1998)

23) 위지왜인전에서 卑弥呼에 이어 邪馬臺國의 여성지배자로 등장하는 인물의 명칭에 대해서는 위와 같은 두 가지의 견해가 있다.

24) 한국의 이병도 박사의 견해와 비슷하게 일본학계의 통설에서도 위지왜인전에 나타난 邪馬臺國 時代 당시 왜국은 邪馬臺國을 맹주로 하는 연합체제 상태에 놓여 있던 것으로 인식되고 있다.

25) 崇神은 기존의 논설에서 그 和風諡號가 神武天皇과 같되 崇神紀부터 사실성 있는 기사가 많아진다는 이유로, 大和政權의 실질적인 초대지배자는 神武가 아닌 崇神으로 보는 것이 현 일본학계의 통설인 데다가, 大和政權 支配者들의 陵墓가 崇神 이후 神功까지는 모두 大和地域에 있는 것에 비하여 応神陵부터는 墳墓가 河內 地域으로 옮겨질 뿐 아니라 그 규모도 超大型으로 變하고 있음을 근거로, 応神時代부터를 고분시대 중기라는 새로운 시대로 취급하는 경향이 일반적이어서, 崇神에서 神功에 이르는 시기를 大和政權 初期라는 독립적인 시대로 분류할 수 있다.

또한 『古事記』와 『日本書紀』에 관한 일본학계의 연구성과들을 참조하면, 崇神에서 神功에 이르기까지의 양자의 사료계통이 거의 유사하되 다만 『日本書紀』 편찬단계에서 기존의 원 계통 사료 내용이 율령사관에 따라 약간 변용되고 나아가 여기에 더하여 몇몇 새로운 자료들이 추가된 정도인 만큼, 『古事記』의 崇神에서 神功에 이르는 기사들이 대개 大和政權 시대의 것들로 여겨지고 있듯이, 『古事記』와 기본적인 전거사료 계통이 같은 『日本書紀』의 해당 부분의 기사들도 대개는 大和政權期의 기사들로 구성되어 있는 것으로 생각된다.

神功紀의 卑弥呼 및 壹與(혹은 臺與)의 중국조공기록 다음에 갑자기 약 1세기를 뛰어넘어 4세기 중반 내지 후반의 인물로 여겨지고 있는 応神에 관한 紀가 설정되는 한편, 神功紀 46년조부터 欽明紀까지는 일명 '百濟三書'를 주축으로 한 4세기 중후반 이후의 것으로 여겨지는 윤색, 가공을 거친 大和政權의 事迹 記事들이 나타나는 모순된 구성이 눈에 띈다.

그렇다면 국제성이 뚜렷한 중국의 사서를 토대로, 神功紀를 3세기대로 맞춰 놓았다고 일컬어지는 『日本書紀』 편자가, 도대체 '어떠한 이유로' 神功紀의 다음에 순서대로 崇神 이래의 大和政權 初期의 系譜 및 事迹을 순차적으로 배치하지 않고, 해당 계보 및 기사들을 오히려 神功紀 보다 5대 전부터 시작하여 神功紀 자신까지에 걸쳐 배치해 놓고, 神功紀의 邪馬台國 女王의 중국 조공 기사 다음에 약 1백년의 공백 기간을 둔 채 곧바로 応神의 紀를 설정하고, 다시 神功紀 46년조부터 欽明紀까지는 주로 '百濟三書'를 토대로 4세기 중후반 이후의 大和政權期의 기사들을 배치해 놓았던 것일까.

『日本書紀』 上代記事의 내용을 통하여 그 이유를 직접 파악하기란 좀처럼 쉽지 않지만, 『日本書紀』의 上代紀年은, 大和政權의 神聖性과 悠久性을 표방하는 율령이데올로기 하에서, 그 국가기원을 신유혁명설에 의거, 推古紀 9(601)년을 기준으로 할 때에는 1260년을, 天智 元(660)年을 기준으로 할 때에는 1320년을 각각 거슬러 올라간 기원전 660(神武 元)년으로 정하면서, 주로 帝王들의 壽命을 연장하는 방식으로 늘려졌다고 하는 일본학계의 전통적인 통설로부터 유추해 보건대, 어쩌면 그처럼 紀年을 늘리는 방식으로 大和政權의 神聖性과 悠久性을 표방해야만 하는 과제를 안고 있었던 『日本書紀』 편자는 위와 같은 기년 인상의 거시적인 틀을 구성하는 하나의 세부안으로서, 『日本書紀』 崇神紀에서 神功紀에 이르는 기사를 구성함에 있어, 『日本書紀』 편찬단계에 새로이 채택한 자료들 중에, 기존의 『古事記』에는 보이지 않던, 邪馬台國이 畿內에 2세기 후반에서 3세기 후반까지 존속하였고, 나아가 崇神을 첫 支配者로 하는 大和政權이 그 뒤를 이었다는 내용이 담긴 사료를 발견하고, 본래의 사실과는 다르지만, 한반도나 중국 등 주변의 국가들이 그것을 알지 못할 것이라는 확신을 갖고, 大和政權의 歷史를 邪馬台國 時代까지 소급시키기 위해, 崇神에서 神功에 이르는 大和政權 초기의 범위 안에 邪馬台國 관련 기사를 삽입함으로써, 大和政權 初期의 紀年을 邪馬台國 時代의 紀年에 맞추어 놓는 교묘한 작업을 그 골간으로 삼았기에 위와 같은 모순된 현상이 나타나게 된 것은 아닐까 하는 생각을 해 본다.

한편으로 『日本書紀』 編者가 임의적으로 邪馬台國을 大和政權에 비정하려 한 것으로 보는 견해도 있을 수 있겠지만, 『日本書紀』에 律令史觀에 의한 불가피한 조작은 있을지라도 그것이 적어도 하나의 국가사서인 만큼, 『日本書紀』 편자가 邪馬台國과 같이 역사적으로 저명한 정치적 실체에 관한 사실까지도 치밀한 계산이 없이, 나중에 모순이나 잘못이 드러날 가능성을 고려하지 않고, 임의적으로 무모한 조작을 가했으리라고는 생각되지 않으며, 그것은 『日本書紀』 편자가 위와 같이 모종의 사료를 통해 邪馬台國이 大和政權으로 이행하였다는 사실을 파악하고, 율령이데올로기 하에서 大和政權 歷史의 출발시기를 올리되 당시의 한반도나 중국 등 주변의 국가들이 그것을 알지 못할 것이라는 확신 하에[26] 행한, 사관으로서의 책임감과 율령국가의 신성성과 유구성을 표방해야 하는 정책수행자로서의 불가피한 조작의 책임감이 착종된 치밀한 고심의 선택이었을 것으로 생각해 보고자 하는 것이다.

그러나 이와 같은 설명만으로 앞에서 언급한 기사구성 모순의 이유가 모두 해명되는 것은 아니고, 여기에서 또 하나 제기되는 의문은, 만약 『日本書紀』 편자가 위와 같이 崇神에서 神功에 이르는 大和政權 初期의 紀年을 邪馬台國 時代로 올리려고 한 것이 사실이라면, 『日本書紀』 편자는 왜 卑弥呼 및 壹與(혹은 臺與)에 관한 邪馬台國 關聯 記事를 초대 지배자인 崇神의 紀에 맞추지 않고 하필 그것을 天皇가 아닌, 대개 가공의 인물로 여겨지고 있는, 仲哀의 攝政, 神功의 紀에 맞추어 놓은 것이냐 하는 점이다.

이를 단지 卑弥呼 및 壹與(혹은 臺與)가 神功皇后와 마찬가지로 여성이었기에 神功紀에 배치했다고 한다면 문제는 간단해 지겠지만, 그렇듯 단순한 이유가 사서 편찬에 있어 무엇보다도 중요한 紀年을 정하는 근거가 되었으리라고는 생각되지 않으며, 필자로서는 그보다는 오히려 『日本書紀』 편자는 당시에 수집된 또 다른 모종의 사료를 통해 崇神에서 神功에 이르는 初期 大和政權의 존속기간이 邪馬台國 連合의 존속기간과 거의 같다는 사실을 파악하고, 나아가 그 양자의 기사들이 중첩기년의 순서대로 겹쳐지면, 卑弥呼와 壹與(혹은 臺與)의 중국조공기사는 初期 大和政

26) 『日本書紀』 편찬 당시까지는 아직 神功皇后가 한반도나 중국에 널리 알려지지 않았던 만큼 한반도인들이나 중국인들은 『日本書紀』 편자가 神功을 卑弥呼에 비정해도 그 진위를 알지 못하였을 것이고 『日本書紀』 편자는 이 점을 확신했을 것이다.

權 系譜의 神功 무렵에 맞추어진다는 사실을 인식한 때문은 아니었을까.

다시 말해 오늘날 崇神에서 神功에 이르는 初期 大和政權의 존속기간은 일반적으로 3세기 후반 내지 4세기 초반에서 4세기 말 혹은 5세기 초반까지의 약 100년 정도로 비정되고 있는 것과 짝하여, 위지왜인전의 기술상 邪馬臺國 連合의 존속기간 또한 2세기 후반에서 3세기 후반까지 약 100년간으로 알려져 있는데, 『日本書紀』 편자는 각종 관련 자료들을 토대로 그와 같은 사실을 파악하고,[27] 『日本書紀』 崇神紀에서 神功紀에 이르는 기사들을 구성함에 있어, 그러한 양자 기년의 근사성에 착안하여, 『日本書紀』 편찬 단계에서 새로이 채택한 자료를 기존에 먼저 가공, 손질해 놓은 『古事記』 系統의 자료에 끼워 넣는 식으로, 양자의 사료를 중첩적으로 혼합, 배치하는 작업을 실행함에 있어 邪馬台國 後半期의 卑弥呼 및 壹與(혹은 臺與)의 중국조공기록을 중첩 기년의 순서상 神功紀에 집어넣는 것을 해당 기사구성의 골간으로 삼았던 것이고, 나아가 당시 일본에서는 그 시기를 메울 수 있는 신빙성 있는 기록을 갖추지 못하였던 관계로, 神功紀 46년조부터 欽明紀까지는 백제삼서 내지 그 계통의 기록들을 주로 이용하여 大和政權期의 4세기 중후반 이후의 기사들을 메웠던 것이 아닐까 생각된다.

좀 더 부연하면, 『日本書紀』 편자는 欽明 이전부터 神代까지의 上代記事들을 구성함에 있어 그것을 단순히 신유혁명설의 틀에 맞추어 기사들을 임의적으로 늘려 메워 간 것이 아니라, 위와 같은 방식을 기년 확장의 기초작업으로 삼고, 崇神 이전의 '缺史 8代'에서 神代까지는 또 다른 나름대로의 紀年 加上의 기사구성 세부안이 있었던 것은 아닐까.

하지만 崇神紀에서 神功紀에 이르는 기사들을 구성함에 있어 약 100년간에 이르는 邪馬台國 連合時代의 기사들과 마찬가지로 약 100년간에 이르는 大和政權 初期의 기사들을 서로 중첩적으로 배치하는 것을 해당 기사구성의 골간으로 삼았다는, 이와 같은 필자의 가설이 입증되기 위해서는, 최소한 崇神紀에서 神功紀 사이에 기존 일본학계의 통설에서 지적한, 邪馬台國 후반기에 해당되는 卑弥呼 및 壹與(혹은 臺與)의

---

27) 당시 비록 일본의 국내자료가 부족했을지도 大和政權의 起源을 追究하는 것이 『日本書紀』의 주요 관심대상이었고 또한 神功紀의 邪馬台國 記事 다음에 100년의 편차가 나도록 의도적으로 応神紀를 배치하고 있는 사실로부터 미루어 볼 때에, 『日本書紀』 편자는 応神 이전 初期 大和政權의 존속기간이 100년 정도라고 하는 사실을 알고 있었을 것이다. 또한 『日本書紀』에서 邪馬台國 관련기사를 引用하고 있는 만큼 『日本書紀』 편자는 위지왜인전 및 다른 중국사서 등에 대한 분석을 통해 邪馬台國 連合이 2세기 후반에서 3세기 후반까지 이어졌다고 하는 사실도 알았거나 짐작하고 있었을 것이다. 혹은 일본측 전승사료를 통해 그러한 사실을 알았거나 짐작하였을 수도 있겠다.

중국조공기록과 짝하여, 마찬가지로 중첩기년의 순서에 맞추어진, 邪馬台國 連合時代의 전반기나 중반기에 해당되는, 또 다른 邪馬台國 시대의 기사가 최소한 하나 정도는 더 존재해야 하리라고 여겨지는데, 필자의 입장에서는 다행스럽게도 다음과 같이 그 중에 邪馬台國 時代 전반기의 것일 가능성이 있는 기사가 하나 보이고 있어 주목된다.

주지하듯이 『日本書紀』는 그 編纂의 始源 및 材料가 『古事記』와 거의 동일하면서도,[28] 『日本書紀』 편찬단계에서 崇神紀에서 神功紀 사이에 上記 卑弥呼 및 壹與(혹은 臺與)의 중국조공기사, 삼국사기나 삼국유사 상의 朴堤上 내지는 金堤上과 관련된 것으로 여겨지는 기사, 同 于老 傳承과 관련된 것으로 여겨지는 기사, 그리고 앞서 언급한 崇神, 垂仁 紀의 두 가야 관계 기사 및 백제삼서 내지 그 계통의 자료들 등 기존의 『古事記』에는 없었던, 새로운 기사들이 나타나는데, 이 중 邪馬台國 두 여성지배자의 중국조공기사는 그것이 위지왜인전 및 『晋起居注』라는 저명한 사료에 실려 있었던 까닭에 크게 주목을 받아 주로 근대 이후의 연구들에서는 그것들만이 유일한 邪馬台國 連合時代의 기사인 것처럼 생각되어져 왔었다.

그러나 고대 초기의 한일교류 관계에서 弥生時代 이래 가야가 對倭 關係를 장악하였고, 대략 『日本書紀』 所載의 百濟三書 중 『百濟記』의 神功 46년조 기사를 필두로 하여 그 이후의 倭와 百濟 間의 관계기사들을 토대로 4세기 중반 내지 후반부터 백제가 가야를 대신하여 對倭 關係를 장악해 나가기 시작했다고 하는 최근 가야사의 연구 성과들에 비추어 볼 때에, 神功紀보다 무려 5대나 이전에 실려 있고, 나아가 그 내용이 왜와 가야 간의 초기의 교섭에 관한 것으로 되어 있는 崇神, 垂仁 紀의 두 가야관계기사는 그것이 弥生時代에 해당되는 邪馬台國 連合의 事迹記事일 개연성이 높다고 사료되며, 특히 만약 앞에서 상정한 필자의 가설과 같이 邪馬台國 連合時代의 후반기에 해당되는 卑弥呼 및 壹與(혹은 臺與)의 중국조공기록이 重疊紀年의 대략적인 순서에 맞추어 初期 大和政權 系譜의 후반기인 神功紀에 배치된 것이라면, 이에 대하여 初期 大和政權의 系譜의 앞인 崇神, 垂仁 紀에 배치되어져 있는 이 두 가야 관계 기사는 그것

28) 일반적으로 『古事記』의 편찬은 元明天皇이 和同 4년에 太朝臣安萬侶에게 시켜 稗田阿禮가 暗誦한 天武天皇의 『勅語』와 『舊辭』를 撰進케 하였다는 『古事記』 서문의 기록에서, 『日本書紀』의 편찬은 天武天皇이 大極殿에 나와서 川嶋皇子 이하 12인에게 명하여 帝紀 및 上古諸事를 記定하도록 하였다는 『日本書紀』 天武天皇 10년 3월 17일조의 기록에서 각각 찾아지고 있어, 양자 편찬의 始源이 같은 天武朝임을 알 수 있다. 또한 양자의 사료 계통이 위에서 언급한 崇神에서 神功까지 뿐만이 아니라, 양자 내용의 범위가 겹치는 下限인, 推古紀까지도 거의 같다고 하는 것은 이미 일본학계에서 밝혀진 사실이다.

이 상대적으로 邪馬台國 連合時代 초기인 2세기 말 내지 3세기 초의 것[29]일 가능성을 강력히 시사해 주는 것이 아닐 수 없으며, 필자는 바로 이와 같은 관점에서 앞서 언급한 李丙燾와 笠井新也 두 박사의 논견을 지지하고자 하는 것이다.

아마도『日本書紀』편자는, 새로이 채택한 자료들 중 위의 두 기사 외에 나머지 자료들은 그 기년이 정형성이 없이 불규칙한 것으로 보아, 그것들에 대하여 역사적 사실임을 확신할 수 없었거나 혹은 紀年을 명확히 몰랐던 관계로 임의적으로 혹은 나름대로의 또 다른 원칙을 갖고 적당히 배치해 놓았던 것으로 보인다.

단, 이 시점에 즈음하여 혹자 중에는 필자의 가설이 보다 완벽히 성립하려면 崇神紀에서 神功紀 사이에는 邪馬台國 連合時代 중반기에 해당되는 기사도 보여야 하지 않느냐는 문제제기를 할 수도 있겠지만 필자는『日本書紀』편자가 邪馬台國 連合時代 100년의 기사와 大和政權 初期 100년의 기사를 이보다 더 밀도 있게 중첩구성했다고 보는 데에는 회의적이다.

『日本書紀』上代의 기사들을 메울만한 신빙성 있는 일본측 문헌이 없어 그것을 주로 중국사서나 한반도의 百濟三書에 의존할 수밖에 없었고, 그로 인해 崇神紀에서 神功紀에 이르는, 그 나머지의 大和政權 初期 100년의 기사를 대부분 4세기 중후반 이후에 해당되는 후대의 사건들을 소급시켜 편제하는 상황에서,[30]『日本書紀』편자가 상기와 같은 자신의 기사구성에 대한 구상을 보다 밀도 있게 실천할 수 있는 방안이 있었을 것으로는 생각되지 않으며,『日本書紀』편자는 자신의 새로운 기사구성 방안을 다만『日本書紀』편찬단계에 새로이 채택한 자료들의 범위 내에서 위와 같이 시행 가능했으리라고 여겨지는 것이다.

이상의 필자의 분석을 종합적으로 다시 정리하면,『日本書紀』편자는 신유혁명설에 의거한 거시적인 기년 인상의 하나의 세부안으로서,『日本書紀』의 崇神紀에서 神功紀에 이르는 기사들을 구성함에 있어,『古事記』와 계통이 비슷한 崇神에서 神功까지의 약 100년간에 이르는 大和政權 초기의 계보 및 기사들을 그 연수에 맞게 편집, 정리한 다음, 여기에『日本書紀』편찬단계에서 새로이 채택한 몇몇 자료들을 추가적으로 배치함에 있어, 이 자료들 중 邪馬台國 連合時代의 邪馬台國과 관

29) 卑弥呼와 壹與(혹은 臺與)의 주된 활동연대는 239년에서 266년까지로서 邪馬台國 連合時代 後期가 되고, 2세기 말 3세기 초는 邪馬台國 連合時代 初期가 되며, 卑弥呼의 등장기를 2세기 후반으로 보는 일본학계의 통설을 기준으로 한다면, 邪馬台國의 初期는 卑弥呼의 집권 초기가 된다.

30) 이것은 일본학계에서 이미 밝혀진 사실이다.

련된, 崇神, 垂仁 紀의 두 가야 관계 기사 및 神功紀의 두 여왕의 중국조공기사 등, 두 자료의 경우는, 편자 자신이 본 또 다른 모종의 원 사료에 근거하여 邪馬台國이 大和政權으로 이행하였음을 역사적 사실로 믿되, 중국이나 한반도 등에서 그것을 알지 못하리라는 확신 하에, 해당 기사들을 邪馬台國 連合時代와 존속기간이 거의 비슷한, 崇神에서 神功에 이르는, 大和政權 初期의 전반기와 후반기에, 기년의 순서대로 중첩적으로 끼워 넣음으로써, 大和政權이 邪馬台國 連合時代까지 거슬러 올라가는 것처럼 보이게 하는 효과를 이끌어 내고, 새로이 채택한 자료들 중, 나머지의, 역사적 사실임을 확신할 수 없거나 혹은 기년을 명확히 모르는 것들의 경우는, 임의적으로 혹은 나름대로의 또 다른 원칙을 갖고 적당히 배치하는 것을, 해당 기사구성의 골간으로 삼고, 나아가 백제삼서 내지 그 계통의 자료들은 神功紀 46년조부터 欽明紀까지에 걸쳐 배치해 놓았던 것으로 생각된다.[31]

② 양자 사료에 나타난 왕자 실체의 동일성

위에서 紀年의 近似性을 土臺로 崇神, 垂仁 紀의 두 가야 관계 기사가 『金海金氏璿源譜略』에 보이는 金官國 王子 仙의 일본열도진출 사건과 대응되는 일본측 사료임을 논증해 보았는데, 이보다 더욱 중요한 논거는 이하 서술하는 양자 사료에 보이는 가야 왕자 실체의 동일성이다.

가. 양자 사료에 보이는 가야 왕자의 국적의 동일성

우선 그 첫 번째로 이 기사의 가야측 주체의 신분이 居登의 王子 仙의 출신과 같이 金官國이라는 사실이 주목된다. 즉, 垂仁紀 2년조에 나오는 任那國의 王子 都

31) 다만 이병도 박사나 笠井新也 博士의 견해 혹은 『日本書紀』 편자가 보았을 원 사료의 내용대로 邪馬台國이 정말로 邪馬台國에 있었고 그것이 후일 大和政權으로 이행했다고 하는 것이 단순한 가설이나 『日本書紀』 원 사료의 기술 자체에 불과한 것이냐, 아니면 그것들이 모두 역사적 사실이냐의 여부에 대해서는 별도의 연구과제가 되어야 할 것이다. 본고에서는 이러한 점을 염두에 두고 본론이 되는 2장을 서술하면서 邪馬台國의 명칭을 사용함에 있어 그 앞에 畿內라든가 大和라든가 하는 수식어는 붙이지 않았다.

奴我阿羅斯等를 崇神紀 65년조에 나오는 蘇那曷叱智와 동일인물로 보는 이병도 박사의 견해[32]에 따를 경우 崇神紀 65년조의 「任那者(中略)以在鷄林之西國」이라는 구절은 금관국의 소재지인 김해지역의 위치에 적합한 기술인 만큼[33] 결국 都奴我阿羅斯等는 금관국의 왕자가 되는 셈이어서 『金海金氏璿源譜略』에 기술된 居登의 王子 仙와 그 출신국적이 같아지는 것이다.[34]

나. 양자 사료에 보이는 가야 왕자의 인명의 동일성

그러나 위의 사실이 양자의 표면적인 동일성이라면 다음과 같은 인명의 일치는 崇神, 垂仁 紀의 두 가야 관계 기사가 『金海金氏璿源譜略』에 所載한, 2세기 말 3세기 초 금관국 왕자 仙의 '渡日事件(乘雲移去)'과 對應되는 일본측 자료일 가능성을 더욱 결정적으로 뒷받침해 주는 실질적인 근거가 될 수 있다.

기존의 견해에서 2세기 말 3세기 초 금관국 왕자층의 일본열도진출을 암시한다고 보는 근거로 활용한 『金海金氏璿源譜略』 所載의 관련내용 중 '乘運移去'의 주인공으로서 居登의 王子인 仙의 이름을 조사해 보면 그것이 투구의 뜻으로 쓰이는 胄와 동의어로 나타나는데,[35] 이는, 앞서 언급한, 이병도 박사가 都怒我阿羅斯等와 蘇那曷叱智가 모두 「뿔 모양의 곳갈을 쓴 渠帥 혹은 貴人」의 의미명사로 본 사실[36]과 그 명칭상의 의미가 상호 일치하는 셈으로, 이러한 양자 간 명칭상의 일치

32) 이병도 박사는 崇神紀 65년조에 나오는 蘇那曷叱智와 垂仁紀 2년조의 都怒我阿羅斯等을 모두 「뿔 모양의 곳갈을 쓴 渠帥 혹은 貴人」의 의미를 지닌 '汎稱'의 동일인물로 보고 垂仁紀 2년조의 于斯岐阿利叱智干岐를 그 '本名'으로 보았다(李丙燾, 앞의 책(2002), pp.342-345).

33) 李丙燾, 위의 책(2001), p.341.
崔根泳・崔源植・金英美・朴南守・權悳永・田美姬 編譯, 「日本書紀」 『日本六國史韓國關係記事』譯註篇 (財團法人駕洛國史蹟開發硏究院, 1994), p.17.
鮎貝房之進, 「日本書紀朝鮮地名攷」 『雜攷』 7 (上卷))(近澤出版部, 1938), pp.42-44.

34) 이와 같은 동일인이 왜 서로 다른 이름으로 서로 다른 기사에 나눠져 기재되기에 이르렀는지에 대해서는 곧 이어지는 나. 항에서 언급한다.

35) 『大漢和辭典』 第1卷 人部 5劃 仙.

36) 李丙燾, 앞의 책(2001), pp.342-345.
이 이병도 박사의 견해에 따른다면, 또한 이병도 박사가 지적한 垂仁紀 2년조에 都怒我阿羅斯等의 別名으로 나와 있는 그 本名인, 于斯岐阿利叱智干岐도 마찬가지로 「뿔 모양의 곳갈을 쓴 渠帥 혹은 貴人」의 의미명사일 가능성이 있을지 모르겠다.

는 곧 양자 사료에 나타난 금관국 왕자의 실체의 동일성을 의미하는 것으로서, 『日本書紀』 崇神, 垂仁 紀의 두 가야 관계 기사가 다름 아닌 2세기 말 3세기 초 금관국 왕자 㑅의 일본열도 진출 사실을 담고 있는 일본측 사료임을 단적으로 증명해 주는 것이라고 믿는다.

이병도 박사의 견해와 같이, 당시 가야에서 왕자와 같은 고위신분층은 뿔 모양의 관이나 투구를 쓰는 관례가 있어 그것이 왕자의 신분을 가리키는 상징적인 용어로 쓰여진 것이라면,[37] 『日本書紀』 상에서 㑅의 명칭이 각기 다른 개별적인 기사 형태로 都怒我阿羅斯等나 蘇那曷叱智, 于斯岐阿利叱智干岐 등 각각 다르게 표기된 까닭은, 아마도 㑅가 異邦人이라는 특성상 상호 첫 대면의 질의과정 속에서 㑅의 이름의 의미를 왜인들이 알게 됨으로써, 일본 내에서 㑅라는 이름이 명칭 자체보다 그 의미가 더 기억되었고,[38] 이로 인해 㑅라는 이름의 표기방식이 일본 내에서의 㑅의 활동에 관한 전승형태의 차이에 따라 각기 달랐던 것을, 해당 제 전승들을 수집한 『日本書紀』 편자가 그것들이 동일한 사건의 異傳들임을 알면서 『日本書紀』의 기년을 늘리기 위해 고의로, 혹은 관련 정보가 없거나 수집 자료의 윤색이 워낙 심하여 그것들을 정말로 서로 다른 전승들이라 믿고, 각각 별개의 기사로 나누어 배치한 결과로 생각된다.

2. 日本書紀 崇神, 垂仁 紀의 두 가야 관계 기사에서 읽어낼 수 있는 2세기 말 3세기 초 '金官國 王子層 渡日'의 歷史的 背景 및 그들의 日本列島에서의 活動狀

37) 현재 영남지역에서 발견되는 철제투구나 갑옷의 제작시기의 상한이 3세기 말에서 4세기 초라는 것이 고고학계의 연구결과여서 위와 같은 생각에 문제가 있을 수 있지만, 고고학계에서는 또한 철제의 갑옷이나 투구가 만들어지기 이전에 먼저 나무나 가죽으로 갑옷과 투구가 만들어진 것으로 보고 있으므로, 그 당시의 甲冑는 素材의 특성상 腐蝕되어 남아 있지 않은 것으로 이해하면 좋을 것 같다.

단, 日本列島의 本州島에서는 비록 出土例가 많지는 않지만 木製品의 갑옷과 투구가 발견되었다고 하는 것(田中 琢,「倭人は戰った」『集英社版 日本の歷史② 倭人爭亂』(集英社, 1991), p.49)으로 미루어 향후 한반도에서도 그것이 발견될 가능성을 남겨놓아도 좋을 것 같다.

38) 末松保和는 고구려 병사를 형용한 『日本書紀』 雄略天皇 8년조의 '수탉'이라는 말을 고구려인이 그 冠帽에 꿩의 꼬리털을 달아놓은 것을 描寫한 것으로 보았는데(末松保和, 『任那興亡史』(吉川弘文館, 1977), pp,84-86), 『日本書紀』에 이와 같은 사료가 남아있다는 것은, 고대 왜인들도 한반도인들과 마찬가지로 사람에게 명칭을 부여하거나 그것을 기억함에 있어 복장의 특징을 주목하였음을 나타내는 하나의 방증이 될 수 있을지 모르겠다.

1) 日本書紀 崇神, 垂仁 紀의 두 가야 관계 기사 중 2세기 말 3세기 초 금관국 왕자 仙의 渡日 背景과 관련된 내용 추출

이상과 같은 생각이 나름대로의 타당성을 지닐 수 있다면, 다음으로 문제시되는 것은 崇神, 垂仁 紀의 두 가야 관계 기사 안에 과연 본고에서 과제로 삼은 2세기 말 3세기 초 금관국 왕자 仙 一行[39]이 일본열도로 건너가게 된 역사적 배경과 그들의 일본열도에서의 활동상이 담겨져 있느냐 하는 것인데, 이에 대하여 필자는 일단 垂仁紀 2년조에 실려 있는 신라의 伽耶赤絹 奪取 記事를 금관국 왕자 仙가 일본열도로 진출하게 된 역사적 배경을 시사하는 내용으로 보고 싶다.

崇神, 垂仁 紀의 두 가야 관계 기사들은 그 내용이 심하게 분식되어져 있고, 또한 여러 유형의 기사들이 섞여 있어, 그 안에서 2세기 말 3세기 초 居登의 王子 仙 일행의 일본열도 진출과 관련된 실제의 역사적 사실을 추출해 내기란 쉽지 않지만, 적어도 금관국의 왕자 仙=都怒我阿羅斯等=于斯岐阿利叱智干岐가 倭國(=邪馬臺國)으로부터 비단 100필을 받아 돌아가는 도중에 비단을 신라인들에게 빼앗겼다는 垂仁紀 2년조 文註의 일설내용 만큼은, 금관국이 신라에 빼앗긴 주된 대상이 사람이 아닌 비단이었다는 점에서, 그 비단은 단순히 외교적 빙례품이 아닌 교역물품이었을 가능성을 추론해 볼 수 있는데, 이는 당시 무역항인 고김해만이 폐항의 위기에 놓여져 있었던 금관국의 처지에서 있음직한 사건이었다고 여겨지기 때문이다.[40]

---

39) 왕자가 해외로 건너갔다면 반드시 그 수행원들이 따라갔을 것이다.

40) 『日本書紀』에 이와 같은 공물탈취사건 기사는 위의 垂仁紀 2년조 외에 신공기 47년조와 応神 14, 16년조 등에도 나오고 있고, 기존에는 이 기사들을 모두 『日本書紀』 편자의 상투적인 조작으로 보는 경향이 강하였으나, 垂仁紀 2년조의 공물탈취사건이 사료적 가치가 있다는 것은 이미 위에서 언급한 대로이고 나머지 두 기사도 다음과 같은 차원에서 그 사료적 가치를 반드시 부정할 필요는 없다고 생각된다.

우선 神功 47년조는 신라의 백제에 대한 공물탈취사건인데, 『삼국사기』 기록을 보면 신공 47년조와 가까운 근초고왕 21년과 23년에 백제가 신라에게 각각 사신과 양마 두 필을 보냄에도 불구하고 신라가 이에 대해 호의적으로 반응하는 공식적인 기사는 전혀 나타나지 않아 상대적으로 신공 47년조와 같은 양국의 대립상이 보다 자연스러워 보인다. 물론 근초고왕 재위 28년에 해당되는 『삼국사기』 신라본기 기사에 백제가 신라로 도망간 백제의 포로를 송환받으려고 신라와 교섭하는 기사 중에 백제가 마치 이전부터 신라와 우호관계 하에 있었던 것처럼 주장하는 내용이 나와 근초고왕 21년과 23년의 백제의 화평책에 신라가 동조했던 것처럼 생각될 수 있지만, 신라본기의 문맥으로 볼 때에, 근초고왕 21년과 23년에 실은 신라가 백제의 제안을 거절하지는 않았어도 무시하거나 냉담했던 것을, 백제가 신라로 도망간 포로를 돌려받기 위해 일방적으로 회유적 차원에서 그러한 말을 했던 것이 아닌가 생각된다.

2) 垂仁紀의 新羅의 伽耶 赤絹奪取 事件 記事에 示唆된 金官國 王子 伷의 渡日 背景

그렇다면 金官國이 邪馬臺國으로 王子 伷를 파견해서 교역관계를 개척해야만 했던 사정은 무엇이었을까.

港口인 古金海灣이 打擊을 받는 위기에 처해 있었던 당시 金官國의 상황을 고려할 때에, 일단 그것은 교역의 활로 개척의 한 방안으로 이해할 수 있겠지만,[41] 그 역사적 배경은 따로이 해명될 필요가 있는데, 필자는 이를 당시 금관국이 가야연맹체 내에서 보유하고 있었던 맹주권과 관련지어 다음과 같이 설명해 보고 싶다.

전기가야의 정치형태에 대하여 이병도 박사에 의해 전, 후기 가야 연맹체설이 제창된[42] 이래 그것이 유력한 논설로서의 위치를 차지하고 있는 것으로 보이고, 또한 최근 가야사 학계의 동향을 살펴볼 때에, 적어도 본고에서 취하고 있는『삼국사기』초기기록을 인정하는 견해들에서는, 전기가야의 연맹체가 형성된 시기를 대략 기원전 1세기부터 기원 1세기 사이의 범위에서 찾는 경향이 강한데, 이러한 제 관점들을 받아들이는 것을 전제로 하여 금관국이 그렇듯 전기에 가야제국의 맹주가 되는 원동력으로 작용할 만한 요건들을 당시의 역사적 정황 속에서 조사해 보면, 첫째, 풍부한 철자원을 바탕으로 한 정복사업 수행의 결과, 둘째 비옥한 농경지의 보유를 기반으로 한 강력한 국력성장의 결과, 셋째, 원거리교역의 중심지라는 지리적인 이점을 이용한 국력 배양의 결과 등의 세 가지로 집약된다.

그런데 위의 제 요소들 중 우선 철자원은 가야제국 내에서 금관국만이 독점한 것이 아니었고[43] 또한 가야가 초기에 정복사업을 전개한 흔적은 고고자료 상으로

또한 신공 62년조의 기사와 연계시켜 4세기 후반의 사실을 전하는 것으로 여겨지고 있는, 応神 14,16년조의, 秦造의 祖上인 百濟의 弓月君이 120縣의 人民을 거느리고 '歸化'해 오다가 신라사람들의 방해로 일단 弓月君만 오고 나머지 120縣의 人民들은 가라에 잠시 피신해 있었다는 이야기의 경우도『광개토왕비문』이나『삼국사기』관련 기록들에 나타난 당시의 백제-가야-왜 대 고구려-신라의 대립구도와 부합되기 때문에 또한 굳이 그것을 부정해야할 필요성을 느끼지 않는다.

41) 이렇듯 伷의 일본행의 목적이 주로 교역관계의 개척이라는 점에서 금관국 왕자 伷의 일본행은 '진출'이라는 용어가 아닌 '渡日'이라는 용어가 보다 적합해 보이며, 본고가 제목에서 진출이라는 용어를 사용하지 않고 도일이라는 용어를 사용한 것은 바로 이 때문이다. 다만 본고에서는 본고의 모티프가 되는 原稿의 의도도 동시에 살리려는 의도에서 본문에서는 가능한 한 진출이라는 말을 그대로 사용하였다.

42) 李丙燾, 「加羅史上의 諸問題」, 앞의 책(2001-原版은 1976).

볼 때 매우 희박하므로,44) 이것을 금관국이 맹주로 등장하게 된 원동력으로 꼽기는 어려울 것 같다.

또한 오늘날 金海의 穀倉地帶인 金海平野 일대는, 앞서 言及하였듯이, 3세기 말 내지 4세기 초 이전에는 古金海灣으로 덮여있었기에 당시 金海地域의 農耕地는 山間의 谷底平野에 불과하여45) 『三國志』 韓傳에 기술되어 있는 비옥한 농업조건은 적어도 기원 3세기 말 내지 4세기 초 이전의 金官國에게는 적용하기 힘들므로, 금관국이 가야연맹의 맹주로서 등장하게 된 원동력은 자연히 가야제국 내 원거리교역의 중심지로서의 지리적인 이점을 이용한 국력 배양의 결과로 보아야 하는데, 이는 다음과 같은 지리적 분석을 통해 잘 이해될 수 있다.

주지하듯이 가야제국을 그것이 위치한 지역에 따라 분류하면 크게 낙동강 연안의 내륙 국가들과 경남 해안지역의 국가들로 나누어 볼 수 있는데, 이 중 우선 낙동강 연안의 가야제국이 교역활동을 수행하기 위해 당시의 주요 교역대상이었을 樂浪이나 帶方으로 가는 대표적인 교통루트를 찾아보면, 내륙으로 북상, 한강본류에서 현지의 배를 타거나, 洛東江 河口의 古金海灣을 통과하여 南海-西海의 바닷길을 이용하는 두 가지 방식이 있었을 것이다.

그러나 이 중 전자의 방식은 당시 한강 본류를 장악하고 있던 마한 내지 백제세력에 의존해야 하는 불리한 조건이었을 것인 만큼 가야제국은 자신들이 건조한 배를 직접 이용할 수 있는 고김해만을 통과하여 남해-서해를 거치는 항해루트를 선호하였을 것으로 여겨지며, 그렇다면 필시 이러한 과정 속에서 금관국은 그 지리적인 유리한 입지 상,46) 낙동강유역 가야제국의 원거리교역을 규제 내지 조정하는 역할을 맡게 되었을 것이다.

---

43) 尹錫曉, 앞의 책(1997), pp.100-103. 참조.

44) 현재 가야지역의 정복과 통합 작업의 존재 가능성에 대해서는 이른바 '大伽耶時代'인 6세기 중엽의 것으로 여겨지는 陜川苧浦里 出土의 「下部思利利」라는 短頸壺 銘文을 둘러싸고 논의가 벌어지고 있는 정도일 뿐 그 이전의 시기를 대상으로 한 관련 논의는 거의 보이지 않고 있다.

45) 李盛周, 「1-3세기 가야정치체의 성장」 『韓國古代史論叢』 5 (韓國古代史硏究所, 1993), p.93.

46) 李重煥의 『擇里志』에는 慶尙道의 한가운데를 흐르는 洛東江이 金海 七星浦를 통해 바다로 흘러들어가고 무려 90개 고을의 支流가 이곳에서 大局을 이루며, 金海로부터 북쪽으로 尙州까지, 서쪽으로 晋州까지 거슬러 올라갈 수 있어, 경상도의 水口를 管轄하며 陸上 海上의 商利를 모두 차지한다고 되어 있다(李炳泰, 『金海地名變遷史』(金海文化院, 1986), p.32).

또한 대외적으로 독자적인 교역의 관문 역할을 수행하였을 경남 해안지역의 가야제국들[47]은 낙동강 연안의 가야제국에 비해 상대적으로는 金海로부터의 독립성이 강하였겠지만, 어차피 자신들이 중국군현과 교역한 물품을 원활히 처분하여 재생산체제를 갖추기 위해서는, 필연적으로 지리상 가까운 낙동강 연안의 가야제국과 교역할 수밖에 없었을 것이므로, 낙동강 연안의 국가들과 마찬가지로, 낙동강의 관문에 위치한 금관국에 의존하는 과정에 금관국의 교역주도권을 인정하지 않을 수 없었을 것이다.

그러나 이렇듯 내륙과 바다를 연결하는 고김해만 루트의 지리적 이점이 그야말로 금관국이 '가야제국의 원거리교역을 규제 내지 조정하거나 교역의 주도권을 쥐는 원동력'이었다고 말할 수 있다면, 더 나아가 금관국이 가야제국의 맹주로 등장하게 된 중요한 배경은 실은 고김해만 자체의 탁월한 항구로서의 기능의 측면이 아닐까 생각된다.

즉, 고김해만은 며칠이고 배가 정박하여도 파도에 휩쓸리거나 파손의 위험성이 덜한 내만이라는 천혜의 환경을 갖추고 있었던 만큼, 곧 동아시아 제국 간의 교역에 있어 물자집산지 내지 교역중심지로서의 기능을 발휘하게 되었을 것이며, 이는 곧 금관국이 원거리교역의 창구가 되어 중간무역의 이익을 차지함으로써 가야제국의 맹주국이 되는 실질적인 원동력으로 작용하였을 것으로 여겨지는 것이다.

이상 고김해만의 지리적 이점과 탁월한 항구로서의 기능의 측면에서 금관국이 가야연맹의 맹주국으로 등장했을 가능성을 언급해 보았는데, 여기에서 정작 이야기해야 할 것은 이렇듯 금관국이 자신이 연맹의 맹주국으로 발돋움하게 된 원동력인 내륙과 바다의 관문이라는 천혜의 지리적 위치 및 안전한 良港의 보유라는 두 가지 요소 중 후자의 조건을 상실하게 될 경우, 금관국은 이제 거친 바다와 직접 면한 외항만이 남게 됨으로써 물자집산지 내지 교역중심지로서의 역할은 상실하고, 단지 배가 형식적으로 통과하는 관문으로서의 역할 만을 통해 교역주도권을 행사하는 정도의 위치로 전락하여, 비슷한 조건을 가진 경남해안 국가들에게 맹주권의 도전을 받을 가능성을 추론할 수 있으며, 이러한 차원에서 금관국이 邪馬臺國과 교역관계를 맺은 데에는, 무엇보다도 古金海灣 閉港의 예상위기를 나름대로 극복하고 전통적으로 지니고 있었던 자신의 가야제국 내에서의 맹주권을 계속해서 保

47) 李賢惠, 「4세기 加耶社會의 交易體系의 변화」『韓國古代史硏究』 1 (韓國古代史硏究會, 1988), p.164.

持해 나가려는 의도가 강하게 작용하였을 것임을 짐작해 볼 수 있겠다.

3) 新羅의 伽耶 赤絹奪取 事件 記事를 비롯한 垂仁紀의 伽耶 關係 記事에서 읽어 낼 수 있는 금관국 왕자 仙의 일본열도에서의 활동상

만약 위와 같은 생각이 가능하다면 金官國이 邪馬臺國과 교역교섭을 맺으면서 그들에게 요구한 조건은 아마도 향후 왜와 가야제국 간의 교역관계에 있어 가야제국의 맹주인 자신에게 독점권 내지 우선권을 보장해 달라는 정도의 내용이었을 것이고, 이것을 관철시키기 위해 금관국은 居登의 王子로서 왕위계승 후보자가 될 수도 있는 비중 있는 인물인 仙를 일본열도로 파견하였을 것이다.

그렇다면 이때 仙의 邪馬台國에서의 체재형태는 어떠하였을까. 垂仁紀 2년조에는 仙가 본국으로 돌아간 것으로 되어 있으나, 都怒我阿羅斯等와 관련된 笥鹿이란 지명이 현재까지 일본에 남아 있을 뿐 아니라 北國地方에는 移住植民한 任那·加羅人들을 모시는 神社까지 세워진 사실[48]로 미루어, 邪馬台國과의 교섭 후 都怒我阿羅斯等 일행은 수행원 중 일부만이 돌아가고 都怒我阿羅斯等는 나머지 수행원들과 더불어 일본열도 내에 영구 정착, 지배층에 편입되어 선진문물을 전수하는 역할을 담당했을 것으로 생각되는데, 이는 한편으로 居登의 王子 仙가 「乘雲移去」했다고 하여 그가 완전히 金官國을 떠났음을 암시해 주는 『金海金氏璿源譜略』의 기술을 통해서도 뒷받침 되는 것이다.[49]

이렇게 보면 垂仁紀 2년조의, 신라에게 비단을 탈취당한 주인공은 실은 都怒我阿羅斯等가 아닌 그 일부 소속집단의 누군가였던 것이 후일 訛傳된 것으로 생각해

48) 李丙燾, 앞의 책(2001), p.359.

49) 기존에는 이런 식으로 선진문물을 갖고 일본으로 건너 간 대륙인들을 歸化人이라는 용어와 渡來人이라는 용어 중 어느 쪽으로 불러야 할지를 놓고 의견의 차이가 있어왔는데, 필자의 소견으로는 그 어느 한쪽의 용어를 정해서 부르기 보다는 나름대로의 개념정의가 있다면 둘 다 사용해도 무관하다고 생각한다.

한반도의 이주민들이 새로운 고도의 문명을 일본에 전했다는 의미에서는 皇國史觀의 觀念이 깃든 歸化人이라는 용어는 적합지 않지만, 당시 일본에 엄연히 국가가 존재하였고 한반도인들이 그 정치세력에 포섭된 이상 渡來人이라는 명칭만으로도 이들의 정체성을 완전히 포함시키기 어렵기 때문이다.

이에 본고에서는 왕자 仙가 금관국의 선진문물을 전수하는 입장이되 그것은 어디까지나 금관국의 필요를 채우기 위한 일종의 정치적인 타협의 차원에서 스스로 倭國에 歸依한 것이라는 의미로서의 '歸化人'으로 정의해 두고자 한다.

야 할 것이다.

한편 垂仁紀 2년조에 崇神의 和風諡號를 따라 任那國이라는 명칭이 생겨났다고 하여, 당시 금관국과 왜국 양자가 매우 친밀한 관계를 맺었음을 암시하고 있는 것으로 보아, 倭國은 金官國의 위와 같은 제의를 흔쾌히 받아들인 것으로 여겨지는데, 倭國이 이렇듯 金官國의 제의를 선뜻 받아들이게 된 이유에 대해서는 당시 일본열도의 정치적 상황과 관련하여 대략 다음과 같이 설명할 수 있을 것 같다.

기존 일본학계의 통설에 따르면, 왜국은 대략 기원 1세기 중반 혹은 2세기 초반 이래 邪馬臺國 時代까지 奴國이나 伊都國 혹은 邪馬台國 등으로 맹주국을 달리하며 정치 연합 체제를 형성하고 있었고, 맹주는 그 맹주권을 지탱하는 중요한 전통적 방식의 하나로 중국의 권위에 의존한 것으로 알려져 있는데, 일반적으로 邪馬臺國 連合體가 막 형성되었다고 하는 2세기 후반 내지 3세기 초반 무렵은 후한 말기로서 중국 내부의 政情이 어지러워지던 시점이었던 만큼, 이 당시 邪馬臺國은 자신의 권위를 뒷받침해 줄 만한 중국에 버금가는 다른 대상이 절실히 필요하였을 것이며, 이러한 상황에서 때마침 가야제국의 맹주 금관국이 접근해 오자, 그 대상으로서 금관국을 지목하고 그 선진문물을 수용하는 형식으로 서로 적극적인 친선관계를 맺으려는 의도에서, 금관국의 제의를 흔쾌히 받아들인 것으로 생각된다.

이 당시 金官國과 邪馬臺國 간의 관계를 위와 같이 이해할 수 있다면, 필시 任那라는 명칭은 『日本書紀』 垂仁紀 2년조의 기술과 같이 金官國이 崇神의 이름을 따서 자신의 國號로 사용한 것이라기보다는, 실은 그 반대로 邪馬臺國이 선진문물의 제공자였던 金官國의 任那라는 명칭을 자신의 優呼로 삼았던 사실[50]이 후일 왜곡되거나 와전된 것으로 봄이 진실에 가까울 것 같다.

이상과 같은 金官國과 邪馬臺國 두 나라 간의 교역관계는 비록 서로의 정치적 필요에 의하여 맺어진 것이었지만, 그것이 양국이 任那라는 名稱까지 공유할 정도로 관계가 대단히 밀접했다는 점에서, 이는 이후 양국이 전통적인 우호관계를 맺는[51] '중요한 기원적 사건의 하나'[52]였을 가능성이 높다고 생각된다.[53]

50) 주지하듯이 『三國志』 韓條에서도 馬韓王이 弁韓係 2國을 비롯한 總 4國의 國名을 자신의 優號로 삼은 예가 있다. 이 경우는 優號를 사용한 주체가 정치적으로 그 명칭의 주체보다 上國으로 보는 경향이 강한데 비하여, 당시 金官國과 邪馬台國은 정치적으로 상호 대등한 관계였다는 차이만이 있을 뿐이다.

51) 앞서 언급했듯이, 백제가 왜와 외교관계를 맺는 4세기 중반 내지 후반 이전까지는 가야와 왜가 전통적으로 우호관계를 맺고 있었다.

Ⅳ. 맺음말

52) 2세기 말 3세기 초에 발생한 居登의 王子 仙의 渡日 事件의 意味 附與에 이렇게 약간의 제한을 두는 이유는 2세기 말 3세기 초 이전의 또 다른 渡日 事件의 가능성을 염두에 둘 필요가 있기 때문이다.

즉, 앞서 언급한 『金海金氏璿源譜略』 所載의 首露7子 傳承에 암시된 金官國 初期의 渡日 事件이나 天孫降臨神話에 암시된 伽耶의 대 왜 관계도 염두에 두어야 하거니와, 『三國志』 魏書 東夷傳 弁辰條에는 倭가 일찍부터 鐵을 구하기 위해서 변한지역 즉 가야지역과 교섭한 것으로 되어 있고 또한 『漢書』 地理志에는 왜가 이미 기원전 1세기 경부터 한반도를 통해서 중국과 교통한 것으로 서술되어 있기 때문에(윤석효, 『국내외 사서를 통해 본 가야사 탐구』(한성대학교출판부, 2008), p.151), 이와 같은 주의가 필요한 것이다.

53) 이상 검토를 마치면서 한 가지 의문으로 남는 것으로, 실제로 기원 3세기 초 무렵에 고김해만이 타격을 받아 閉港의 위기를 맞이했다면 그러한 사실이 왜 역사기록에 남지 않았는가 하는 점이다.

그 이유를 명확히 알 수는 없지만, 한 가지 나름대로의 추측을 기울여 보면, 『삼국사기』의 천재지변 기사는 단순한 천재지변이 아니라 실정에 대한 경고와 비판의 의미로서 정치적 의미가 크다고 하는 견해(申瀅植, 『百濟史』(이화여자대학교출판부, 1992), p.180)로 부터 미루어 볼 때에, 『三國史記』 내지 그 底本의 撰者로서는 어떤 정치적 이유로 해당 사실을 언급하는 것이 기피되어졌기 때문이거나, 혹은 가야제국이 일찍 멸망한데 따른 자료의 멸실 때문인지도 모르겠다.

한편 이처럼 금관국의 왕자 仙가 邪馬台國과의 외교관계에서 성공을 거두기는 하였으나 윤선 교수의 견해에 따르면 고김해만은 결국 이후 7세기 무렵까지 계속 쇠퇴하여 갔을 것인데, 그때마다 금관국이 어떠한 상황에 빠졌고 또한 어떠한 대처를 해 나갔느냐 하는 문제는 향후의 검토과제로 남겨지는 셈이다.

*한가지 염두에 둘 것으로, 고김해만은 7세기 무렵부터 뻘로 변해갔을 터임에도 불구하고 대동여지도에 그려진 김해평야의 모습이 지질학계에서 추정하는 김해평야의 모습과 거의 유사한 형태를 띠고 있는 것은 다소간의 모순이 될 수도 있지만, 이러한 당장의 모순은 단기간에 결론을 내릴 성질의 문제는 아니라고 본다. 비슷한 시기에 강원도 지역이나 서해안 일대 뿐 아니라 일본지역에서도 이와 비슷한 해안선의 변동이 있었는데, 만약 이와 같은 광범위한 해안선의 변동이 윤선 교수가 추정하는 대로 지반의 융기와 깊은 관련이 있고, 더 나아가 윤선 교수의 견해로부터 유추한 필자의 분석과 같이 지진을 그러한 지반의 융기의 원인으로 생각할 경우, 대동여지도에 나타난 고김해만의 모습은 지구 자체가 지니는 지진에 대한 자전축의 복원력과 연계시켜 볼 수 있기 때문이다. 즉, 7세기 이후 뻘층으로 변해가던 고김해만이 이후의 어느 시점에 지구 자체가 지니는 상당한 복원력으로 인해 조선시대의 대동여지도에 나타난 것과 같은 고대의 그것으로 회복된 것과 같은 모습을 갖추게 되었을 가능성을 생각해 볼만한 것이다. 이에 대한 지질 고고학계의 정밀한 검토가 요망된다.(*이하는 본판에서 추가).

1990년대 초 부산대학 지질학과의 윤선 교수는 천관우 교수가 삼국사기와 김해김씨선원보략 및 일본서기를 기술을 토대로 제시한 '2세기 말 3세기 초 금관국 왕자층의 일본열도 진출'의 원인을 지반의 융기에 따른 고김해만의 쇠퇴에서 찾는 분석적인 결론을 얻었고, 1995년 필자는 윤석효 교수의 지도하에 상기 윤선 교수의 논설을 뒷받침한 바 있는데, 본고에서는 주로 필자가 1997년에서 1999년 사이에 일본에 유학하게 된 것을 계기로 얻게 된 『日本書紀』 상대기록에 대한 지견과 최근의 관련 발굴성과 및 본 魏志倭人傳 譯註解 작업성과 등을 아울러, 2세기 말 3세기 초 금관국 왕자층의 일본열도 진출의 역사적 배경에서부터 그들의 일본열도에서의 활동상에 이르기까지를 정리해 본 것으로, 그 내용을 요약하면 대략 다음과 같다.

우선 Ⅱ장에서는 기존의 연구사를 간략히 살핀 다음, 필자의 初攷 이래 최근까지 고김해만의 상실로 인해 2세기 말 3세기 초 금관국 왕자층이 일본열도로 진출했다는 인식의 보강근거들이 상당히 갖추어져 있는 상황이어서 이 논의를 보다 발전시켜도 좋다고 판단하고, 그에 대한 새로운 문제의식으로서 2세기 말 3세기 초에 금관국 왕자층이 일본열도로 진출하게 된 역사적 배경에서부터 그들의 일본열도에서의 활동상에 이르기까지의 전반적인 상황을 정리해 보겠다는 연구목표를 설정하였다.

이어 Ⅲ장 1절에서는 우선 그 첫 번째로 관련 사료를 적출하는 검토 작업에 착수하여, 『日本書紀』 崇神紀 65년조 및 垂仁紀 2년조 등의 두 가야 관계 기사를 『金海金氏璿源譜略』에 암시되어져 있는 2세기 말 3세기 초 金官國 王子 仙의 일본열도진출 사건에 대응되는 일본측 사료로 비정하고 그 두 가지 논거를 제시하였다.

이어 Ⅲ장 2절에서는 앞의 Ⅲ장 1절에서 추출해 낸 가야 관계 기사들을 토대로 2세기 말 3세기 초에 居登의 王子 仙 一行이 일본열도로 진출하게 된 역사적 배경 및 그들의 일본열도에서의 활동을 분석하여, 仙가 일본열도로 진출하게 된 역사적 배경은 금관국이 당시 가야제국 내에서 맹주국으로 발돋움하는 중요한 국력기반이었던 고김해만이 지질활동으로 타격을 받아 폐항 위기에 놓이자, 그에 따라 향후 예상되는 자신의 가야제국 내에서의 맹주로서의 입지가 흔들리게 될 위기를 극복하기 위한 차원에서, 당시 일본열도 내 왜국연합의 맹주국이었던 邪馬臺國으로 居登의 王子 仙를 보내, 그곳에 영구 정착시키며 선진문물을 제공해 주고, 그 대신에 왜국과의 교역에 있어 우선권 내지 독점권을 얻기 위한 데 있었고, 居登의 王子 仙

는 日本列島의 邪馬台國으로 가서 金官國과 邪馬台國 양자가 任那라는 명칭을 서로 공유할 정도로 성공적인 활동을 수행하였음을 논하였다.

이와 같은 검토결과가 상대 한일관계 연구를 보다 촉진하고 그 史像을 다양하게 이해하는 또 하나의 계기가 되기를 희망한다.

Ⅲ 삼국지 원전 및 그 관련 자료

1. 삼국지 원문 필사본

中國 西域 出土의 「吳志殘卷」·「魏志殘卷」

2. 삼국지 원문 판본

① 삼국지 원문 판본 중국 소장 자료

宋代- 1) 北宋 : 眞宗 咸平 五年本 혹은 咸平 六年本.

2) 南宋 : 『季氏舊所藏紹熙本』·『涵芬樓所藏紹興本』·『路氏所藏單行本-蜀志十五卷-』·『黃氏舊所藏單行本-吳志二十卷-』

元代-『大德三年池州路學刊本』·『大德十年丙午年朱天錫刊本』

明代-『汲古閣本』(=『汲古閣十七史刊本』=毛刻本)·『嘉靖年間蔡宙等刊本』·『陳仁錫評點本』·『南監馮夢禎刊本』·『北監敖文禎刊本』

淸代-『乾隆武英殿附考證本』·『同治六年金陵書局聚珍本』·『金陵書局復刻汲古閣本』·『席氏掃葉山房二十一史本』·『光緖湖南寶慶三味書坊繙刻殿本』·『新會陳氏復刻殿本』·『成都國刻四史本』·『五州同文書局影印殿本』·『圖書集成國活字印刷本』·『竹簡齋石印本』·『蜚英館影印四史本』·『史學齋石印橫行本』·『竢實齋石印木』

現代-『仁壽本』·『上海中華書局印刷四部備要本』·『上海中華書局四史本』·『上海商務

印書館國學基本叢書斷句本』·『上海商務印書館縮小版四史本』·『上海商務印書館影印殿本』·『上海商務印書館影印百衲二十四史影印宋紹熙本』·『上海世界書局影印四史殿本』·『上海開明書店影印四史殿本』·『臺北二十五史編刊館影印仁壽本』·『臺北藝文印書館影印二十四史殿本』·『臺北藝文印書館影印明,吳氏西爽堂翻印北宋本』·『臺北啓明書局影印二十六史殿本』·『臺北德志出版社影印二十四史殿本』·『臺北成文出版社影印仁壽本』

② 삼국지 원문 판본 일본 소장 자료

吳志에 限한 靜嘉堂文庫 所藏 北宋 眞宗 咸平 5(1002)년 혹은 6(1003)年 本의 印刷本(一說).

三品彰英, 『邪馬台國硏究總覽』(創元社, 1978) 所載의 紹興殘缺本.

水野祐, 『評釋魏志倭人傳』(雄山閣, 1987) 所載의 宮內廳 書陵部 帝室図書寮 所藏 紹熙本=宮內廳本.

石原道博 編譯, 『新訂魏志倭人傳他三篇』(岩波書店, 1991) 所載의 百納本.

3. 삼국지 원문 판본 비교 분석 자료

陳國慶 著(澤谷昭次 譯), 『漢籍版本入門』 硏文選書19(硏文出版, 1984)

榎一雄, 『改訂增補版邪馬台國』(至文堂, 1978)

『季刊邪馬台國』(梓書院 刊行)18號(1983年 겨울호)에서 24號(1985年 여름號)까지의 關聯論文들.

4. 중국 소장의 삼국지 원본 관련 자료

『太平御覽』·『文獻通考』·『通典』·『大明一統志』·『冊府元龜』所引의 魏志·『史記』索隱·『漢書』注·『後漢書』注·『文選』注·『北堂書鈔』·『藝文類聚』·『太平御覽』·『舊唐書』經籍志·『新唐書』藝文志·『魏略輯本』所引의 魏略 逸文.

5. 일본 소장의 삼국지 원본 관련 자료

『日本書紀』神功紀 所引의 魏志.

竹內理三의 翰苑 校訂・解說(吉川弘文館, 1977) 所載의 大宰府 天滿宮 所藏의 翰苑 所引 魏略.

6.『삼국지』 연구 보조 자료

『山海經』・『論衡』・『漢書』地理志燕地條・『後漢書』倭傳・『晋書』倭人傳・『梁書』倭傳・『隋書』俀國傳・『南史』倭國傳・『北史』倭國傳・『舊唐書』倭國傳・『新唐書』日本傳・『通典』辺防門倭條・『大阪府和泉市黃金塚古墳出土畵文帶神獸鏡景初三年銘』・『梁職貢圖』

7. 其他의 資料에 대해서는 武光誠 編,『邪馬台國辭典』(同成社, 1986)을 參照해 주기 바란다.

위지왜인전 논저 목록

-江戶幕府 時代(1603~1868)-

1) 松下見林,『異称日本伝』, 貞享15(1698)
2) 新井白石,『古史通或問』, 正德6=享保元(1716)
   新井白石,『外國之事調書』, (發刊時期가 명확히 알려져 있지는 않으나『古史通或問』보다 약간 늦은 시기에 발간된 것으로 알려져 있음)
3) 本居宣長,『馭戎慨言』, 安永6(1777)
   本居宣長,『鉗狂人』, 大明5(1785)
   本居宣長,『古事記傳』, 文政5(1822)
4) 藤貞幹,『原稿題目未詳』, 天明4(1784)
   藤貞幹,『好古目錄』, 寬政9(1797)

5) 井田敬之,『後漢金印論』, 天明4(1784)
井田敬之,『後漢金印図章』, 天明5(1785)
6) 上田秋成,「漢委奴國王金印考」, 天明4(1784)～天明7(1787)
7) 皆川淇園,『漢委奴國王印図記』, 天明7(1787)
8) 山片蟠桃,『夢の代』, 享和2(1802)
9) 伴信友,『中外經緯伝草稿』, 文化3(1806)
伴信友,『中外經緯伝草稿』, 天保9(1838)
10) 青柳種信,『後漢金印略考』, 文化9(1812)
11) 村瀬之熈,『　苑日渉』, 文政2(1819)
12) 鶴峰戊申,『襲國僞僭考』, 文政3(1820)
13) 近藤芳樹,『征韓起源』, 弘化3(1846)

-明治 時代(1868～1912)-

1) 那珂通世,「上古年代考」『洋々社談』, 明治11(1878)
那珂通世,「日本上古年代考」『文』1-8・9, 明治21(1888)
那珂通世,「日本上古年代考余論」『文』1-20・21, 明治21(1888)
那珂通世,「上世年紀考」『史學雜誌』8-8・9・10・12, 明治30(1897)
2) ウイリアム・ブラムゼン(英國), Japanese Chronological Tables,『日本年代表』, 明治13(1880)
3)ウイリアム・ジョージ・アストン(英國),「日本上古史」『亞細亞協會報告』,明治20(1887)12月講演) ;『文』1-14・15, 明治21(1888)10月에 再錄)
4) バーシル・ホール・チェンバレン(英國),「年代考」(3)『文』1-13, 明治21(1888)
5) 三宅米吉,「日本紀元ノ正否」『文』1-9, 明治21(1888)
三宅米吉,「年代考ト國体」『文』1-14, 明治21(1888)
三宅米吉,『日本史學提要』, 明治22(1889)
三宅米吉,「漢委奴國王印考」『史學會雜誌』, 明治25(1892)
6) 橘良平,「日本紀元考概略」『博聞雜誌』, 明治20(1887)) ;『文』1-12, 明治21(1881)
7) 吉田東伍,「那珂氏年代考ニ據リテ征韓ノ年次ヲ証ス」『文』1-15, 明治21(1888)
吉田東伍,『日韓古史斷』, 明治26(1893)
8) 小中村義象(一名 池辺義象),「日本紀年ヲ論ジ併セテ那珂氏ノ説ヲ駁ス」『文』1-15, 明治21(1888)
9) 落合直澄,『帝國紀年私案』, 明治21(1888)

10) 重野安繹・久米邦武・星野恒共著,『稿本國史眼』, 明治23(1890)

11)久米邦武,「行政三大區の一[鎮西考]」『史學會雜誌』1-8・9・10・11, 明治23(1890)

久米邦武,「住吉社は委奴國の祖神」『史學會雜誌』2-14・15, 明治24(1891)

久米邦武,「日本古代史」『日本時代史』1, 明治40(1907)

12) 山田安榮,『靖方溯源』, 明治24(1891)

13) 星野恒,「日本國号考」『史學會雜誌』3-30・31, 明治25(1892)

14) 菅政友,「漢籍倭人考」『史學會雜誌』3-27・28・29・33・34・36, 明治25 (1892)

15) 白鳥庫吉,「倭女王卑弥呼考」『東亞之光』5-6・7, 明治43(1910)

16) 內藤湖南,「卑弥呼考」『藝文』1-2・3・4, 明治43(1910)

內藤湖南,「倭面土國」『藝文』2-6, 明治44(1911)

17) 藤井甚太郎,「耶馬台國の所在に就て」『歷史地理』16-2, 明治43(1910)

18)橋本增吉,「耶馬台國及び卑弥呼に就て」『史學雜誌』21-10・11・12, 明治43(1910))

19) 山田孝雄,「狗奴國考」『世界』78・80・81・83, 明治43(1910)

20) 古谷淸,「江田の古墳と女王卑弥呼」『東洋時報』147, 明治44(1911)

古谷淸,「江田村の古墳」『考古學雜誌』2-5, 明治45(1912)

21) 稻葉岩吉,「漢委奴國王印考」『考古學雜誌』1-12, 明治44(1911)

-大正 時代(1912~1926)-

1) 津田左右吉,『神代史の新しい研究』, 大正2(1913)

2) 中山平次郎,「漢委奴國王印の出所は奴國王の墳墓に非ざるべし」『考古學雜誌』5-2, 大正3(1914)

中山平次郎,「漢委奴國王印出土狀態より見奴たる漢魏國時代の倭國の動靜に就て」『考古學雜誌』5-2, 大正3(1914)

中山平次郎,「漢委奴國王印に關就する二三の文籍」『考古學雜誌』5-3, 大正3 (1914)

3) 喜田貞吉,「倭奴國と倭面土國及び倭國とに就て」『考古學雜誌』5-11, 大正4 (1915)

喜田貞吉,「倭奴國と倭面土國及び倭國とに就て稻葉君の反問に答ふ」『考古學雜誌』6-2, 大正4(1915)

喜田貞吉,「遺物遺蹟上より見たる九州古代の民族に就て」『史林』1-3, 大正5 (1916)

喜田貞吉,「漢籍に見えたる倭人記事の解釋」『歷史地理』30-3・4・5・6,大正6(1917)

喜田貞吉,「日鮮兩民族同源論」『民族と歷史』6-1, 大正10(1921)

4) 稻葉岩吉,「倭國名称の起源に就て喜田博士に答ふ」『考古學雜誌』6-1, 大正4 (1915)

5) 富岡謙藏,「日本出土の支那古鏡」『史林』1-4, 大正5(1916)

富岡謙藏, 「再び日本出土の支那古鏡に就て」『古鏡の研究』, 大正9(1920)

6) 和辻哲郎, 『日本古代文化』, 大正9(1920)

和辻哲郎, 『日本古代文化』(改訂版), 大正14(1925)

7) 高橋健自, 「考古學上より觀たる耶馬台國-大正10年(1921) 考古學會 例會의 講演內容-」『考古學雜誌』12-5, 大正11(1922)

高橋健自, 「大和國佐味田發見埴輪土偶に就いて」『考古學雜誌』15-2, 大正14 (1925)

8) 梅原末治, 「輓近考古學の進運と我が古代の狀態」『歷史と地理』8-2・3, 大正10(1921)

梅原末治, 『佐味田及新山古墳硏究』, 大正10(1921)

梅原末治, 「上代近畿の文化發達に就いて」『思想』13, 大正11(1922)

梅原末治, 「考古學上より觀たる上代の畿內」『考古學雜誌』14-1・2, 大正12(1923)

梅原末治, 「本邦古代の狀態に對する考古學的硏究に就いて」『史學雜誌』36-5・6,大正14(1925)

9) 坪井九馬三, 「支那古地理志の解釋に就いて」『考古學雜誌』12-5, 大正11(1922)

坪井九馬三, 「太古の九州四國」『考古學雜誌』33-12, 大正11(1922)

10) 中山太郎, 「魏志倭人伝の土俗學的考察」『考古學雜誌』12-7・9・12, 大正11(1922)

11) 笠井新也, 「邪馬臺國は大和國である」『考古學雜誌』12-7, 大正11(1922)

笠井新也, 「卑弥呼時代に於ける畿內と九州との文化的並に政治的關係」『考古學雜誌』13-7, 大正12(1923)

笠井新也, 「卑彌呼卽ち倭迹迹日百襲姬命」『考古學雜誌』14-7, 大正13(1924)

12) 山田孝雄, 「狗奴國考-古代東國文化の中心-」『考古學雜誌』12-8・9・10・ 11・12, 大正11(1922)

13) 三宅米吉, 「邪馬台國について」『考古學雜誌』12-11, 大正11(1922)

14) 白鳥庫吉, 「邪馬台國について」『考古學雜誌』12-11, 大正11(1922)

15) 豊田伊三美, 「耶馬台國論を讀みて」『考古學雜誌』13-1, 大正11(1922)

16) 石村貞吉, 「魏志倭人伝の風俗記事に就いて」『風俗硏究』32, 大正12(1923)

17) 橋本增吉, 「邪馬台國の位置について」『史學』2-3, 大正12(1923)

橋本增吉, 「邪馬台國問題について」『史學雜誌』36-8, 大正14(1925)

-昭和 時代(1926～1989)-

1) 佐喜眞興英, 『女人政治考』, 大正15(1926)

2) 安藤正直,「邪馬台國は福岡縣山門郡に非ず」『歴史教育』2-5・6・7, 昭和2(1927)

3) 志田不動麿,「邪馬台國方位考」『史學雜誌』38-10, 昭和2(1927)

志田不動麿,「邪馬台國の出現と日支關係」『東洋史上の日本』, 昭和15(1940)

志田不動麿,『倭の女王』, 昭和31(1956)

4) 白鳥庫吉,「倭女王卑弥呼問題は如何に解決せらるべきか」『史學雜誌』38-10,昭和2(1927)

白鳥庫吉,「卑弥呼問題の解決(上)」『オリエンタリカ』1, 昭和23(1948)

白鳥庫吉,「卑弥呼問題の解決(下)」『オリエンタリカ』2, 昭和24(1949)

5) 太田 亮,「耶馬台國の發生と其崩潰」『國史と系譜』4-4, 昭和2(1927)

太田 亮,「氏族分布より見たる高天原と耶馬台國」『國史と系譜』4-6, 昭和3(1928)

太田 亮,「日の國ヤマトより畿内ヤマトへの御遷都」『國史と系譜』4-8, 昭和3(1928)

太田 亮,『日本古代史新研究』, 昭和3(1928)

太田 亮,「古代日本の眞相」『近畿大學法商學部論叢』1-2, 昭和26(1951)

6) 中山平次郎,「魏志倭人傳の生口」『考古學雜誌』18-9, 昭和3(1928)

中山平次郎,「魏志倭人伝の『生口』に就いて」橋本增吉氏の高敎に答ふ」『考古學雜誌』19-2, 昭和4(1929)

7) 橋本增吉,「魏志倭人伝の生口に就いて」『考古學雜誌』19-1, 昭和4(1929)

橋本增吉,「『魏志』倭人伝の『生口』及び『持衰』の意義に就いて」『考古學雜誌』19-3, 昭和4(1929)

橋本增吉,「生口問題の再考察」『史學雜誌』41-5, 昭和5(1930)

橋本增吉,『東洋史上より觀たる日本上古史研究-邪馬台國論考-』, 昭和7(1932)

橋本增吉,「邪馬台國について」『人文』2-1, 昭和23(1948)

橋本增吉,「邪馬台國と大倭國との關連について」『史學』25-1, 昭和26 (1951)

橋本增吉,『改訂增補東洋史上より觀たる日本上古史研究』, 昭和31(1956)

8) 波多野承五郎,「生口は捕虜」『考古學雜誌』19-5, 昭和4(1929)

9) 沼田頼輔,「生口に就いて」『考古學雜誌』19-7, 昭和4(1929)

10) 市村瓚次郎,「魏志倭人傳の解釋-特に生口問題に就いて-」『史學雜誌』41-3,昭和5(1930)

11) 稻葉岩吉,「魏志倭人伝の解釋を讀む-市村瓚次郎の再考を煩はす-」『考古學雜誌』20-6, 昭和5(1930)

12) 末松保和,「太平御覽に引かれた倭國に關する魏志の文に就て」『青丘學叢』1,昭和5(1930)

末松保和,「魏志倭人伝の解釋の變遷-投馬國を中心として-」『青丘學叢』2,昭和

5(1930)

末松保和,『日本上代史管見』, 昭和38(1963)

13) 早川二郎,〈魏志所載の『邪馬台國』の所在について〉「大化改新の研究」『歴史科學』2-9, 昭和8(1933)

早川二郎,『日本王朝時代史』, 昭和8(1933)

早川二郎,「大和改新後の時代における奴隷制度の位置及び意義」『歴史』,昭和12(1937)

早川二郎,「日本上代文化史」『日本上代文化史』, 昭和13(1938)

14) 禰津正志,「原始日本の經濟と社會」『歴史學研究』4-5, 昭和10(1935)

禰津正志,「日本民族と天皇國家の起源」『日本歴史』1, 昭和21(1946)

15) 伊藤德男,「魏略の制作年代に就いて」『歴史學研究』19, 昭和10(1935)

16) 伊豆公夫,「古代日本に於ける政治的支配形態」『日本古代史の基礎問題』(渡部義通氏他編), 昭和11(1936)

伊豆公夫,「邪馬台國の狀態」『日本歴史教程』(渡部義通氏他編)第1冊,昭和11(1936)

伊豆公夫,「卑弥呼-最初の女性-」『日本歴史の女性』(川崎庸之編), 昭和26(1951)

17) 渡部義通,『日本原始社會史』, 昭和9(1934)

渡部義通,『日本古代史會』(『唯物論全書』26), 昭和11(1936)

渡部義通,「3,4世紀における列島狀態の概觀」『日本歴史教程』第2冊, 昭和12(1937)

18) 宮本勢助,「貫頭型衣服考」『民族學研究』2-2・3・4, 昭和11(1936)

19) 稻葉岩吉,「魏志倭人伝管見」『史林』22-1, 昭和12(1937)

20) 肥後和男,「倭姬命考」『齋藤先生古稀紀念論文集』, 昭和12(1937)

肥後和男,「倭姬命考」(上同)『日本神話研究』, 昭和13(1938)

肥後和男,『崇神天皇と卑弥呼』, 昭和29(1954)

肥後和男,「大和としての邪馬台」『邪馬台國』, 昭和29(1954)

肥後和男,「邪馬台は大和」『歴史讀本』14-6, 昭和44(1969)

肥後和男,『邪馬台國は大和である』, 昭和46(1971)

21) 和辻哲郎,『日本古代文化』改稿版, 昭和14(1939)

和辻哲郎,「若き研究者に-ヒミコ女王の國ヤマトについて-」『新潮』47-9,昭和25(1950)

和辻哲郎,『新日本古代史文化』, 昭和26(1951)

和辻哲郎, 「日本における社會構造の變遷-宗教的權威による國民的統一-」『展望』67, 昭和26(1951)

22) 梅原末治,「上代古鏡出土の古鏡に就いて」『鏡劍及玉の研究』, 昭和15(1940)

梅原末治, 「「考古學上より觀たる畿內」『日本考古學論攷』, 昭和15(1940)
梅原末治, 「「古鏡より觀た日本の上古」『史林』45-6, 昭和37(1962)

23) 田村專之助, 「魏略魏志東夷伝の性質」『歷史學硏究』10-7・8, 昭和15(1940)

24) 大森志郎, 「魏志倭人伝の構造」『硏究期報』, 昭和16(1941)
大森志郎, 「二つのヤマト」『朝日新聞』, 昭和29(1954)十一月四日)
大森志郎, 「邪馬台國は九州ではない」『神社新報』, 昭和29(1954)十一月二十九日)
大森志郎, 「上代仮名遣ひから見た邪馬台國の擬定」『東京女子大學論集』5-2,昭和30(1955)
大森志郎, 『魏志倭人伝の硏究』, 昭和30(1955)

25) 笠井新也, 「卑弥呼の冢墓と箸墓」『考古學雜誌』32-7, 昭和17(1942)

26) 藤田元春, 「魏志倭人伝の道里について」『上代日支交通史の硏究』, 昭和18(1943)
藤田元春, 「漢委奴國考」『山梨大學學藝學部硏究報告』3, 昭和27(1952)

27) 河南 晃, 「支那史書から觀た日本古代史(上)『日本歷史』2, 昭和21(1946)
河南 晃, 「支那史書から觀た日本古代史(下)『日本歷史』5, 昭和22(1947)

28) 林屋友太郎, 『天皇制の歷史的根據』上, 昭和21(1946)

29) 宗 幸一, 「天照大神は自然神か人格神か」『日本歷史』 2, 昭和21(1946)

30) 三品彰英, 「中國史籍に現はれた古代日本-邪馬台國問題を中心として-」『日本古代社會』1, 昭和22(1947)
三品彰英, 「邪馬台國の位置」『學藝』5-3, 昭和23(1948)
三品彰英, 『增補上世紀年考』, 昭和23(1948)
三品彰英, 「『魏志』倭人伝(本文校合)」『大谷史學』1, 昭和26(1951)
三品彰英, 「『魏志』倭人伝の讀み方」『大谷史學』2, 昭和28(1953)
三品彰英, 「民族學から見 た倭人伝」『シンポジウム邪馬台國』, 昭和41(1966)
三品彰英編, 『邪馬台國硏究總覽』, 昭和45(1970)

31) 宮井義雄, 「ヤマト國家の成立過程」『新日本歷史』1, 昭和22(1947)
宮井義雄, 「魏志倭人伝の里程記事について」『新地理』3-7, 昭和24(1949)
宮井義雄, 「邪馬台の位置」『桐朋學報』5, 昭和30(1955)

32) 森 克己, 「大陸側史籍に於ける倭女王國の問題」『日本歷史』7, 昭和22(1947)

33) 石田幹之助, 「魏志の倭人伝に就いて」『日本歷史』7, 昭和22(1947)
石田幹之助, 「漢の委奴國工の金印」『日本大學新聞』520, 昭和28(1953)

34) 池內 宏, 『日本上代史の一硏究』, 昭和22(1947)

35) 齋藤 忠, 「『漢委奴國王印』の發見」『國民の歷史』, 昭和22(1947)
齋藤 忠, 「古墳より見たる古代史上の諸問題」『史學雜誌』59-10, 昭和25(1950)

齋藤　忠,「邪馬台國の位置-邪馬台國の位置に關する考古學的研究-」『邪馬台國』, 昭和29(1954)

齋藤　忠,「金印の發見」『日本の發掘』, 昭和38(1963)

齋藤　忠,『古墳文化と古代國家』, 昭和41(1966)

齋藤　忠,「考古學から見た邪馬台國」『シンポジウム邪馬台國』, 昭和51(1976)

齋藤　忠 編,『日本國家の成立を探る』【現代のエスプリ】49, 昭和46(1971)

36) 榎　一雄,「魏志倭人伝の里程記事について」『學藝』33, 昭和22(1947)

榎　一雄,「邪馬台國の方位について」『オリエンタリカ』1, 昭和23(1948)

榎　一雄,『邪馬台國』, 昭和35(1960)

榎　一雄,『邪馬台國』【日本歷史新書增補版】, 昭和41(1966)

榎　一雄,「その後の邪馬台國」『國學院大學日本文化研究所紀要』23, 昭和44(1969)

37) 和田　清,「魏志倭人伝に關する一解釋『歷史』1-1, 昭和22(1947)

和田　清,「魏の東方經略と扶余城一の問題」『東洋學報』32-3, 昭和25(1950)

和田　清,『東洋思想より觀たる古代の日本』, 昭和31(1956)

和田　清,「倭の女王國と日本統一の時期(上)(下)」『歷史教育』5-3・4,昭和32(1957)

38) 石母田正,「古代貴族の英雄時代」『論集史學』, 昭和23(1948)

石母田正,「古代史概說」『岩波講座日本歷史』1, 昭和37(1962)

39) 山崎　宏,『東洋思想の古代日本-魏志倭人伝精說-』, 昭和23(1948)

40) 鈴木　俊,「倭人伝の史料的研究」『東亞論叢』6, 昭和23(1948)

41) 藤間生大,「政治的社會成立についての序論」『歷史學研究』134, 昭和23(1948)

藤間生大,「政治的社會成立」『社會構成史体系』1, 昭和24(1949)

藤間生大,「日本における階級社會の特殊性」『歷史評論』4, 昭和25(1950)

藤間生大,「日本における英雄時代」『歷史評論』7, 昭和25(1950)

藤間生大,『埋もれた金印-女王卑弥呼と日本の黎明-』, 昭和25(1950)

藤間生大,「古代史の理解をふかめるために」『日本歷史講座月報』1, 昭和26(1951)

藤間生大,『日本民族の形成-東亞諸民族との連關において-』, 昭和26(1951)

藤間生大,『埋もれた金印-日本國家の成立-』, 昭和45(1970)

藤間生大,「『魏志倭人伝』の官について-『魏志東夷伝』に關連して-」『朝鮮史研究論文集』7, 昭和45(1970)

42) 津田左右吉,「邪馬台國の位置について」『オリエンタリカ』1, 昭和23(1948)

43) 今井啓一,「倭人伝に見える伊都國と伊都縣主」『立命館文學』68, 昭和24(1949)

今井啓一,「漢籍倭人伝に現われたる日本-邪馬台國女王卑弥呼とその終滅について-」『近畿大學法商學部論叢』1-2, 昭和26(1951)

今井啓一,「魏志倭人伝と邪馬台國の經濟構成態」『說苑』1-2, 昭和28(1953)

44) 樋口隆康・岡崎 敬,「邪馬台國問題」『民族學研究』13-3, 昭和24(1949)

45) 桃 裕行,「隣邦史書に現われた日本」『新日本歷史講座』古代前期. 昭和24(1949)

46) 川崎庸之,「卑弥呼」『人物日本史』, 昭和25(1950)

47) 野口 隆,「卑弥呼について」『西日本史學』5, 昭和25(1950)

48) 東 一夫,「漢籍と日本古代史」『歷史敎育評論』2, 昭和26(1951)

49) 和田 淸・石原道博 編譯,『魏志倭人伝他三篇』, 昭和26(1951)

50) 石原道博,「中國における日本觀の端緖的形態-隋代以前の日本觀-」『茨城大學文理學部紀要』人文科學1, 昭和26(1951)

石原道博,「史料解說『魏志倭人伝』」『歷史敎育』3-4, 昭和30(1955)

51) 阿部武彦,「國造の姓と系譜」『史學雜誌』59-11, 昭和26(1951)

52) ねず・まさし,「卑弥呼」『日本歷史講座』2, 昭和26(1951)

53) 村上啓一,「日本書紀編修に關する私見(1)-中國史籍との關連について-」『天理大學學報』5, 昭和26(1951)

54) 岩波書店編輯部,『金印の出た土地-北九州の歷史-』『岩波寫眞文庫』46,昭和26(1951)

55) 長沼賢海,「糸島水道と倭奴國」『史淵』50, 昭和26(1951)

56) 平田俊春,「神功皇后紀の成立と日本書紀の紀年」『藝林』2-2, 昭和26(1951)

57) 和田博德,「神功皇后と倭女王卑弥呼」『朝鮮學會會報』13, 昭和27(1952)

和田博德,「神功皇后の倭女王注記について」『史學雜誌』62-1, 昭和28(1953)

58) 岩井大慧,「漢委奴國王金印を贋物と疑ふ說を讀みて」『日本歷史』47, 昭和27(1952)

59) 後藤守一,「漢委奴國王印の問題」『日本歷史』47, 昭和27(1952)

60) 太田孝太郎,「『漢委奴國王』印文考」『書品』28, 昭和27(1952)

61) 矢島恭介,「漢委奴國王印硏究所史」『書品』28, 昭和27(1952)

矢島恭介,「漢委奴國王印硏究所史(2)」『書品』29, 昭和27(1952)

62) 西川 寧,「天明期の印學」『書品』28, 昭和27(1952)

63) 小林行雄,「邪馬台國の所在論について」『ヒストリア』4, 昭和27(1952)

小林行雄,「古墳の發生の歷史的意義」『史林』38-1, 昭和30(1955)

小林行雄,『古墳の話』, 昭和34(1959)

小林行雄,『古墳時代の硏究』, 昭和36(1961)

小林行雄,「古墳文化の形成」『岩波講座日本歷史』1, 昭和37(1962)

小林行雄,『古代の技術』, 昭和37(1962)

小林行雄,「女王國の出現」『國民の歷史』1, 昭和42(1967)

小林行雄,『民族の起源』, 昭和47(1972)

64) 日野開三郎,「北岸-三國志・東夷伝用語解の一-『東洋史學』5, 昭和27(1952)
日野開三郎,「邸閣-東夷伝用語解の二-」『東洋史學』6, 昭和27(1952)
65) 浜田 敦,「魏志倭人伝などに所見の國語語彙に關する二三の問題」『人文研究』3-8, 昭和27(1952)
浜田 敦,「魏志倭人伝などに所見の國語語彙に關する二三の諸門題」『國語史の諸門題』, 昭和61(1986)
66) 和歌森太郎,「私觀邪馬台國」『社會經濟史學』18-3, 昭和27(1952)
和歌森太郎,「邪馬台國をめぐる問題」『朝日新聞』, 昭和44(1969.12.4)
和歌森太郎,「倭人の習俗-古代日本人の入墨について-」『邪馬台國』, 昭和29(1954)
和歌森太郎,「邪馬台國をめぐる問題」『朝日新聞』, 昭和44(1969.12.4)
67) 杉村勇造,「漢委奴國王金印私見」『日本歷史』51, 昭和27(1952)
68) 原田淑人,「古代日本人とシナ鏡」『聖心女子大學論叢』2, 昭和27(1952)
原田淑人,「倭人と酒」『聖心女子大學論叢』9, 昭和32(1957)
原田淑人,「魏志倭人伝から見た古代日中貿易」『聖心女子大學論叢』29, 昭和42(1967)
69) 市村其三郎,『秘められた古代日本』, 昭和27(1952)
市村其三郎,「ヒミコ問題の根本的解決」『白山史學』3, 昭和32(1957)
市村其三郎,「三國志の世界と日本書紀の直筆」『白山史學』10, 昭和39(1964)
市村其三郎,「大和政權と邪馬台國-東遷説の自己批判-」『白山史學』14,昭和43(1968)
市村其三郎,「日本民族史上のヤマタイ時代」『アジア・アフリカ文化研究所研究年報』68, 昭和44(1969)
市村其三郎,「ヒミコの古墳」『アジア・アフリカ文化研究所研究年報』70,昭和46(1971)
市村其三郎,『卑弥呼は神功皇后である』, 昭和47(1972)
70) 富來 隆,「魏志『邪馬台』の位置に關する考察」『大分大學學藝學部研究紀要』2・人文科學, 昭和28(1953)
富來 隆,「魏志『邪馬台』の新考察-宇佐『山戶』について-」『史學雜誌』63-4, 昭和29(1954)
富來 隆,「魏志倭人伝における『女王國』の解釋」『大分大學學藝學部研究紀要』4, 昭和30(1955)
富來 隆,「榎一雄氏の『邪馬台』論について」『史學雜誌』64-4, 昭和30(1955)
富來 隆,『「邪馬台」女王國』, 昭和35(1960)
富來 隆,『卑弥呼-朱と蛇神をめぐる古代日本人たち-』, 昭和45(1970)
71) 牧 健二,「魏志の倭の女王國の政治地理」『史學雜誌』62-9, 昭和28(1953)

牧 健二,「神武東征傳説の史實性試論」『史林』37-5, 昭和29(1954)
牧 健二,「魏志倭人伝の行程記事解釋の秘密」『瀧川博士還暦記念論文集』2,昭和32(1957)
牧 健二,「邪馬台國問題の解決のために」『國史論集』1, 昭和34(1959)
牧 健二,「『邪馬台國問題の解決のために』の補說」『史林』43-2, 昭和35 (1960)
牧 健二,「倭の女王國の國家的本質」『大倉山論叢』8, 昭和35(1960)
牧 健二, 「『邪馬台國問題の解決のために』の補說に對」する批判に答える」『日本上古史研究』 4-11, 昭和35(1960)
牧 健二,「女王卑弥呼等倭の女王國王の共立」『龍谷大學經濟學論集』1, 昭和36(1961)
牧 健二,「倭の女王國と部族國家との關係」『法制史研究』12, 昭和37(1962)
牧 健二,「第二～三世紀における倭人の社會」『史林』45-2, 昭和37(1962)
牧 健二,「魏志倭人伝における前漢書の道里等書式の踏襲」『史林』45-5,昭和37(1962)
牧 健二,「魏志倭人伝の新解釋のために-再び伊野部重一郎氏に答える-」『日本上古史研究』6-10, 昭和37(1962)
牧 健二,「原文に忠實な魏志倭人伝の解讀-後漢書の倭國觀の誤謬を重点とする研究-」『史林』 47-1, 昭和39(1964)
牧 健二, 「前漢書の書例に據って解釋さされた邪馬台國・女王國・倭・倭國」『シンポジウム邪馬台國』, 昭和41(1966)
牧 健二,「井上光貞氏の『邪馬台國の政治構造』に對する批判『史林』49-6,昭和41(1966)
牧 健二,「倭の字の意味の變遷と魏志倭人伝の解釋との關係」『龍谷史壇』56・57, 昭和41(1966)
牧 健二, 「魏志倭人伝の大倭を大和國家と見る說について」『桃山歷史地理』6, 昭和41(1966)
牧 健二, 「魏志倭人伝はなぜ長く難解であったか(上)」『政治經濟史學』52, 昭和42(1967)
牧 健二, 「魏志倭人伝はなぜ長く難解であったか(中)」『政治經濟史學』53, 昭和42(1967)
牧 健二, 「魏志倭人伝はなぜ長く難解であったか(下)」『政治經濟史學』57, 昭和42(1967)
牧 健二, 「日本國家起原史の研究に關する新視覺の提唱」『龍谷法學』1-1, 昭和43(1968)
牧 健二,『日本の原始國家』, 昭和43(1968)

牧 健二,「九州の政治地理に關する魏志倭人伝と日本書紀との連續の問題」『日本歷史』248, 昭和44(1969)

牧 健二,「女王卑弥呼と日本民族國家の起源史との關係」『龍谷法學』2-1, 昭昭和44(1969)

牧 健二,「書例による魏志倭人伝の解釋」『日本歷史』261, 昭和45(1970)

牧 健二,「魏志倭人伝正解の條件」『史林』53-5, 昭和45(1970)

牧 健二,「古田武彦氏の『邪馬壹國』について-拙著『日本の原始國家』の見解に基づく考察-」『龍谷法學』2-2・3・4, 昭和45(1970)

牧 健二,「魏志倭人伝難解理由の解明と前漢書の書例との關係」『龍谷史壇』73・74, 昭和53(1978)

72) 米倉二郎,「魏志倭人伝に見ゆる斯馬國以下の比定」『史學研究』52, 昭和28(1953)

73) 山口靜夫,「邪馬台國について」『西日本史學』15, 昭和28(1953)

74) 北山茂夫,「民族の心-英雄時代と今日-」『改造』10, 昭和28(1953)

北山茂夫,「日本における英雄時代の問題によせて」『日本古代の政治と文學』,昭和31(1956)

75) 岡部長章,「井田敬之の『委奴國』研究と明淸考証の學」『日本歷史』66, 昭和28(1953)

岡部長章,「金印問題のその後と黑田齊隆の『國主之章』」『日本歷史』86, 昭和30(1955)

76) 井上源太,『神武建國とその前史』, 昭和28(1953)

77) 片山正夫,「倭人伝中の方向里程等の考察」『日本歷史』70, 昭和29(1954)

78) 洞 富雄,「古代日本の女治-天皇不親政の問題に關連して-」『史觀』41, 昭和29(1954)

79) 末永雅雄他,『和泉黃芩塚古墳』, 昭和29(1954)

80) 上田正昭,「ヤマト王權の歷史的考察」『日本研究』21, 昭和29(1954)

上田正昭,「日本國家の胎動」『日本考古學講座』4, 昭和30(1955)

上田正昭,「邪馬台國問題の再檢討」『日本史研究』39, 昭和33(1958)

上田正昭,『日本古代國家成立史の研究』, 昭和34(1959)

上田正昭,「日本古代國家の起源について」『古代文化』5-4, 昭和35(1960)

上田正昭,「大和國家の成立過程」『古代史講座』4, 昭和37(1962)

上田正昭,「卑弥呼」『大和奈良朝』4, 昭和40(1965)

上田正昭,『大和朝廷』, 昭和42(1967)

上田正昭,「邪馬台國と國家の起源」『日本の歷史』別卷, 昭和44(1969)

上田正昭,「邪馬台國-なぞに秘められた女王國-」『日本と世界の歷史』1,昭和44(1969)

上田正昭,『日本の原像』, 昭和45(1970)

上田正昭,『女帝-日本古代の光と影-』, 昭和46(1971)
上田正昭 編,『論集日本文化の起源・二・日本史』, 昭和46(1971)

81) 栗原朋信,「漢の印制よりみたる『漢委奴國王』印について」『史觀』42, 昭和29(1954)
栗原朋信, 「漢帝國と印章-漢委奴國王印に關する私印説への反省-」『古代史講座』4, 昭和37(1962)
栗原朋信,「邪馬台國と大和朝廷」『史觀』70, 昭和39(1964)
栗原朋信,「魏志倭人伝にみえる邪馬台國をめぐる國際關係の一面」『史學雜誌』73-12, 昭和39(1964)

82) 三上次男,「古代の南朝鮮-韓諸國の發達と辰王政權の成立-」『邪馬台國』,昭和29(1954)
三上次男,『邪馬台國』, 昭和29(1954)
三上次男,「『漢委奴國王』金印をめぐる問題点-」『岩波講座日本歴史月報』1,昭和37(1962)
三上次男,『古代東北アジア史研究』, 昭和43(1968)

83) 坂本太郎,「魏志倭人伝雜考」『邪馬台國』, 昭和29(1954)
坂本太郎,「卑弥呼」『中部日本新聞』, 昭和42(1967.1.8)

84) 鈴木 尙,「邪馬台國の人々」『邪馬台國』, 昭和29(1954)

85) 八幡一郎,「矛と楯」『(古代史談話會編)邪馬台國』, 昭和29(1954)

86) 原田大六,『日本古墳文化-奴國王の環境-』, 昭和29(1954)
原田大六,「鑄鏡における湯冷の現象について-伝世による手磨れの可否を論ず-」『考古學研究』24, 昭和35(1960)
原田大六,「伝世鏡への固執」『古代學研究』32, 昭和37(1962)
原田大六,『實在した神話-發掘された「平原弥生古墳」-』, 昭和41(1966)
原田大六,『邪馬台國論争』, 昭和44(1969)
原田大六,『邪馬台國論争』上・下, 昭和50(1975)
原田大六,『卑弥呼の墓』, 昭和52(1977)
原田大六,『卑弥呼の鏡, 昭和53(1978)

87) 大田孝太郎,「漢委奴國王印私考」『岩手史學研究』17, 昭和29(1954)

88) 井上光貞,「邪馬台國問題の二三の論点」『文學』23-1, 昭和30(1955)
井上光貞,『日本國家の起源』, 昭和35(1960)
井上光貞,「神話から歴史へ」『日本の歴史』, 昭和40(1965)
井上光貞, 「邪馬台國の政治構造-牧健二博士に捧ぐ-」『シンポジウム邪馬台國』, 昭和41(1966)

井上光貞, 『古代史研究の世界』, 昭和50(1975)

井上光貞, 「古代沖の島の祭祀」『古代・中世の社會と思想』, 昭和54(1979)

89) 曾野壽彦, 「中國の文獻から見た日本」『日本考古學講座』4, 昭和30(1955)

90) 田中 卓, 「邪馬台國の所在と上代特殊仮名遣」『國語國文』24-5, 昭和30(1955)

田中 卓, 『日本古典の研究』, 昭和48(1973)

田中 卓, 『日本古代國家成立の研究』, 昭和49(1974)

田中 卓, 『海に書かれた邪馬台國』, 昭和50(1975)

田中 卓, 『邪馬台國と刀荷山刀銘』, 昭和60(1985)

91) 樋口隆康, 「九州古墳墓の性格」『史林』38-3, 昭和30(1955)

92) 內藤 晃・石原道博, 「中國の文獻から見た日本」『日本考古學講座』5, 昭和30(1955)

93) 植村淸二, 「邪馬台國・狗奴國・投馬國」『史學雜誌』64-12, 昭和30(1955)

植村淸二, 『神武天皇』, 昭和32(1957)

植村淸二, 「『魏志』倭人伝の一節について」『東方學』22, 昭和36(1961)

植村淸二, 「邪馬台國問題私見」『古代文化』10-3, 昭和38(1963)

植村淸二, 「投馬國について」『日本歷史』188, 昭和39(1964)

植村淸二, 「卑弥呼の遣魏使と田道間守」『日本歷史』212, 昭和41(1966)

94) 湯淺太雄, 「倭人伝論爭の批判」『倫理學年報』6, 昭和31(1956)

95) 中島利一郞, 「漢委奴國王金印と博多」『日本文化財』13, 昭和31(1956)

96) 室賀信夫, 「魏志倭人伝に描かれた日本の地理像-地図學史的考察-」『神道學』10, 昭和31(1956)

室賀信夫, 「魏志倭人伝斐秀の地図-村尾次郎氏の批判に答へて」『日本上古史研究』1-5, 昭和32(1957)

97) 中田 薰, 「倭人考」『古代日韓交涉史斷片考』, 昭和31(1956)

98) 大谷光男, 「金印發掘口上書及びその關係文獻について」『日本歷史』102,昭和31(1956)

大谷光男, 「『漢委奴國王』印發見者といわれる甚兵衛について-志賀島の新蒐集文書より見たる-」『史觀』70, 昭和39(1964)

大谷光男, 「『漢委奴國王』印研究の紹介-華亭釋澂・細井金吾・本居宣長-」『二松學舍大學論集』, 昭和43(1968)

大谷光男, 「上田秋成の『漢委奴國王金印之考』について」『福岡地方史談話會會報』7, 昭和43(1968)

大谷光男, 「後漢書の日月蝕記事からみた後漢書倭伝」『二松學舍大學東洋學研究所集刊』1, 昭和46(1971)

大谷光男, 「魏志の日食記事からみた魏志倭人伝」『二松學舍大學論集』,昭和46(1971)

大谷光男, 「魏志の日食記事からみた魏志倭人伝」『二松學舍大學論集』, 昭和47(1972)
大谷光男, 『硏究史金印』, 昭和49(1974)
大谷光男, 『邪馬台國時代』, 昭和53(1978)
大谷光男, 「漢委奴國王印と中平紀年銘大刀」『東アジア世界における日本古代史講座』3, 昭和56(1981)

99) 宮崎道生, 「新井白石の邪馬台國觀」『神道學』12, 昭和32(1957)
宮崎道生,「二つの邪馬台國觀-白石說と宣長說-」『日本學士院紀要』23-2,昭和40(1965)

100) 大三重樹, 「心理的に見た魏志倭人伝」『大阪學藝大學紀要』5, 昭和32(1957)

101) 水野 祐, 『日本古代王朝史論序說』, 昭和28(1953)
水野 祐, 『增訂日本古代王朝史論序說』, 昭和29(1954)
水野 祐, 「倭奴國考」『史觀』48, 昭和32(1957)
水野祐,「狗奴國に關する魏志東夷伝の記載に就いて」『史觀』50・51,昭和32(1957)
水野 祐, 「魏志東夷伝の硏究動向」『歷史敎育』6-5, 昭和33(1958)
水野 祐, 「「上田正昭氏『邪馬台國問題の再檢討』」『日本上古史硏究』3-7,昭和34(1959)
水野 祐, 「狗奴國考」『早稻田大學大學院文學硏究科紀要』12, 昭和41(1966)
水野 祐, 『日本古代國家』, 昭和41(1966)
水野 祐, 『日本古代の國家形成』, 昭和42(1967)
水野 祐, 『評釋魏志倭人傳』, 昭和62(1987)

102) 村尾次郞, 「室賀信夫氏『魏志倭人伝に描かれた日本の地理像-地図學史的考察-『日本上古史硏究』 1-3, 昭和32(1957)
村尾次郞, 「古代史上限時代の構成に關する通說の批判-後漢書東夷伝の考証-」『神道學』52, 昭和42(1967)

103) 猪熊兼繁, 「親委倭王」『法學論叢』63-1, 昭和32(1957)

104) 秋山謙藏, 「魏志倭人伝解釋の方法」『歷史敎育』5-4・5, 昭和32(1957)
秋山謙藏, 「魏志倭人伝の解釋の方法」『歷史敎育』6-6, 昭和33(1958)

105) 宮田俊彦, 「橋本增吉博士著『改訂增補東洋史上より見たる日本上古史硏究」『日本上古史硏究』 1-5, 昭和32(1957)
宮田俊彦, 「魏志倭人伝の『搏手』について」『日本歷史』123, 昭和33(1958)

106) 中川成夫, 「魏志倭人伝に見える『靑大勾珠』の一解釋」『史苑』18-1, 昭和32(1957)

107) 重見辰馬, 「魏志倭人伝の一男子と男弟から」『愛媛大學歷史學紀要』5, 昭和32(1957)
重見辰馬, 「卑弥呼と壹与について」『熊本史學』13, 昭和32(1957)
重見辰馬, 「大和國家の誕生-卑弥呼に對抗している天孫降臨-」『愛媛大學紀要・第

一部人文科學』13, 昭和42(1967)

108) 笹谷良造,「卑弥呼九州論」『日本歴史』112, 昭和32(1957)

109) 時野谷滋,「魏志倭人伝の信憑性-風俗記事を中心として-」『神道史研究』6-1, 昭和33(1958)

110) 中山修一,「ヤマト地名考」『史林』41-4, 昭和33(1958)

111) 菟田俊彦,「壹与・臺與・臺擧考-中國の正史に表記された邪馬台國第二世女王の名に關して」『神道宗教』19, 昭和34(1959)

112) 日高正晴,「『邪馬台國』論争に於ける『ヤマト』の名称について」『日向史學』1,昭和34(1959)

113) 岡本賢次,『神功皇后』, 昭和34(1959)

114) 鶴岡靜夫,「邪馬台國への疑問」『眞說日本歴史』, 昭和34(1959)

115) 伊野部重一郎,「水野祐氏『狗奴國に關する魏志東夷伝の記載に就いて』」『日本上古史研究』3-8, 昭和34(1959)

伊野部重一郎,「倭人伝における『女王國』の解釋-牧健二博士の所說について-」『日本上古史研究』6-3, 昭和37(1962)

伊野部重一郎,「『邪馬一國』論争について」『日本歴史』359, 昭和53(1978)

116) 中島固成,『邪馬台國研究』, 昭和34(1959))

117) 榧本杜人,「委奴國と金印の遺跡」『考古學雜誌』45-3, 昭和34(1959)

榧本杜人,「委奴國と金印の遺跡(承前)」『考古學雜誌』45-4, 昭和35(1960)

榧本杜人,「軍の行程について-魏志倭人伝の行程にかけて-」『古事類苑月報』12, 昭和43(1968)

118) 太田秀通,『共同体と英雄時代の理論』, 昭和34(1959)

119) 內藤 晃,「古墳文化の成立-いわゆる傳世鏡の理論を中心として-」『歴史學研究』236, 昭和34(1959)

內藤 晃,「古墳文化の發展-同范鏡問題の再檢討-」『日本史研究』48, 昭和35(1960)

120) 青山公亮・遠藤元男・杉原莊介,「邪馬台國論」『駿台史學』10, 昭和35(1960)

121) 駒井義明,「倭人伝私考」『神道學研究』8-3, 昭和35(1960)

122) 新妻利久,「五行思想と倭國・大倭國・邪馬台國」『國史學』74, 昭和35(1960)

新妻利久,『やまと邪馬台國』, 昭和42(1967)

123) 橋川時雄,「邪馬・壹・臺のよみかた-やま・い～やま・との轉訛-」『福井博士頌壽記念東洋思想論集』, 昭和35(1960)

124) 江畑 武,「魏志東夷伝における倭の地理像-倭人伝の道里記事の史料的限界-」『文化

史研究』12, 昭和35(1960)

江畑 武,「魏志倭人伝の字音について」『文化史研究』14, 昭和37(1962)

江畑 武,「『漢書』地理志と倭の地理像」『日本書紀研究』2, 昭和41(1966)

江畑 武,「『魏略』と『魏志』の相違-倭人太白説に關連して-」『古代文化』23-7, 昭和46(1971)

125) 谷岡宏敏, 「魏志倭人伝を讀んで-耶馬台國の位置を考える-」『文化史研究』12, 昭和35(1960)

126) 井乃香樹,「魏志倭人伝の一側面」『歷史教育』10-4, 昭和37(1962)

127) 直木孝次郎,「國家の發生」『岩波講座日本歷史』1, 昭和37(1962)

直木孝次郎,「邪馬台國論争私感」『國民の歷史月報』1, 昭和42(1967)

直木孝次郎,「邪馬台國の習俗と祭儀」『伝統と現代』26(「邪馬台國」),昭和49(1974)

直木孝次郎,「古代における日本と江南地域との交涉」『第7回古代史シンポジウム-三角緣神獸鏡の謎-』, 昭和59(1984)

128) 森 浩一,「日本の古代文化-古墳文化の成立と發展の諸問題-」『古代史講座』3, 昭和37(1962)

森 浩一,「曹氏墓出土の倭人字磚と二・三の問題」『文化學年報』33, 昭和57(1982)

森 浩一,『倭人伝の世界』, 昭和58(1983)

129) 長田夏樹,「魏志倭人伝譯音の音価に就いて-上古中國語音韻体系との關連において-」『神戸外國語大學論叢』13-3, 昭和37(1962)

130) 三木太郎,「『後漢書』よりみたる倭奴・倭面土・『漢委奴國王』印について」『駒澤史學』10, 昭和37(1962)

三木太郎,「倭と日本との別種とする『旧唐書』の記事の成立の由來について-江上氏の騎馬民族說批判の一つの根據として-」『日本歷史』251, 昭和44(1969)

131) 梅田義彦, 「魏志倭人伝の宗教關係記事-原始神道期の一考察-」『新國學』1, 昭和37(1962)

梅田義彦,『卑弥呼・邪馬台國の新研究』, 昭和48(1973)

132) 板倉勝正,「オリエントの古代國家」『古代史講座』4, 昭和37(1962)

133) 手塚隆義,「親委倭王考」『史苑』23-2, 昭和38(1963)

134) 阪本種夫・橋本郁夫,『魏志倭人伝と古代帝年紀』, 昭和38(1963)

135) 久保 泉,『邪馬台國はどこか-方位論に基づく異說-』, 昭和39(1964)

久保 泉,『卑弥呼の冢について-その前進のための試論-』, 昭和40(1965)

久保 泉,『卑弥呼の冢補說-その補强を中心として-』, 昭和41(1966)

久保 泉,『邪馬台國の所在とゆくえ』, 昭和45(1970)

136) 西嶋定生,「六-八世紀の東アジア」『岩波講座日本歴史』2(古代2), 昭和37(1962)
西嶋定生 編,『日本國家の起源』【現代のエスプリ】6, 昭和39(1964)
西嶋定生,「親魏倭王冊封に至る東アジアの情勢」『古代史論叢』上卷, 昭和53(1978)
西嶋定生,「倭國の形成とその國際的契機」『東アジア世界における日本古代史講座』3, 昭和56(1981)
西嶋定生,「總論」『第7回古代史シンポジウム-三角緣神獸鏡の謎-』, 昭和59(1984)
137) 田中 元,「英雄時代論의 再檢討」『工學院大學研究論叢』1, 昭和39(1964)
138) 佐伯有淸,「古代王朝論」『日本史の問題点』, 昭和40(1965)
佐伯有淸,『研究史邪馬台國』, 昭和46(1971)
佐伯有淸,『研究史戰後の邪馬台國』, 昭和47(1972)
佐伯有淸,『古代東アジアと日本』, 昭和52(1977)
佐伯有淸 編,『邪馬台國基本論文集』1・2, 昭和56(1981)
佐伯有淸 編,『邪馬台國基本論文集』3, 昭和57(1982)
139) 下斗米淸,「魏志倭人伝に現われている女治の性格について」『國史談話會雜誌』9, 昭和40(1965)
140) 重松明久,「音韻上よりみたヤマト」『日本歴史』211, 昭和40(1965)
重松明久,「邪馬台國の所在地に關する新研究」『福井大學教育學報紀要・社會科學』16, 昭和41(1966)
重松明久,『邪馬台國の研究』, 昭和44(1969)
重松明久,「魏志倭人伝をめぐる二, 三の問題」『日本歴史』301, 昭和48(1973)
141) 阪上秀太郎,「魏志倭人伝の文獻批判-その行程記事について-」『史觀』73,昭和41(1966)
142) 田中勝藏,「魏志倭人伝小考-韓語で解說する試み-」『德島大學學藝紀要』15, 昭和41(1966)
143) 安本美典,「卑弥呼考-推計學の立場から-」『國語國文』35-6, 昭和41(1966)
安本美典,『邪馬台國への道-科學の解いた古代の謎』, 昭和42(1967)
安本美典,「護氏の拙著評について」『韓日ジャーナル』, 昭和44(1969.4.6日號)
安本美典,「數理文獻學と卑弥呼」『歴史讀本』14-6, 昭和44(1969)
安本美典,『數理歴史學-新考邪馬台國-』, 昭和45(1970)
安本美典,「邪馬台國問題と神武東征問題の再檢討」『歴史學研究』398, 昭和48(1973)
安本美典,『「邪馬台國」はなかった』, 昭和55(1980)
安本美典,『研究史邪馬台國の東遷』, 昭和56(1981)
安本美典,『卑弥呼と邪馬台國』, 昭和58(1983)

144) 山口 修,「魏志倭人伝の里程記事」『日本史研究』85, 昭和41(1966)

山口 修,『ふたつの邪馬台國』, 昭和43(1968)

145) 三木太郎,「『倭國王帥升等』の一管見」『日本歴史』218, 昭和41(1966)

三木太郎,「再び倭について」『日本歴史』231, 昭和42(1967)

三木太郎,「『魏志倭人伝』の行程記事について」『日本歴史』277, 昭和46(1971)

三木太郎,「伊聲耆掖邪狗について」『日本歴史』291, 昭和47(1972)

三木太郎, 「『太平御覧』所引『魏志倭國伝』について-邪馬台國問題の論争点に寄せて-」『日本歴史』349, 昭和52(1977)

三木太郎,『魏志倭人伝の世界』, 昭和54(1979)

三木太郎,「魏志倭人伝の用語の檢討」『北海道駒澤大學研究紀要』14, 昭和54(1979)

三木太郎,「『三國志』の中の『台』の用例と字義」『北海道駒澤大學研究紀要』16,昭和56(1981)

三木太郎,「『魏志』倭人伝の「告喩」と「以死」」『北海道駒澤大學研究紀要』17,昭和57(1982)

146)石井良助,「邪馬台國の位置と倭國の政治構造」『シンポジウム邪馬台國』,昭和41(1966)

147) 井上光貞司會・三品彰英他,「シンポジウム邪馬台國の諸問題」『シンポジウム邪馬台國』, 昭和41(1966)

148) 津堅房明・津堅房弘,「邪馬台國への道-その地理學的考察(上)-」『歴史地理』91-3, 昭和41(1966)

津堅房明・津堅房弘,「邪馬台國への道-その地理學的考察(下)-」『歴史地理』91-4, 昭和43(1968)

149) 山田一雄, 「邪馬台國九州説の人口論的矛盾-卑弥呼朝と崇神朝との同一性の証明(1)-」『甲南經濟學論集』7-3, 昭和41(1966)

山田一雄, 「洛陽上古音による魏志倭人伝の官・人名の解讀-卑弥呼朝と崇神朝との同一性の証明(2)-」『甲南經濟學論集』7-4・5, 昭和42(1967)

山田一雄, 「洛陽上古音による魏志倭人伝の官・人名の解讀-卑弥呼朝と崇神朝との同一性の証明(3)-」『甲南經濟學論集』7-6, 昭和42(1967)

山田一雄,「難升米は,西海道將軍・坐王,師升等は安寧大王である-卑弥呼朝と崇神朝との同一性の証(4)-」『甲南經濟學論集』9-4, 昭和43(1968)

山田一雄,「倭國大亂と吉備事件との相当性の証明-卑弥呼朝と崇神朝との同一性の証明(5)-」『甲南經濟學論集』10-1, 昭和44(1969)

山田一雄, 「投馬國は集間の國,神集ふ出雲の國の別名である-卑弥呼朝と崇神朝との同一性の証明(6)-」『甲南經濟學論集』10-2, 昭和44(1969)

150) 松本清張,「古代史疑-邪馬台國(一)-」『中央公論』944, 昭和41(1966)
松本清張,「古代史疑-『一大率』『女王國以北』-」『中央公論』952, 昭和42(1967)
松本清張,「古代史疑-終章)-」『中央公論』953, 昭和42(1967)
松本清張,「『倭』と『倭人』の相違-『魏志倭人伝』についての私見」『朝日新聞』, 昭和45(1970)3月12日)
松本清張,「古代への探求-古事記・日本書紀を中心に-」『文學界』25-1,昭和46(1971)
松本清張編,『論争邪馬台國』, 昭和55(1980)
151) 宮崎康平,『まぼろしの邪馬台國』, 昭和42(1967)
152) 牧健二・上田正昭・佐原眞・井上光貞・松本清張,「シンポジウム松本清張『古代史疑』を考証する」『中央公論』951, 昭和42(1967)
153) 山尾幸久,「魏志倭人伝の史料批判」『立命館文學』260, 昭和42(1967)
山尾幸久,「日本古代王權の成立過程について」『立命館文學』296(上)・297(中)・298(下), 昭和45(1970)
山尾幸久,「邪馬台國の論爭をめぐって」『太陽』97, 昭和46(1971)
山尾幸久,『魏志倭人伝』, 昭和47(1972)
154) 高坂 好,「吳の周仲鏡について(上)」『日本歷史』225, 昭和42(1967)
高坂 好,「吳の周仲鏡について(下)」『日本歷史』226, 昭和42(1967)
高坂 好,「三角縁神獸鏡は魏の鏡にあらず-吳の周仲鏡・補說」『日本歷史』240, 昭和43(1968)
155) 中野幡能,『八幡信仰史の硏究』, 昭和42(1967)
156) 青木慶一,「魏志倭人伝の諸國名の解讀」『考古學ジャ-ナル』8, 昭和42 (1967)
157) 大庭 脩,「『卑弥呼と親魏倭王とする制書』をめぐる問題」『末永先生古稀記念古代學論叢』, 昭和42(1967)
大庭 脩,『親魏倭王』, 昭和46(1971)
158) 武田幸男,「魏志東夷伝に見える下戶問題」『朝鮮社會の歷史的發展』, 昭和42(1967)
159) 横田健一,「邪馬台國の戶數」『關西大學東西學術硏究所報』13, 昭和42(1967)
160) 岡崎 敬,「『夫租薉君』金印をめぐる諸問題」『朝鮮學報』46, 昭和43(1968)
岡崎 敬,「福岡縣飯塚市立岩遺跡發見の前漢鏡とその銘文」『史淵』99, 昭和43(1968)
岡崎 敬,「『漢委奴國王』金印の測定」『史淵』100, 昭和43(1968)
岡崎 敬,「倭の水人」『日本民族と南方文化』, 昭和43(1968)
岡崎 敬,「『魏志』倭人伝の世界」『古代の日本』3, 昭和45(1970)
161) 前川明久,「卑弥呼と邸閣」『古代學』14-3・4, 昭和43(1968)

162) 三山 隆,「魏志倭人伝の倭語表記について-古代日本語の投影-」『國語國文』37-4, 昭和43(1968)
163) 田辺昭三,『謎の女王卑弥呼-邪馬台國とその時代-』, 昭和43(1968)
田辺昭三,『增補版 謎の女王卑弥呼』, 昭和49(1974)
田辺昭三,『卑弥呼以後』, 昭和57(1982)
田辺昭三,「三世紀の日本と三角縁神獸鏡の問題」『第7回古代史シンポジウム-三角縁神獸鏡の謎-』, 昭和59(1984)
164) 原島礼二,『日本古代社會の基礎構造』, 昭和43(1968)
原島礼二,「三國志の里程と東治と水行」『埼玉大學紀要』人文30, 昭和56(1981)
原島礼二,『邪馬台國から古墳の發生へ』, 昭和62(1987)
165) 藤方義男,『倭日の國-邪馬台國女王の解明-』, 昭和43(1968)
166) 長沼賢海,『邪馬台と大宰府』, 昭和43(1968)
167) 寺村光晴,「魏志倭人伝『青大句珠』をめぐる諸問題-邪馬台國の所在論に關連して-」『國史學』77, 昭和43(1968)
寺村光晴, 「玉作から見た邪馬台國の所在-玉類關係記事の検討と硬玉を中心として-」『考古學ジャーナル』47, 昭和45(1970)
168) 高橋善太郎, 「魏志倭人伝の里程記事をめぐって」『愛知縣立大學文學部論集』19, 昭和43(1968)
高橋善太郎,「シナ史書に於ける交通路程の記事について-魏志倭人伝の里程記事をめぐって(2)-」『愛知縣立大學文學部論集』20, 昭和44(1969)
169) 吉本隆明,『共同幻想論』, 昭和43(1968)
170) 井上 薫,「邪馬台國問題と研究の現狀」『日本歷史』248, 昭和44(1969)
井上 薫,「邪馬台國研究の問題点」『歷史讀本』14-6, 昭和44(1969)
171) 尾崎雄二郎, 「日本古代史中國史料の處理における漢語學的問題点」『人文』15, 昭和44(1969)
尾崎雄二郎,「邪馬台國について」『人文』16, 昭和45(1970)
172) 增田義郎,「政治社會の諸形態-特に首長制社會・地位社會の概念について-」『思想』535, 昭和44(1969)
173) 護 雅夫,「一つののろし安本美典『神武東遷』」『韓日ジャーナル』3月2日号, 昭和44(1969)
174) 鳥養直樹,「日本古代國家形成過程小論-三世紀倭人社會における女王國の構造と性格の検討を中心にして-」『民衆史研究』7, 昭和44(1969)
175) 筑波常治,「邪馬台國ブーム」『歷史讀本』14-6, 昭和44(1969)
176) 推理史話會,『謎の女王國』, 昭和44(1969)

177) 栗原薫, 「投馬國の弥々及び中臣氏の先祖」『北海道教育大學紀要』20-1,昭和44(1969)
178) 古田正隆, 「大和王國の成立と神話の發生」『神道學』62, 昭和44(1969)
古田正隆, 「魏志倭人伝と天津罪國津罪」『神道學』68, 昭和46(1971)
179) 鬼頭清明, 「邪馬台國論爭の歷史と現段階」『歷史評論』229, 昭和44(1969)
180) 古田武彦, 「邪馬壹國」『史學雜誌』78-9, 昭和44(1969)
古田武彦, 「邪馬壹國か邪馬臺國か」『日本史の研究』69, 昭和45(1970)
古田武彦, 「邪馬壹國の所在地について」『西日本史學界・九州史學會合同秋季大會口頭發表』, 昭和45(1970)
古田武彦, 『「邪馬台國」はなかった-解讀された倭人伝の謎-』, 昭和46(1971)
古田武彦, 『失われた九州王朝』, 昭和48(1973)
古田武彦, 「邪馬一國の諸問題」『史林』55-6・56-1, 昭和48(1973)
古田武彦, 『邪馬壹國の論理』, 昭和50(1975)
古田武彦, 「邪馬壹國の論理と後代史料」『續日本記研究』176・177, 昭和50(1975)
古田武彦, 『邪馬壹國の証明』, 昭和55(1980)
古田武彦, 『多元的古代の成立』上・下, 昭和58(1983)
181) 志田諄一, 「大和朝廷の成立をめぐる問題」『駿台史學』25, 昭和44(1969)
182) 兒島隆人, 『立岩-弥生國家の謎をとく巨大甕棺遺跡群-』, 昭和44(1969)
183) 小田洋, 「邪馬日(構口)・末盧(席田郡)說-一大・末盧國間の距離を中心として」『鹿大史學』17, 昭和44(1969)
小田洋, 「隋書倭國伝日本語表記の信憑性」『鹿大史學』18, 昭和45(1970)
184) 關和彦, 「最近の邪馬台國ブ-ムについて」『民衆史研究會月報』201, 昭和44(1969)
關和彦, 「弥生時代中期の階級分化-副葬品を中心として-」『民衆史研究』8, 昭和45(1970)
關和彦, 『邪馬台國論』, 昭和58(1983)
185) 川野京輔, 「邪馬台と出雲-卑弥呼は天照大御紳である-」『謎の女王國』,昭和44(1969)
186) 森 秀人, 『埋もれた銅鐸』, 昭和45(1970)
187) 坂元義種, 「卑弥呼-その遣使と授爵をめぐって-」『續日本記研究』150,昭和45(1970)
坂元義種, 「藤間生大著『埋もれた金印第二版』『日本史の研究』69, 昭和45(1970)
坂元義種, 「三世紀の日本と朝鮮-藤間生大『埋もれた金印二版』を通して-」『歷史學研究』369, 昭和46(1971)
188) 松崎壽和, 『倭人伝-邪馬台國のカギを握る投馬國の謎-』, 昭和45(1970)
189) 橋本伊知郎, 「神武東遷考(Ⅱ)-倭人伝記載の方位に關連して-」『藝林』21-2,昭和45(1970)

190) 田中義昭・武井則道,「『邪馬台國』問題の二, 三について-國家の起源と民族の形成をめぐって-」『考古學研究』65, 昭和45(1970)
191) 石原英司,「『魏志倭人伝』の國語表記-二, 三の原則論的考察-」『名古屋大學國語國文學』26, 昭和45(1970)
192) 野津 清,『邪馬台國物語』, 昭和45(1970)
193) 岩橋小弥太,『日本の國号』, 昭和45(1970)
194) 筑紫申眞,『神々のふるさと-神話のナゾをさぐる-』, 昭和45(1970)
195) 所功,「神宮文庫藏『漢委奴國王金印考』」『皇學館論叢』3-5, 昭和45(1970)
196) 大山峻峰,『周旋五千里の國邪馬台國を探る』, 昭和45(1970)
197) 阿部秀雄,『卑弥呼と倭王-倭人伝・記紀の再検討-』, 昭和46(1971)
198) 小島信一,『女王國家-ヒミコと聖德太子-』, 昭和46(1971)
199) 松元十丸,『古代クマソ王國』, 昭和46(1971)
200) 林 房雄,『神武天皇實在論』, 昭和46(1971)
201) 清木慶一,『邪馬台の美姫』, 昭和46(1971)
202) 小林幹男,『女王卑弥呼と倭の五王』, 昭和47(1972)
203) 奥野正男,「『伊都國』周辺の古代製鐵」『日本のなかの朝鮮文化』13, 昭和47(1972)
奥野正男,『邪馬台國はここだ』, 昭和56(1981)
奥野正男,『邪馬台國の東遷』, 昭和57(1982)
奥野正男,『邪馬台國發掘』, 昭和58(1983)
204) 新野直吉,「初期大和國家と邪馬台,およびその地方制度をめぐる若干の考察」『日本歷史』288, 昭和47(1972)
205) 鈴木貞一,『日本古代文書の謎-神武以前の系譜を追う宮下文書-』, 昭和47(1972)
206) 齊藤 孝,「神々の復活」『歷史評論』263, 昭和47(1972)
207) 吉田八郎,「消えた大分の『古墳御陵』」『朝日新聞』, 昭和47(1972.6.2.日號)
208) 井上秀雄,『任那日本府と倭』, 昭和48(1973)
井上秀雄 外 譯註,『東アジア 民族史: 正史東夷傳』,昭和49(1974)
209) 安藤輝國,『邪馬台國と豊王國』, 昭和48(1973)
210) 板橋旺爾,『奴國發掘』, 昭和48(1973)
211) 立石 嚴,『邪馬台國新考』, 昭和48(1973)
立石 嚴,『邪馬台國續考』, 昭和51(1976)
212) 角林文雄,「倭人伝考証」『續日本記研究』166・167, 昭和48(1973)
角林文雄,『倭と韓』, 昭和58(1983)
213) 鈴木靖民,「古代日朝關係史研究の現狀」『史元』16, 昭和48(1973)

鈴木靖民,「魏志倭人伝検討のための二, 三の視覺」『國學院雜誌』82-11,昭和57(1982)
214) 北村文治・水野祐 編,『謎の四世紀』, 昭和49(1974)
215) 泊 勝美,『古代九州の新羅王國』, 昭和49(1974)
216) 吉田 修,『邪馬台國の終焉と復活』, 昭和49(1974)
217) 井上幹夫,「古代國家の起源と伊都國の形成」『歷史手帖』2-12, 昭和49(1974)
218) 泉 隆貳,「『邪馬壹國』考」『桐朋學報』23, 昭和49(1974)
泉 隆貳,「魏志倭人伝の持衰について」『桐朋學報』37, 昭和52(1977)
泉 隆貳,『邪馬一國の原点倭』, 昭和54(1979)
219) 市毛 勳,『朱の考古學』, 昭和50(1975)
220) 松田壽男,『古代の朱』, 昭和50(1975)
221) 山田宗睦,『異志倭人伝』, 昭和50(1975)
山田宗睦,『魏志倭人伝の世界』, 昭和54(1979)
222) 大羽弘道,『邪馬台國は沈んだ』, 昭和50(1975)
223) 國分直一編,『倭と倭人の世界』, 昭和50(1975)
224) 鈴木武樹編,『論集邪馬台國』1, 昭和50(1975)
225) 鳥越憲三郎,『大いなる邪馬台國』, 昭和50(1975)
226) 內田吟風,「邪馬台・耶婆提・Yavaduipi 考」『鷹陵史學』1, 昭和50(1975)
227) 金元龍(韓國),「邪馬臺國小考」『學術院論文集』第十四輯, 昭和50(1975)
228) 朝日新聞社學藝部編,『邪馬台國』, 昭和51(1976)
229) 岡田英弘,『倭國の時代』, 昭和51(1976)
岡田英弘,『倭國』, 昭和51(1976)
230) 佐伯有淸他,『邪馬台國のすべて』, 昭和51(1976)
231) 加地伸行,「邪馬【台】國」『日本歷史』334, 昭和51(1976)
加地伸行,「『太平御覽』所引『魏志倭人伝』について」『續日本記研究』209,昭和55(1980)
232) 李丙燾(韓國),「蘇那曷叱智考」『韓國古代史研究』, 昭和51(1976)
233) 大林太郎,『邪馬台國』, 昭和52(1977)
大林太郎,『邪馬台國-入墨とポンチョと卑弥呼』, 昭和52(1977)
234) 稻田 晃,『邪馬台國の考古學』, 昭和52(1977)
235) 加瀨楨子,『邪馬台國はフィリッピンだ』, 昭和52(1977)
236) 子田耕司,『邪馬台國と二千文字の謎』, 昭和52(1977)
237) 竹內理三校訂,『翰苑』, 昭和52(1977)

238) 野口赫宙,『韓と倭』, 昭和52(1977)

239) 鈴木英夫,「『三國史記』新羅本紀『倭人・倭兵』記事の檢討」『國史學』101,昭和52(1977)

240) 安田喜憲,「『倭國亂』期 の自然環境」『考古學研究』23-4, 昭和52(1977)

241) 丸山龍平,「弥生時代から古墳時代へ」『古代研究』12, 昭和52(1977)

242) 鈴木 勇,『卑弥呼と都大村』, 昭和53(1978)

243) 白崎昭一郎,『東アジアの中の邪馬台國』, 昭和53(1978)

244) 村山健治,『誰にも書けなかった邪馬台國』, 昭和53(1978)

245) 川副武胤,「倭王朝の体制と理念」『日本古代の社會と經濟』上卷, 昭和53(1978)
川副武胤,『三世紀極東諸民の宗教と祭祀-倭人伝宗敎習俗の位相-」『日本歷史』378, 昭和(1979)

246) 川口勝康,「瑞刃刀と大王号の成立」『古代史論叢』上卷, 昭和53(1978)

247) 長田夏樹,『邪馬台國の言語』, 昭和54(1979)

248) 淸水正紀,『新說邪馬台國』, 昭和54(1979)

249) 篠川 賢,「銅鐸祭祀の終焉に關する一考察」『日本歷史』373, 昭和54(1979)

250) 都出比呂志,「前方後圓墳出現期の社會」『考古學硏究』26-3, 昭和54(1979)

251) 大村俊夫,『邪馬台國とその周辺』, 昭和54(1979)

252) 山本 博,「魏志倭人伝の『侏儒』」『人文自然論叢』6, 昭和54(1979)

253) 佐藤鐵章,『卑弥呼新考』, 昭和55(1980)

254) 堂崎 豊,『水上王國邪馬台國』, 昭和55(1980)

255) 星宮惠一,「亳縣後漢墓の『倭人』磚について」『古代學硏究』93, 昭和55(1980)

256) 後藤利雄,『邪馬台國と秦王國』, 昭和56(1981)

257) 鈴木正知,『邪馬台國に謎はない』, 昭和56(1981)

258) 雄山閣編,『邪馬台國と古代國家』, 昭和56(1981)

259) 李燦(中國),「曹氏墓文字磚からみた古代中日關係」『考古學ジャ-ナル』191,昭和56(1981)

260) 佐治芳彦,「邪馬台國抹殺の謎」『新國民社』, 昭和56(1981)

261) 唐津灣周辺遺跡調査委員會編,『末盧國』, 昭和57(1982)

262) 孫榮健(中國),『邪馬台國の全解決』, 昭和57(1982)

263) 板倉思能,『古代日本人と邪馬台國』, 昭和57(1982)

264) 井上光貞 他,『日中古代文化の接点を探る』, 昭和57(1982)

265) 由良哲次,『古琉球語で解明する邪馬台國と大和』, 昭和57(1982)

266) 寺本克之,『倭國大亂』, 昭和58(1983)

267) 黛 弘道,『古代學入門』, 昭和58(1983)

268) 武光 誠,『古代史入門ハンドブック』, 昭和58(1983)

269) 汪向榮(中國),『邪馬台國』, 昭和58(1983)

汪向榮・夏應元編,「二《三國志・魏志・倭人傳》」『中日關係資料彙篇』,昭和59(1984)

270) 謝銘仁(中國),『邪馬台國 中國人はこう讀む』, 昭和58(1983)

271) 武田佐知子,「『魏志』倭人伝の衣服について」『女子美術大學紀要』14, 昭和59(1984)

272) 王仲殊(中國),「日本の三角緣神獸鏡について」『第7回古代史シンポジウム-三角緣神獸鏡の謎-』, 昭和59(1984)

273) 徐苹芳(中國),「三國, 兩晋, 南北朝の銅鏡」『第7回古代史シンポジウム-三角緣神獸鏡の謎-』(全日空・朝日新聞社・日本中國文化交流協會), 昭和59(1984)

274) 楊泓(中國),「吳, 東晋, 南朝の文化とその海東への影響」『第7回古代史シンポジウム-三角緣神獸鏡の謎-』, 昭和59(1984)

275) 田中 琢,「日本列島出土の銅鏡」『第7回古代史シンポジウム-三角緣神獸鏡の謎-』, 昭和59(1984)

276) 李貞姬,「古代日本의 政治的 勢力 成長에 對하여」『韓國傳統文化研究』創刊號, 昭和60(1985)

277) 羅幸柱(韓國),「邪馬台國에 관한 一研究-日本古代國家成立에 관한 一考察-」『建國大學校大學院史學科碩士學位論文』, 昭和62(1987)

278) 金關如・直木孝次郎・平野邦雄・森浩一等 著,『邪馬台國の謎に挑む』,昭和63(1988)

-平成 時代(1989～)-

1) 佐賀新聞社,『邪馬台國が見えた吉野ケ里王國』, 平成元(1989)

2) 高島忠平・森浩一 監修・マサヒグラフ編,『吉野ケ里 : 邪馬台國が見えてきた』, 平成2(1990)

3) ジナ・リー・バーンズ(西洋),「歐美から見た古代日本」『國際シンポジウム古代日本の國際化-邪馬台國から統一國家へ-』, 平成2(1990)

4) 江上波夫,「古代日本の對外關係-特に東シナ海をめぐって-」『國際シンポジウム古代日本の國際化- 邪馬台國から統一國家へ-』, 平成2(1990)

江上波夫, 朝日新聞社編,「討論第一部 邪馬台國」『國際シンポジウム古代日本の國際化-邪馬台國から統一國家へ-』, 平成2(1990)

5) 王仲殊(中國),「古代の日中關係-志賀島の金印から高松塚の海獸葡萄鏡まで」『國際シンポジウム古代日本の國際化-邪馬台國から統一國家へ-』, 平成2(1990)

6) 金元龍(韓國),「古代韓半島と日本」『國際シンポジウム古代日本の國際化-邪馬台國か

ら統一國家へ-』, 平成2(1990)
7) 田中琢,「三角縁神獸鏡は「謎の鏡か」」『集英史版日本の歷史②倭人爭亂』, 平成3(1991)
8) 豊田有恒, 『雜學古代史の謎と建國神話』, 平成3(1991)
9) 王巍(中國),『中國からみた邪馬臺國と倭政權』【考古學選書】37, 平成5(1993)
10) 古田武彦　編著, 『古代史徹底論爭;「邪馬台國」シンポジウム以後-邪馬壹國問題を基点として-』, 平成5(1993)
11) 加藤眞司, 『古事記が明かす邪馬臺國の謎』, 平成6(1994)
12) 三田悌, 『邪馬台國とヤマト政權』, 平成10(1998)
13) 千田　稔, 『邪馬台國と近代日本』, 平成12(2000)
14) 白石太一郎 著, 『古墳と古墳群の硏究』, 平成12(2000)
15) 佐伯有淸, 『魏志倭人伝を讀む ; 邪馬台國への道』上, 平成12(2000)
16) 石野博信, 『邪馬台國の考古學』, 平成13(2001)
石野博信, 『邪馬台國と古墳』, 平成14(2002)
17) 平野邦雄, 『邪馬台國の原像』, 平成15(2003)
18) 近江昌司, 『(もう一度學び直す) 日本古代史の問題点』, 平成15(2003)
19) 武光　誠, 『邪馬台國と大和朝廷』, 平成16(2004)

종합참고문헌

1) 史料系統

김부식 지음(이병도 역주),『삼국사기』상・하(乙酉文化社,1999・2000)
一然 著(李丙燾 譯註),『三國遺事』(名文堂,2000)
崔根泳・崔源植・金英美・朴南守・權悳永・田美姬編譯,『日本六國史韓國關係記事』, 財團法人駕洛國史蹟開發硏究院,1994)
班固 撰,『漢書』第六冊卷二十八劵三0(志三)
司馬遷 撰,『史記』第五冊卷三一至四二(中華書局)
次田眞幸 全譯註,『古事記』(上)(中)(下), 講談社學術文庫 2009, 2005, 2009.
陳壽 撰,『三國志』第三冊 卷三十 魏書倭人傳(中華書局,1982)
宋・李昉等 撰,『太平御覽』卷第七百八十二 四夷部三 東夷三 倭・日本(大和書局,1977)
趙曄 撰,『吳月春秋』景明弘治覆 元大德本(中華民國臺北世界書局印引行,1967)
魏原 撰,『續修四庫全書』「海國図志」一 史部 地理類 卷十七 日本島(北京大學圖書館,1876)
坂本太郎・家永三郎・井上光貞・大野晋校注,『日本書紀』(一)~(五)(岩波文庫, 1995-1997).
竹內理三校訂・解說,『翰苑』(太宰府天滿宮文化硏究所,1977)

2) 魏志倭人傳 硏究史 整理書 및 譯註書

李丙燾,「蘇那曷叱智考」『日本書紀硏究』(東京, 1972.10)
金元龍,「邪馬臺國小考」『學術院論文集』第14輯(大韓民國學術院,1975)
李貞姬,「古代日本의 政治的 勢力 成長에 對하여」『韓國傳統文化硏究』創刊號(曉星女子大學校韓國傳統文化硏究所,1985)
羅幸柱,「邪馬臺國에 관한 一考察-日本古代國家成立에 관한 一考察-」『建國大學校大學院史學科碩士學位論文』(建國大學校大學院,1987)
汪向榮・夏應元 編,『中日關係資料彙篇』(中華書局,1984)
井上光貞,『日本の歷史』1(神話から歷史へ)(中央公論社1973)

井上光貞・永原慶二・兒玉幸多・大久保利謙,『日本歷史大系』1(古代文明の形成)(山川出版社,1995)
井上光貞,『日本國家の起源』(岩波書店,1969)
井上光貞,「記念講演」『論争邪馬台國』(平凡社,1980)
井上光貞・石井良助 編,『シンポジウム邪馬台國』(創文社,1975)
森田 悌,『邪馬台國とヤマト政權』(東京堂出版,1998)
佐伯有淸,『研究史邪馬台國』(吉川弘文館,1975)
佐伯有淸,『研究史戰後の邪馬台國』(吉川弘文館,1975)
三品彰英,『邪馬台國研究總覽』(創元社,1978)
鈴木武樹 編,『論集邪馬臺國』(大和書房,1975)
石原道博 編譯,『新訂魏志倭人傳他三篇』(岩波書店,1991)
武光 誠 編,『邪馬台國辭典』(同成社,1986)
榎 一雄,『邪馬台國』(至文堂,1975)
水野 祐,『評釋魏志倭人傳』(雄山閣,1987)

3) 論著

李丙燾,『한국고대사회와 그 문화』(瑞文文庫,1973)
李丙燾,『내가 본 어제와 오늘』(新光文化社,1966)
李丙燾,『韓國史大觀』(東方圖書,1983)
李丙燾,『韓國古代史研究』(博英社,2001)
金元龍,『한국의 고분』(세종대왕기념사업회,1974)
金元龍,『韓國考古學槪說』(一志社,1977)
金元龍,「百濟古墳에 대한 몇 가지 觀察」『百濟研究』(忠南大學校百濟研究所,1982)
直木孝次郎,『日本の歷史』2(古代國家の成立)(中央公論社,1970)
直木孝次郎,『神話と歷史』(吉川弘文館,1972)
直木孝次郎,「古事記と日本書紀はどうちがうか」『「古事記」と「日本書紀」の謎』(學生社, 1998)
阿辻哲次,『漢字のはなし』(岩波ジュニア新書,2008)
牧健二,「前漢書の書例に據って解釋された邪馬台國・女王國・倭・倭國」『シンポジウム邪馬台國』(創文社,1975)
王仲殊,「日本の三角緣神獸鏡について」『第7回古代史シンポジウム』(全日空・朝日

新聞社・日本中國文化交流協會,1984)
王仲殊,「古代の日中關係-志賀島の金印から高松塚の海獸葡萄鏡まで-」『[國際シンポジウム]古代日本の國際化-邪馬台國から統一國家へ-』(朝日新聞社,1990)
白石太一郎,『古墳と古墳群の研究』(塙書房,2000)
江上波夫,『江上波夫の日本古代史』(大巧社,1992)
江上波夫,『騎馬民族國家』(中公新書, 1978)
小林行雄,『古墳の話』(岩波書店,1969)
小林行雄,『民族の起源』(塙書房,1972)
小林行雄,「古墳の發生の歷史的意義」『史林』38-1(京都大學文學部,1955)
小林行雄,,「古墳文化の形成」『岩波講座日本歷史』1(原始および古代)(岩波書店,1962)
笠井新也,「邪馬臺國は大和國である」『考古學雜誌』12-7(日本考古學會,1922)
笠井新也,「卑彌呼卽ち倭迹迹日百襲姬命」『考古學雜誌』14-7(日本考古學會,1924)
三田 悌,『邪馬台國とヤマト政權』(東京堂出版,1998)
肥後和男,『邪馬台國は大和である』(秋田書店,1971)
新妻利久,『やまと邪馬台國』(新月社,1968)
田中 琢・町田 章・尾形 勇,「文獻」「年表」「地図」「図版」『第7回古代史シンポジウム』(全日空・朝日新聞社・日本中國文化交流協會,1984)
津田左右吉,『日本古典の研究』(岩波書店,1973)
津田左右吉,『津田左右吉全集』別卷第1(岩波書店,1989)
坂本太郎,「魏志倭人伝雜考」『日本古代史の基礎的研究』上(文獻篇)(東京大學出版會,1982)
江上波夫,『[國際シンポジウム]古代日本の國際化-邪馬台國から統一國家へ-』(朝日新聞社,1990)
森 浩一 編,『倭人伝を讀む』(中央公論社,1982)
森 浩一 編,『日本の古代1 倭人の登場 』(中央公論社,1985)
森 浩一,『倭人伝の世界-わたしの古代學-』(小學館,1989)
岡田精司,『古代王權の祭祀と神話』(塙書房,1979)
岡田精司,「記・紀說話群の構成」『「古事記」と「日本書紀」の謎』(學生社,1998)
上田正昭,「日本神話論」『講座日本史』(歷史學研究會・日本史研究會,1971)
上田正昭,『大和朝廷』(角川書店,1973)
上田正昭,『日本古代國家成立史の研究』(青木書店,1974)
上田正昭 著,『歸化人』(中央公論社,1987)

浜田敦,「魏志倭人伝などに所見の國語語彙に關する二三の諸門題」『國語史の諸門題』(和泉書院,1986)
馬久夫・平尾良光,「鉛同位体比からみた銅鐸の原料」『考古學雜誌』68卷1號(考古學研究會,1982)
西嶋定生,『邪馬台國と倭國』(吉川弘文館,1994)
石母田正,「古代史概說」『岩波講座 日本歷史』1原始および古代1(岩波書店,1962)
岡田英弘,「『魏志倭人伝』を評す」『末松保和博士古稀紀念會編古代東アジア史論集』下卷(吉川弘文館,1978)
岡崎 敬,「記念講演」『論爭邪馬台國』(平凡社,1980)
堀 敏一,『中國と古代東アジア世界-中華的世界と諸民族-』(岩波書店,1993)
古田武彦,『ここに古代王國のありき 邪馬一國の考古學』(朝日新聞社,1979)
橋本裕行,「弥生繪書に內在する象徵性について」『日本美術全集』1(原始の造形繩文・弥生・古墳時代の美術),(講談社,1994)
久米邦武,「(論說)神道ハ祭天の古俗」『史學會雜誌』23~25(東京大學出版會,1891)
近藤義郎,「弥生文化論」『岩波講座日本歷史』1(原始および古代1)(岩波書店,1962)
吉田 孝,『日本の誕生』(岩波書店,1997)
吉田圭三,『古代東アジア史論集』下卷(吉川弘文館,1978)
內藤 晃,『日本原始古代文化の研究』(塙書房,1973)
大林太郎,「記念講演」『論爭邪馬台國』(平凡社,1980)
大森志郎,『日本文化史論考』(創文社,1975)
大和岩雄・黑岩重吾,『邪馬台國の時代』(大和書房,1997)
藤間生大,『埋もれた金印』(岩波書店,1973)
梅原末治,「考古學上より觀たる畿內」『日本考古學論攷』(弘文堂書房,1940)
寺澤 薰,『日本の歷史』2王權誕生(講談社,2000)
山田孝雄,「狗奴國考-古代東國文化の中心-」『考古學雜誌』12-8・9・10・11・12(日本考古學會,1922)
安本美典,『卑弥呼の謎』(講談社,1972)
岩崎卓也,『古墳時代の知識』(東京美術,1985)
岸 俊男 編,『日本の古代』6(中央文庫,1996)
永留久惠,『古代史の鍵・對馬』(大和書房,1994)
原島礼二,『邪馬台國から古墳の發生へ』(六興出版,1987)
原田大六,『卑弥呼の墓』(六興出版,1977)

柳田康雄,「北部九州の出現期古墳とその背景」『古墳はなぜつくられたか』(大和書房,1988)
田中 琢,『集英社版日本の歷史②倭人爭亂』(集英社,1991)
田村晃一,「東アジアにおける農耕の起源と發達」『東アジアにおける日本古代史講座』第1卷(學生社,1980)
長谷川國雄,『日本の古典名著●總解說』(自由國民社,1978)
佐原 眞,『大系 日本の歷史❶ 日本人の誕生Ⅰ』(小學館,1997)
津田左右吉『日本古典の硏究』上・下(岩波書店,1948・1950)
齋藤 忠,「考古學から見た邪馬台國」『シンポジウム邪馬台國』(創文社,1975)
坂本太郎・家永三郎・井上光貞・大野晋校注,『日本書紀』(一)~(五)(岩波文庫,1995-1997)
坂元義種,「古代貴族の國際意識」『「古事記」と「日本書紀」の謎』(學生社,1998)
平野邦雄,「ヤマト王權と朝鮮」『岩波講座日本歷史』1(原始および古代1)(岩波書店,1975)
和歌三太郎,『日本史の爭点』(每日新聞社,1963)
和田 萃,『大系日本の歷史❷Ⅰ古墳の時代Ⅰ』(小學館,1997)
奈良縣立橿原考古學硏究所附屬博物館・田原本町敎育委員會,『弥生の風景-唐古・鍵遺跡の發掘調査60年-』(奈良縣立橿原考古學硏究所附屬博物館・田原本町敎育委員會,1996)
石井進 笠原一男 兒玉幸多 笹山晴生『常說日本史』(日本史B)(山川出版社,1993)
菅政 友,「漢籍倭人考」(1892)『論集邪馬臺國』(大和書房,1975)
那珂通世,「外交繹史卷之一」『那珂通世遺書』(故那珂博士功績紀念會,1915)
內田正男,「日本書紀の暦日」『歷史公論 古事記・日本書紀の世界』1(雄山閣,1978).
大林太郎,「古代吉備の伝說」『古代吉備國論爭(上)』(山陽新聞社,1980)
大林太郎,「神話論」『日本通史第1卷日本列島と人類社會』(岩波講座,1993)
大森志郎,『日本文化史論考』(創文社,1975)
大和岩雄・黑岩重吾,『邪馬台國の時代』(大和書房,1997)
梅澤伊勢三,「古事記の成立と性格」『歷史公論:古事記・日本書紀の世界』1(雄山閣,1978).
井上光貞・石井良助 編,『シンポジウム邪馬台國』,(創文社,1975)
門脇禎二,「古代社會論」『岩波講座日本歷史』2(古代2)(岩波書店,1980)
門脇禎二,「記・紀にみる吉備の首長たち」『「古事記」と「日本書紀」の謎』(,學生

社,1998)
白鳥庫吉,「倭女王卑弥呼考」(1910)『論集邪馬臺國』(大和書房,1975)
副島和明,「原の辻遺跡の環濠について」『伽倻文化』第六號(財團法人伽倻文化研究院,1993)
肥後和男,『邪馬台國は大和である』(秋田書店,1971)
浜田敦,「魏志倭人伝などに所見の國語語彙に關する二三の諸門題」『國語史の諸門題』(和泉書院,1986)
山岸良二,「卑弥呼の墓は"古墳"なのか」『　別冊 | 歴史讀本』(新人物往來社,1997)
山田英雄,『日本書紀』(ニコ-トンプレス,1998)
三品彰英,『邪馬台國研究總覽』(創元社,1978)
上田正昭,『大和朝廷』(角川書店,1973)
西嶋定生,『邪馬台國と倭國』(吉川弘文館,1994)
石井進・笠原一男・兒玉幸多・笹山晴生,「小國の分立」『高等學校地理歷史教科用文部省檢定濟教科書詳說日本史』(山川出版社,1997)
笹山晴生,「國家の起源」『日本古代史講義』(東京大學出版會,1977)
水野 祐,「崇神天皇をめぐる物語 」『 | 別冊 | 歴史讀本』(新人物往來社,1997)
小田富士雄,「對馬・壹岐の古墳文化」『東アジア世界における日本古代史講座』2(倭國の形成と古墳文化)(學生社,1985)
安本美典,『卑弥呼の謎』(講談社,1972)
原島礼二,『邪馬台國から古墳の發生へ』(六興出版,1987)
柳田康雄,「北部九州の出現期古墳とその背景」『古墳はなぜつくられたか』(大和書房,1988)
薗田香融,「消えた系図一巻」『「古事記」と「日本書紀」の謎』(學生社,1998)
熊谷公男,「大和から河内へ」『 | 別冊 | 歴史讀本』(新人物往來社,1997)
笠井新也,「邪馬臺國は大和國である」『考古學雜誌』12-7(日本考古學會,1922)
笠井新也,「卑彌呼卽ち倭迹迹日百襲姬命」『考古學雜誌』14-7(日本考古學會,1924)
井上光貞　司會・三品彰英　他,「シンポジウム邪馬台國の諸問題」『シンポジウム邪馬台國』(創文社,1975)
早川庄八,「東アジア外交と日本律令制の推移」『日本の古代』15(岸俊男編)(中央文庫,1996)
佐藤宗諄,「律令制と天皇」『日本の古代』15(岸俊男 編)(中央文庫,1996)
中村啓信,「日本書紀の成立と構成」『歴史公論:古事記・日本書紀の世界』1(雄山

閣,1978)
清水眞一,「ヤマト王權の誕生」『 別冊Ⅰ歴史讀本』(新人物往來社,1997)
坂本太郎,『日本古代史の基礎的研究』上(東京大學出版會,1971)
平野邦雄,「ヤマト王權と朝鮮」『岩波講座日本歴史』1(原始および古代1)(岩波書店,1975)
平野邦雄 編,『古代を考える 邪馬台國』(吉川弘文館,1998)
平田俊春,「神功皇后紀と日本書紀の紀年」『卑弥呼・邪馬台國の研究』(東宣出版,1973)
下條信行,「東アジア世界における鐵器の波及とその波及」『東アジア世界における日本古代史講座』2(倭國の形成と古墳文化)(學生社,1985)
下中邦彦 編集兼發行,「きぬおりもの 絹織物」『國民百科事典』4(平凡社,1977)
和田 萃,『大系日本の歴史❷Ⅰ古墳の時代Ⅰ』(小學館,1997)
山陽新聞社 編輯,「討論及び補足講演」『古代吉備國論爭(下)』(山陽新聞社,1980)
甘粕健,「古墳の形成と技術の發達」『岩波講座日本歴史原始および古代1』(岩波書店,1975)
高橋克壽,「古墳の造營主體」『Ⅰ別冊Ⅰ歴史讀本』(新人物往來社,1997)
近藤義郎,「序說 古墳とはなにか」『日本の考古學』古墳時代上(近藤義郎・藤澤長治編)(河出書房出版社,1974)
近藤義郎,「古墳發生をめぐる諸問題」『日本の考古學』古墳時代下(近藤義郎・藤澤長治編)(河出書房出版社,1974)
近藤義郎,『楯築遺跡』(山陽新聞社,1980)
近藤義郎,「前方後圓墳の成立と變遷」『考古學研究』15-1(考古學研究會,1984)
今尾文昭,「王者の棺-◉棺にあらわれた古代の諸王-」『Ⅰ別冊Ⅰ歴史讀本』(新人物往來社, 1997)
金子好昌,「弥生時代の貝塚と動物遺存体」『三世紀の考古學』上卷(三世紀の自然と人間)(學生社,1980)
內藤 晃,『日本原始古代文化の研究』(塙書房,1973)
大塚初重,「日本古墳文化の成立」『東アジア世界における日本古代史講座』2(倭國の形成と古墳文化)(學生社,1985)
都出比呂志,「古墳の誕生と終焉」『古墳時代の王と民衆』(講談社,1989)
石野博信,「箸墓古墳」『日本史大事典』第4卷(平凡社,1995)
石野博信,『邪馬台の考古學』(吉川弘文館,2001)

新妻利久,『やまと邪馬台國』(新月社,1968)
野上丈助,「大王陵の變遷」『東アジア世界における日本古代史講座』2(倭國の形成と古墳文化)(學生社,1985)
鈴木武樹 編,『論集邪馬臺國』(大和書房,1975)
原島礼二,『邪馬台國から古墳の發生へ』(六興出版,1987)
原田大六,『日本國家の起源』下(三一書房,1976)
原田大六,『卑弥呼の墓』(六興出版,1977)
笠井敏光,「王墓と陪冢」『 別冊ㅣ歷史讀本』(新人物往來社,1997)
田中 琢,『集英史版日本の歷史②倭人爭亂』(集英社,1991)
齋藤 忠,『日本古墳の研究』(吉川弘文館,1972)
齋藤 忠,「考古學から見た邪馬台國」『シンポジウム邪馬台國』(創文社,1975)
佐原 眞・金關恕,『古代史發掘4 稻作の始まり 弥生時代-1』(講談社,1975)
佐原 眞,「農業の開始と階級社會の形成」『岩波講座日本歷史』1(岩波書店,1975)
佐原 眞,『大系 日本の歷史❶ㅣ日本人の誕生ㅣ』(小學館,1997)
七田忠昭,「吉野ヶ里遺蹟」『伽耶文化』第六號(財團法人伽耶文化硏究院,1993)
日榮社編輯會編,『句形演習 漢文ノ基本ノ-ト』(日榮社,1998)
러시아자료로서
А.П.ОКЛАДНИКОВ, ПАЛЕОЛИТ ЦЕНТРАЛЬНОЙ АЗИИ),ИЗДАТЕЛЬСТВО<НАУКА>Новосибирск. 1981.
В.Е. МЕДВЕДЕВ, СРЕДНЕВЕКОВЫЕ ПАМЯТНИКИ ОСТРОВА УССУРИЙ СКОГО, ИЗЛАТЕЛЬСТВО <НАУКА>Новосибирск. 1982.
А.И. МАРТЫНОВ, В.И. МОЛОДИН, СКИФО-СИбИРСКИЙ МИР ИСКУССТВО И ИДЕОЛОГИЯ, ИЗЛАТЕЛЬСТВО<НАУКА>Новосибирск. 1987.
Н.В. АНФИМОФ, ДРЕВНЕЕ ЗОЛОТО КУбАНИ, Красно дарское книжное излателство, 1987.
С.И. ВАЙНШТЕЙН, МИР КОНЧЕВНИКОВ ЦЕНТРА АЗИИ, МОСКВА <НАУКА>, 1991.
等에 대하여 韓國에 歸化한 블라디미르 티코노프(朴老子)氏가 尹錫曉 敎授에게 보낸 紹介의 편지글.
서울특별시 강동구 명일동 명성교회 김삼환 목사의 2011년 3월 13일 설교 내용.
林範植,『三國志 魏書 東夷傳 倭人條에 나다닌 倭人의 世界』(백산자료원, 2012)
津田左右吉著(金完基譯),「任那疆域考」『伽倻文化』第8號(財團法人伽倻文化硏究

院,1995)
金恩淑,「『古事紀』·『日本書紀』의 편찬 과정」『강좌 한국고대사』제5권 문자생활과 역사서의 편찬(재단법인가락국사적개발연구원,2003)
金泰植,「가야사 연구의 시간적·공간적 범위」『韓國古代史論叢』2(韓國古代社會研究所, 1991)
金泰植,「文獻上에 나타난 가야와 倭」『伽倻文化』第六號(財團法人伽倻文化研究院,1993)
金泰植,「咸安 安羅國의 成長과 變遷」『韓國史研究』86(韓國史研究會,1994)
金泰植,「加耶史의 時期區分 檢討問題」『韓國史의 時代區分에 關한 研究』(韓國精神文化研究院,1995)
文暻鉉,「加耶聯盟形成의 經濟的 考察」『大邱史學』제12·13合輯(大邱史學會,1977)
文暻鉉,『新羅史研究』(慶北大學校出版部,1983)
尹錫曉,『신편가야사』(혜안,1997)
윤선·장두곤,『부산의 지사(地史)와 경관』(부산라이프신문사,1994)
이선복,『고고학개론』(이론과실천,1988)
글/이춘자, 김귀영, 박혜원●사진/배병석『김치』(대원사,2003)
林範植,「4-5世紀 伽耶 對外關係의 性格에 關한 研究」『漢城史學』第8輯(漢城史學會,1996)
千寬宇,「三韓의 國家形成」(上)(下)『韓國學報』第二·三輯(韓國學會,1976)
千寬宇 編,『「신동아」심포지움 韓國上古史의 爭點』(一潮閣,1976)
千寬宇,「復元加耶史」『문학과 지성』28(여름호)(문학과지성사,1977)
千寬宇,『古朝鮮史·三韓史研究』(一潮閣,1989)
千寬宇,『加耶史研究』(一潮閣,1991)
千寬宇,「馬韓諸國의 位置 試論」『百濟史 論文選集』(8권-歷史地理(1))(불함문화사,1996)
駕洛國史蹟開發研究院,『韓國古代史論叢』1(韓國古代社會研究所,1991)
Douglas L. Oliver 著(權彛九 譯),『人類學에의 招待』(探求堂,1983)
루스 베네딕트 지음(김윤식·오인석 옮김)),『국화와 칼』(을유문화사,1997)
야마다 히데오 지음(이근우 옮김),『日本書紀入門』(民族文化社,1988)
칼 A. 비트포겔 著(具宗書 譯),『東洋的專制主義-總體的 權力의 比較研究-』(法文社,1991)
김용환,『말리노프스키의 문화인류학』(살림,2004)

무라사키 시키부 著(전용신 譯),『겐지지야기』(서울 : 나남,1999)
李鍾旭,『古朝鮮史硏究』(一潮閣,1993)
李鍾旭,「가락국의 소국형성과 가야연맹의 전개」『서강인문논총』제7집(서강대학교
출판부, 이진희・강재언 지음(김익한・김동명 옮김),『한일교류사 새로운 이웃나라
관계를 구축하기 위하여』(학고재,2002)
李進熙,『韓國과 日本文化』(乙酉文化社,1988)
李進熙,「古代韓日關係史硏究上의 諸問題」『韓日古代文化의 諸問題-1986년 11月 7日~9日 개최된 학술토론회 자료-』, 韓日文化交流基金, 1986.
브라이언 페이건 지음(이희준 옮김),『고고학으로의 초대』((주)사회평론,2002)
洪承基,『高麗政治史硏究』(一潮閣,2001)
홍재상,『한국의 갯벌』(대원사,2005)
김태길 지음,『직업 윤리와 한국인의 가치관』(철학과현실사, 1997)
제레드 다이아몬드 著(김진준 역),「제13장 필요는 발명의 어머니」『총 균 쇠』(문학사상, 2013)
쟝 지오노 글・크빈트 부흐홀츠 그림(김화영 옮김),『나무를 심는 사람』(민음사, 2009)
박우룡,『전환시대의 자유주의』(신서원, 2003)
Edward McNall Burns, Robert E. Lerner, Standish Meacham 공저(박상익 역),『서양문명의 역사』(소나무, 1994)
金哲埈,『韓國史學史硏究』(서울大學校出版部, 1998)
金哲埈,『韓國史學史硏究』(서울대학교출판부, 1998)

4) 辭典資料

下中 弘 編集兼發行,『日本史事典』(平凡社,1995)
下中邦彦 編集兼發行,『世界大百科事典』(平凡社,1972)
下中邦彦 編集兼發行,『國民百科事典』(平凡社,1978)
國史大辭典編纂委員會,『國史大辭典』(吉川弘文館,1979)
新村出 編,『廣辭苑』(岩波書店,1987)
諸橋轍次,『大漢和辭典』大修館書店,1984・1985)
安田古實・孫洛範 編著,『엣센스日韓辭典』(民衆書林,1973)
브리태니커・동아일보,『브리태니커세계대백과사전』1-27(한국브리태니커회

사,1993-1996)
사이버브리태니커사전 두산사이버백과사전
한국정신문화연구원,『한국민족문화대백과사전』1-27(한국정신문화연구원,1991)
國立文化財研究所遺蹟調査研究室,『韓國考古學事典』(上)(下)(國立文化財研究所,2001)

＊ 인터넷자료

http://inoues.net/
http://ja.wikipedia.org/wiki/%E5%80%AD
http://cache.yahoofs.jp/search/cache?p=%E9%AD%8F%E5%BF%97%E5%80%AD%E4%BA%BA%E4%BC%9D+%E7%89%88%E6%9C%AC&search.x=&fr=top_ga1_sa&tid=top_ga1_sa&ei=UTF-8&aq=&oq=&u=www.marino.ne.jp/%7Erendaico/yamataikoku/sogokaisetu1.htm&w=%E9%AD%8F%E5%BF%97+%22%E5%80%AD%E4%BA%BA+%E4%BC%9D%22+%E7%89%88%E6%9C%AC&d=HUu--e8_Ur8E&icp=1&.intl=jp
http://www.geocities.co.jp/SilkRoad-Lake/5739/index.html
http://yamatai.cside.com/tousennsetu/kyusyu.htm
http://cache.yahoofs.jp/search/cache?p=%E4%BA%95%E4%B8%8A%E5%85%89%E8%B2%9E+%E9%82%AA%E9%A6%AC%E5%8F%B0%E5%9C%8B%E3%81%AE%E6%94%BF%E6%B2%BB%E6%A7%8B%E9%80%A0&search.x=&fr=top_ga1_sa&tid=top_ga1_sa&ei=UTF-8&aq=&oq=&u=www.marino.ne.jp/%7Erendaico/jinsei/yamataikoku/hiteironsoshi2.htm&w=%22%E4%BA%95%E4%B8%8A+%E5%85%89%E8%B2%9E%22+%22%E9%82%AA%E9%A6%AC+%E5%8F%B0%22+%E5%9C%8B+%E3%81%AE+%E6%94%BF%E6%B2%BB+%E6%A7%8B%E9%80%A0&d=I4nsz-8_U3Fd&icp=1&.intl=jp
フリー百科事典『ウィキペディア (Wikipedia)』
外 本文 寫眞資料들의 出處에 대해서는 紙面의 割愛上 省略

日文抄錄

当書は論文形式の本じゃなくて譯註解本であるのでその內容を要約する代わりにその意義を書き込むことにします.

韓・中・日の三國は大部古から肩が相接するくらい近い距離に位置しながらお互いに榮枯盛衰を共にし,影響を受け取りしてきました. 近代に折り込んで西洋の勢力が強力な影響を及び,一時的に三國の關係が遠ざかるようになりましたけれども數千年の間に蓄積されてきた喜怒哀樂の粘り強い紐帶關係を離すのはできず,最近になって三國の間ではむしろ文化的同質性を回復しようとする動きが政治や經濟や文化などの様々な分野でさかんに行われているらしいです.

さてこのような三國の努力が空轉せずに結實を收めるためには若干の前提條件が滿たされなければならないと思います.

まずその一つ目は三國の間の政治的な利害がお互いに一致すべきであろうということです. すなわち, いくら素晴らしい交流方案が立てられても實利が少ない側ではどうやら不滿を抱くなるに決まっているし,進んでそのような不安要素は詰まるところ相互關係の限界につながるはずなので三國關係の均衡が要望されるという意味です.

そして二つ目に擧げられるのは世界的な力學關係の中での三國の位置に對する考慮であります.三國がたとい篤い同伴者關係を形成しようとしても三國の接近が世界情勢に及ぶ影響に對する世界列强の立場がどのようなことかによってその關係の様相は違ってくるからです.

つづいて三つ目に文化交流を媒介にした相對方に對する理解を擧げられるが,これは三國が眞正な同伴者關係を形成するためには各自みんなが相對各々の文化を体驗あるいは習得の段階を経てお互いを深く理解し合う必要があるという意味です.

ところで以上の三つの條件の中で他のことは國內乃至國際情勢による可変的な性格を帶びるに比べて三つ目のことは人間的な理解の次元で行われることなのでなんのかべもなしに相互の信頼關係を丈夫にすることができる方案だと思います.我々の現在の生き方が昔から相互連がっているという自覺と依りは相互の間で心を打ち明けてくらすことのできる恒久的な平和と繁榮の元になれるからです.

さてこのような目的を果すためには当然相對方と直接接觸して交流するのが一番良い方案になるでしょうが,いくら現代の交通技術が發達して地球中が一つの村のように近くなっているとしてもある一國の人がほかの國の人とまるで隣りの家の人に會うようにたやすく交流するのは難しいだろうのでそれよりはむしろ相對方の歷史や文化を習得できる文獻か書籍を手段として間接的な文化經驗をするのが望しいと思います.

ただそのような文獻か書籍が韓國や中國や日本それぞれだけの,或いは韓國と日本だけ向けのか韓國と中國だけ向けのような片面的な歴史や文化乃至相互關係を敍述していては三國が各自お互いを效率的に理解するに於いて不便であろうので該当事項などを合わせて間接經驗できる文獻か書籍が要るでしょう.

自分は三國志の魏書の東夷伝の倭人條は上のような役割を果すに適合な文獻史料だと考えております.

といぅのは,まずこの文獻史料を通じては中國の三國時代の中國史だけでなく中國人かれらの立場で日本を觀察した中國人自身の思想や知性や文化觀など,いいかえれば今日までも韓國人と日本人さえそれの成就一をつの誇りとして考えている中國人の文學的能力の精粹がうかがえます.

また上でも若干類似なことを述べましたが韓國と日本は一依帶水の關係という言葉が普遍的に使えているほど地理上近いのでこの文獻史料にも矢張り中國の魏の使臣が日本列島に渡るに於いて当然經由しなければならなかった韓半島關係の記述が含まれていてそれを良く分析すれば古代韓國のいろん狀況を把握することができます.

またこの文獻史料の中にはなによりも明治維新以來アジア文化の主人公として浮び上ってきた日本人の古代の生き方,すなわち倭人の生き方が内容の中心に成っていて古代の日本の獨特な歴史や文化を相当間接経驗することができます. さぞかし このようなことは植民地時代の否定的感情で染められているわれら韓國人の對日觀を引っ繰り返すきっかけを提供してくれるかも知れませんが, 實は これこそ 当書の一番のつけめです.

最後にこの文獻史料の一番注目すべき特徴になることとしてその内容のなかで古代三國の外交關係をそれなりに讀み出すことができるのを擧げられるが,まんがいちこのような昔の三國の外交關係の經驗を生かして今日の敎訓にするならばそれこそこれからの三國の間の實質的な親善關係に役立つでしょう.

以上の意味で魏志倭人伝を譯註解した当書がたとい上のような役割を全部果すとは言いきれないかもしれませんがせめて未來の三國の親善關係を展望する一つの糸口ぐらいにはなれると思います.

しかし当書の效用は以上のようなことににとどまるんじゅなくてこれに加えて近世から現代にいたるまでのアメリカやイギリスを始めとした西洋各國から吸收してご自分なりの獨自性を構築した日本學者たちの近代的知性の素晴らしささえ味うことができる

ということを言って置きます.

当書が以上の諸点を踏んで当書と直・間接的に結び付いている歴史の専門研究者や当書の各々の主要項目と關連をもっているほかの分野の専門研究者及び一般の皆様に一定の響きになれば幸いです.(本版で一部修正).

(改正增補版)

『三國志』魏書 東夷傳 倭人條

((一名 '魏志倭人傳')의 研究史的 理解

- a copy of translation with notes(譯註解本) -

지 은 이 | 林 範 植
펴 낸 이 | 육 락 현
인　　쇄 | 동아인쇄

초판 인쇄 | 2011. 8. 13.
2판 인쇄 | 2013. 8. 7..

등록번호 제2-1125호
등록일자 1991. 2. 11

펴낸곳 | 백산자료원
㊐ 100-193 서울시 중구 을지로 3가 334-1
TEL : (02) 2268-8668 FAX : (02) 2267-7710
http : //www. paeksan.com
E-mail : pss1966@kornet.net

값 25,000원
ISBN 978-89-6194-033-7 93910

* 파본은 교환하여 드립니다.